Kaiser Wilhelm II.

Aus meinem Leben

1859—1888

*

MELCHIOR
Historischer Verlag

Das faszinierende und seltene Werk

Kaiser Wilhelm II.

in zwei Bänden

Band I
Aus meinem Leben

Band II
Meine Vorfahren

erscheint im Rahmen ausgewählter Literatur
als exklusive Reprint-Ausgabe in der
Historischen Bibliothek des Melchior Verlages.

Die Historische Bibliothek enthält wichtige
sowie interessante Bücher zur Geschichte
und lässt anhand dieser eindrucksvollen Zeitzeugen
bedeutende Ereignisse, Begebenheiten und Personen
aus längst vergangener Zeit wieder lebendig erscheinen.

Nachdruck der Originalausgaben von 1927 und 1929
nach einem Exemplar aus Privatbesitz.

M
Reprint

Wolfenbüttel
2015
ISBN: 978-3-945853-07-8
www.melchior-verlag.de

Kaiser Wilhelm II.

Aus meinem Leben

1859–1888

*

MELCHIOR
Historischer Verlag

Nach einer Aufnahme aus der Zeit des Regierungsantrittes 1888

Meinen Kindern und Enkeln

und

der deutschen Jugend

Vorwort

In der Einsamkeit meines holländischen Exils gehen die Gedanken oftmals zurück in die Vergangenheit. Und je dunkler die Gegenwart sich gestaltet, um so weiter wandern die Gedanken und suchen den strahlenden Sonnenschein glücklicher Friedens- und Jugendjahre. Vor meinem geistigen Auge erstehen von neuem die Zeiten, in denen mein Vaterland zu Einheit und Macht erwuchs. Durch meine Erinnerung schreiten wieder die großen Gestalten des ersten deutschen Kaisers und seiner Paladine, längst verblaßte Bilder gewinnen wieder Farbe und Leben, und mit übermächtigen Kräften drängen sich die Schatten teurer Toter herzu.

In den Kreis dieser Gestalten, deren Namen die Geschichte bewahrt, sieht der Verfasser sich selbst hineingestellt. Er erlebt noch einmal die Jahre der Kindheit und Jugend, schaut sich selbst mit Eltern und Geschwistern, sitzt wieder vor dem strengen Erzieher und mit gleichaltrigen Knaben auf dem Gymnasium, lacht und tollt am Meeresstrande und im Park von Sanssouci, trägt wieder den weißen Stürmer der Borussen und hört manch schweres Kolleg. Der Präsentiermarsch klingt auf — und klopfenden Herzens marschiert der junge Leutnant vor dem kaiserlichen Großvater vorbei. Die Jahre vergehen, und was der leuchtende Traum eines Tages war, soll nun in hartem Dienst handfeste Wirklichkeit werden. Griffe werden geübt, Kommandorufe ertönen, die Sonne scheint prall auf den Exerzierplatz, wie jeder andere wehrfähige Preuße gibt der Prinz sein Letztes her: Dienst des Königs, Dienst am Vaterlande, Dienst am Volke! Dienen und Lernen heißen die Zeichen, unter denen sich die Vorbereitung auf das höchste Amt im Reiche vollzieht.

Mit tiefer Ergriffenheit nahm ich die Feder zur Hand, um die Gestalten und Geschehnisse jener Jahre, die an mir vorüberziehen, festzuhalten. Manche nachdenkliche Stunde voll tiefer Einsamkeit ließ meinen Lebensgang vor mir sich ausbreiten. Mancher Frage, die das Schicksal an mich stellte, eine Antwort zu finden, war mein Bemühen. Und wenn freilich manches Rätsel sich löste, dafür manch neues aber sich knüpfte, so ist das nichts anderes als Menschenlos. Die letzten Fragen lösen nicht wir hier unten. Der allmächtige Lenker unserer Schicksalswege kennt sie, das muß uns genügen.

* * *

Ich habe dieses Buch nicht ohne Benutzung quellenmäßiger Unterlagen geschrieben, die dem Gedächtnis zu helfen geeignet waren. In erster Linie standen mir die Tagebücher meines Vaters zur Verfügung, die, mit größter Sorgfalt geführt, die Jahre 1860–1888 umfassen. Sodann nenne ich meine eigenen Briefe und Berichte an meine Großeltern, an meine Tante Großherzogin Luise von Baden sowie an meinen Erzieher Hinzpeter. Von großem Wert waren mir ferner dessen eigenhändige Aufzeichnungen über seine Erziehungsziele und -erfolge, die er 1889 in einem 287 Folioseiten umfassenden Manuskriptbande niedergelegt hat; dieses Werk, das mit dem im Druck erschienenen nichts zu tun hat, hat Hinzpeter überschrieben: „Die Erziehung des Prinzen Wilhelm von Preußen, jetzigen Kaisers Wilhelm II." Schließlich besaß ich für die Kindheits- und Schuljahre neben einzelnen Schulaufsätzen noch eine wichtige Quelle in meinem „Curriculum vitae", dem Lebenslauf, den ich gleich meinen Mitschülern im Oktober 1876, einige Monate vor unserem Abiturientenexamen, einreichen mußte. Ohne dieses Schriftstück könnte ich wichtige Abschnitte meines Werdens kaum rekonstruieren; ich führe es deshalb häufig an Stellen an, wo mir mein Gedächtnis keine Stütze bietet. Die wichtigsten Dokumente gebe ich in einem Anhang bei.

Bei der Sammlung und Sichtung des weitschichtigen historisch-politischen Materials, das ich hier mir zu verschaffen nicht in der Lage war, insbesondere über Vorgänge aus meiner reiferen Jugendzeit, hat mir mein treuer Helfer Dr. Kurt Jagow in Berlin ebenso unermüdlich und verständnisvoll zur Seite gestanden, wie seinerzeit bei der Zusammenstellung meiner „Vergleichenden Geschichtstabellen". Auch an dieser Stelle sei ihm mein Dank ausgesprochen.

Haus Doorn, im Juli 1926.

Der Verfasser.

Inhaltsverzeichnis

Prinzgemahl Albert von Großbritannien. 1855
Nach einem Aquarell von F. X. Winterhalter

Königin Victoria von Großbritannien. 1855
Nach einem Aquarell von F. X. Winterhalter

Kindheit

I.

Die frühesten Erinnerungen, die ich mir noch heute deutlich zurückrufen kann, verknüpfen sich mit dem Schlosse Osborne auf der Insel Wight. Ich weiß mich noch sehr genau der Persönlichkeit meines Großvaters, des Prince-Consort Albert, Gemahls der Königin Victoria, zu entsinnen; er gab sich viel mit seinem ältesten kleinen Enkel ab und pflegte mich gern in eine Serviette zu legen und darin zu schaukeln. Da mein Großvater schon im Dezember 1861 gestorben ist, muß der Vorgang sich gelegentlich eines Besuches abgespielt haben, den meine Eltern mit mir von Juni bis August 1861 am englischen Hofe gemacht haben. Ich war damals 2½ Jahre alt.

Noch deutlicher sind meine Erinnerungen an meinen zweiten Aufenthalt in England, der im März des nächsten Jahres aus Anlaß der Vermählung meines Onkels, des nachmaligen Königs Eduard VII., stattfand. Die Trauung, an der ich in schottischer Hochlandstracht teilnahm, fand in der St. Georgskapelle zu Windsor statt, und ich weiß noch, wie sehr mir die schönen blauen Mäntel der Ritter vom Garter gefielen, welch großen Eindruck die Musik der Horseguards, besonders deren Pauker auf mich machten (die Pauke war am Rücken eines Mannes angebracht und wurde von einem anderen geschlagen), und wie schön ich den Hochzeitsmarsch aus dem „Sommernachtstraum" fand. Nur war die Feier für meine kindliche Ungeduld etwas zu lang, und als mein Onkel Leopold, der spätere Herzog von Albany, mich zur Ruhe mahnen wollte, habe ich den kleinen Dolch, der zu meinem schottischen Kostüm gehörte, nach ihm gezückt. Diese Attacke hat mir noch in späteren Jahren viel Neckereien eingetragen.

Mein nächster Besuch in England, der mich im Sommer 1864 wieder nach Osborne führte, verschwimmt mangels Vorfalls besonderer Ereignisse in meiner Erinnerung schon mit den allgemeinen Kindheitserinnerungen an England. Auf diese komme ich später im Zusammenhang zurück.

* * *

Andere Reisen, die ich in meiner Kindheit machte, gingen nach Reinhardsbrunn in Thüringen im September 1862, nach Swinemünde im Juli 1863, an die Ostsee und ins Riesengebirge im Sommer 1864, nach Oeynhausen im Juni und nach Wyk auf Föhr im Juli 1865. Es ist aber von diesen Reisen nicht mehr als die Tatsache selbst zu berichten.

* * *

Ein geborener Berliner hat selbstverständlich Kindheitserinnerungen militärischer Natur. Preußens Hauptstadt war ohne Soldaten und ohne Militärmusik nicht zu denken. Das Aufziehen der Wache mittags gehörte mit zum Bilde der Stadt. In meine Kindheit fielen die letzten sogenannten „Kirchenparaden", die am Sonntag abgehalten wurden. In Berlin war die Paradeaufstellung der Garnison auf beiden Seiten der Straße „Unter den Linden", die Infanterie auf der Südseite, die Kavallerie zu Fuß auf der Nordseite. Der Vorbeimarsch vor meinem Großvater, der dazu Aufstellung etwa der Königshauptwache gegenüber nahm, fand auf dem Opernplatz statt. Die Prinzessinnen des Königlichen Hauses pflegten dieses Schauspiel aus den Fenstern des Prinzessinnenpalais zu betrachten, und auch uns Kindern war dort ein Fenster eingeräumt.

Ich entsinne mich noch, wie ich im Kriegsjahre 1864 von den Fenstern des Kronprinzenpalais aus den Durchmarsch der schönen österreichischen Regimenter, die am Kriege gegen Dänemark teilnahmen, mit angesehen habe. Besonders das ungarische Infanterieregiment König von Preußen Nr. 34 („Preußeninfanterie" genannt), dessen Chef mein Großvater war, bot mit seinen schneeweißen Röcken und hellblauen Beinkleidern einen prachtvollen Anblick. Als ich selbst nach meinem Regierungsantritt Chef des Regiments wurde, habe ich ihm ein Ölbild, das den damaligen Vorbeimarsch vor meinem Großvater auf dem Opernplatz darstellt, geschenkt. Im Weltkriege hat das Regiment sich besonders vor Lemberg ausgezeichnet. Weiterhin erinnere ich mich von 1864 des Einzugs der siegreichen Truppen, insbesondere des Augenblicks, als die Danebrogs vorbeigetragen wurde.

Während des Krieges von 1866 wurde uns, als mein Vater im Felde stand, mein kleiner Bruder Sigismund durch den Tod entrissen. Dieser Verlust hat meine Eltern schwer erschüttert, sie haben ihn nie verwunden. Das ergreifende Wiedersehen mit meinem Vater, als er nach Kriegsende zu uns nach Heringsdorf an der Ostsee kam, steht mir noch heute deutlich vor Augen; ich mußte ihm ein Gedicht aufsagen, in dem des Todesfalles gedacht war. – Wir reisten dann zusammen mit meinem Vater nach Erdmannsdorf im Riesengebirge, wo meine Mutter ein Lazarett eingerichtet hatte und deutsche und österreichische Verwundete pflegte. Wir sahen dort auch den Durchzug aus Österreich heimkehrender Truppen, so des Füsilierbataillons des Königs-Grenadierregiments, dessen Fahne meine Mutter mit Lorbeer bekränzte. Nach unserer Rückkehr erlebte ich im September zum zweiten Male den Einzug siegreicher Truppen über die Via triumphalis Berlins.

Solcher Gestalt waren die ersten Eindrücke, die sich meinem Kindesgemüt einprägten.

II.

Mein Vater lebt in der Erinnerung der Mit- und Nachwelt als der Sieger von Königgrätz und Wörth, der mitgeholfen hat, die deutsche Kaiserkrone zu schmieden, als der liebenswürdige und volkstümliche Kronprinz, als der Kaiser, umflossen vom tragischen Glanz seiner kurzen Regierung nach langer Wartezeit, als der edle Dulder in schwerem Leiden, das ihn vorzeitig dahinraffte.

Soweit ich zurückdenken kann, war er leidenschaftlich für die deutsche Idee, für die Schaffung eines neuen deutschen Kaiserreichs entflammt und begeistert. Es bedeutete immer eine besondere Auszeichnung für mich kleinen Jungen, wenn mein Vater mir erlaubte, das schöne Prachtwerk von Bock über die Kleinodien des Heiligen Römischen Reiches Deutscher Nation anzusehen. Wegen seines großen Umfanges mußte ich es auf den Fußboden legen; ich konnte mich an den Abbildungen, die mein Vater, neben mir hingehockt, mir zu erklären pflegte, nicht sattsehen. Als dann die Erfüllung seines Sehnens im großen Jahre 1870 näherrückte, ließ er von Graf Stillfried, Graf Harrach und Graf Seckendorff Entwürfe für die Insignien des neuen Reiches herstellen. Von denen des Oberzeremonienmeisters hielt mein Vater nichts, während er die Aquarell-Entwürfe der beiden anderen Herren im Durchgangsraum zu seinem Arbeitszimmer im Kronprinzenpalais aufhängen ließ; unter die von Seckendorff entworfene Krone hatte er „nicht genehmigt", unter die Harrachs, die bezeichnenderweise der mittelalterlichen am nächsten kam, „richtig" geschrieben. Denn mein Vater sah das neue deutsche Reich als eine Fortsetzung des mittelalterlichen, den Kaiser als einen Nachfolger Karls des Großen an; die im folgenden erwähnte Episode mit dem Goslarer Thronsessel bei der Eröffnung des ersten Reichstags und die von ihm ursprünglich beabsichtigte Wahl des Kaisertitels als Friedrich IV. sowie seine Bemühungen, die Überführung der alten Reichskleinodien aus Wien nach Deutschland (Nürnberg) zu veranlassen, sind weitere Belege für diese etwas romantische Anschauung. Das neue Kaisertum hat bekanntlich eigene Insignien nicht besessen, es mußten die preußischen benutzt werden.

Auch über diese Liebhabereien hinaus besaß mein Vater tiefe historische Neigungen, vornehmlich für die Geschichte unseres Hauses.

Er ist oft in unserem Hausarchiv gewesen und hat sich dort mit den Archivalien für die Zwecke seiner weiter unten erwähnten Epitaphien befaßt, die Briefe der Königin Luise studiert und viele Aufzeichnungen von der mündlichen Tradition über die Königin gemacht. Auch die Begründung des Hohenzollern-Museums, für das er ebenfalls viel zerstreutes Material gesammelt hat, ist ihm zu verdanken; soviel ich weiß, ist er zu diesem Institut angeregt worden durch das Familienmuseum in Kopenhagen.

Der Neubau des Domes, der nicht nur ein der Reichshauptstadt würdiges Gotteshaus werden, sondern auch Raum für eine neue Beisetzungsstätte unserer Vorfahren bieten sollte, hat meinen Vater jahrzehntelang beschäftigt. Er ist in den 70er Jahren oft mit uns Kindern in die Gruft des alten Domes gegangen, die in einem schauerlich verwahrlosten Zustande sich befand; bessere Verhältnisse sind dort erst auf seine Veranlassung geschaffen worden. Er hat sich auch viel Mühe gegeben, Epitaphien für die Särge zu verfassen, die die darin ruhenden Ahnherren und -frauen unseres Geschlechtes charakterisieren sollten; er hat daran immer wieder herumgefeilt und den Wortlaut an Gelehrte geschickt, die ihm Änderungs- und Verbesserungsvorschläge machen mußten. Während ich seine Pläne für den Dombau später habe ausführen lassen, ist es zu der Anbringung dieser oder anderer Epitaphien leider nicht mehr gekommen, da der Weltkrieg darüber ausbrach. Wie er – um hier noch einen weiteren Beitrag zu den historischen Neigungen meines Vaters zu geben – uns in der Mark herumgeführt und uns deren geschichtliche Örtlichkeiten gezeigt hat, werde ich im Verlauf meiner Erinnerungen noch zu berichten haben.

Auch von seinem ausgedehnten Interesse für Kunst und Wissenschaft und seinem daraus entstandenen Verkehr mit Künstlern und Gelehrten wird in diesen Blättern noch viel die Rede sein; ebenso von unseren Besuchen in Museen, Galerien, Theatern und Künstlerateliers.

Daß mein Vater in politischer Beziehung liberalen Neigungen huldigte und bezüglich des Verhältnisses zu den Bundesstaaten unitarisch gerichtet war, außenpolitisch mehr zu England als zu Rußland neigte, ist bekannt; ob diese Einstellung bei längerer Regierung sich ausgewirkt hätte, vermag ich nicht abzusehen, glaube es aber nicht. Religiös war er tief veranlagt; er hat oft meinem Religionsunterricht beigewohnt, auch mich zu den liturgischen Andachten im Dom mitgenommen, und ich habe immer beobachten können, daß diese Stunden ihm ungemein wohlgetan haben. Er war gegen die anderen Konfessionen, der Tradition unseres Hauses entsprechend, in jeder Beziehung tolerant und von großer Achtung für sie erfüllt; er hat seine protestantische Überzeugung gleichwohl niemals verleugnet.

Mein Vater war persönlich unendlich gütig, ja, fast zart und weich zu nennen; er empfand mit allem, was leiden mußte, herzliches Mitgefühl. Er zeigte sich im Verkehr liebenswürdig und freundlich, stets zu kleinen Scherzen und harmlosen Neckereien aufgelegt. Andererseits war er freilich auch recht autoritär veranlagt und nicht immer geneigt, Widerspruch ruhig hinzunehmen. Eine Ahnung seines grausamen Schicksals scheint ihn schon früh befallen zu haben, denn oft quälten ihn Anwandlungen von Schwermut, von „Weltschmerz“, wie er mit lächelndem Selbstspott zu sagen pflegte. In solcher Stimmung war es wohl, daß er einstmals in den 70er Jahren zu Hinzpeter sagte, er würde nicht mehr zur Regierung kommen, die Generation seines Sohnes würde die seine überspringen. Mein Lehrer hat mir diesen Ausspruch erst nach dem Tode meines Vaters erzählt; aber noch so lange Zeit nach dem Vorfall zitterte in ihm das Gefühl der Tragik nach, mit dem ihn jener Ausspruch, der zur bitteren Wahrheit geworden war, erfüllt hatte.

*

Eine weit kompliziertere Natur als mein Vater war meine Mutter. Sehr klug, sehr scharfsinnig, nicht ohne Sinn für Humor, mit einem ungewöhnlich guten Gedächtnis ausgestattet, besaß sie ein großes Wissen und eine umfangreiche Bildung. Ihr Charakter zeigte unbeugsame Energie, große Leidenschaftlichkeit und Impulsivität, sowie Neigung zu Debatte und Widerspruch; eine heiße Liebe zur Macht kann ihr nicht abgesprochen werden. Im ersten Jahrzehnt ihrer Ehe lebte meine Mutter, wie ich von Hinzpeter weiß, ganz ihrem geliebten Manne, da war sie mehr liebende Frau als Mutter, und ließ ihre ersten drei Kinder mit gewollter Härte und bewußter Strenge erziehen. Erst mit den Jahren, als der Kronprinz sich mehr um die Politik zu bekümmern begann, fand sie den Weg zur Kinderstube. Die jüngeren Kinder haben sie weit mehr als fürsorgende Mutter gekannt und sie abgöttisch verehrt. Vielleicht hat auch der Tod meines Bruders Sigismund, bei dem ihr warmes Mutterherz durchbrach, viel zu dieser Wandlung, die nach 1870 eingetreten ist, beigetragen; sie hat den Verlust dieses Sohnes und den 13 Jahre später erfolgten Tod meines Bruders Waldemar nie verwunden.

Man muß sicherlich bei einer Würdigung meiner Mutter berücksichtigen, daß sie als ganz junge englische Prinzessin in die ihr fremden preußischen Verhältnisse kam und sich erst umstellen und eingewöhnen mußte. Da sie aber bei ihrem Widerspruchsgeist wenig anschmiegsam veranlagt war, sie andererseits auch auf keine Bereitwilligkeit stieß, die ihre Eigenart anerkannt hätte, so wollte sich der Verschmelzungsprozeß nicht vollziehen. Typisch für ihr ganzes Wesen ist da das Wort, das ihr Bruder, König Eduard, von ihr gesagt hat: in Deutschland lobte sie alles Englische, in England alles Deutsche.

Ihr weitgespannter Interessenkreis umfaßte die verschiedenartigsten Gebiete: Politik, Philosophie, Kunst und Kunstgewerbe, soziale Fragen, Frauenbildung, charitative Bestrebungen, Gartenkunst und vieles andere mehr.

Politisch war sie bekanntlich ganz von englisch-liberalen Ideen erfüllt, so daß sie sich am Wesen des Altpreußentums stoßen und dieses sie abstoßen mußte. Sie hat im Gegensatz zu vielen deutschen Prinzessinnen, die ins Ausland geheiratet haben, ihre Heimat immer am höchsten gestellt, nichts ging ihr darüber. Man wird das subjektiv nicht nur verstehen, sondern sogar ehren müssen, auch wer, wie ich, in allem rein deutsch und rein preußisch gedacht und gefühlt hat; aber es hat das doch, wie ich hier nur andeuten will, zu Gegensätzlichkeiten geführt, die zwischen Mutter und Sohn besser vermieden werden.

Eine gute Kennerin war meine Mutter auf dem Gebiete der bildenden Kunst, die meisten Gemäldegalerien Europas waren ihr bekannt und vertraut. Sie hat an Gemälden selbst vieles zusammengebracht, das den Grundstock für das nachmalige Kaiser-Friedrich-Museum gebildet hat. Sie hat die Kunst auch selbst ausgeübt und hübsche Aquarell- und Ölbilder geschaffen: italienische Landschaften, Porträts und Stilleben, besonders Blumenstücke. Ich entsinne mich noch der schönen Stunden, wenn meine Mutter in ihrem Atelier, das im ersten Stock des Kronprinzenpalais an der Ecke nach der Oberwallstraße, mit dem Fenster nach der Neuen Wache zu, gelegen war, an der Staffelei saß und malte. Ich mußte ihr dabei gewöhnlich vorlesen, meist lustige englische Geschichten, und ich habe es dann oft erlebt, wie sie die Palette hinwarf, um recht herzhaft zu lachen. Es war übrigens auch in ihrem Bibliothekszimmer, das ihr gleichzeitig als Wohnzimmer diente, immer sehr hübsch. Der Raum lag nämlich sehr eigenartig in dem Schwibbogen, der vom Kronprinzen- zum Prinzessinnenpalais führt. Die Fenster gehen nach beiden Seiten hinaus, sowohl nach den Linden wie nach der Oberwallstraße, und es war für mich als Kind immer höchst interessant, von dort aus das Leben und Treiben auf den Straßen zu beobachten. Zwischen den Fenstern standen in offenen Regalen die zahlreichen Bücher meiner Mutter, in denen zu „schmökern" ebenfalls ein besonderer Genuß für mich war.

Italien war das Land, wohin sie immer wieder ihre Sehnsucht zog, sie ist wohl jedes Jahr dort gewesen. Die Kunstschätze, die Bauten und Bilder waren ihr heimatlich vertraut. Sie sprach Italienisch in gleicher Vollkommenheit wie Englisch, Deutsch oder Französisch. Ich habe bei den wenigen Gelegenheiten, die ich mit ihr unter der südlichen Sonne sein durfte, immer bemerken können, wie tief sie das Land, seine Bewohner und seine Geschichte liebte. Unvergeßlich sind mir in dieser Beziehung einige Episoden, die ich im Oktober 1887 in Baveno am Lago Maggiore erlebt habe. Wenn ich dort mit meiner Mutter allein spazieren ging, pflegte sie gern einen Verladeplatz für steinerne Bauteile zu besuchen, auf dem Steinmetzen und Marmorarbeiter damit beschäftigt waren, Kapitelle, Friese und Reliefs für größere Gebäude herzustellen, wobei sie sich in der lebhaften Art des Südländers unterhielten. Meine Mutter konnte sich nicht genug verwundern über die Geschicklichkeit und Sicherheit, mit der diese Leute ohne Modelle, gewissermaßen aus dem Gefühl heraus, den Marmor zu bearbeiten verstanden. „Welch ein Kulturvolk," rief sie aus, „das sind geborene Künstler! Sie wissen intuitiv, wie die Sachen sein müssen. Das ist die alte Kultur, die noch von den Römerzeiten her in diesen Menschen steckt." Unvergeßlich auch, wie mich meine Mutter ein andermal nach den Borromeischen Inseln hinüberbrachte. Als wir dort auf der Terrasse des prächtigen alten Palastes und durch den duftenden Orangenhain wandelten, sagte sie voller Andacht: „Hier entstand das schöne Gedicht: ‚Kennst du das Land'", und, auf den Palast hindeutend: „Den hat der Dichter besungen, als er schrieb: ‚Kennst du das Haus? Auf Säulen ruht sein Dach'." Es war in der Tat ein herrliches Stückchen Erde, wert, durch den größten deutschen Dichter gefeiert zu werden.

Hochverdient hat meine Mutter sich zweifellos um die Verbreitung des Kunstgewerbes in Deutschland gemacht. Das Kunstgewerbemuseum in Berlin, das am 21. November 1881, ihrem

Geburtstage, eröffnet wurde, kann geradezu als ihre Schöpfung bezeichnet werden. Ich habe als Kind noch bei uns zu Hause die ersten Schränke mit Majolikatöpfen u. a. gesehen, die den Grundstock zu dem späteren Museum gebildet haben.

Ein weiteres Verdienst hat meine Mutter sich um die Hebung der damals noch im argen liegenden weiblichen Bildung und Erwerbsfähigkeit erworben, sie ist hier unablässig tätig gewesen. Eine Frucht dieser Tätigkeit war die Begründung des Viktoria-Lyzeums in Berlin, das die Keimzelle für weitere Bildungsanstalten geworden ist.

Bahnbrechend hat sie damals in Verfolg ihrer charitativen Bestrebungen besonders auf hygienischem und sanitärem Gebiet gewirkt. Was sie für die Verbreitung heute uns selbstverständlich erscheinender Einrichtungen, wie z. B. Badeeinrichtungen, getan hat, ist gar nicht abzuschätzen. Die Krankenpflege betrachtete sie als ihr ureigenstes Feld, sie rief hier u. a. die Vereinigung der Viktoriaschwestern ins Leben, richtete auch in den Kriegsjahren in ihrem Berliner Palais, in Homburg wie im schlesischen Erdmannsdorf Lazarette ein und gab Anregungen, denen das Reichsgesundheitsamt seine Entstehung verdankt. Übrigens ist bemerkenswert, daß sie den preußischen Armeeärzten große Wertschätzung entgegenbrachte; so verband sie eine sozusagen berufliche Freundschaft mit den Generalärzten Wilms und Böger.

Schließlich wäre noch auf ihre große Naturliebe hinzuweisen; sie schwärmte für Blumen, Parks und Gärten – wohl nicht das einzige Erbteil, das ich von ihr habe! In Homburg konnte sie in gartenarchitektonischen Schöpfungen schwelgen; es ist ganz erstaunlich, was sie aus diesem Stück Erde gemacht hat. Und daß sie eine unermüdliche Fußgängerin, eine passionierte Reiterin gewesen, ist an dieser Stelle wohl auch erwähnenswert.

Es ist jedenfalls nicht zuviel behauptet, wenn man sagt, daß meine Mutter eine hochbegabte Frau voller Ideen und Initiative gewesen ist, daß die Schuld aber nicht nur bei den andern gesucht werden darf, wenn sie nicht das Verständnis gefunden hat, das sie wohl verdient hätte. Ich bin jedoch überzeugt, daß eine spätere Geschichtschreibung ihr einmal voll die Anerkennung zuteil werden lassen wird, die ihr im Leben versagt geblieben ist — versagt, wie so manches andere. Denn die Tragik im Leben meines Vaters ist in vielleicht noch höherem Maße auch die ihre gewesen.

* * *

Nun noch ein Wort über diejenigen, die zum engeren oder weiteren Kreise meiner Eltern gehörten.

Dem Herzen meines Vaters am nächsten stand wohl General v. Mischke. Meine Erinnerungen an die sympathische Figur des damaligen Majors reichen bis weit in meine Kindheit zurück. Er war ein schlichter und einfacher Offizier mit einem goldenen Herzen, das er auch im Verkehr mit uns Kindern bewährte, ein aufrechter und gerader Mann, meinem Vater mit Leib und Seele ergeben. Man kann wohl sagen, daß Mischke sein intimster Freund war, was auch daraus hervorging, daß mein Vater ihn mit Du anredete. Woher diese Beziehungen stammten, weiß ich nicht. Für mich genügte es, daß Mischke eben vorhanden, Vaters Freund und zu uns Kindern gut war; er gehörte zu uns, und wir sind gleichsam unter seinen Augen aufgewachsen. Der General besaß eine ungewöhnliche Dosis urwüchsigen Humors, den er geschickt anzuwenden pflegte, wenn er bei meinem Vater Mißstimmung oder den bereits erwähnten „Weltschmerz" wahrnahm. Auf vielen Reisen hat Mischke meinen Vater begleitet, und bei seiner Thronbesteigung wurde er nobilitiert und zum Generaladjutanten ernannt. Gelegentlich der in den ersten Jahren meiner Regierung bei Wörth vollzogenen Enthüllung des schönen Reiterdenkmals meines heimgegangenen Vaters hielt der General eine ergreifende Rede, die eine feinsinnige Charakteristik meines Vaters gab. Man merkte ihm dabei an, daß er nicht nur eine ihm obliegende Pflicht erfüllte, sondern daß diese Rede aus dem Herzen eines Freundes kam. Ich habe meine alten herzlichen Beziehungen zu ihm bis zu seinem Tode unterhalten in dankbarer Erinnerung an das, was er meinem Vater gewesen war.

Nach Mischke muß Jaßmund genannt werden, der in den 60er Jahren der persönliche Adjutant meines Vaters gewesen und bei meinen Eltern sehr beliebt war. Sie haben beide tief um ihn getrauert, als er 1870 fiel; in Bornstedt liegt er begraben.

Sehr befreundet war mein Vater auch mit General v. Stosch, der ein Jahrzehnt lang an der Spitze der Admiralität stand. Stosch war groß als Charakter, sehr klug und außerordentlich tüchtig. Er hat sich um die Marine unvergängliche Verdienste erworben und alle Vorurteile, die damals gegen diese Waffe bestanden, erfolgreich bekämpft. Mit Bismarck war er „intim befeindet", da dieser seinen Einfluß bei der Kronprinzessin fürchtete und argwöhnte, er wolle Reichskanzler werden. Meine Eltern haben seine Entlassung im April 1883 wie eine persönliche Kränkung empfunden.

*

In eine andere Kategorie gehörte das Verhältnis meines Vaters zu General v. Blumenthal, dem Generalstabschef meines Vaters 1866 und 1870; mein Vater brachte ihm das Gefühl tiefer Dankbarkeit und unbegrenzte Hochachtung für seine Fähigkeit entgegen. Ich habe ihn öfter bei meinem Vater gesehen, und wir haben den hochverdienten General auch gemeinsam in Magdeburg besucht, wo er als Kommandierender General lebte.

*

Ein durch und durch vornehmer Mann war der spätere Generaladjutant meines Vaters, v. Winterfeld. In früheren Jahren war er längere Zeit Flügeladjutant meines Großvaters gewesen und hatte dann, bevor er zu meinem Vater kam, verschiedene Posten im aktiven Dienst bekleidet; er ist unter meiner Regierung noch Kommandierender General des Gardekorps geworden. Er hat es in seiner kurzen Dienstzeit bei meinem Vater verstanden, unser aller Verehrung und Vertrauen sich zu erwerben.

An die Person General v. Winterfelds knüpft sich eine heitere Geschichte. Infolge eines Halsleidens hatte der General eine heisere, belegte Stimme, was ihn aber nicht hinderte, seinem militärischen Dienst voll zu genügen; dazu war ihm eine leicht seitliche, oft auch schüttelnde Kopfbewegung eigentümlich, die von Unbekannten für eine Verneinung oder für ein Anzweifeln des Gesagten aufgefaßt werden konnte. Beide Eigentümlichkeiten führten einmal zu einem kleinen lustigen Intermezzo bei einer Rekrutenbesichtigung. Als er dabei nämlich mit seiner leisen Stimme einen Rekruten fragte: „Wo sind Sie her, mein Sohn?" nahm dieser, der den Grund nicht kannte, in seiner Harmlosigkeit an, die anderen sollten es nicht hören und antwortete ebenfalls mit leiser Stimme: „Aus Kottbus, Exzellenz". Während nun General v. Winterfeld sich eine andere Frage überlegte, schüttelte er in seiner Art leicht den Kopf. Da der Rekrut den Eindruck hatte, der General glaube ihm nicht, meinte er, seiner „vertraulichen" Mitteilung mehr Glaubwürdigkeit verschaffen zu müssen und setzte deshalb – wiederum mit ganz leiser Stimme – beteuernd hinzu: „Doch, doch, Exzellenz!" Man kann sich denken, daß dieser Vorfall allgemeine Heiterkeit auslöste.

Ein anderer General desselben Namens – er schrieb sich v. Winterfeldt –, der die Stellung eines militärischen Begleiters und Hofchefs meines Oheims, des Prinzen Alexander von Preußen, bekleidete, war ebenfalls ein langjähriger intimer Freund meines Vaters. In ihm steckte eine derbe Soldatennatur, die aus ihrem Herzen keine Mördergrube machte und oft in humorvoller, immer aber in der ungeschminktesten Weise den Leuten die Wahrheit sagte. Er haßte von Grund aus vor allem die Leute „mit dem krummen Hofbuckel", wie er sie nannte, die vor dem Fürsten sich vor Ehrfurcht nicht zu lassen wußten, draußen aber sensationellen Klatsch verbreiteten. Von ihm stammt auch der Ausdruck für ehrgeizige Streber: „Stopft an seiner Matratze". Wenn ich mich bei ihm orientierte, wes Geistes Kind ein neuer Bekannter wäre, bekam ich oft statt jeder weiteren Charakteristik die lapidare Antwort: „Stoppt ooch"! Denn er pflegte seine Bemerkungen meist im schönsten Berliner Dialekt vorzubringen.

*

Nicht eigentlich ein Vertrauter meines Vaters, aber doch ihm politisch näherstehend war der badische Minister Freiherr v. Roggenbach, den mannigfache Beziehungen mit unserer Familie verbanden. Meine Großmutter, Kaiserin Augusta, hat ihn in den stürmischen Zeiten der Revolution kennen und sein Urteil wie seinen lauteren Charakter schätzen gelernt; sie hat ihm bis an ihr Lebensende freundschaftlich vertraut und oftmals seinen Rat eingeholt. Auf diese Weise kam Roggenbach naturgemäß auch in mannigfache Berührung mit meinem Vater, dessen Entwicklung er mit großem Interesse verfolgte. Meine Mutter kannte er ebenfalls von Jugend auf, da auch Königin Victoria und der Prinzgemahl seinen Verkehr außerordentlich geschätzt hatten. Freundschaftliche Beziehungen verbanden ihn schließlich mit meiner Tante Luise von Baden und Großherzog Friedrich, seinem Landesfürsten. So waren der Berührungspunkte genug vorhanden.

Ich habe Roggenbach aus meiner Jugendzeit in Erinnerung als einen unübertrefflichen Erzähler; wenn er in seinem badischen Dialekt Anekdoten aus der badischen Kammer erzählte, dann blieb kein Auge tränenleer. Oft kam er auch zum Unterricht und hörte zu; der Eindruck, den er machte, war der eines Gelehrten. In unmittelbare Verbindung bin ich nur einmal mit ihm gekommen, als ich im November 1887 aus San Remo zurückkehrte; ich werde an der gehörigen Stelle davon berichten. Nach dem Tode meines Vaters zog er sich zurück und ließ nichts mehr von sich hören; er wollte, wie er mir in unserer

Prinzessin Victoria von Großbritannien (spätere Kaiserin Friedrich)
als Braut
Nach einem Gemälde von F. X. Winterhalter

Kronprinz Friedrich Wilhelm von Preußen (späterer Kaiser Friedrich III.)
mit Gemahlin. Januar 1858

letzten Unterredung bald nach meinem Regierungsantritt erklärte, von nun an im Sinne der von ihm gewählten Grabschrift leben: Bene vixit, qui bene latuit!*) Als ich dem Fürsten Bismarck davon erzählte, meinte er grimmig: Male vixit, male latuit!**), denn er und Roggenbach haben sich gründlich gehaßt.

*

Eine besondere Rolle spielte bei meinen Eltern Graf Götz v. Seckendorff. Er stand ursprünglich im Ersten Garderegiment zu Fuß und wurde als Kammerherr zu meiner Mutter kommandiert; der Kaiserin diente er später als Oberhofmeister. Er war mit einer ungewöhnlichen Begabung für die Künste ausgestattet und ein geschickter Aquarellist, besonders italienische Landschaften gelangen ihm gut; im Laufe der Zeit bildete er sich dann auch zu einem erfolgreichen Maler von Stilleben in Öl aus. In den Galerien und Museen Europas war er, ein ausgezeichneter Kenner der alten Meister, wie kein zweiter zu Hause. Mit einem außerordentlichen Talent für Sprachen begabt, war ihm Englisch, Französisch und Italienisch geradeso geläufig wie Deutsch. Sein Wesen war im allgemeinen durch eine mit großer Höflichkeit gepaarte kühle Zurückhaltung charakterisiert. Er begleitete meine Mutter auf allen ihren Reisen in die Fremde und war für sie von hohem Wert bei Besuchen von Sammlungen und Ateliers, bei der Auswahl und beim Ankauf von Bildern; zumal in Italien hat er ihr wertvolle Dienste geleistet. Dafür verschaffte sie ihrerseits ihm Gelegenheit, das ferne Ausland kennen zu lernen. So machte er 1868 die britische Expedition gegen Abessinien im Stabe Lord Napiers mit, und bei der Indienreise meines Oheims, des Prinzen von Wales, hat dieser ihn seinem Gefolge attachiert. Seit dieser Reise genoß Graf Seckendorff die besondere Wertschätzung des Prinzen, der große Stücke auf ihn hielt. Sein letztes großes Werk war die schöne Aus-

*) Wohl dem, der im Verborgenen lebt!
**) Schlecht lebte er, schlecht hielt er sich verborgen!

stellung französischer Meisterwerke, die aus vorwiegend französischem Besitz stammten, in der Berliner Akademie einige Jahre vor dem Weltkriege. Graf Seckendorff war alles in allem eine der markantesten Erscheinungen in der Kunstwelt und als solche von unschätzbarem Wert für die künstlerischen Bestrebungen meiner Mutter.

*

Ein stets willkommener Gast in meinem Elternhause war der hochgeschätzte Vertraute meines Vaters, der nachmalige Justizminister v. Friedberg, uns Kindern von frühester Jugend her bekannt. Wir haben ihn verehrt und sehr an ihm gehangen. Er war ein prächtiger Mann, schlicht, selbstlos und loyal. Bei meinen Eltern stand er ebenso wie nachmals bei mir in hohem Ansehen; mein Vater hat ihm in seiner kurzen Regierungszeit den Schwarzen Adlerorden verliehen. Es war eine der wenigen Dankesbezeugungen, die er seinen Getreuen erweisen konnte. Ich werde Friedbergs bei dem Kapitel über die neunundneunzig Tage noch zu gedenken haben.

*

Eine große Rolle spielte bei meinen Eltern der damalige Generaldirektor der Königlichen Museen, Graf Usedom, der früher Diplomat gewesen war. Mit seinem Bart und dem ausrasierten Kinn sah er aus wie ein richtiger Elblotse. Er war schon in den vierziger Jahren preußischer Gesandter in Rom gewesen und soll, wie mein Vater sagte, höchst amüsant aus dieser Zeit erzählt haben; meine Mutter konnte er damit immer erfolgreich zum Lachen bringen. Seine Frau Olympia, eine resolute Dame englischer Herkunft, pflegte ihre Urteile über alle Menschen, hoch und niedrig, mit erschreckend offenem Freimut kundzutun, während ihre umfangreiche Tochter Hildegard eine der übermäßig begeisterten Wagnerianerinnen war, wie man sie in jener Zeit nicht so selten antraf. Der alte Usedom pflegte sich darüber gern mit der ihm eigenen Mokanterie zu äußern.

*

Oft habe ich meine Mutter zu ihrem früheren Privatsekretär Ernst v. Stockmar begleitet, dem klugen Sohn des berühmten Vertrauten der Königin Victoria und des Prinzgemahls; von meiner Mutter wurde er sehr verehrt. Ich erhielt dort regelmäßig den ehrenvollen Auftrag, ihm seine Bücher aufzuschneiden. Auch als Leutnant bin ich noch oft bei ihm gewesen, brauchte dann freilich keine Bücher mehr aufzuschneiden. In seinen letzten Lebensjahren war er gelähmt und mußte im Rollstuhl sitzen.

*

Eine große Schwärmerei besaß meine Mutter für Prinz Adalbert, den Admiral und Schöpfer der preußischen Marine. Vielleicht war es die Tochter des seegewaltigen Englands, die aus dieser Zuneigung zu erkennen ist. In großem Ansehen stand bei ihr ferner der Direktor der Sammlung des Kunstgewerbemuseums Lessing, ein hervorragender Kenner des Kunstgewerbes, besonders alter byzantinischer und romanischer Stoffe. Er arbeitete viel in der Tornowschen Sammlung meiner Mutter, die sich damals im oberen Stockwerk des Prinzessinnenpalais befand und später den Grundstock für das Kunstgewerbemuseum gebildet hat. Er sah aus, wie man sich einen König von Babylon vorstellt, und imponierte uns durch äußerst originelle Ausdrücke, die er anzuwenden liebte. Auch mit Virchow und Helmholtz, die ich oft bei uns gesehen habe, hat meine Mutter viel verkehrt, mit Frau v. Helmholtz war sie sehr befreundet.

*

Zum liberalen Kreise meines Vaters zählte auch der Oberbürgermeister Winter von Danzig. Er war ein tüchtiger Verwaltungsbeamter, der u. a. in Danzig die Wasserleitung gebaut und damit Cholera und Typhus ausgerottet hat. Den bekannten Pfarrer v. Bodelschwingh, der die Anstalten für Innere Mission in und bei Bielefeld begründet hat, habe ich in meiner Jugendzeit nur selten gesehen. Er stand meinem Vater nahe und wurde von ihm geduzt, da er einstmals sein Spielgefährte gewesen war.

*

Unter den Gelehrten, die im Elternhause verkehrten, wären außer Virchow und Helmholtz noch der Altertumsforscher Ernst Curtius, die Historiker Ranke und Treitschke, der Philosoph Zeller, der meiner Mutter nahe stand, ferner Geffcken und Gustav Freytag zu nennen. Geffcken habe ich persönlich, soweit ich mich entsinne, niemals gesehen; Treitschke hat tiefen Eindruck auf mich gemacht. Dagegen bin ich von Freytags etwas weicher Natur sehr enttäuscht worden. Ich hatte mir nach seinen Werken, die ich, besonders die „Ahnen", mit Begeisterung gelesen hatte, eine ganz andere Vorstellung von ihm geschaffen. Übrigens hat er nach Hinzpeters Mitteilungen auch meinen Vater 1870, freilich in anderer Beziehung, enttäuscht. Er hatte ihn nämlich in seinem Stabe mitgenommen und große Hoffnungen auf seine Kriegsschilderungen gesetzt, die aber nicht erfüllt worden sind. Schließlich gedenke ich noch des Historikers Hans Delbrück, des nachmaligen Professors an der Berliner Universität. Er war Erzieher meines 1879 heimgegangenen Bruders Waldemar und hat viel mit meiner Mutter über politische und historische Fragen gestritten, was ihr immer großen Spaß gemacht hat. Hier waren einmal zwei widerspruchslustige Naturen aneinander geraten.

Eine unendlich sympathische Figur, die ich verehrt und bewundert habe, war der frühere Erzieher meines Vaters, der Archäologe Professor Ernst Curtius. Wegen seiner hinreißenden Begeisterung für das antike Hellas und die Hellenen möchte ich ihn den Herold des alten Griechentums nennen. Seine für gewöhnlich träumerisch und versonnen in weite Fernen blickenden Augen leuchteten auf, wenn er über sein Lieblingsthema sprechen konnte. Man gewann den Eindruck, er sähe die Personen und Dinge der klassischen Zeit, von denen er sprach, leibhaftig vor sich, so lebensvoll verstand er sie zu schildern. In mir entflammte er die heiße Begeisterung für das klassische Altertum, besonders Griechenland, die mich mein Leben hindurch begleitet hat und bis zu meinem Ende nicht verlassen wird. Seine reine Seele befähigte ihn, das Edle und Erhabene im alten Griechenland zu erfassen und zu gestalten; nie wurde er müde, darauf hinzuweisen, daß kein Volk der Erde so wie die alten Griechen die Gabe besessen habe, allen seinen Erzeugnissen den wundervollen Geist der Harmonie und Schönheit einzuflößen. Seine „Griechische Geschichte", die auf mich alles andere als den Eindruck eines trockenen Geschichtswerkes machte, habe ich mit geradezu fieberhafter Begeisterung gelesen.

Curtius war zart gebaut, die feingeschnittenen Züge seines Antlitzes zeigten einen Anflug von Klassizität und den Ausdruck begeisterungsfähiger Intelligenz. Freilich war auch ihm wie manch anderem Professor die Gabe der Zerstreutheit zu eigen. Ich bin ihm oft auf seinen Spaziergängen begegnet und sah jedesmal das gleiche Bild: die Hände auf dem Rücken, den Hut etwas zurückgeschoben, vielleicht den Olymp oder die Akropolis im Geist betrachtend, zog er träumend seinen Weg, unbekümmert um das, was um ihn her vorging, so daß er niemals jemand beim Begegnen erkannte. Wenn ich ihn unversehens anredete, hörte er zuerst gar nicht, und dann, wie aus dem Schlafe erwachend, schüttelte er mir freundlich die Hand und begrüßte mich: „Ach, mein lieber Herr Leutnant, was bringt mir das Vergnügen? Wie heißen Sie doch gleich?"

Curtius und meinem Vater ist es zu verdanken, daß dem Deutschen Reich bei der Erforschung des alten Griechenlands sein gebührender Anteil und seinen Archäologen eine führende Rolle zuteil geworden ist. Ich nenne nur den Namen Olympia.

III.

Meine Erziehung lag bis zu meinem siebenten Lebensjahre in weiblichen Händen — in weiblichen, aber nicht übermäßig zarten!

Denn Fräulein v. Dobeneck, so hieß meine Erzieherin, eine große, hagere Dame, war von strengem Charakter, und „handgreifliche" Unterweisungen lagen durchaus nicht außerhalb ihrer Erziehungsmethode. Später war „Dokka", wie wir Kinder sie nannten, bei meiner Schwester Charlotte; ich kann mich aber nicht erinnern, ob zwischen beiden das Verständnis besser geworden ist. Gut, sehr gut gemeint hat sie es jedenfalls auch mit mir, und ich wage es nicht zu entscheiden, ob die „Schuld" mehr bei ihr als bei mir lag, da ich mich zu sehr Partei fühle. Damals war ich freilich über dieses Problem weit weniger im Zweifel, denn schnell fertig wie mit dem Wort ist die Jugend auch mit dem Urteil.

Nach dem Willen meiner Eltern sollte in meiner Erziehung die menschlich-bürgerliche Seite durchaus den Vorrang haben vor der militärischen. Gleichwohl war es nicht zu umgehen, den künftigen König von Preußen von Kindesbeinen an mit dem Waffenhandwerk vertraut zu machen, um ihn Verständnis und Liebe für das Fundament seines Königtums gewinnen zu lassen. Ich bekam daher im Januar 1866 einen Militärgouverneur, und zwar in der Person des Hauptmanns v. Schrötter vom Garde-Feldartillerieregiment, des späteren Militärattachés in London. Schrötter war ein Mann von einfachem, schlichtem Wesen, den ich sehr verehrt habe. Er verstand es in glücklicher Weise, seinem Zögling die Kenntnis der Heereseinteilung, des Uniform- und Waffenwesens zu vermitteln und sein Interesse, das schon frühzeitig durch das Vorbild von Großvater und Vater geweckt war, lebendig zu erhalten und zu vertiefen. So denke ich noch jetzt mit großer Dankbarkeit an meinen ersten militärischen Mentor zurück.

Auch eines anderen Militärs habe ich zu gedenken, wenn ich von meiner frühesten Jugend erzähle. Es ist der Sergeant Klee, der spätere Krongardist. Denn dieser biedere Mann hatte die Aufgabe, mich im Trommeln zu unterweisen! Ich brachte es auch vermöge jener Begeisterung, die wohl alle deutschen Jungen diesem Musikinstrument entgegenbringen, zu einer gewissen Fertigkeit; und war die Wirkung vielleicht auch nicht immer harmonisch vollendet, so war sie doch gewiß geräuschvoll. Und das war für einen Jungen in meinem Alter zweifellos die Hauptsache! Ihm aber, dem Braven, der sich so wackere Mühe gab, mich zu einem Meister auf dem Kalbfell zu machen, habe ich durch die Jahrzehnte einen Platz in meinem Herzen bewahrt. Ist doch die Erinnerung an ihn ein Stück unvergeßlich glückseliger Kindheit!

Langsam trat nun aber sozusagen der Ernst des Lebens an mich heran. Es geschah dies zuerst in Gestalt des Seminarlehrers Schüler aus Potsdam, dem das Schicksal die Aufgabe gestellt hatte, mich in die Geheimnisse des Schreibens und Lesens einzuführen. Er war ein guter, lieber Mann, den ich unendlich gern gehabt habe. Schöne Stunden gemeinsamer Arbeit und Erholung haben wir insbesondere in Erdmannsdorf erlebt.

Mit jenen Tagen des Krieges von 1866 beginnt nun aber auch in der Geschichte meiner Erziehung ein neuer Abschnitt. Denn damals erhielt ich, wie ein halbes Jahr zuvor einen Militärgouverneur, so jetzt auch einen zivilen Erzieher, und eine Persönlichkeit trat damit in mein Leben, die von bestimmendem Einfluß auf meine ganze geistige Entwicklung werden sollte.

*

Georg Hinzpeter war nicht ganz 39 Jahre alt, als er mein Erzieher wurde. Er war aus Bielefeld gebürtig und hatte das dortige Gymnasium besucht, an dem sein Vater Professor war. Nach dem Studium der Philosophie und der klassischen Philologie, das er mit der Promotion zum Doktor der Philosophie abschloß, wurde er zunächst Lehrer am Gymnasium seiner Heimatstadt. Er übernahm in den fünfziger Jahren die Stelle eines Erziehers bei den beiden Prinzen zu Sayn-Wittgenstein-Berleburg, dann bei dem Grafen

Emil von Görtz-Schlitz, der mir später sehr nahegestanden hat. Hier im Hause des Grafen Görtz lernte mein Vater den Pädagogen kennen, dessen Fähigkeiten ihm so gerühmt wurden, daß er ihn zur Erziehung für meinen Bruder Heinrich und mich zu gewinnen beschloß. Seinen Bemühungen blieb der Erfolg nicht versagt, und im September 1866 konnte Hinzpeter sein Amt bei uns übernehmen, das er fast 13 Jahre lang innegehabt hat.

Hinzpeter war ein kluger, wissenschaftlich streng durchgebildeter Mann mit tiefgründigem Wissen und vielseitigen Interessen, ein aufrechter, vornehmer Charakter, freilich in hohem Maße von Ehrgeiz erfüllt. Seine Pädagogik war ganz auf harte, nüchterne Pflichterfüllung und auf „Dienen" eingestellt: der Charakter muß durch stetes „Entsagen" gestählt werden, das Leben des Prinzen hat sich im Sinne „altpreußischer Einfachheit" zu gestalten, die rauhe Erziehung der Spartaner ist das Ideal. Kamen die Meiningischen Vettern zu Besuch, so war es meine Pflicht, ihnen gastfreundlich Kuchen anzubieten – selbst aber durfte ich nichts nehmen: „Entsagen" war die Losung. Zum Frühstück gab es trockenes Brot – denn die Schwarze Suppe der Spartaner war auch nicht frugaler gewesen. Lob spendete er nie – denn der kategorische Imperativ der Pflicht verlangte sein Recht an sich, was brauchte es da des anfeuernden oder anerkennenden Wortes? Ich entsinne mich, daß ich einmal zum Geburtstag meines Großvaters von Kassel aus nach Berlin gefahren, aber aus Arbeitseifer nicht zur Feier am Abend geblieben war. Als ich mich nach durchfahrener Nacht am andern Morgen bei Hinzpeter, der noch im Bett lag, zurückmeldete, erhielt ich statt eines Wortes der Anerkennung lediglich die Anweisung, mich auf die erste Unterrichtsstunde vorzubereiten. Dieser streng durchgeführte Grundsatz, nicht zu loben, war der Ausfluß eines pädagogischen Systems mit ganz bestimmter Zielsetzung: er verlangte vom Schüler das Unmögliche, um ihn wenigstens den nächsten Grad der

Vollkommenheit erreichen zu lassen. Da nun das gestellte (unmögliche) Ziel natürlich nie erreicht wurde, konnte logischerweise auch kein Lob als Zeichen der Zufriedenheit verabfolgt werden. Ich möchte die Art dieses Systems an einem mir naheliegenden militärischen Beispiel demonstrieren.

Die preußische Kavallerie wies zur Zeit meines Großvaters zwei hervorragende Reiterführer auf: Rosenberg, der die Rathenower Zietenhusaren, und Krosigk, der die Gardehusaren kommandierte. Krosigk war ein sehr gewiegter, ernster Pferdedresseur und benutzte die Bahnreiterei, um Pferd und Reiter „für die Attacke" heranzubilden. Er entwickelte auch das Springen über Hindernisse ganz systematisch und brachte seine vorzüglich durchgebildeten Pferde in voller Ordnung über jedes springbare Hindernis, das diese unter Reiter- und Kriegsgepäckgewicht zu überwinden imstande waren. Rosenberg dagegen betrieb die Bahnreiterei sehr kursorisch und „genial", so daß seine Pferde nicht übermäßig durchgeritten und ausgebildet wurden. Dafür ließ er sie allerhand Hindernisse nehmen, die im Reglement nicht vorgesehen waren, z. B. über eine Hürde zwischen feuernde Schützen hindurch springen, oder über einen brennenden Holzstoß usw. Beim Stangenspringen in der Bahn ließ er die Sprungstange den Pferden in Kopfhöhe derselben vorhalten. Er wußte sehr wohl, daß das Pferd eine solche Höhe niemals nehmen konnte, wollte aber, daß es den Schneid bekäme, auch das Unmögliche zu wagen. – Ähnliches verlangte Hinzpeter auch von seinem Zögling, der sich der Grenzen seiner Leistungsfähigkeit durchaus bewußt war.

Man mag über die Hinzpetersche Pädagogik denken wie man will, – daß aber ein Unterricht, dem die Freude fehlt, von falschen psychologischen Voraussetzungen ausgeht, erscheint mir außer Zweifel. Denn freudlos wie das Wesen des pedantischen und herben Mannes mit der hageren dürren Figur und dem Pergamentgesicht, der im Kalvinismus groß geworden war, ebenso freudlos war seine Erziehungsmethode und freudlos die Jugendzeit, durch die mich die harte Hand des „spartanischen Idealisten" geführt hat.

Mein Arbeitspensum begann unter Hinzpeters Leitung morgens um 6 Uhr im Sommer, um 7 Uhr im Winter. Es endete erst gegen 6 Uhr oder 7 Uhr des Abends, und es waren nur zwei Pausen eingelegt, die zu den Mahlzeiten und zu den körperlichen Übungen benutzt wurden. Für einen Knaben von sieben Jahren war das gewiß eine recht erhebliche Anspannung.

Das Ziel, das Hinzpeter sich für die Erziehung seines Zöglings gesteckt hatte, war die harmonische Ausbildung der Geisteskräfte vermittels der altklassischen Gymnasialbildung, die strenge „Gymnastik des Geistes", die Befähigung zur Lösung geistiger Aufgaben durch ständige Übung, gewissenhaftes Streben nach Erkennen und Wissen und die Gewinnung einer historischen Weltanschauung, vor allem aber, wie gesagt, die Gewöhnung an Pflichterfüllung. Die Erlangung dieser Fähigkeiten durfte weder durch die Anforderungen der Repräsentation, die in Berlin einen Prinzen des Königlichen Hauses naturgemäß viel in Anspruch nahmen, noch durch die Erwerbung jener anderen Fähigkeiten beeinträchtigt werden, die ich mir aneignen mußte: Reiten, Schwimmen, Fechten, Tanzen, Übung in der französischen und englischen Sprache usw. Dies alles mußte nebenbei gelernt werden und durfte den großen Plan Hinzpeters nicht stören.

Vortrefflich war nach meiner Meinung der Religionsunterricht meines Lehrers. Er, der selbst, wie gesagt, Kalvinist war, hat seinen Schüler nur mit Bibel und Gesangbuch aufwachsen lassen unter Zurückstellung aller konfessionellen und dogmatischen Fragen. Diese betrachtete er als „Erzeugnisse menschlichen Geistes", welche dazu angetan wären, die großen, klaren und einfachen Linien unseres christlichen Glaubens, wie sie der Herr gelehrt hat, zu „verpriestern" und das Gemüt eines Kindes zu verwirren. Ich verdanke es dieser weisen Maßregel, daß dogmatische oder konfessionelle Fragen für mich niemals eine vorherrschende Bedeutung gehabt haben. Ich bin dadurch in die Lage versetzt worden, mit voller Objektivität an die kirchlichen und religiösen Fragen beider Bekenntnisse, die wir in Deutschland haben, heranzutreten; Polemik in der Religion ist mir stets fremd geblieben, und ein Begriff wie das selbstherrliche „Orthodox" mir bis auf den heutigen Tag ein Greuel. Für den künftigen Herrscher war das wohl das einzig richtige Prinzip der religiösen Erziehung.

Ein warmes Herz besaß Hinzpeter für die soziale Frage, die damals noch so gut wie unbeachtet war. Es hing das zusammen mit seiner hohen Auffassung vom Christentum, das ihm in schönstem Sinne die Lehre von der werktätigen Nächstenliebe war. Zudem hatte er als Sohn der roten Erde ausgiebig Gelegenheit gehabt, die Arbeiterfrage in der dortigen Industrie kennen zu lernen. Jeden Mittwoch und Sonnabend Nachmittag, wenn schulfrei war, ging er mit meinem Bruder Heinrich und mir in Fabriken und Werkstätten, in eine Schmiede, eine Gießerei oder sonst einen Produktionsbetrieb. Hier wurde uns alles gezeigt, was von Bedeutung war, und es waren dabei zwei Seiten, die Hinzpeter pflegte: einmal mußten wir den Entstehungsprozeß kennen und verstehen, zum andern die soziale Frage erfassen lernen. Als bezeichnenden Zug für Hinzpeters soziale Einstellung will ich erwähnen, daß wir nach jedesmaligem Besuch einer Werkstatt an den betreffenden Meister herantreten, den Hut abnehmen und in geziemenden Worten unseren Dank abstatten mußten. Wir gewannen Achtung vor der Leistung des Handarbeiters, sahen, unter welchen Bedingungen er seine Tätigkeit ausübte, wie ihn Gefahr und Tod umlauerten, wie die damals noch zwölfstündige Arbeitszeit mit ihrem kärglichen Lohn sein ganzes Leben auffraß und ihm keine Zeit ließ, Mensch unter Menschen zu sein. Wir sahen die traurigen Wohnverhältnisse der Arbeiter und ihrer Familien, die oft in großem Elend hausten. Aber das schlimmste, was wir sahen, war die entseelende Macht der Maschine, die den Arbeiter zum kleinen Rädchen oder noch weniger in einem riesengroßen Uhrgetriebe machte. Niemals sah der Mann am Schraubstock oder im Heizraum oder in der Gießerei ein Stück, das er als Werk seiner Hände erkennen, auf das er mit dem Stolz des ehrsamen Handwerkers blicken und das ihm der Lohn für heiße Arbeit sein konnte. Er war eben kein Ganzes, er war nur noch ein Teilchen. Früh lernte ich so Verständnis für den deutschen Arbeiter gewinnen und warmes Mitempfinden für sein Schicksal fühlen. Daß dies geschah, ist wohl Hinzpeters größtes Verdienst um meine Erziehung und Menschenbildung gewesen, das ich ihm nie vergessen habe.

Ich werde im Verlauf meiner weiteren Darstellung noch häufig auf Hinzpeter zurückkommen. Hier nur noch so viel, daß ich trotz der bitter harten Schule, durch die er mich geleitet hat, niemals das Gefühl der Dankbarkeit und Verehrung für alles, was er mir gegeben hat, verloren habe. Bei ihm habe ich das Wichtigste gelernt, was ein Mensch lernen kann: arbeiten und seine Pflicht tun. Ich habe nie die Verbindung mit ihm gelöst, sondern bin bis an sein Lebensende in dauerndem persönlichen und brieflichen Verkehr mit ihm geblieben. Er hielt mich über Veröffentlichungen und Forschungsergebnisse auf wissenschaftlichem Gebiet auf dem laufenden und unterrichtete mich vornehmlich über den Stand und die Entwicklung seines Lieblingsgebiets, der sozialen Frage. Als 1889 der Bergarbeiterausstand in Westfalen eine gefährliche Lage schuf, stand er mir mit seinem erfahrenen Rate hilfreich zur Seite. 1890 machte ich ihn zum Mitglied des preußischen Staatsrats, und er wurde noch im selben Jahre führendes Mitglied der Konferenz, die die von mir angeregte Schulreform beriet. Daß Hinzpeter, wie viele und auch Bismarck glaubten, mich gegen den großen Kanzler eingenommen und den unseligen Konflikt genährt hätte, entspricht in keiner Weise den Tatsachen. Freilich vertrat er Anschauungen von dem Wesen des Königtums, die sich mit einer übermächtigen Stellung des Kanzlers nicht vertrugen. Große Verdienste hat Hinzpeter sich auch um die gesellschaftliche und wirtschaftliche Hebung der Philologen erworben, die ihm der Stand der akademisch gebildeten Lehrer nicht vergessen sollte. Ich konnte seine vielfachen Verdienste noch dadurch anerkennen, daß ich ihn zum Professor und zum Wirklichen Geheimen Rat machte.

Aber diese äußerlichen Ehrungen haben mir nicht das Bewußtsein gegeben, daß damit meine Dankesschuld abgetragen sei. Was wir unseren Eltern und Erziehern verdanken, läßt sich überhaupt nicht vergelten.

*

In den ersten vier Jahren des Unterrichts durch Hinzpeter trieb ich vornehmlich Latein, Rechnen, Geschichte und Erdkunde. Latein habe ich nicht ungern gelernt; das gute Gedächtnis, mit dem die Natur mich ausgestattet hat, erleichterte mir wesentlich die Aneignung dieser Sprache. Mein Lieblingsfach war von Jugend auf Geschichte, oder vielmehr zuerst die griechische Sagenwelt. In meinem „Lebenslauf" finden sich darüber die bezeichnenden Worte: «Von früher Zeit an liebte ich besonders die Geschichte der griechischen Heroen, vorzüglich die des Trojanischen Krieges, indem mir vor allem Achilleus tiefen Eindruck machte und mir lieb war.» Aus dieser Zeit schon stammt meine große Liebe zum klassischen Altertum, die sich später in archäologischen Neigungen offenbarte, und die mir bis auf den heutigen Tag geblieben ist. Daneben entwickelte sich schon in diesen Jahren für die deutsche Geschichte ein geradezu leidenschaftliches Interesse bei mir, das durch die Ereignisse des großen Jahres 1870 nur bestärkt werden konnte. Geringe Neigung und Veranlagung brachte ich hingegen den Fächern Rechnen und Mathematik entgegen, meine Begabung war hierfür nur schwach entwickelt. Ich habe wohl gelernt, was gelernt werden mußte, aber ich bin über den Durchschnitt nicht hinausgekommen.

Andererseits aber besaß ich ein ausgesprochenes Talent für Sprachen, besonders Englisch und Französisch, die mit Rücksicht auf meine spätere Stellung in erster Linie gepflegt werden mußten. In der englischen Sprache habe ich die Anfangsgründe naturgemäß von meiner Mutter gelernt, die auch späterhin zur Übung viel mit uns Englisch sprach. Den ersten eigentlichen Unterricht gab mir Miß Archer, eine Freundin meiner Mutter, frisch, liebenswürdig und lustig, bei der ich gern gelernt habe. Sie war überhaupt in Erziehungsfragen eine recht bedeutende Frau und soll, als sie nachmals ein Lyzeum in Berlin begründete, hervorragende Erfolge gehabt haben. An ihre Stelle trat dann Miß Byng, gleich Miß Archer eine liebenswürdige Engländerin, die später bei meinen Schwestern Gouvernante wurde.

Während die englischen Lehrkräfte wiederholt wechselten, habe ich französischen Unterricht bis zu meiner Übersiedelung nach Kassel bei ein und derselben Lehrerin genossen. Es war das Mademoiselle Darcourt, eine scharmante, schon ältere französische Dame. Sie kam von Lord Seymour zu uns und hat sich in jeder Weise bewährt. 1875 verheiratete sie sich mit Hinzpeter, kam aber nicht mit nach Kassel, so daß sie erst, nachdem ich das Abiturium bestanden hatte, dauernd mit ihrem Gatten vereinigt wurde. Ich habe beide in Bielefeld, wo sie sich niedergelassen hatten, noch oft besucht und ebenso wie meinen Erzieher auch sie bis an ihr Lebensende sehr verehrt.

Meinen Militärgouverneur Hauptmann v. Schrötter behielt ich leider nur ein Jahr. An seine Stelle trat schon 1867 der Premierleutnant O'Danne vom Lehrbataillon, der ein gutes und gewandtes Auftreten besaß, auch schön sang, aber kein fester Charakter war. Mein Vater erlebte schwere Enttäuschungen mit ihm, als er ihn während des Krieges einmal nach Frankreich kommen ließ.

*

Hand in Hand mit meiner wissenschaftlichen ging meine körperliche Ausbildung. An und für sich war mir eine gute, widerstandsfähige Konstitution zu eigen; ich erwies mich im Ertragen von geistigen Anstrengungen und körperlichen Strapazen durchaus meinen Kameraden gewachsen, teilweise überlegen. Unzuverlässig zeigte sich meine Natur allein darin, daß ich für ansteckende Krankheiten in einem außerordentlich hohen Grade anfällig war und von diesen dann auch ungemein schwer heimgesucht wurde. Wenn irgend jemand in meiner Nähe einen harmlosen Schnupfen hatte, wurde ich unweigerlich angesteckt, bekam ihn dann aber mit mehr oder weniger hohem Fieber und war auf mindestens eine Woche völlig arbeitsunfähig. Ich habe mich daher vor ansteckenden Krankheiten immer nach Möglichkeit in acht nehmen müssen.

Ein ausgesprochenes Hemmnis war es aber für mich, daß mein linker Arm infolge einer bei der Geburt entstandenen, anfangs übersehenen Verletzung in der Entwicklung zurückgeblieben war und seine freie Beweglichkeit eingebüßt hatte. Die ärztliche Wissenschaft der Zeit hatte wohl noch nicht jene modernen orthopädischen Mittel bereit, mit denen man heute einen solchen Zustand beheben würde. Jedenfalls wurde ich auf die verschiedensten Arten behandelt, die man jetzt wohl nur noch als laienhaft bezeichnen würde, und die das einzige Ergebnis hatten, daß ich in schmerzvollster Weise gequält wurde.

Auch der Turnunterricht, den ich von dem tüchtigen und sympathischen Hauptmann v. Dresky vom 2. Thüringischen Infanterieregiment Nr. 32, dem späteren Leiter der Militärturnanstalt, seit 1866 erhielt, verfolgte ursprünglich lediglich die Absicht, meinen Arm auf gymnastischem Wege zu kräftigen. Erst allmählich ging er zum eigentlichen Turnen über, das ich aber selbstverständlich niemals mit der Passion betreiben konnte wie andere, nichtbehinderte Knaben.

Dahingegen habe ich das Schwimmen, das mir zuerst ebenfalls beträchtliche Schwierigkeiten bereitete, bald mit lebhafter Begeisterung betrieben und es darin zu großer Fertigkeit gebracht. Auch für die anderen Arten des Wassersportes, wie Segeln und Rudern, habe ich viel Neigung gehabt. Zu großer Gewandtheit bin ich auch im Schießen gelangt.

Das Schwierigste vor allem aber war für mich, Reiten zu lernen. Bei diesem Unterricht habe ich schwere Stunden erlebt. Ich möchte statt eigener Worte die hierauf bezüglichen Ausführungen Hinzpeters selbst hersetzen, in denen er sich Rechenschaft über seine Erziehung gibt: «Das Reiten, welches anfangs nur mit wirklichem Risiko und trotz tränenreichen Widerwillens mit besonderer Entschiedenheit aufgezwungen war, wurde eine mit Vorliebe und Erfolg geübte Fertigkeit. Das hierbei mit unsäglicher Selbstüberwindung beobachtete Verfahren war so charakteristisch für die ganze Erziehungsweise, daß wir glauben, es ausführlicher erwähnen zu sollen. Der Prinz war 8½ Jahre alt, und noch führte ein Lakai seinen Pony am Zügel, weil seine körperliche Unsicherheit ihm selbst wie anderen unüberwindliche Angst einflößte. Solange diese aber bei ihm dauerte, war an Reitenlernen nicht zu denken; sie mußte um jeden Preis besiegt werden. Da weder Reitknecht noch Stallmeister dazu imstande waren, hob der Erzieher, seine inzwischen unbedingt gewordene moralische Autorität mit einsetzend, den weinenden Prinzen auf sein Pferd ohne Bügel und erzwang die Übung der verschiedenen Gangarten, taub gegen alles Bitten und Weinen, erbarmungslos den unaufhörlich herunterstürzenden Reiter wieder hinaufhebend, bis endlich nach wochenlanger Quälerei das nötige schwer zu erwerbende Gleichgewicht erlangt war. Diese Morgenübungen in den Seitenalleen des Parkes von Sanssouci waren ein Schrecken für jedermann, ein größerer für den Zwingenden als für den Gezwungenen. Aber nur ungewöhnliche Energie und Rücksichtslosigkeit konnten die ungewöhnliche, wenn auch natürliche Schwäche besiegen. Nachdem dies einmal geschehen und der Prinz durch Wecken der eigenen Kraft jedem anderen Knaben

Kronprinzessin Victoria v. Preußen mit ihrem ältesten Sohn
(späterer Kaiser Wilhelm II.). Mai 1859
Nach einer englischen Lithographie

Kronprinz Friedrich Wilhelm (späterer Kaiser Friedrich III.) und Prinz Wilhelm von Preußen in schottischer Tracht auf Schloß Balmoral in Schottland

gleichgestellt war, konnte er dem Stallmeister übergeben werden zu weiterer schnell fortschreitender Ausbildung.»

Der Erfolg hat Hinzpeters Methode recht gegeben. Aber bitter hart war der Unterricht, und mein Bruder Heinrich hat oft aufgeheult vor Schmerz, wenn er das Martyrium meiner Jugend mit ansehen mußte.

*

Im Anschluß an diese Ausführungen möchte ich eine Behauptung berichtigen, die oft aufgestellt worden ist: daß ich nämlich, entsprechend der alten Hohenzollerntradition, nach der jeder Prinz ein Handwerk lernen muß, die Buchbinderei erlernt hätte. Das ist nicht der Fall, konnte es auch mit Rücksicht auf meinen Arm nicht sein. Dagegen hat mein Bruder Heinrich das Buchbinden gelernt, und zwar bei dem Sohn des Berliner Hofbuchbinders Collin. Er hat dies Handwerk mit großer Passion betrieben, wie er überhaupt starke Neigung für Bastelei zeigte; so hat er auch später in Kassel drei Jahre lang die Tischlerei gelernt. Damals fiel seine Buchbindekunst, die er im Kronprinzenpalais Unter den Linden ausübte, wegen des damit verbundenen Kleistergeruchs wenig angenehm auf. Collin wurden deshalb von verschiedenen Seiten Vorstellungen gemacht; doch wies er diese mit dem entschiedenen Einwand ab, ohne den Gestank ginge es nicht, und Eau de Cologne könne man in den Kleister nicht hineintun. Dabei blieb es dann auch.

Mein Bruder hat seine Künste nach Jahrzehnten noch einmal praktisch verwerten können. Als die furchtbare Inflation nach dem Weltkriege die Preise ins ungemessene trieb, hat er auf seinem schleswigschen Gute für die Kinder seiner Angestellten die Schulbücher gebunden. Eine alte Tradition unseres Hauses trug so in der Zeit der deutschen Not noch schöne Frucht.

* * *

Das tägliche Leben spielte sich in ziemlich engem Rahmen ab. Im Winter wohnten wir im Kronprinzenpalais in Berlin; mein Zimmer lag im oberen Stock, an der Ecke nach der Oberwallstraße. Hier in Berlin kamen wir uns immer fast wie Gefangene vor. Denn die Großstadt mit ihrem steinernen Meer, fernab der Natur, ist nichts für die Jugend. Wie groß war daher unsere Freude, wenn es im Frühling nach Potsdam ging! Wochenlang vorher freuten wir uns schon auf den Augenblick, da der große Umzug nach dem Neuen Palais vor sich gehen sollte – in die Freiheit! Und wie groß war unser Schmerz, wenn es im Spätherbst wieder zurück nach Berlin ging! Potsdam ist meine zweite, und ich muß sagen liebere Heimat gewesen; hier habe ich mich wohl gefühlt. An das kleine einfache Mansardenzimmer im zweiten Stock des Neuen Palais mit seinem „Ochsenauge" denke ich oft voll stiller Wehmut zurück.

Ich habe schon dargestellt, daß die Zeit von morgens 6 Uhr – im Winter 7 Uhr – bis zum späten Abend von der Arbeit ganz in Anspruch genommen war. Das Frühstück nahmen wir immer mit unseren Eltern gemeinsam ein, das Mittagessen nur dann, wenn keine Gäste geladen waren. Waren Ferien oder nachmittags schulfrei, so machten meine Eltern, oder mein Vater allein, mit uns Spaziergänge in die nähere und weitere Umgebung der schönen Havelstadt. Dann besichtigten wir unter Führung meines historisch interessierten Vaters die Schlösser Potsdams, vor allem Sanssouci und das Stadtschloß, oder standen in der Garnisonkirche an der Gruft des Großen Königs. Oder wir machten Ausflüge nach Bornstedt, nach dem Wildpark, nach dem Pfingstberge, nach den Fuchsbergen oder nach der geliebten Pfaueninsel. Auf dieser lieblichen, von Erinnerungen an meine Urgroßmutter, die Königin Luise, erfüllten Insel weilten wir besonders gern. Mit Vergnügen erinnere ich mich noch des Ehepaares Friedrich dort; der Mann war Maschinenmeister, sie eines der Potsdamer alten Originale und Besitzerin einer umfangreichen Sahnetopfsammlung! Jeder Besucher war moralisch verpflichtet, einen Topf zu stiften, so daß die Sammlung, wie man sich denken kann, schließlich recht beträchtlich geworden war. Mein Vater kannte die guten alten Leute noch aus seiner Jugendzeit her und neckte sich in seiner launigen Weise gern mit ihnen.

Unter den Verwandten, die wir häufig besuchten, gedenke ich in erster Linie der Fürstin Liegnitz, meines Urgroßvaters Friedrich Wilhelms III. zweiter Gemahlin. Ich entsinne mich ihrer als einer sonnigen, sanften und gütigen alten Dame, die die Verehrung aller Mitglieder unseres Hauses genoß. Auch meine Eltern waren ihr sehr zugetan und schickten mich oft mit Blumen zu ihr; sie wohnte in der nach ihr benannten Villa am Eingang zum Park von Sanssouci. Ich sehe noch heute den liebevollen Ausdruck ihres Gesichtes vor mir, aus dem ein gutes, weiches Herz sprach. Ihre schwierige Stellung hat sie ihr Leben lang mit feinstem Takt gewahrt und dadurch sich allgemeine Verehrung gewonnen.

Eine alte Dame, die bei aller Liebenswürdigkeit uns Kindern größten Respekt einflößte, war Königin Elisabeth, die Gemahlin meines Großoheims, König Friedrich Wilhelms IV. Sie lebte ganz zurückgezogen, im Sommer in Schloß Sanssouci, im Winter im Schloß zu Charlottenburg. Sie besaß ein Holzmodell von Jerusalem, genannt das „Himmlische Jerusalem", mit abnehmbaren Kuppeln; wenn ich die Großtante besuchte, durfte ich stets mit diesem schönen Modell spielen. Meine Eltern haben die Tante Elise sehr geliebt. Auch Tante Marie, die Gemahlin Prinz Karls, des Bruders meines Großvaters, stand meinen Eltern sehr nahe. Wir sind sehr häufig bei der lieben alten Dame zu Besuch gewesen. Prinz Karl dagegen habe ich nur bei Hoffestlichkeiten und anderen größeren Gesellschaften gesehen.

Wenn in den Ferien das Wetter es irgend erlaubte, ging mein Vater mit uns täglich baden. Entweder gingen wir zu unserer

Privatbadeanstalt am Gaisberg zwischen Potsdam und Caputh oder zur Militärschwimmanstalt an der Havel. Oder aber es wurde gerudert. Diese Bootsfahrten gingen auf dem Jungfernsee bei Glienicke vor sich, wo mich ein Matrose der dort stationierten Matrosenabteilung im Rudern unterwies. Meiner Segelpassion konnte ich teils auf dem Segelkutter „Uskan" des Prinzen Friedrich Karl, teils auf der hübschen Segelfregatte „Royal Louise" nachgehen. Diese stand unter dem Kommando des Schiffsführers Velten, der als Geschützführer im Kriege 1870/71 an Bord des Kanonenbootes „Meteor" unter Kapitänleutnant Knorr das siegreiche Gefecht gegen den französischen Aviso „Bouvet" vor Havanna mitgemacht hatte. Die „Royal Louise", die vor der sogenannten „Matrosenstation", außerhalb des Neuen Gartens vor Anker lag, war ein Geschenk König Wilhelms IV. von England an König Friedrich Wilhelm III., dem sie gelegentlich eines Gartenfestes auf der Pfaueninsel feierlich übergeben worden war. In den Anfängen der preußischen Marine diente sie einige Zeit den auf der Marineschule zu Berlin stationierten Seekadetten mangels eines geeigneteren als Schulschiff für die Ausbildung der Takelagekenntnis und des Segelexerzierens. Ein halbes Dutzend Matrosen machte zu meiner Zeit die Besatzung aus. Einige kleine Modellkanonen an Bord dienten Heinrich und mir zum Feuern von Saluten. Ich bin nach meinem Regierungsantritt häufig mit den in Berlin anwesenden Admiralen auf der „Royal Louise" gesegelt, wobei die Stationen von diesen besetzt wurden (sehr zum Gaudium der Matrosen!) und das Kommando meistens Admiral Hollmann führte. Auch die verewigte Kaiserin ist oft und gern mit der alten Fregatte gefahren.

Als ich mich in reiferem Alter im Schießen vervollkommnet hatte, nahm mich mein Vater auch auf die Jagd mit. Gott weiß, mit welcher Lust ich dem edlen Weidwerk gehuldigt habe, und immer wenn die Zeit kommt, da die Hirsche im Walde schreien, möchte ich zur geliebten Büchse greifen und auf die Pirsch gehen! Ich schoß mein erstes Wild im Jahre 1872, am Geburtstag meiner Großmutter, der Kaiserin Augusta; es war ein Fasan. Bald erlegte ich auch meinen ersten Hasen. Meinen ersten Hirsch schoß ich im Herbst 1876 im Wildpark.

Im Winter, wenn wir in Berlin waren, gingen wir gern in ein Museum, in das Theater, in den Zirkus Renz oder auch in den Zoologischen Garten, der uns ebenso wie der Botanische Garten viel Unterhaltung und Belehrung bot. In das Theater ging mein Vater mit Vorliebe und nahm uns Kinder häufig dahin mit. Dies geschah natürlich noch mehr in späteren Jahren, besonders als die Meininger ihre berühmten Aufführungen veranstalteten. Im Opernhause wechselten damals noch Balletts, die nach Pariser Muster den ganzen Abend beanspruchten, mit Opern ab. Ich habe später diese abendfüllenden Balletts abgeschafft und dafür Volkstänze geben lassen, die im Kostüm der im Stück auftretenden Völker vorgeführt wurden. Ich besaß für gute Musik von Jugend auf große Neigung, da ich nichts stärkenderes kenne. So war meine Freude immer groß, wenn mein Vater uns in die Oper mitnahm. Wir durften aber die Musik nicht bloß an unseren Ohren vorüberrauschen lassen, sondern mußten uns auf seine Anordnung die Melodien gut merken. So wurde ich musikalisch erzogen und erwarb mir auch ein gutes Gedächtnis für Melodie und Rhythmus.

Natürlich haben wir alle die Spiele gespielt, an denen deutsche Jungen ihr Vergnügen haben: Räuber und Soldat, Indianer oder militärisches Exerzieren. Die Schauplätze dieser Taten waren meist der Park von Sanssouci oder das Bornstedter Feld. Bei diesen Spielen kam ich mit einer großen Anzahl anderer Knaben zusammen, von denen mehrere mir liebe Kameraden geworden sind.

Unter ihnen muß ich an erster Stelle meines drei Jahre jüngeren Bruders Heinrich gedenken. Seit dem Jahre 1868 lebten wir beide zusammen, er kam später auch mit nach Kassel, und das gute Verhältnis aus der Jugendzeit ist niemals getrübt worden. Er ging bereits in frühester Jugend in seemännischen Dingen auf und wollte dermaleinst zur Marine gehen; das war, da ich selbst großes Interesse für die Marine hatte, ein weiteres Bindeglied zwischen uns.

So gedenke ich erst in zweiter Linie der anderen Kameraden, deren Gestalten von meinem Gedächtnis festgehalten worden sind. Manch lustiges, frisches, manch ernstes und nachdenkliches Knabengesicht steigt in meiner Erinnerung auf. Ich sehe sie wieder vor mir, wie einst in schönen Jugendtagen: Mortimer v. Rauch, den Sohn des Oberstallmeisters, verschiedene Kadetten – v. Rex, v. Haenisch und v. Moß –, dann zwei Brüder v. Bronikowski, von denen der eine später im Ersten Garderegiment zu Fuß, der andere mit meinem Bruder Heinrich zusammen bei der Marine stand; ihr Vater war ein großer Sänger und musizierte viel mit meiner Mutter zusammen. Dann sehe ich den immer vergnügten und liebenswürdigen Prinzen Georg Radziwill, den Sohn des Generaladjutanten, der später auch Offizier wurde, und weiter Karl und Lothar Bunsen, die Söhne des bekannten Abgeordneten. Karl ging zur Marine und hat als wachthabender Offizier auf dem „Kaiseradler" meine erste Reise nach Rußland 1888 mitgemacht, sollte aber zu meinem Schmerz ein frühes Ende finden. Er starb auf einer Mittelmeerfahrt und ist in Port Mahon auf den Balearen beigesetzt; ich habe sein Grab mehrere Male besucht, wenn mich die Reise in die Nähe führte.

Mein Lieblingskamerad aber war Eugen v. Roeder, der Sohn des bei St. Privat gefallenen Kommandeurs des Ersten Garderegiments. Er war eine reiche künstlerische Natur, gleich mir begeistert für die friderizianische Tradition, dabei etwas weich, mit Anwandlungen von Weltschmerz, aber doch nachmals ein guter Soldat. Wir sind über die

Knabenzeit hinaus Freunde geblieben. Er hat mit mir zusammen beim Ersten Garderegiment gestanden und ist später Kammerherr geworden.

Eine besondere Note erhielt unser Kreis durch Poultney Bigelow, den Sohn des amerikanischen Gesandten in Paris. Er war eine seltene Kraftnatur und ein ungemein liebenswürdiger Mensch; bei uns Knaben stand er dadurch in hohem Ansehen, daß er, selber aus dem „Wilden Westen" (!) kommend, uns von Trappern und Indianern Mordsgeschichten zu erzählen wußte und als Fachmann für Indianerspiele galt. Er ist in Potsdam erzogen worden und hat sich in einer für einen Ausländer erstaunlichen Weise für die Potsdamer Tradition begeistert; er hat sogar später ein Buch über die Königin Luise geschrieben. Auch mit ihm habe ich über die Jugendzeit hinaus die Verbindung aufrechterhalten und mich gefreut, als er sich vor einiger Zeit meiner im alten Geiste wieder erinnerte.

Wir haben aber nicht nur im Wald und auf der Heide Indianer und anderes gespielt – wir haben auch nach Höherem gestrebt! An Geburtstagen, Festtagen oder bei sonstigen besonderen Gelegenheiten haben wir nämlich Theater gespielt, wobei die Kameraden und Geschwister mitwirkten. Die Bühne hatte schon mein Großvater mit seinen Geschwistern benutzt, die Kostüme stammten noch von den bekannten „Bohnenfesten" her. Unsere Eltern taten uns auch den Gefallen, das Publikum abzugeben und unseren Vorführungen Beifall zu klatschen. Ich entsinne mich noch, daß ich einmal zum Geburtstage meines Großvaters den „Bürgergeneral" dargestellt habe, ein andermal führten wir den „Grondeur" und auch „Das Wirtshaus im Spessart" auf. Diese harmlosen Vergnügungen nahmen die Kindergemüter an den Tagen der Aufführung und der vorhergehenden Proben ganz in Anspruch; die Abende waren immer „große Ereignisse".

An Sonn- und Feiertagen wurde regelmäßig die Kirche besucht. Wir gingen auch häufig zur Friedenskirche, wo in einer Kapelle mein früh vollendeter Bruder Sigismund ruhte, oder hörten in unserer kleinen Hauskapelle in Berlin die Predigten von Stechow oder Persius. Wir begingen Neujahr und die kirchlichen Festtage mit den Großeltern zusammen, bei denen auch wiederholt Ostereier gesucht wurden. Dieser liebe Brauch wurde sonst im Schloßgarten von Charlottenburg oder von Schönhausen geübt. Mir ist vom Weihnachtsfeste noch besonders in Erinnerung, wie mein Vater in den erwartungsfrohen Wochen vorher mit uns den altberühmten Weihnachtsmarkt zu besuchen pflegte, Pyramiden und Schäfchen kaufte und in seiner freundlichen und gütigen Weise sich mit den Verkäufern in den Buden unterhielt. An diese Stunden knüpfen sich für mich Erinnerungen, die mit zu den schönsten meines Lebens gehören.

* * *

Mein zehnter Geburtstag wurde insofern von großer Bedeutung für mein Leben, als ich an diesem Tage, der Sitte unseres Hauses entsprechend, in die ruhmvolle preußische Armee aufgenommen wurde. Dieses Ereignis spielte sich so ab, daß mir mein Großvater am 27. Januar 1869 gleichzeitig mit dem Hohen Orden vom Schwarzen Adler die Uniform des Ersten Garderegiments zu Fuß verlieh. Die Zeremonie ging im engsten Familienkreise vor sich. Den Orden reichte mein Vater dem Kaiser auf goldener Schüssel, ich mußte sofort die Uniform anziehen, um Seiner Majestät meine Meldung zu machen. Mit tiefer Bewegung sagte der Kaiser zu mir: ich sei jetzt noch zu jung, um voll die Bedeutung der Tatsache zu ermessen, daß ich nun preußischer Offizier sei. Aber die Zeit des Verständnisses werde kommen und dann solle ich meine Schuldigkeit tun, wie mein Vater sie getan habe. Die Feierlichkeit des Augenblicks durchdrang mich tief; ich hatte gleichsam meinen Ritterschlag erhalten.

Auf dem Kasernenhofe des Ersten Garderegiments in Potsdam machte ich dann in der Folge bei der Leibkompagnie meine ersten Übungen im Marschieren. Ich hatte dabei natürlich immer große

Mühe, mit den langen Beinen der Gardemänner mitzukommen, was mir auch nicht immer gelang. Da hieß es aufpassen und behende nachspringen, um in Reih und Glied zu bleiben!

Einige Monate darauf – es war am 2. Mai, dem Tage von Großgörschen – machte ich, die hohe Grenadiermütze auf dem Kopfe, meine erste Parade mit. Es war eine der letzten „Kirchenparaden", von denen ich schon sprach; bald danach wurden sie abgeschafft. Das Regiment setzte die Gewehre auf dem Lustgarten zusammen, marschierte zur Garnisonkirche und wohnte dort in Anwesenheit des Königs und des Königlichen Hauses dem Gottesdienst bei. Die Predigt hielt der Hofprediger Rogge, dem es fast zwei Jahre später vergönnt war, in Versailles dem deutschen Kaiserreich die Taufrede zu halten. Nach dem Gottesdienst marschierten die Bataillone zum Lustgarten zurück, nahmen die Gewehre in die Hand und wurden ausgerichtet. Die Kommandorufe verhallten, und mit einem Schlage beherrschte lautlose Stille den weiten Platz. Nun erschien am rechten Flügel der König, und alsbald zerriß das Kommando zum Präsentieren das tiefe Schweigen. Mit Ruck – zuck gingen die Gewehre in die befohlene Stellung, die Bataillone erstarrten zu Erz. Im selben Augenblick fielen mit schmetternden Klängen Tambours und Regimentsmusik ein; der Präsentiermarsch dröhnte und jubelte über den Exerzierplatz. Indessen musterte mit forschendem Blick mein Großvater, langsam die Front abschreitend, seine regungslos dastehenden Grenadiere, und lauter schlug des Knaben Herz, als auch ihn seines Königs Auge traf. Dann formierten sich die Bataillone zum Vorbeimarsch, ich selbst kam als schließender Offizier vorüber. Es war ein unvergeßlicher Tag. Denn was konnte es für einen Prinzen des Hauses, einen Enkel des Königs und einen Offizier des Ersten Garderegiments zu Fuß Schöneres geben, als dem hohen ehrfurchtgebietenden Herrn im Dienste gegenüberzustehen!

Im August und September des Jahres machte ich die beiden großen Herbstparaden in Berlin und Stargard in der Front mit; ich lernte dabei immer mehr mich als Mitglied der großen preußischen Armee fühlen.

Hinzpeter freilich sah all das nur mit geteilten Gefühlen ...

* * *

In jedem Jahre wurde regelmäßig eine längere oder kürzere Reise gemacht, in der wir uns erholen und die Welt, insbesondere unser deutsches Vaterland, kennen lernen sollten. Meist wurden wir von Hinzpeter begleitet; unsere Eltern nahmen uns nur selten mit, da sie natürlich gesellschaftliche Verpflichtungen zu erfüllen hatten oder die Zeit für ihre eigenen Bildungs- und Erholungspläne ausnutzten.

Auf einer Fußwanderung mit Hinzpeter und dem mit mir ungefähr gleichaltrigen Erbgroßherzog Friedrich, nachmaligem Großherzog von Baden, lernte ich im Sommer 1867 den schönen Schwarzwald kennen. Der Zauber der noch nie geschauten Berge, das geheimnisvoll düstere Rauschen der hohen Tannen und das leise Plätschern der Quellen machte auf mein Kindergemüt starken Eindruck. Auch entsinne ich mich, daß wir einmal einen Fernblick auf den Hohenzollern gehabt haben, so daß ich damals zum ersten Male die Stammburg meines Geschlechtes zu sehen bekam. Auch daß wir eine Uhren- und eine Zigarettenfabrik besucht haben, ist mir deutlich in Erinnerung geblieben. Ich weiß auch noch, wie beschwerlich es für mich auf der Wanderung bei der großen Hitze war, daß Hinzpeter uns das Wassertrinken unterwegs verboten hatte. Es entsprang das einer veralteten hygienischen Anschauung der damaligen Zeit, die auch im Kriege 1866 viele Opfer gefordert hat; erst später erkannte man, daß der menschliche Körper auf dem Marsche der Flüssigkeit bedarf und daß ein kalter Trunk nur während der Ruhe nach dem Marsche schadet.

Im Frühjahr des nächsten Jahres gingen die Eltern mit uns nach Reinhardsbrunn in Thüringen. Dieser Aufenthalt ist deshalb bemerkenswert, weil ich damals die spätere Kaiserin zuerst gesehen und mit ihr gespielt habe. Bekanntlich war mein Vater mit dem ihrigen, Herzog Friedrich von Schleswig-Holstein-Augustenburg, gut befreundet; die Familie besuchte uns von Gotha aus, wo sie zeitweilig wohnte. Auch hier bot sich Gelegenheit, gewisse Betriebe kennen zu lernen, indem wir einen Kupferhammer und eine Glasbläserei besichtigten. Der Kupferhammer machte in seiner Primitivität einen ganz mittelalterlichen Eindruck; es war alles noch genau so, wie es Schiller im „Gang nach dem Eisenhammer" dargestellt hat. Ein Wasserrad trieb eine Welle, an der eiserne Bolzen befestigt waren; diese wiederum drückten auf den hintersten Teil des aus einem uralten Baumstamm bestehenden Hammerstieles und setzten ihn so in Bewegung. Dieser schlug nun in dröhnendem Takt auf die zu schmiedenden Bleche, die zuvor in einem Ofen zum Weißglühen gebracht worden waren. Die ganze seltsam anmutende Umgebung, die feurige Lohe und die rußigen, herkulischen Gestalten der Arbeiter machten einen tiefen Eindruck auf uns. Nicht viel anders war es in der Glasbläserei. Wie hier aus der flüssigen Glasmasse kunstvolle Gläser und andere Gebilde geblasen wurden, um dann im Ofen gehärtet zu werden, das war doch auch wieder ein Erlebnis für das Kindergemüt. Mein Bruder Heinrich und ich durften sogar einige Kugeln blasen und diese selbstgeschaffenen Kunstwerke als Andenken mitnehmen. Sie wurden wie rohe Eier behandelt und glücklich mit nach Hause gebracht, wo sie noch lange das Paneelbrett eines Sofas geziert haben.

Im Sommer desselben Jahres waren wir mit Hinzpeter in Blankenberghe und haben dort das Strandleben in vollen Zügen genossen. Anläßlich irgeneines Feiertages haben wir dort auch einmal flämische Volksspiele gesehen, die teils derb und kräftig, teils ausgesprochen roh waren; sie stammten noch aus dem Mittelalter. So entsinne ich mich, wie Bogenschützen in alter flandrischer Tracht mit mannshohen Bogen nach kleinen Vögeln aus Ton schossen. Ein das Volk besonders belustigendes Spiel ging um die Gewinnung einer Gans. Das Tier, dem der Hals eingeseift war, wurde an den Ständern, Kopf nach unten, aufgehängt. Dann wurden die Wettbewerber in Karren darunter vorbeigezogen, und in diesem Augenblick mußten sie nach dem Hals der Gans greifen. Da dieser stark eingeseift war, glitten die Hände der Bewerber unter dem lauten Geschrei der Zuschauer oftmals ab, und schließlich wurde meist dem Tier, das verzweifelt um sich biß, der Kopf abgerissen. Es war eine Tierquälerei, die uns sehr abstieß. – Zu erwähnen ist noch aus Blankenberghe, daß König Leopold uns sehr schönes Obst zu schicken pflegte, daß aber Hinzpeters spartanische Grundsätze es uns auch hier nicht erlaubten, das süß duftende Geschenk zu verzehren. Wir sollten eben keine Sybariten werden.

Im Frühjahr des nächsten Jahres mußte mein Bruder Heinrich, der in seiner Jugend recht schwächlich war, eine Kur machen. Ich wurde nach Oeynhausen – oder Rehme, wie der Badeort damals hieß – ebenfalls mitgenommen, außerdem unsere drei Kameraden Mortimer v. Rauch und die beiden Brüder Bunsen. Hinzpeter betreute uns alle. Wir machten zahlreiche Ausflüge, von denen der nach der sagenumwobenen Burg des berühmten Sachsenherzogs Wittekind mir besonders in Erinnerung geblieben ist. Auch technische Einrichtungen wurden wie immer besichtigt. So waren wir einmal wieder in einer Glasbläserei in der Porta Westfalica, wo ich selbst eine Flasche geblasen habe. Es machte uns besonderen Spaß, daß die Arbeiter zwischen „Flaschen" und „Bouteillen" streng unterschieden: erstere waren Bier-, letztere Weinflaschen! Ein andermal befuhren wir ein Kohlenbergwerk, das Krupp gehörte; ich brachte aus den Stollen Stücke mit Abdrücken von Palmblättern und andere prähistorische Zeugnisse mit herauf und habe sie lange als Andenken besessen. Am bedeutsamsten aber war wohl mein Besuch bei Krupp in Essen. Die für die damaligen Verhältnisse gewaltigen Werke machten nachhaltigen Eindruck auf mich, vor allem tat es mir der große tausendpfündige Dampfhammer an, der damals der größte in Europa war. Auch die Arbeiterwohnungen haben wir besucht. Seit jener Zeit datiert das große Interesse, das ich an der Entwicklung der Kruppschen Firma mein Leben lang genommen habe.

Im Juli 1869 ging die Fahrt wieder an die Nordsee, diesmal nach Norderney, und zwar mit den Eltern und dem Maler Graf Harrach, dem persönlichen Freund meiner Eltern; mein Onkel, der ritterliche Prinz Albrecht-Sohn, späterer Regent von Braunschweig, war auch da. Damals waren gerade die Max- und Moritz-Geschichten von Wilhelm Busch ins Publikum gedrungen, und alle zitierten bei jeder Gelegenheit mehr oder weniger passende Verse. Besonders Prinz Albrecht war groß darin und infolgedessen bei uns Kindern sehr angesehen. Ich erinnere mich, daß wir von Norderney aus einmal einen Ausflug nach Helgoland unternommen haben, wo der Gouverneur Sir Maxse uns die damals noch englische Insel zeigte.

Am Ende unseres Aufenthaltes in Norderney machten wir mit dem Raddampfer „Roland" eine stürmische Fahrt nach dem als Kriegshafen im Juni eingeweihten Wilhelmshaven, wo ich zum erstenmal in meinem Leben deutsche Panzerschiffe gesehen habe. Als wir auf der Reede ankamen, stand ich vorn am Bug des „Roland" und sah mit klopfendem Herzen allmählich die riesige himmelhohe Takelage und dann den Rumpf des vordersten Schiffes auftauchen, von dem mir ein Matrose sagte, es sei der „König Wilhelm". Bald darauf kamen auch die hinter ihm liegenden Schiffe „Kronprinz" und „Friedrich Karl" in Sicht. Je näher wir kamen, desto gewaltiger war der Eindruck, den der „König Wilhelm", damals wohl das größte Panzerschiff, auf mich machte. Schwer ruhte der gepanzerte Leib dieses Kolosses, aus dessen Batterie-Pforten eine Reihe von 21 cm-Kanonen drohend blickte, auf dem Wasser. Als wir neben ihm geankert hatten, bestaunte ich sprachlos dieses gewaltige, uns weit überragende Schiff. Plötzlich ertönten schrille Pfiffe von ihm herüber, und augenblicks enterten Hunderte von Matrosen die himmelanstrebende Takelage empor und legten auf den Rahen aus. Drei Hurras begrüßten meinen Vater, als wir hinüber gerudert wurden, während uns auf dem geräumigen Deck Admiral Jachmann, der Sieger von Jasmund, empfing. Der Rundgang auf dem Schiff, dessen Besatzung damals gegen tausend Mann betrug, enthüllte mir eine ganz neue Welt. Nächst der gewaltigen Takelage imponierte mir am meisten die lange Batterie mit den schweren, sauber geputzten Geschützen. In seiner schönen großen Achterkajüte gab uns Admiral Jachmann Tee und allerhand köstlichen Kuchen. Diese Kajüte war gleich den übrigen Wohnräumen in dem durch lange Tradition entwickelten soliden englischen Geschmack eingerichtet und machte einen durchaus wohnlichen und behaglichen Eindruck, obgleich man auf einem Kriegsschiff war. Was das wohl für eine Freude wäre, war mein Gedanke, ein solches Schiff kommandieren zu können!

Die Fahrt durch Wilhelmshaven nach dem Bahnhof gestaltete sich nicht ganz einfach, da die Marineanlagen meist noch im Bau und die Straßen noch nicht gepflastert waren. Des Abends fuhren wir über Bremen nach Hause, aber es dauerte lange, ehe der Schlaf in meine Augen kam, denn die Eindrücke, die ich auf S. M. S. „König Wilhelm" gewonnen hatte, ließen mich nicht los und zogen immer von neuem an meinem geistigen Auge vorüber.

Von einem noch weit tiefer gehenden Einfluß sollte aber eine Reise werden, die wir einige Monate später an das Mittelmeer machten.

IV.

Im Winter 1869/70 fand sich in dem südfranzösischen Badeort Cannes ein größerer Kreis von Angehörigen und Verwandten des preußischen Königshauses zusammen. Außer unseren Eltern und uns Kindern mit Hinzpeter, die wir im Grand Hôtel de la Méditerranée Aufenthalt genommen hatten, waren weiter anwesend: die Großherzoglich Hessische Familie aus Darmstadt, Prinz Albrecht

(Sohn) von Preußen mit seinem Adjutanten Graf Schulenburg, Prinz Friedrich und Prinzessin Luise der Niederlande (Schwager und jüngste Schwester meines Großvaters) mit ihrer Tochter Marie, der späteren Fürstin Wied, und Großherzogin-Mutter Alexandrine von Mecklenburg-Schwerin, die zweitälteste Schwester Kaiser Wilhelms I. Mein Vater war zu Anfang unseres Aufenthaltes mit seinem Schwager, dem Großherzog Ludwig von Hessen, im Orient, um an der Einweihung des Suezkanals teilzunehmen.

Sieben Monate lang, von Mitte Oktober 1869 bis Mitte Mai 1870, blieben wir in Cannes, wo das Land mit der wundervollen Flora der Riviera mir als ein Paradies erschien. Den ganzen Winter hindurch blühende Kaktuspflanzen, Aloes, Rosen, Tuberosen und im Frühjahr Anemonen in allen Farben des Regenbogens im Freien wachsen zu sehen, Korkeichen und Erdbeerbäume (ich wußte später, was Horaz mit seiner arbutus meinte!), Pinien und Oliven, Palmen und Bananen, die ich bisher nur im Treibhaus des Botanischen Gartens ihr Dasein hatte fristen sehen –: das waren Wunder, die mir erst unfaßlich vorkamen. Und zu alledem noch das unendliche Meer, in Blau und Grün leuchtend unter dem strahlenden Himmel des Südens: wie lebte der Knabe auf, wie weitete sich ihm die Brust!

Cannes war damals noch ein vom Rivieraleben unberührter Ort mit einigen Hotels und einer Anzahl meist englischer Privatvillen. Die englische Kolonie war von einem alten Mr. Woolfield gegründet und mit einer schönen Kirche beschenkt worden. Durch den Verkehr in seinem gastfreien Hause gab meine Mutter uns Kindern Gelegenheit, mit englischen Kindern bei Tee und Spiel zusammenzukommen und uns in der Sprache zu üben. Sonntags gingen wir entweder in die englische Kirche oder in den deutschen Betsaal, da ein reicher Deutscher sich noch nicht gefunden hatte, um nach britischem Muster seinen Landsleuten zu einer Kirche zu verhelfen. Wir verkehrten besonders mit der Familie des späteren Lord Brabourne, der in der angelsächsischen Kinderwelt berühmt war durch seine entzückenden Märchen, die er unter dem Titel „Stories for my children" veröffentlicht hatte. Von anderen Gespielen seien noch der spätere Herzog von Croy, der Schwager des Erzherzogs Friedrich, genannt, sowie der Sohn des Herzogs v. Vallombrosa, des Besitzers eines herrlichen kleinen Palais mit wunderschönen Palmen im Garten. Die größte Freude aber war es für mich und meine Geschwister, wenn der Besitzer einer herrlichen Orangen-Plantage, „Jardin des Hespérides" genannt, uns Kinder einlud zu kommen und goldene Orangen vom Baum zu essen! Das hatte man weder in Berlin, noch in Potsdam, da war man ja schon dicht am Paradiese!

Auch sonst bot uns die Mittelmeerstadt viel Anregungen. Auf dem Fischmarkt nahe dem Hafen sahen wir wunderbare Krustazeen und andere merkwürdige Seetiere, am Strande fanden wir Polypen, und seltsame Schmetterlinge flatterten auf den saftigen Wiesen und in den duftenden Gärten. Da erwachte unser Forscherdrang, und wir faßten den Entschluß, uns ein ansehnliches Tiermuseum anzulegen. Gedacht, getan. Seetiere wurden gefangen oder auf dem Markte gekauft, wobei viel gefeilscht wurde, dann entweder in ein schnell improvisiertes Aquarium gesteckt oder in den Zweigen des Eukalyptus im Garten aufgehängt, getrocknet, mit Schellack überzogen und auf Pappe geklebt. Wir hatten unendlich zu tun und waren eigentlich immer beschäftigt; glücklicherweise hatten wir einen sehr geschickten Diener, namens Hoffmann, der uns bei unseren Forschungsarbeiten half. Wir haben dann dieses ganze Museum, zu dem noch eine Schmetterlingssammlung hinzukam, glücklich bis nach Deutschland geschafft, wo es im Neuen Palais viele Jahre übelduftend von unserm Forschungsdrang Zeugnis ablegte. Schließlich schenkte uns mein Großvater Vitrinen, damit wir unsere Beute sicher und geruchfrei unterbringen konnten.

Prinz Wilhelm von Preußen (späterer Kaiser Wilhelm II.)
im Alter von etwa 4 Jahren

Dr. Georg Hinzpeter. 1869

Gern fuhren wir auch nach der Insel Sainte-Marguerite, der kleinen Insel vor Cannes; Giraud hieß der freundliche Bootsführer, der uns immer hinüberruderte. Auf dieser Insel mit einer alten Festung und Kasematten hatte vor langer Zeit der geheimnisvolle „Mann mit der Eisernen Maske" gefangen gesessen; einige Jahre nach unserem Aufenthalt kam Bazaine dorthin, um seine zwanzigjährige Haft zu verbüßen, doch entfloh er schon 1874 nach Madrid. Hier auf Sainte-Marguerite weilten auch gefangene Marokkaner, „Araber", wie man sie nannte, die uns mit ihrem weißen Burnus und ihrer dunklen Hautfarbe seltsam fremdländisch anmuteten. Wir freundeten uns mit ihnen an, meine Mutter malte sie, und wir erhielten von ihnen immer kleine Geschenke, Datteln und anderes.

*

Groß war unsere Freude, als es kurz vor Weihnachten hieß, der Vater kehre zurück und wir würden ihn in Villafranca abholen. Die Fahrt dorthin am Gestade des blauen Mittelmeeres, das ich später so oft durchquert habe und so unendlich liebe, war unbeschreiblich schön.

In dem herrlichen Hafen von Villafranca lagen „Hertha" und „Elisabeth", sowie einige amerikanische Fregatten, darunter das Flaggschiff „Franklin". Mein Vater holte uns ab und brachte uns auf die „Hertha", indes der Donner des Saluts sich in tausendfachem Widerhall an den Hängen der Berge, die die schöne Bucht umkränzen, brach. Da stand der staunende Knabe auf dem Deck eines Kriegsschiffes, das unter der Flagge des Norddeutschen Bundes den geliebten Vater in den märchenhaften fernen Orient getragen hatte, und das ahnungsvolle Herz schlug ihm höher. Nach der Heimkehr konnte uns der Vater in Cannes nicht genug von seinen Erlebnissen erzählen, von Jerusalem und den Heiligen Stätten, von Ägypten, von den Pyramiden, von der Sphinx, den Königsgräbern, den Mumien und all den andern Wundern des Morgenlandes. Ja, sogar auf einem leibhaftigen Kamel war der Vater geritten, genau so einem, wie wir es im Zoologischen Garten gesehen hatten!

Wir feierten Weihnachten noch zusammen in Cannes, dann reisten meine Eltern nach Deutschland ab, und wir blieben mit Hinzpeter allein zurück. Wir siedelten nun aus dem Hotel in die Villa Gabrielle über, deren Veranda vornehmlich zu unserm „Forschungsinstitut" wurde. Abwechslungsreiche Reit- und Fußtouren in die prächtigen Wälder der Umgebung vertrieben uns die Zeit, wenn Hinzpeter uns nicht mit Schularbeiten plagte. Wir gingen auch oft in das Grand Hôtel hinüber, um Tante Alexandrine und die niederländischen Verwandten zu besuchen. Beide Tanten waren krank, aber während die mecklenburgische Tante sich wieder gut erholte, immer froher Laune war und nicht müde wurde, uns Geschichten zu erzählen, wurde Tante Luise immer kränker; Ende 1870 ist sie gestorben.

*

Von der französischen Armee bekam ich zu meiner Freude dann und wann auch etwas zu sehen. Wenn die Soldaten mit der „Musique" oder „Clairon en tête" dahermarschiert kamen, mischte ich mich unter die Schuljugend von Cannes und lief in gleichem Schritt und Tritt neben der Kolonne her. Besonders angezogen wurde ich immer von den schmetternden Klängen der lustigen Hörner. Ich habe sie später als Bataillonskommandeur bei meinen Spielleuten eingeführt und blasen lassen, wenn die Regimentsmusik nicht zur Hand war.

*

Ein Besuch des herrlichen, landschaftlich schönen Kriegshafens Toulon vermittelte uns auch einen lehrreichen Einblick in die französische Marine. Unter Führung des trefflichen deutschen Konsuls Schencking, eines Westfalen und Landsmannes von Hinzpeter, besichtigten wir die Werftanlagen und die auf Reede liegenden Schiffe. Ein liebenswürdiger Offizier begleitete die Besucher auf Befehl des die Station befehligenden Admirals. So sahen wir die kaiserliche Yacht „Aigle", die gerade von der Eröffnung des Suezkanals zurückgekehrt war und durch ihre reiche und luxuriöse Einrichtung auffiel. Nachher besuchten wir auch das Panzerschiff „Provence", welches damals das neueste im Geschwader war und einen gewaltigen Eindruck machte. Im Kriege 1870/71 hat dieses Schiff bei Helgoland die deutsche Küste mit blockieren helfen.

Zum Schluß der Besichtigung empfing ich noch einen unendlich düsteren und niederdrückenden Eindruck. Es wurden uns nämlich die der Werft angegliederten „Bagnes" gezeigt, die Gefängnisse der Galeerensträflinge. Entsetzlich abstoßende Verbrechergesichter waren dort zu sehen, so daß uns ein Grauen überkam. Eine Anzahl Gefangener waren mit Ketten zusammengefesselt, andere mit Kugeln an den Füßen oder Fesseln an den Händen versehen, alle aber trugen Kappen, die entweder rot oder grün waren. Die Leute hatten einen Basar, in welchem Kokosnüsse, Früchte und von ihnen verfertigte kleine Schnitzereien verkauft werden durften. Als Hinzpeter einen der Verkäufer fragte: „A quel terme êtes-vous condamné?"*) erhielt er die erschütternde Antwort: „A perpétuité, Monsieur!"**) Die auf eine gewisse Anzahl Jahre Verurteilten trugen rote Kappen, die auf Lebenszeit grüne – und dieser trug eine grüne!

Der Rückweg aus diesen fürchterlichen Sälen führte uns an den Liegebassins vorbei, die mit abgetakelten Holzlinienschiffen, Zwei- und Dreideckern angefüllt waren. Diese Schiffe, die zum Teil den Krimkrieg und Sebastopol mitgemacht hatten, sollten zu Truppentransportern umgebaut werden. Unter ihnen war ein herrlicher Typ: der große, mit hundert Geschützen bestückte Dreidecker „Ville de Paris". Als ich voller Bewunderung auf dem Deck des Schiffes stand und die lange Reihe Geschütze betrachtete, sagte mir der alte Konsul Schencking: „Ja, ja, sehr schön, aber das war einmal! Jetzt taugen

*) „Auf wie lange sind Sie verurteilt?"
**) „Lebenslänglich, Herr!"

diese Dinger da nur noch zum Fliegentöten. Die ‚Provence' schießt allein die ganze Holzflotte in kurzer Zeit zusammen!" Vergänglichkeit alles Irdischen!

*

Im Frühjahr endete die Zeit im Paradiese. Wir traten die Rückreise über Marseille, Lyon, Arles, Nîmes, Orange und Avignon nach der Schweiz an. Die herrlichen römischen Bauwerke in den genannten Städten wirkten tief auf des Knaben Gemüt. In Avignon standen wir auf der herrlichen Brücke und besuchten das Schloß des Papstes, und da dieses Kaserne war, konnte ich mich mit den französischen Soldaten in harmloser und ungezwungener Weise unterhalten. Wir ahnten nicht, daß noch in dem gleichen Jahre der große Kampf zwischen den beiden Nationen ausgefochten würde, der Deutschland wieder einen und das deutsche Kaisertum neu erstehen lassen sollte.

*

Dies waren des Knaben erste Eindrücke von dem schönen Lande, dessen Volk in ewiger Feindschaft dem seinen gegenüberstand, ihn selbst gar in späteren Jahren mit den Giftpfeilen seiner haßerfüllten Presse verfolgt hat. Da aber bekanntlich die Kindheitserinnerungen diejenigen sind, die am festesten sich einprägen und am lebendigsten wirken, steht trotz allem, was geschehen ist, vor meinem geistigen Auge heute noch die Erinnerung an das Paradies von Cannes im hellsten Sonnenschein eines schönen Märchens.

V.

Mehrere Monate nach unserer Rückkehr aus Cannes brach der Deutsch-Französische Krieg aus. Ich entsinne mich noch deutlich, wie mein Vater eines Morgens auf unser Zimmer kam und, zu Fräulein Darcourt gewandt, die uns gerade französischen Unterricht gab, mit allen Zeichen der Erregung sagte: „Ah, Mademoiselle! Vos compatriotes ont perdu la tête! Ils veulent nous faire la guerre!"*) Ich sehe noch heute das konsternierte Gesicht der armen Französin vor mir.

Einige Tage später wurden wir Kinder frühmorgens in das Arbeitszimmer meines Vaters gerufen, um von ihm, der zum Oberbefehlshaber einer Armee ernannt war und nun ins Feld zog, Abschied zu nehmen. Der Augenblick der Trennung war herzzerreißend; wußte doch keiner, was uns und dem lieben Vater insbesondere bevorstand. Nur eins war meinem Vater gewiß: blieben die deutschen Heere siegreich, so wurde Deutschland geeint und Preußens König Kaiser. Das hat er mir in jenen schicksalsschweren Tagen oft gesagt.

*

Nun brach eine Zeit an, wie sie das deutsche Volk nur noch einmal erlebt hat: als zu Beginn des Weltkrieges 1914 ganz Deutschland wie ein Mann sich erhob und allen alten Hader für immer zu begraben schien. Da ich bei Ausbruch des Deutsch-Französischen Krieges bereits elf Jahre alt war, so hatte ich auch schon ein verhältnismäßig gutes Verständnis für die Ereignisse, die sich abspielten. Mit brennendem Interesse verfolgte ich den ehernen Gang der Weltgeschichte, von dem ich Zeuge sein durfte. Und in die Begeisterung für die Größe meines Vaterlandes mischten sich – konnte es anders sein? – bewundernde Liebe zum Vater und Großvater, die in dem großen Geschehen so bedeutsame Rollen spielten, und der Stolz auf den Ruhm meiner Familie. Wie habe ich über die ersten Siege gejubelt, besonders über den meines Vaters bei Wörth! Wie habe ich mich über die ersten ins Neue Palais gebrachten Kriegstrophäen, einen Reiterhelm, die Fahne von Lützelstein, die Stadtschlüssel der Städte Nancy und Bar-le-Duc, sowie über die erbeuteten französischen Adler gefreut, die zum Balkon des Arbeitszimmers meines Vaters hinaus-

*) „Ach, Mademoiselle, Ihre Landsleute haben den Kopf verloren! Sie wollen Krieg mit uns!"

gehängt wurden! Was habe ich nicht damals mit den anderen Jungen Hurra und immer wieder Hurra geschrien! Die Operationen der Armeen wurden auf einer großen Wandkarte, die Hinzpeter in unserem Arbeitszimmer hatte aufhängen lassen, genau verfolgt; jeden Morgen mußten wir ihm die deutschen und die französischen Stellungen angeben.

Aber die großen Siege feierte ich mit meinem Bruder Heinrich doch auf unsere Weise. Als z. B. Hinzpeter uns die Nachricht von Wörth brachte, lagen wir schon im Bett, blieben auch wohlweislich ganz ruhig bei der Siegeskunde; kaum aber war unser Magister wieder fort, als wir zu Ehren des großen Tages eine wilde Kissenschlacht veranstalteten. Und diese etwas eigentümliche Art der Siegesfeier wiederholte sich oft. Dann machten wir uns auch den Spaß, Unter den Linden die bunten Extrablätter, die es damals gab, zu erstehen und zu sammeln. Die einzelnen Blätter wurden geölt und zu Papierlaternen verarbeitet, diese dann mit einem Licht versehen und zur Illumination im Schulzimmer aufgestellt. Mit solchen und ähnlichen Taten versuchten wir, unserer kindlichen Begeisterung Ausdruck zu geben.

*

Ende August begab sich meine Mutter mit uns nach Homburg v. d. Höhe, wo sie unter anderem eine Musterbaracke für die Verwundeten einrichtete, wobei sie von Baurat Jacoby sachkundig beraten wurde. Die Baracke war so konstruiert, daß sie durch Hochziehen der Seitenwände in einen Pavillon verwandelt werden konnte. Wir haben die Verwundeten in dieser Baracke wie auch in den anderen Homburger Lazaretten regelmäßig besucht, meine Mutter ging ganz auf in diesem segensreichen Wirken. Auch für die hygienischen Verhältnisse in den dortigen Lazaretten und Kasernen, die noch sehr im argen lagen, hat meine Mutter viel getan. Man kann es heute kaum glauben, wie wenig Verständnis man damals in Deutschland für die öffentliche Hygiene hatte.

In Homburg war es auch, wo wir die Nachricht von dem großen Siege bei Sedan erfuhren. Heinrich und ich waren schon zu Bett gegangen, als Jubel und Singen unzähliger Menschen, vermischt mit den Klängen einer Musikkapelle zu uns in das Zimmer drang; gleichzeitig flackerte Lichterschein von unten herauf. Nun war kein Halten mehr, wir aus den Betten heraus und im Nachthemd, wie wir waren, an das Fenster! Da sahen wir denn zu unserer freudigen Überraschung, wie die Homburger Freiwillige Feuerwehr, deren Chef Jacoby war, der Kronprinzessin einen Fackelzug brachte. Die Siegesnachricht, der Feuerschein der Fackeln, der Jubel und das Singen der Menschen – damals hörten wir zum ersten Male die „Wacht am Rhein" –, das alles versetzte uns in einen Taumel der Begeisterung. Wir dachten an nichts als an den großen Augenblick – und am wenigsten daran, daß wir in unseren weißen Nachthemden von draußen gut zu sehen waren. So konnten wir nicht darauf gefaßt sein, daß Hinzpeter uns am nächsten Morgen ob unserer „Eigenmächtigkeit" gehörig abkanzeln würde!

*

Und dann kam der stolze Tag, da im Spiegelsaal zu Versailles das neue Deutsche Reich erstand und mein Großvater zum Deutschen Kaiser proklamiert wurde. Dieses Ereignis war vorher in der Heimat nicht oder nur wenig bekannt, und ich gehörte zu den wenigen, die um die Bedeutung des 18. Januar 1871 wußten. Mit welchem Stolz und welcher Herzensfreude ich diesen großen Tag erlebte, läßt sich schwer beschreiben!*)

*

Zwei Monate später, am 17. März, kehrten mein Großvater und mein Vater aus dem ruhmreichen Feldzuge heim. Mit meiner Mutter, meiner Großmutter Kaiserin Augusta und meiner Tante

*) Meinen Gratulationsbrief an den neuen Kaiser vgl. Anhang Nr. 1.

Luise fuhr ich den Siegern bis zur Station Wildpark bei Potsdam entgegen. Welch eine Freude, welch ein Glück, als mich der geliebte Vater umarmte, ich den hochverehrten Großvater nun als Deutschen Kaiser wiedersah! Wahrlich, es war ein bedeutungsvoller Augenblick, und „welch eine Wendung durch Gottes Führung" konnte man wohl aus tiefstem Herzen sagen.

Unendlicher Jubel begrüßte Kaiser und Kronprinz, als wir durch Berlin fuhren, brauste nachher noch lange zum Kronprinzenpalais empor und legte sich nicht eher, bis sich mein Vater, die Seinen um sich, den begeisterten Berlinern auf dem Balkon gezeigt hatte.

*

Vier Tage später, am 21. März, wurde der erste deutsche Reichstag im Weißen Saale des Berliner Schlosses eröffnet. Wenn ich auch noch wenig von der Bedeutung dieses Aktes verstand, war ich doch glücklich, ihm beiwohnen zu dürfen. Zu dieser Feierlichkeit hatte mein Vater, der ja gern das Kaisertum des neuen Deutschland an das mittelalterliche angeknüpft hätte, heimlich den Thron aus Goslar kommen lassen, was zu unangenehmen Auseinandersetzungen Anlaß gab. Meine Mutter hat diese Schwäche des Kronprinzen für das alte Kaisertum immer bekämpft und damit ihren klaren und ruhigen politischen Blick gezeigt.

*

Am 13. Juni zogen die aus Frankreich heimkehrenden Potsdamer Truppen in ihre Garnison ein. Mein Vater ritt mit meiner Mutter, die die Uniform ihres Husarenregiments angelegt hatte, und mit mir – ich war natürlich in der Uniform des Ersten Garderegiments zu Fuß – den heimkehrenden Truppen bis Wildpark entgegen. Ich trat nicht mit ein, erlebte aber den Jubel in der schön geschmückten Residenzstadt mit, der keine Grenze kannte. Die Soldaten waren schließlich über und über mit Kränzen bedeckt, auch mein Vater hatte eine ganze Anzahl über seinen Degenknauf gehängt.

Drei Tage später, am 16. Juni, erfolgte bei fürchterlicher Hitze der Einzug der siegreichen Truppen in Berlin durch das Brandenburger Tor. Niemals werde ich diesen Tag vergessen! Truppen, mit Ruhm und Siegeslorbeer ohnegleichen gekrönt, an ihrer Spitze der greise, große Kaiser, ihm zur Seite seine unsterblichen Paladine, und um uns herum ein Volk, überströmend vor Dankbarkeit gegen diejenigen, die Deutschlands Einigkeit erdacht und erkämpft hatten! Ich selbst durfte Zeuge dieses historischen Ereignisses sein; auf einem kleinen gefleckten Tigerpferde ritt ich dicht hinter meinem Vater, zur Seite meines Oheims, des Großherzogs von Baden. Da es vielleicht von Interesse ist, die Eindrücke, die mein Kindesgemüt an jenem Tage empfing, kennen zu lernen, gebe ich im folgenden einen kleinen Aufsatz wieder, den mich Hinzpeter einige Tage darauf über den Einzug und die daranschließende Enthüllung des Denkmals König Friedrich Wilhelms III. im Lustgarten schreiben ließ. Der kindlich unbeholfene Ausdruck ist selbstverständlich völlig gelassen worden:

«Mama, Papa, Onkel Louis*), Tante Alice, meine Geschwister und ich fuhren um 8½ Uhr mit der Bahn nach Berlin. Dort stieg Papa mit den anderen Herren zu Pferde; Mama und Tante und wir übrigen stiegen in den Wagen und folgten Papa nach dem Tempelhofer Felde. Wir fuhren in der Stadt zwischen zahllosen Gewerken und Tribünen hindurch unter Hurrageschrei und Musik. Auf dem Tempelhofer Felde fuhren wir an der Front der Truppen herunter, und nachdem dies geschehen war, ging es denselben Weg wieder zurück. Dann fuhr ich mit dem Herrn Doktor**) nach Onkel Georgs Garten; dort stieg ich zu Pferde. Um aus dem Gartentor herausschlüpfen zu können, hatten die Leute nur eine kleine Gasse gemacht, und zwei Männer von einem Gewerke hielten zu beiden Seiten mit ihren Stangen die Leute zurück, damit sie nicht herüber-

*) Gemeint ist Großherzog Ludwig IV. von Hessen-Darmstadt.
**) Hinzpeter.

laufen sollten. Als ich nun in der Gasse hielt mit Major Mischke, rief einer: „Keniкliche Hoheit sollen . ." – Der Herr Major sagte: „Seien Sie nur still!" Dann liefen zwei unsaubere halbbetrunkene Männer vor unserer Nase vorbei; da wurde der eine von einem anderen Manne gepackt und herumgeknufft und gepufft; und der Gestoßene machte immer wütende Augen, aber es half nichts. Dann stand ein Junge da mit einem Glas Wasser in der Hand, ein kleines Mädchen wollte trinken, und der Junge gab ihr etwas Wasser; es trank ein wenig und gab ihm das Glas zurück. Als des Mädchens Mutter zu trinken verlangte, sagte er: „Nee," sie aber sprach: „Ach gib mir ein Bisken, det Wasser kostet ja enen halben Dahler!" Als ihr Mann auch zu trinken verlangte, bekam der Junge Angst und verschwand.

Jetzt kam der Kaiser vorbei; gleich darauf kam Papa vorbei und winkte mir mit dem eben erhaltenen Feldmarschallstab; ich galoppierte vor und ritt hinter ihm her. Nachdem wir durch das schön geschmückte Brandenburger Tor geritten waren, wurde der Kaiser von einer der 60 weißen Jungfrauen angeredet; und von da aus ritten wir bis an den Anfang der Linden, wo ein sehr großer roter, mit Gold geschmückter Baldachin ausgespannt war. Er wurde von vier vergoldeten Säulen getragen, und auf jeder Säule stand eine Viktoria. Unter diesem Baldachin stand der Bürgermeister mit den Stadträten und Ratsherren. Der ganze Pariser Platz war an beiden Seiten mit Tribünen verbaut, die bis auf die obersten Sitze mit Menschen angefüllt waren. Der ganze Platz machte einen überaus freundlichen Eindruck und schönen zugleich. Nachdem der König vom Bürgermeister angeredet worden war, ging es weiter im Schritt; rechts und links stand ein französisches Geschütz und eine Mitrailleuse in abwechselnder Reihe, und bunte Lampions hingen die Linden herunter. Über der Via triumphalis hingen von Zeit zu Zeit sehr große schöne Gemälde, je eines zwischen zwei Säulen.

Als wir so weiter ritten, rief plötzlich ein Mann aus dem Gedränge, welches laut brüllte und jubelte, mir zu: „Wilhelmken, Wilhelmken, leben Sie man hoch!" Ich lachte in mich hinein und ritt weiter.

So gings die ganzen Linden herunter, bis der Kaiser sich an seinem gewöhnlichen Platze aufstellte. Dort ließ er die Truppen an sich vorbeimarschieren. Er führte selbst einige Regimenter vor der Kaiserin vorbei und verlieh eigenhändig dem Fahnenträger seines Regiments (Königs-Grenadierregiment), zwei anderen und einem Offizier das Eiserne Kreuz I. Klasse. Die Akademie war sehr hübsch ausgeschmückt, denn zwischen jedem Fenster war das Gemälde eines Generals. Während der Parade wurde Prinz Albrecht Vater ohnmächtig und mußte fortgetragen werden; er war ein wenig vom Schlag gerührt worden.

Nachdem die Parade vorüber war, ritt der Kaiser und wir alle nach dem Schloßplatz, wo die Truppen aufgestellt waren. Vor dem verschleierten Denkmal war ein rotes, mit Gold verziertes Velarium aufgespannt, unter dem die Kaiserin und all die Großherzoginnen, Herzoginnen, Fürstinnen und Prinzessinnen standen. Als gebetet wurde, nahm der Kaiser in der brennenden Sonne seinen Helm ab! Da bekam ich große Angst für ihn. Nach dem Gebet winkte der Kaiser mit dem Degen, und unter Kanonendonner, Musik und Hurrageschrei fiel die Hülle, und eine große Reiterstatue von Bronze kam zum Vorschein. Vor ihr auf den Stufen lagen die erbeuteten 56 französischen Adler. Als der Kaiser an mir vorbeiritt, legte er seine Hand auf meine Schulter und sagte: „Diesen Tag wird Er auch nicht vergessen!" Ich ritt dann nach Hause.

Die ganze Einzugsfeier machte mir einen sehr schönen Eindruck. Doch gestehe ich offen, daß während des ganzen Ritts die Linden herunter und während der Parade ich keine Zeit zum Denken gehabt habe; ich war zu sehr mit Staunen und Hören beschäftigt, und leider machte die Enthüllung keinen erhabenen Eindruck.»

Mit dem Einzug des 3. Hessischen Infanterieregiments Nr. 83 und des 14. Husarenregiments in Kassel, den ich zu Pferde mitmachte, schlossen für mich die unvergeßlichen Erlebnisse des großen Jahres 1870/71 ab.

VI.

»Im Spätsommer desselben Jahres (1871) kam ich mit der Familie zusammen nach Wilhelmshöhe und somit zum ersten Male nach Kassel*). Hier begann ich meine griechischen Studien; ich machte auch hier mit meinem Vater den Einzug des Hessischen Korps in Kassel mit, bei welchem mich der Jubel der Bevölkerung mit besonderer Freude erfüllte. Von Wilhelmshöhe reisten wir nach Wiesbaden, wo wir uns noch einen Monat aufhielten. Hier setzte ich mein Studium der griechischen Sprache fort und, obwohl es damals nur griechische Grammatik (Franke) war, die ich trieb, so gefiel mir damals schon die griechische Sprache viel besser als die lateinische. Ich kam auch so weit, daß ich schon in einem Übungsbuche (Jacobs) übersetzen konnte.

Von Wiesbaden zurückgekehrt, begann ich den Ovid zu lesen – bis dahin hatte ich alle sieben Bücher von Cäsars Bellum Gallicum gelesen –, allein ich fand ihn etwas sehr kindlich und naiv in seinen Vorstellungen und Gleichnissen, besonders bei Phaethons Luftfahrt. Ich hatte den Cäsar viel lieber, weil seine Beschreibungen (Rheinbrücke, Waffen der Germanen, Überfahrt nach Britannien und Belagerung von Alesia) und Schilderungen von Schlachten und Gefechten für mich viel packender und interessanter waren, als der ganze Ovid zusammengenommen; nur eins war mir unangenehm: daß die Römer fast immer den Sieg behielten, die Barbaren in die Flucht jagten, sie in Massen töteten, selbst aber kaum einige Verwundete hatten. Deshalb freute ich mich, wenn ich las, daß irgendwo die

*) Dies und das Folgende nach meinem „Lebenslauf".

Römer eine Schlappe erlitten hatten; besonders befriedigte mich die Vernichtung der Heeresabteilung des Cotta. Zugleich mit Ovid fing ich auch meine mathematischen Studien wieder an.

Besonders lieb aber war mir das Studium der Geschichte, und zwar der deutschen Geschichte des Mittelalters, der Geschichte der deutschen Kaiser, welche ich nach Kohlrausch*) lernte. Es ging mir nichts über Kohlrausch; er war zuletzt das liebste Buch, welches ich hatte, und während der vier Jahre, während welcher ich aus dem Buche lernte, freute ich mich jeden Tag auf die Geschichtsstunde. Die Kaiser, für welche ich am meisten begeistert war, waren: Otto I., Heinrich III. und Friedrich I. Barbarossa, es waren sozusagen meine Lieblinge. Vor allem Barbarossa war für mich das Ideal eines deutschen Ritters, und ich konnte nicht aufhören zu bewundern seine Tapferkeit, Ausdauer und Beharrlichkeit im Kampf mit dem Papst und den italienischen Städten.

Neben diesen lateinischen, griechischen und deutschen Studien betrieb ich auch das Französische sehr viel. Ich habe sehr lange die französische Grammatik lernen müssen von Anfang bis zu Ende; sehr schwer fand ich die Lehre vom Partizipium, aber merkwürdigerweise waren es gerade die Partizipialendungen und -konstruktionen, welche ich am besten auswendig wußte, und wo ich am wenigsten Fehler machte. Ich las dann ein sehr interessantes und mit vielen Illustrationen ausgestattetes Buch teils zum Vergnügen, teils um geläufig lesen zu lernen, betitelt: „Le fond de la mer". Da ich von jeher eine Leidenschaft hatte für das große wunderbare Meer und für alles, was darauf und darinnen war, so liebte ich dieses Buch sehr, welches mich bekannt machte mit dem, was auf dem Meeresgrunde lebte oder im Meere sich herumtrieb. Dann erzählte es auch von den Tauchern und den verschiedenen Apparaten, vermittels deren sie auf dem Grunde des Meeres sich einige Zeit lang aufhalten und

*) „Deutsche Geschichte". 1. Aufl. Elberfeld 1816.

bewegen können. Speziell diesem Buche danke ich den Entschluß, mich, als wir 1871 in England waren, mit in eine Taucherglocke zu setzen und mit hinunter zu fahren. Kein Reiseziel erfreute mich mehr, als wenn es an das Meer ging.»

Soweit mein „Lebenslauf".

*

Wie aus dem Gesagten hervorgeht, trat im Jahre 1870 neben den mathematischen auch griechischer Unterricht. Diese Neuerung hing damit zusammen, daß Hinzpeter in jener Zeit den Plan gefaßt hatte, mich für das Gymnasium und damit später für das Abiturientenexamen vorzubereiten. Aus meinem Curriculum vitae wird auch ersichtlich, mit welcher Begeisterung ich diese Sprache trieb; in einem weiteren Kapitel wird man die ebenfalls dem „Lebenslauf" entnommenen Worte lesen: «Ich finde und bleibe dabei, daß nichts über die griechische Sprache geht und in der griechischen Sprache nichts über den Homer».

Daneben erlahmte mein Interesse an der lateinischen Sprache in keiner Weise. Nach Überwindung der Formenlehre wurde mir die Lektüre des Cornelius Nepos und des Cäsar auch in ihrem Inhalt geradezu eine Quelle des Genusses. Wie sehr freilich mein deutsches Gefühl durch die vielen römischen Siege verletzt wurde, wird man oben nicht ohne Vergnügen gelesen haben.

Daß Geschichte mein Lieblingsfach blieb, geht so deutlich aus dem „Lebenslauf" hervor, daß ich darüber kein Wort mehr zu sagen brauche. Daneben begann nun ein intensiver Unterricht in der Geographie. Auch hier fand ich weitgehende Unterstützung durch mein gutes Gedächtnis.

Über die Mathematik, die im Frühjahre 1870 nach der Rückkehr aus Cannes das Rechnen ablöste, habe ich schon gesprochen; ich habe nichts davon behalten. Ich erhielt in diesem Fach 1873 besonderen Unterricht durch Professor Rühle vom Joachimsthalschen Gymnasium.

Er war ein pädagogisch sehr begabter Mann, dem ich viel Sympathie entgegengebracht habe – Liebe zum mathematischen Studium konnte er mir freilich auch nicht beibringen.

In Chemie lehrte uns die Grundbegriffe unsere Mutter. Dann gab uns hin und wieder James Hofmann, der Sohn des bekannten Chemikers A. W. v. Hofmann einige Unterrichtsstunden, später kam letzterer selbst auch mehrere Male. Aber ein eigentlicher Unterricht war das alles nicht zu nennen.

Mademoiselle Darcourt gab nach wie vor Französisch; daneben unterrichtete in französischer Literaturgeschichte Monsieur Fiévet, ein kleines vertrocknetes Männchen. Ein Mister Fox, der Sohn eines Geistlichen aus New Forest gegenüber der Insel Wight, ein stiller, feiner und feierlich auftretender Mann, den ich sehr gern gehabt habe, gab damals englischen Unterricht. Er hat mich später oft besucht, wenn ich nach England kam.

Zeichnen hatten wir zuerst bei Professor Eichen, an den ich sonst weiter keine Erinnerung habe. Dagegen entsinne ich mich deutlich eines Malers Schlegel, eines verwachsenen Mannes, der viel in Italien geweilt hatte und in deutscher Schwärmerei nicht genug vom Lande seiner Sehnsucht erzählen konnte. Diese Begeisterung trug ihm bei uns losen Knaben den Spitznamen „Signor Schlegeliano" ein. Wir mußten bei ihm nach der Natur besonders Bäume zeichnen, zum Wischen wurde Schwarzbrot genommen. Das gefiel uns ausnehmend, Schwarzbrot kannten wir kaum – und so zogen wir es vor, das Brot seiner ursprünglichen Bestimmung zuzuführen und es aufzuessen! Signor Schlegeliano war dann immer sehr entsetzt über unsere materialistische Gesinnung. Im Winter 1873/74 nahmen wir mit unserer Mutter im Kunstgewerbemuseum an den Unterrichtskursen im Elementar- und Ornamentzeichnen teil, die unter Professor Kachels Leitung standen. Dieser Unterricht sagte uns aber in keiner Weise zu; wir fanden die Nachzeichnung griechischer

Muster, die Schattierung von Karos und derartige Arbeiten unsäglich langweilig.

Über Hinzpeters Religionsunterricht habe ich bereits gesprochen. Es erscheint mir darüber hinaus angebracht, an dieser Stelle einige Aufzeichnungen wiederzugeben, die er sich über dieses Thema gemacht hat: «Deshalb wurde zunächst schon der äußere Respekt vor Bibel und Gesangbuch mit ihrem Inhalt sorgfältigst gepflegt, die heilige Geschichte nie mehr zur Disziplin oder Memoirübung benutzt, nie mehr Psalmen als Strafarbeit aufgegeben, nie mehr das laute Beten als Gelegenheit zum Korrigieren der Aussprache oder zum Erzwingen des Gehorsams benutzt. Der Beschäftigung mit religiösen Dingen wurde eine solche Weihe zu geben versucht, daß jeder Zwang von der einen, jedes Widerstreben von der anderen Seite dabei von selbst verschwanden. Auf das sorgfältigste wurde dabei namentlich in den ersten Jahren alles vermieden, was an konfessionelle Differenzen oder gar Streitigkeiten erinnern konnte. Es wurde vielmehr der Versuch gemacht, die christlichen Wahrheiten in ihrer vollen ursprünglichen Naivität dem Zöglinge zu bieten, und zwar durch eifriges, allmählich begeistert werdendes Lesen und Genießen der Heiligen Schrift selbst. An dieses hat sich auf den langen Sonntagsspaziergängen in der wundervollen Umgebung von Cannes, Wilhelmshöhe oder Potsdam manche weihevolle Stunde gemeinschaftlicher Meditation und Erbauung geschlossen, ausdrücklich bestimmt zur Ergänzung oder zum Ersatz des öffentlichen Gottesdienstes. Das Resultat ist jedenfalls dies gewesen, daß religiöses Fühlen und Denken eine Gewohnheit, ja ein Bedürfnis geworden ist, daß der christliche Glaube in dem Herzen des Prinzen Wurzel geschlagen und daß damit die christliche Weltanschauung einen maßgebenden Einfluß auf sein Denken und Wollen erlangt hat. Unvermeidlich, aber auch unverfänglich war es dabei, daß das erwachte, durch die christlichen Vorstellungen belebte Gewissen zuerst mitunter wunderliche Formen annahm, wie der

Prinz Friedrich Wilhelm Albert Victor von Preußen
im Alter von 2 Jahren. 1861
Nach einem Aquarell der Königin Victoria von Großbritannien

Prinz in Cannes von aufregender Furcht vor der Hölle geplagt wurde oder noch später mit selbsterdachtem Gebet um die göttliche Unterstützung bei seinen Unterrichtsstunden bat.» Es widerstrebt mir, zu diesem Thema noch aus Eigenem etwas hinzuzufügen.

*

Sehr viel habe ich in meiner Jugend gelesen; ich habe manche Bücher geradezu verschlungen. Ich fing an mit Bechsteins Märchen und ging dann allmählich über zu Beckers „Alte Welt", Robinson Crusoe, Kapitän Marryat, Coopers Lederstrumpf, Jules Verne, Walter Scott – besonders dessen „Ivanhoe" ist lange Zeit meine Lieblingslektüre gewesen –, und nicht zum letzten Ebers; auch Freytags „Ahnen" habe ich mit großer Freude gelesen. Fontane und Willibald Alexis pflegte Hinzpeter vorzulesen. Unter den griechischen Helden war Achilles, unter den Deutschen Dietrich von Bern mein Liebling. Bei letzterem interessierte mich vornehmlich dessen persönliches Verhältnis zu seinen Waffen; spricht er doch sogar mit seinem Helm Hildegrimm! Der Begeisterung für die griechischen Epen Homers entsprach die für die deutschen Nibelungen, die ich nicht satt wurde, immer und immer wieder zu lesen. Was Dramen betrifft, so schwärmte ich vor allem für Shakespeares Königsdramen, Schillers Dramen, besonders seinen „Wallenstein", dann Kleists „Prinz von Homburg" und „Penthesilea", ferner Calderons „Leben ein Traum" und Grillparzers „König Ottokar".

Auf den langen Promenaden, die Hinzpeter zu Pferde oder zu Fuß mit uns machte, mußte ich die getriebene Lektüre vortragen, um so einerseits richtig lesen zu lernen, andererseits mich in freier Rede zu üben. Ich halte diese Methode für außerordentlich nutzbringend.

*

In der letzten Zeit meines Berliner Aufenthalts traten dem systematischen Schulunterricht unter anderm Vorträge naturwissenschaftlichen, belletristischen und kunsthistorischen Charakters zur Seite. Von den archäologischen Vorträgen, die mir Professor Böttcher vom Alten Museum hielt, habe ich sehr viel Nutzen gehabt; ich werde seinen Namen im nächsten Kapitel noch einmal erwähnen. Wie stark wirkte aber Geheimrat Karl Werder, der bekannte Dichter, Philosoph und Ästhet auf mich! Der kleine, schmächtige Mann von unendlicher Feinheit und Liebenswürdigkeit, der aller Herzen gewann und beliebt war bei meinen Eltern und Großeltern (was bemerkenswert ist), war noch Vorleser bei König Friedrich Wilhelm IV. gewesen, war mit Humboldt bekannt, sowie mit zahlreichen Künstlern, Gelehrten und Schauspielern. Auch dem Herzog von Meiningen stand er nahe und hat diesem manchen Hinweis für die Auffassung von Rollen usw. gegeben. Er konnte ausgezeichnet vortragen, besonders die klassischen Dramen; wie er mir Schillers „Wallenstein" gestaltete, wird mir unvergeßlich bleiben. Er hat ferner zusammen mit uns Dramen mit verteilten Rollen gelesen, uns auch für unsere Theateraufführungen, von denen ich schon sprach, eingeübt. Was ich an Literaturverständnis gewonnen habe, verdanke ich schlechthin ihm. Sein Lieblingsheld war übrigens merkwürdigerweise Kolumbus, den er auch zum Vorwurf für ein Epos gemacht hat. Ein Bild dieses Seehelden hing in seinem Arbeitszimmer, und es freute ihn ungemein, daß ich die dargestellte Persönlichkeit sofort erkannte, als er mich danach fragte; er hat dieses Bild mir später zur Erinnerung vermacht. Ich habe ihn noch oft als Leutnant und auch später in dem Hause am Gendarmenmarkt besucht, wo unten der berühmte Weinkeller von Lutter & Wegner sich befindet, und es waren immer Stunden ungetrübten Genusses, die ich bei ihm verlebte, und die bei mir in dankbarem Gedenken stehen. Von meiner Freundschaft zu ihm legt der große Findlingsblock auf seinem Grabe auf dem Berliner Garnisonfriedhofe Zeugnis ab, den die Inschrift ziert: Amico Imperator.

*

Wir gingen sehr häufig in die Berliner Museen, fast jeden Sonntag wurde eins besucht, wenn wir vormittags nicht dem Gottesdienst beiwohnten; oft geschah es auch nachher. In dieser Beziehung wurde ganz planmäßig vorgegangen: einmal wurden die Griechen, ein andermal die Römer aufgesucht. Dann wieder kamen Gemälde an die Reihe, und hier wurden systematisch die einzelnen Malerschulen besichtigt. Oft gingen wir mit meinem Vater, oft auch mit Hinzpeter oder mit beiden zusammen. Ich muß sagen, daß Hinzpeter von Kunst wenig verstand; es waren eigentlich nur die äußerlichen Dinge, auf die er uns aufmerksam machte und die auswendig gelernt werden mußten. Ich für meine Person liebte besonders das Alte Museum und erfreute mich vornehmlich an der Ägyptischen Abteilung. Darüber hinaus begeisterte mich allgemein alles, was schön war.

*

Damals waren in der Kommandantenstraße die ersten Bildnisausstellungen in Berlin zu sehen. Ich bin regelmäßig dorthin gegangen, sei es mit den Eltern, sei es mit Hinzpeter. Manche genußreiche Stunde habe ich dort verlebt und meinen künstlerischen Geschmack zu bilden gesucht. In besonderer Erinnerung ist mir noch, daß ich bei einer solchen Gelegenheit zuerst Bilder von Feuerbach sah, die mir einen großen Eindruck machten, ein andermal sah ich Seegemälde des Russen Ajwasowskij.

In diesen Jahren zu Anfang der 70 nahmen mich meine Eltern auch zu ihren Besuchen bei Künstlern mit, deren Schaffen ich in ihren Ateliers sehen durfte. So waren wir oftmals bei Georg Bleibtreu, dem berühmten Maler der Schlachten des 19. Jahrhunderts. Er war ein prächtiger Mann, von kleiner Statur, in dem große Begeisterungsfähigkeit steckte. Viele Stunden lang mußte er uns von den Taten des Krieges 1870/71 berichten, den er im Stabe meines Vaters mitgemacht hatte. Auch Anton v. Werner, den wir ebenfalls oft besuchten, wußte viel aus der großen Zeit zu erzählen. Sowohl sein berühmtes Gemälde von der Proklamation in Versailles wie die meisten anderen Werke von ihm habe ich entstehen sehen. Meine Eltern waren die besonderen Gönner des Künstlers und trugen viel dazu bei, seine Anerkennung durchzusetzen. Meine Mutter war Patin zweier seiner Kinder und hat sie selbst über die Taufe gehalten. In meiner Regierungszeit hat Werner später noch die schönen Deckengemälde der Kuppel des Berliner Doms gemalt. Nicht weniger groß war meine Freude, wenn es, was oft geschah, zu Adolf v. Menzels Atelier ging. In welchem Maße ich den großen Künstler geschätzt und verehrt habe, ist wohl noch zu allgemein in Erinnerung, als daß ich es hier besonders zu betonen brauchte. In meiner Jugendzeit habe ich ihm einmal mit meinem Bruder Heinrich für ein Bild der Potsdamer Parade von 1873 anläßlich der Anwesenheit des Königs von Italien Modell stehen müssen. Leider ist das Bild nicht ausgeführt worden, obwohl mein Großvater den von Menzel eingereichten Entwurf ausdrücklich genehmigt hat.

Von Gustav Richter, der viel im Hause meiner Eltern verkehrte, sah ich, wie er seinen „Pyramidenbau" malte.

Auch den hochbegabten Maler Knille, bei dem meine Mutter zeitweilig Malunterricht nahm, haben wir bei seinem Schaffen bewundert. Ich fand insbesondere großes Gefallen an seinem Tannhäuserbilde und den aus Scheffels „Ekkehard" entnommenen Motiven; auch eine Zeichnung Papst Gregors VII., die bei meiner Mutter hing, habe ich sehr geschätzt.

Mit besonderer Vorliebe ging ich stets zu August v. Heyden, er ließ mich einen tiefen Blick in die deutsche Sagen- und Märchenwelt tun, die er in seinen Bildern bevorzugte. Mir gefiel nächst seinen Bildern aus der Parzivalsage vornehmlich der Walkürenritt, den ich in Ausführung meines alten Planes später gekauft habe.

Heyden war ursprünglich im Bergbau tätig gewesen, woher wohl auch seine vielfache Beschäftigung mit den Bergknappen des Mittelalters stammt. Mir vermochte er insofern noch viel zu geben, als er als guter Kostümkenner meinen Neigungen auf diesem Gebiet entgegenkam; er wurde später auch Professor der Kostümkunde an der Berliner Akademie. Ich ernannte ihn wegen seiner reichen praktischen Erfahrungen im Bergbau 1890 für die Beratungen in der Arbeiterfrage zum Mitglied des Staatsrats. Man weiß, wie abfällig Bismarck diese Maßnahme im dritten Bande seiner „Gedanken und Erinnerungen" kritisiert hat; damals spottete er laut: ich brächte jetzt auch noch einen Raffael an!

Auch bei Bildhauern haben wir oft vorgesprochen. Begas sah ich an seinem für den Berliner Gendarmenmarkt bestimmten Schiller, Sußmann an einem „Dornröschen in der Nische" arbeiten. Letzterer zeigte mir einmal die Kunst des Modellierens, indem er einen Siegfried mit erhobenem Schwert im Modell herstellte, das ich lange aufgehoben habe. Friedrich Drake, einen Schüler Rauchs, sah ich bei der Arbeit an der Viktoria für die Siegessäule. Bekanntlich hat für den Kopf dieser über acht Meter hohen, nicht eben sehr geglückten Statue meine Mutter Modell gestanden, und so durften wir immer mitkommen, wenn sie dem Künstler in seinem Atelier an der Bellevuestraße für sein Werk saß.

Noch eine ganze Anzahl weiterer Künstler haben wir im Laufe meiner Jugendjahre aufgesucht. Es würde aber zu weit führen, wenn ich ihrer aller hier gedenken wollte.

* * *

In diesen Jahren nach dem Kriege führte uns mein Vater auch häufig in der Mark umher, um uns deren herbe Naturschönheit und reiche historische Erinnerungen zu zeigen. Die kleinen Ausflüge pflegten immer Sonnabends und Sonntags stattzufinden, und Mischke und Hinzpeter waren meist mit von der Partie. Auf diesen Wanderungen haben wir so recht Land und Leute kennen gelernt – anders als das heutige Reisepublikum, das mit dem Auto in 70 km-Geschwindigkeit durch die Landschaft eilt.

So entsinne ich mich noch einer Fahrt über Brandenburg nach Magdeburg, wo wir General v. Blumenthal besuchten. Wir besichtigten in Brandenburg den Dom, dann den Marienberg, auf dem in slawischer Zeit ein Triglawtempel gestanden haben soll. Mein Vater hatte es nicht gern, wenn ihm allzu viel erklärt wurde, und versuchte in solchen Fällen, durch Scherze den Redefluß lästiger Führer zu unterbrechen. Hier aber hatte er keinen Erfolg, denn als er in der bewußten Absicht die auswendig gelernten Erklärungen unseres Begleiters mit der Frage unterbrach, ob es keine Photographie des Götzen Triglaw gäbe, erhielt er zur allgemeinen Heiterkeit die prompte Antwort: es solle sofort eine beschafft werden – und dann ging die Belehrung unaufhaltsam weiter! Im Magdeburger Dom bewunderten wir zunächst den schönen Sarkophag der Gemahlin Kaiser Ottos I., Editha, einer englischen Prinzessin. Dann wurden uns zu unserer nicht geringen Freude die erstaunlichsten Reliquien gezeigt, als da sind eine Sprosse der Jakobsleiter, eine Börse des Riesen Goliath, sowie ein Stück der ägyptischen Finsternis. Leider konnten wir letztere nicht unmittelbar sehen, sondern nur den Kasten, in dem sie verwahrt wurde; denn wäre er geöffnet worden, hätte sie den größten Schaden anrichten können.

Mehrmals sind wir nach Lehnin gefahren, wo das alte Zisterzienserkloster damals noch in Trümmern lag. Mein Vater hatte für diesen Bau lebhaftes Interesse und sorgte dafür, daß die Ruine stilgerecht ausgebaut wurde. Die Restaurierung ist dann auch gut gelungen.

Ein andermal ging die Fahrt nach Rheinsberg. Von Friesack aus besuchten wir das Schlachtfeld von Fehrbellin, wo General

v. Gottberg auf dem Kurfürstenhügel den Gang der berühmten Schlacht vortrug. Am Nachmittag standen wir in Wustrau am Grabe des großen Reiterführers Hans Joachim v. Zieten und gedachten der Siege, die er seinem großen Könige in drei Kriegen gewonnen hatte. Am nächsten Tage weilten wir in Rheinsberg, wo einst der junge Fritz die schönsten Jahre seines Lebens zugebracht und sich auf sein Königtum vorbereitet hatte. Park und Schloß machten als Zeugen dieser großen geschichtlichen Erinnerung tiefen Eindruck auf uns Knaben. Im Arbeitszimmer des Königs, wo unter anderem der Antimachiavell entstanden ist, fand mein Vater unter der Tünche die alte goldfarbige Malerei der friderizianischen Zeit, und sogleich machte er sich mit unserer eifrigen Unterstützung daran, mit der Scheuerbürste die Leimfarbe abzuwaschen. Ich habe später die ursprüngliche Malerei vollkommen freilegen lassen.

Diese Wanderfahrten bedeuteten in unserem Schulleben immer höchst angenehme Unterbrechungen, die uns nicht oft genug beschert werden konnten. Ich glaube wohl, daß wir auf ihnen mehr an geschichtlicher Erkenntnis gelernt haben als aus tausend Büchern.

*

«Im Jahre 1871 machte ich wiederum mit meinen Eltern und Geschwistern eine Reise nach England. Die erste Zeit brachten wir in London zu, die letzte auf der Insel Wight. Da ich großes Interesse für Seeschiffe und Seewesen überhaupt hatte, so fuhr ich öfters nach dem gegenüberliegenden großen Kriegshafen Portsmouth und sah dort die Schiffe alter und neuerer Konstruktion nebst den Werften und Werkstätten. Ich war auch auf dem Linienschiff „Victory", welches der große Seeheld Nelson in der Schlacht von Trafalgar kommandierte und auf welchem er den rühmlichen Tod fürs Vaterland starb. Überhaupt versuchte ich, soviel als ich nur konnte, meine Kenntnisse in bezug auf Flottenwesen zu bereichern; einmal auch war ich in dem noch viel größeren und berühmteren Hafen Plymouth.»

Damals hat sich auch der Vorgang ereignet, dessen ich bereits Erwähnung tat, nämlich mein Herablassen in einer Taucherglocke ins Wasser.

Diese Darstellung aus meinem „Lebenslauf" möchte ich ergänzen durch eine Schilderung der englischen Verhältnisse, wie sie mir aus den Zeiten des ersten Jahrfünfts der 70er Jahre von verschiedenen Aufenthalten in England in Erinnerung geblieben sind.

Wir wohnten mit den Eltern zusammen als Gäste meiner Großmutter bald im Buckingham Palace in London, bald in dem herrlichen Schloß Windsor oder in Osborne, dem einzigartigen Sommersitz auf der Insel Wight. Ungemein ansprechend fand ich die englische Landschaft mit den sauberen Landhäusern und Dörfern und ihren gepflegten Rasenplätzen. Unsere Kinderzimmer waren behaglich und wohnlich, ich fühlte mich dort vollkommen zu Hause. Der Ausdruck der Engländer für Häuslichkeit und Gemütlichkeit „homeliness" und „comfort" konnte mit vollem Recht selbst auf das gewaltige Schloß Windsor mit aller seiner Pracht und seinen großen Sälen und Räumen angewendet werden. Wir wurden wie Kinder des Hauses behandelt und sahen unserseits in liebevoller Ehrfurcht zu unserer Großmutter, Britanniens großer Königin Victoria, auf.

Die Königin ist von Anfang an voll besonderer Güte für mich gewesen, eine rechte Großmutter, und dieses innige Verhältnis hat bis zu ihrem Tode keine Trübung erfahren. Ich habe an denselben Plätzen und mit demselben Spielzeug spielen dürfen wie einstmals meine englischen Onkel und Tanten, als sie im selben Alter waren. So durften wir in der entzückenden Miniatur-Milchwirtschaft mit voll eingerichteter Kinderküche, die sich im Park von Windsor bei Frogmore befand, selbst Butter und Rahmkäse herstellen und Tee trinken. In Osborne durfte ich mit alten eisernen Kanonen auf einer Modellschanze spielen, die früher meinen Onkeln, als sie noch Knaben waren, zum Spielplatz gedient hatte. Auch entsinne ich mich noch einer Lotterie im Schloß zu Windsor für uns Kinder, zu der meine Großmutter als Hauptgewinn einen großen Tragantaufsatz eines englischen Kuchens gestiftet hatte, auf dessen Spitze die aus Flittergold gebildete englische Königskrone auf rotbemaltem Kissen ruhte. Beim Gutenachtsagen konnte ich stolz meiner Großmutter berichten, daß ich so glücklich gewesen sei, den Preis zu gewinnen. Da legte sie mir die Hand auf den Kopf, bog ihn zurück, sah mir in die Augen und sagte dazu: „That is a good omen, my boy, try always to be good and obedient to your parents, then you will once deserve to their account."*) Ein andermal, als der berühmte Zahnarzt Dr. Evans mir einen Zahn hatte ziehen müssen – eine Operation, bei der ich „very brave" gewesen sein soll – schenkte mir meine Großmutter als Belohnung ein nagelneues goldenes Pfundstück, das ich mein Leben lang sorgsam aufbewahrt habe; erst in den Wirren der Revolution ist es mir abhanden gekommen.

Auch nachdem ich zur Regierung gekommen war, hat sich das Verhältnis zwischen meiner Großmutter und mir nicht geändert. Sie pflegte mich in der Unterhaltung nach wie vor „my boy" oder „my dear boy" anzureden, was mir immer eine besondere Freude war. Ihr trefflicher Leibarzt Sir James Reid hat mir späterhin versichert, daß der Besuch, den ich meiner Großmutter nicht lange vor ihrem Tode hatte machen können, ihre letzte große Freude gewesen sei.

Die Königin hat ihren Gemahl, den Prince-Consort Albert, niemals vergessen und nie aufgehört, ihn zu betrauern. Ich habe es daher niemals unterlassen, im Laufe meiner vielen Besuche in England das schöne Mausoleum meines Großvaters bei Frogmore zu besuchen, sobald ich in Windsor Castle war. Als ich nach der Beisetzung

*) „Das ist eine gute Vorbedeutung, mein Junge. Bemühe dich, immer gut und deinen Eltern gehorsam zu sein, dann wirst du dich einst um sie verdient machen."

König Eduards das Mausoleum zum letzten Male besuchte, sah ich neben dem Sarkophag meines Großvaters auch den meiner Großmutter. Aber wie erstaunte ich, als ich die Königin in voller Jugendschönheit dargestellt fand, wie sie Winterhalter in seinen Bildern uns als Englands jugendliche Herrscherin erhalten hat! Wie mir erzählt wurde, hatte meine Großmutter beim Tode des Prince-Consort mit seinem Sarkophag zugleich den ihrigen bestellt, da sie nicht wünschte, als alte Frau neben dem in voller Mannesschönheit aufgefaßten Gatten zu liegen. Der Eindruck dieser beiden schön modellierten Gestalten ist tief ergreifend.

Königin Victoria hat übrigens niemals ihre deutsche Abstammung verleugnet. Sie war stolz auf den Titel „Herzogin zu Sachsen" und führte ihr sächsisches Wappen als Herzschild in der englischen Königsstandarte. Mit den Herren und Damen des Gefolges meiner Eltern und späterhin meines Gefolges sprach sie grundsätzlich nur deutsch, das sie vollständig und ohne Akzent beherrschte. Das Gewinnende an ihr war aber wohl, daß sie es in seltenem Maße verstand, die beiden Eigenschaften zu verbinden: ganz Königin und ganz Frau, Mutter und Großmutter zu sein.

Mit nicht geringerer Liebe als die Königin sind mir meine anderen englischen Verwandten entgegengekommen. So denke ich unter anderen meiner jüngsten Tante Beatrix, die stets an unseren kindlichen Spielen, selbst mit den Kanonen, teilgenommen hat. Mein Lieblingsonkel war von Anfang an Prinz Arthur, Herzog von Connaught. Der Herzog, übrigens der ausgesprochene Lieblingssohn meiner Großmutter, nahm sich im Laufe der Jahre, zumal als ich heranwuchs, in der liebenswürdigsten Weise meiner an und führte mich meist bei meinen Besuchen in London persönlich umher. Er war ein ausgezeichneter Soldat, und als ihm nach seiner Heirat mit meiner Kusine Prinzessin Luise Margarethe, der jüngsten Tochter Prinz Friedrich Karls, die Uniform des Zieten-Husaren-

Regiments verliehen wurde, war er stets stolz, bei seinem Aufenthalt in Deutschland, zumal bei den Manövern, die er häufig besuchte, diesen schönen Rock tragen zu dürfen. Unser Freundschaftsverhältnis hat Jahrzehnte überdauert, da es auf der gleichen Ansicht über die Aufgabe des Soldaten wie auf den gleichen allgemeinen Lebensanschauungen beruhte. Erst der Krieg hat dies Band zerrissen, ein schmerzlicher Verlust für mich.

Meine Lieblingstante war Prinzeß Luise, damals Marchioness of Lorne, später Herzogin von Argyll; sie hat mich von klein auf gründlich verzogen. Ich durfte oft in ihrem Zimmer spielen und bekam manchen Bonbon zugesteckt. Sie war eine frohe, sonnige Natur und besaß wie ihre Mutter, die Königin, einen ausgeprägten Sinn für Humor, so recht geeignet, um liebevolle Wärme in ein Kinderherz zu strahlen. Ich habe sie außerordentlich geliebt und verehrt und diese Gefühle mein ganzes Leben hindurch bewahrt; sie blieb für mich immer meine „Verzugstante". Auch dieses liebe Band ist nun zerrissen.

Die Herren und Damen des Gefolges meiner Großmutter haben uns gleichfalls mit viel Freundlichkeit behandelt. Der Hofmarschall, Sir John Cowell, pflegte mich in späteren Jahren gern daran zu erinnern, daß er mich als Kind auf seinen Armen getragen habe. Auch die Kammerdiener und Lakaien meiner Großmutter haben mir viel Gutes und Liebes erwiesen; bei meinen späteren Besuchen habe ich immer gern alte Kindheitserinnerungen mit ihnen aufgefrischt.

Oftmals wurden auf Anordnung meiner Großmutter Landpartien zu Wagen zur Besichtigung der Schönheiten der Insel Wight gemacht. Meine selige Mutter hatte eine unbegrenzte Liebe für Osborne, die ich wohl von ihr geerbt habe. Aus ihren Erzählungen bei unseren Spaziergängen in den schönen Anlagen erfuhr ich, daß die Gestaltung des Parks, in dem die Rhododendren geradezu wucherten, und die vielfach jüngeren Pflanzungen ausnahmslos das Werk meines Großvaters, des Prince-Consort Albert, waren. Seine auf vielen

Gebieten bewiesene Genialität feierte hier in der Kunst der „landscape-gardening" (Landschaftsgärtnerei) schöne Triumphe. Wohl die berühmteste Araukarien-Allee in Europa hat er seinerzeit eigenhändig als Zufahrt zum Schloß angelegt. Als besondere Merkwürdigkeit sei noch erwähnt, daß sich im Park eine Baumanlage befand, wo jeder Baum von einem Souverän gepflanzt war. Da auf diesen Brauch sehr gehalten wurde, so waren schon fast alle Herrscher Europas mit einem Baum vertreten.

Was ich vom Park gesagt habe, gilt auch vom Schloß Osborne und seiner ganzen Einrichtung: auch sie ist völlig nach den Angaben meines Großvaters geschaffen und nach seinem Tode in pietätvoller Weise bis zum Regierungsantritt König Eduards VII. erhalten worden. Ein jedes Kind hatte dort seine eigene Wohnung. In den Zimmern meiner Mutter, die auch von meinem Vater mitbenutzt wurden, hatte die Königin viele Bilder von wichtigen militärischen Ereignissen aufhängen lassen. Unter diesen fand ich auch ein Aquarell, das eine Heerschau in Aldershot darstellte, bei der mein Großvater Kaiser Wilhelm neben meiner Großmutter von Großbritannien zu Pferde hielt.

Einen feierlichen militärischen Vorgang auf der Insel Wight machte ich in Begleitung meiner Eltern bei jenem erwähnten Besuch 1871 mit. Ein englisches Regiment, die 103. Royal Bombay Fusileers, die in Parkhurst bei Newport garnisonierten, sollte neue Fahnen erhalten. Es stand auf einem Rasenplatz im offenen Viereck um einen aus Trommeln gebildeten Altar. Nachdem die neuen Fahnen vom Geistlichen geweiht worden waren, wurden sie meiner Mutter gereicht, die sie ihrerseits ihrem Bruder, dem Herzog von Connaught, übergab, während das Viereck präsentierte. Die Feier war ungemein eindrucksvoll und würdig.

Später, als ich schon älter war, machte es mir besondere Freude, mit meinem Bruder Heinrich zusammen auf der Raddampfyacht „Alberta" der Königin unter dem Kommando des braven Kapitäns Welsh, der uns geradezu väterlich behandelte, die Fahrten mitzumachen, bei denen die Onkel und Tanten von Cowes nach Portsmouth oder umgekehrt gebracht wurden. Wir durften dabei sogar unter seiner und des wachthabenden Offiziers Aufsicht die Maschinentelegraphen bedienen. Ich habe auf diesen Fahrten natürlich viele englische Kriegsschiffe gesehen und, wie bereits der Auszug aus meinem „Lebenslauf" erwähnte, auch Nelsons Flaggschiff, die „Victory", besucht. Als ich die kleine, an Deck eingeschraubte Messingplatte, welche den Platz bezeichnete, an dem der große Admiral zusammengebrochen war, andächtig betrachtete, scherzte Welsh, der uns führte, in Anlehnung an Nelsons letztes Signal: „Now Sir, the British Admiralty expects, that every person visiting the ‚Victory' must shed a pail of tears here!"*) – Auf dem Dreidecker „St. Vincent", einem Schiffsjungenschulschiff, fand gerade Geschützexerzieren statt, als ich es besuchte. Ich durfte an demselben teilnehmen, wurde als Kanonier Nr. 1 an ein Geschütz gestellt und mußte die Abzugsschnur ziehen. Ich war nicht wenig stolz, zu dem betäubenden Donner der Breitseite mit meinem Geschütz erheblich beigetragen zu haben.

Auch der bekannte Superintendent of the Dockyard, Admiral Foley, war außerordentlich freundlich zu mir; es machte ihm augenscheinlich große Freude, mich auf der Werft herumzuführen und die Kriegsschiffsbauten zu zeigen. Er war ein richtiger alter, jovialer Seebär mit feuerrotem Gesicht und weißem Backenbart, der, da er so gut wie taub war, sehr laut sprach. Dieses Gebrechen führte einmal zu einem amüsanten kleinen Zwischenfall, den ich hier erwähnen will, nicht nur weil er seinerzeit in der ganzen englischen Marine viel belacht worden ist, sondern auch den stark ausgeprägten Sinn meiner Großmutter für Situationskomik kennzeichnet. Es handelt sich um einen

*) „Nun, Sir, erwartet die Britische Admiralität, daß jedermann bei einem Besuch der ‚Victory' an dieser Stelle einen Eimer voll Tränen vergießt!"

an sich tragischen Vorfall. Die englische Segelfregatte „Eurydice" war fast angesichts von Portsmouth untergegangen. Sie wurde dann mit vieler Mühe gehoben und nach dem Hafen geschleppt, wo sie ins Trockendock kam. Die Königin hatte den Admiral Foley zum Lunch nach Osborne befohlen, damit er ihr Bericht erstatte. Nachdem dieses traurige Thema erschöpft war, wollte meine Großmutter der Unterhaltung eine andere Wendung geben und erkundigte sich nach dem Befinden seiner Schwester, die ihr gut bekannt war. Der schwerhörige Admiral, immer noch in Gedanken mit der „Eurydice" beschäftigt, glaubte, die Frage Ihrer Majestät bezöge sich auf weitere Arbeiten an dem Schiff und antwortete prompt mit Stentorstimme: „Well ma'me, I am going to have her turned over and take a good look at her bottom and have it well scraped!" Der Erfolg dieser Antwort war durchschlagend. Meine Großmutter legte Messer und Gabel hin, nahm ihr Taschentuch vors Gesicht, indessen ihr ganzer Körper von Lachen geschüttelt wurde und ihr die hellen Tränen über die Backen liefen; mein Oheim, der Herzog von Connaught, und die jüngeren bei Tisch befindlichen Familienmitglieder brachen, alle Etikette vergessend, in schallendes Gelächter aus, und die würdevollen, mit Tellerwechseln beschäftigten Diener flüchteten hinter den Schirm vor der Anrichte. Voller Erstaunen sah der Admiral diesen Heiterkeitsausbruch, ohne sich zunächst die Ursache erklären zu können.

Ich werde auf englische Persönlichkeiten und Verhältnisse noch wiederholt im Laufe meiner Jugendgeschichte zurückkommen. Hier mögen diese Darlegungen genügen, um zu zeigen, wie das Heim meiner Großmutter mir gleichsam zu einem zweiten Vaterhause werden konnte.

* * *

Über die Reise des nächsten Sommers weiß mein „Lebenslauf" folgendes zu berichten: «Im Sommer des Jahres 1872 reiste ich mit meinen Geschwistern ohne unsere Eltern nach dem Seebad Wyk auf Föhr. Hier feierte mein Bruder Heinrich seinen zehnten Geburtstag, an welchem er in die Marine eintrat. Um ihn zu feiern, war ein Kanonenboot ‚Blitz' gekommen, und dieses salutierte dann auch dem neuen Mitglied der Marine.»

Diese kargen Mitteilungen sind nach mehreren Richtungen hin zu ergänzen. Vor allem haben die Fahrten nach den Halligen den größten Eindruck auf uns gemacht. Die schwermütige Landschaft, die festen Menschen von ebenso schwerem Schlag, die wunderhübschen Trachten der Landleute, die vielen Herden – das alles war uns etwas völlig Neues. Es machte uns Kindern besonderen Spaß, daß wir über die Gräben in der Marsch mit großen Sprungstangen setzen mußten. Und was für prächtige Menschen haben wir da nicht kennen gelernt! Ich entsinne mich noch vornehmlich des Bauern Schmidt-Tychsen, der eindrucksvollen Persönlichkeit eines typischen Marschbauern. Er wohnte bei Dagebyll, und wir haben ihn stets besucht, wenn wir nach der schönen Insel kamen. Zu berichten ist ferner noch, daß Heinrich und ich bei Professor Magnussen, der bei Wyk ein Bauernhaus als Atelier eingerichtet hatte, Zeichenunterricht nahmen. Unsere Modelle waren alte Frauen – alte Schiffe wären mir lieber gewesen! Magnussen hatte in Schleswig eine Holzschnitzereischule begründet, die meine Eltern unterstützten. Sein Sohn Harro wurde Bildhauer und hat unter anderem die Skulptur Friedrichs des Großen, die bis vor kurzem im Sterbezimmer zu Sanssouci stand, sowie das Denkmal Roons auf dem Königsplatz in Berlin geschaffen.

Kurze Zeit nach dem erwähnten Geburtstagsfeste Heinrichs machten wir eine Fahrt auf dem Kanonenboot „Blitz" mit. Sein Kommandant, Kapitänleutnant Glomsda v. Buchholtz, zeigte uns unter anderem das große schwere Geschütz, das in der Mitte des Kanonenboots stand, und führte uns dann nach dem Bug, wo zwei leichtere ältere Bronzegeschütze standen, da wir Jungens gern das Geschütz betrachten wollten, von dem „der Schuß" gefallen war. Die Sache hatte folgende Bewandtnis. Dem „Blitz" war der Schutz der deutschen Fischerei auf der Nordsee übertragen worden, und er mußte daher häufig Übergriffe der englischen Fischer zurückweisen. Bei einer solchen Gelegenheit hatte ein britisches Fischerfahrzeug sich geweigert, die am Heck des „Blitz" wehende deutsche Kriegsflagge durch Setzen bzw. Dippen seiner Landesflagge zu grüßen. Nach mehrfachen fruchtlosen Aufforderungen hatte Kapitänleutnant v. Buchholtz einen scharfen Schuß vor den Bug des Fahrzeuges gefeuert, worauf die verlangte Zeremonie in beschleunigter Weise erfolgt war. Hierdurch hatte sich der „Blitz" sowohl bei Engländern wie bei Deutschen in Respekt gesetzt, und wo das Kanonenboot sich von da ab sehen ließ, erschienen von jetzt ab sofort die Landesflaggen, denn auch die deutschen Seefischer hatten sich sehr oft nicht mit dem Zeigen ihrer Flagge beeilt. Der „Schuß" fand freudigen Widerhall im ganzen Vaterlande, hatte doch das Deutsche Reich zum ersten Male zur See ein Machtwort gesprochen! So standen denn Heinrich und ich mit respektvollen Blicken vor dem Geschütz, während Hinzpeter seine pädagogischen Worte dazu fallen ließ: „Sehen Sie sich die Kanone ordentlich an! Das ist ein historisches Geschütz, das einen historischen Schuß getan hat!"

In Wyk schlossen wir auch Freundschaft mit den beiden prächtigen Söhnen des Herrn v. Salza, Hermann und Ernst; verlieh ihnen doch der Name des berühmten Hochmeisters des Deutschen Ordens an sich schon einen Nimbus in unseren Augen! Hermann v. Salza war zu meiner Regierungszeit Flügeladjutant des Königs von Sachsen und dessen Militärbevollmächtigter in Berlin. Ernst v. Salza studierte mit mir zusammen in Bonn als Borusse und war zuletzt Sächsischer Gesandter in Berlin; mein ganzes Leben lang verband

Prinz Wilhelm von Preußen (×) und der Erbgroßherzog von Baden
auf einer Fußtour durch den Schwarzwald. 1867

Kaiserin Elisabeth von Österreich

mich treue Freundschaft mit ihm. Beide Männer sind mir leider durch den Tod entrissen worden.

Im Mittelpunkt des Interesses stand natürlich in Wyk der Wassersport. So sind wir von Föhr aus fleißig gesegelt, meist auf einer zweimastigen Hamburger Yacht „Welle", oder wir sind auf der Königlichen Dampfyacht „Grille", die uns zur Verfügung gestellt war, gefahren. Die „Grille" war in den 50er Jahren von dem berühmten französischen Schiffbauer Dupuy de Lôme in Le Hâvre für König Friedrich Wilhelm IV. als Schraubenyacht gebaut worden. Sie war ein auffallend elegantes Schiff mit scharfen Linien und lag wie eine Möwe auf dem Wasser. Über dem in Dunkelblau gehaltenen, mit einem Goldstreifen gezierten Schiffsrumpf erhoben sich ein verhältnismäßig sehr hoher gelber Schornstein und drei braune Pfahlmasten. Ein elegantes ovales Deckhaus bot bequeme Sitzgelegenheit, die Wohn- und Schlafkajüten waren behaglich und elegant in französischem Geschmack eingerichtet. Der Kommandant war Kapitän Ratzeburg, der uns Jungens, die wir jede freie Zeit auf der Yacht zuzubringen trachteten, freundlich behandelte. Die „Grille" lief bei ihrer ersten Indienststellung in den 50er Jahren bereits 14 sm, eine für damalige Zeiten außerordentlich hohe Geschwindigkeit, die heute etwa einer solchen von 30 sm entsprechen würde. Auf den Vergnügungsfahrten lernten Heinrich und ich das Flaggenalphabet, unter Aufsicht des Navigationsoffiziers und des Bootsmanns die Yacht nach dem Kompaß steuern, die Signalflaggen bedienen und andere Zweige des Schiffsdienstes ausüben. Wir besuchten auch die Maschine häufig, in deren Geheimnisse der Ingenieur uns einweihte; es war eine horizontale Maschine von Penn Brothers. Ein Hauptvergnügen bereitete es mir, durch das große gläserne Maschinenskylight die in der Sonne hellstrahlende Maschine im Gang zu beobachten, wobei die hin und her arbeitenden Kolben ihr Licht blitzend reflektierten. Kam See auf, so stellte die „Grille" an die Seefestigkeit der Passagiere beträchtliche Anforderungen, denen nicht alle gewachsen waren. Ich habe das reizende Schiff sehr geliebt und denke mit Freuden an die auf ihm verbrachten schönen Stunden meiner Kinderzeit.

Ich beende die Schilderung unserer Sommerreise von 1872, indem ich die Wiedergabe meines Lebenslaufes fortsetze: «Mein Bruder und ich reisten am Ende unseres Aufenthaltes in Föhr auf der Yacht des Kaisers „Grille", welche uns zur Disposition gestellt war, nach Hamburg. Dort verbrachten wir einige Tage, um das Treiben der größten deutschen Handelsstadt zu beobachten. Da war mein größtes Vergnügen, am Hafen spazieren zu gehen und die Hunderte und aber Hunderte von großen Dampfern und Segelschiffen zu sehen, das Leben und Treiben am Hafen und in den Straßen zu beobachten, das Einladen und Löschen der Ladungen, das Ankommen und Abgehen von Schiffen, das Rennen und Jagen der Leute, überhaupt das rege Bild des Arbeitens und des Verdienens war für mich das anregendste, was sich finden konnte. Auf einen Tag gingen wir auch zu meiner großen Freude nach Kiel und sahen dort die Werften und den Hafen; es wurde damals gerade das Panzerschiff „Friedrich der Große" gebaut.»

* * *

Von besonderen Ereignissen, die in diesen Jahren vorfielen, entsinne ich mich noch des Besuchs des italienischen Kronprinzen Humbert und seiner Gemahlin Margherita im Frühjahr 1872, die mit großen Festlichkeiten gefeiert wurden. Ich erwähne ferner die glanzvolle Dreikaiserparade auf dem Tempelhofer Felde im Herbst 1872, an der außer fast sämtlichen deutschen Fürsten Kaiser Franz Josef und Zar Alexander II. mit dem Thronfolger, späteren Zaren Alexander III., dem Reichskanzler Fürst Gortschakow, Feldmarschall Graf Berg, Großfürst Wladimir und dem Kriegsminister Miljutin teilnahmen. Beim Vorbeimarsch des Ersten Garderegiments zu Fuß, das mein

Vater führte, schlossen mein Bruder und ich den ersten Zug der Leibkompagnie. Der Zar verlieh mir damals die Uniform des Grenadierregiments Friedrich Wilhelm III., das in Warschau stand. Als mein Vater mich zu ihm führte, damit ich meinen Dank abstatte, sah ich, welch ein schöner großer Mann der Herrscher war; doch fielen mir seine unruhigen, flackernden Augen auf. Die Unterhaltung zwischen den beiden hohen Herren drehte sich um den Krieg 1870; ich hörte, wie das Wort „St. Privat" fiel und wie der Zar sagte: sein Herz hätte geblutet, als er die Nachricht von den furchtbaren Verlusten der Garde erhielt. Er war bekanntlich Deutschland gegenüber sehr freundlich gesonnen, so daß im nächsten Jahre eine deutsch-russische Militärkonvention und das sogenannte „Dreikaiser-Abkommen" zustande kommen konnte, das auch Österreich-Ungarn einschloß.

* * *

Ich fahre in der Wiedergabe meines „Lebenslaufes" fort, die ich bei dem Sommeraufenthalt in Wyk 1872 abgebrochen hatte:

«Wir reisten nach Potsdam zurück, und ich nahm meine Studien wieder auf, und zwar schärfer als vorher, weil ich im Frühjahr ein Examen machen sollte. Jetzt begann auch mein Konfirmandenunterricht.

Den ganzen Winter hindurch mußte ich sehr scharf arbeiten und tat es auch mit Vergnügen, weil ich selbst den größten Wunsch hatte, mit meinen Studien tüchtig voranzukommen. Endlich im Frühjahr kam das Examen, vor dem ich keine Furcht hatte, denn ich fühlte mich sicher; nur war es mir unangenehm, daß außer meinem Mathematiklehrer alle anderen Lehrer mir unbekannt waren. Allein als das Examen begonnen war, verlor ich dieses Gefühl auch sehr bald, und ich glaube, daß es ziemlich gut abgegangen ist; auch hörte ich hernach, daß ich für Obertertia ganz reif befunden worden war.»

Die Prüfung fand am 2. April 1873 um 11 Uhr vormittags im Kronprinzenpalais im Lateinischen, Griechischen und in Mathematik statt; die Examinatoren waren Hinzpeter, Professor Rühle und drei weitere Lehrer des Joachimsthalschen Gymnasiums, dessen Direktor dem Akte beiwohnte. Das Ergebnis der Prüfung war nach dem amtlichen Protokoll, «daß Prinz Wilhelm die Reife für den Eintritt in die Obertertia eines Gymnasiums in vollem Maße, in der Mathematik aber die Kenntnisse eines guten Obertertianers besitzt».

Wer war froher als ich?! Abends durfte ich zur Belohnung mit meinen Eltern ins Opernhaus gehen.

VII.

Einige Wochen danach, Ende April 1873, erhielt ich für das gut bestandene Examen eine Belohnung ganz eigner Art: ich durfte meine Eltern auf einer Reise begleiten, die für mich voll reichen Erlebens werden und mir viele neuartige Eindrücke vermitteln sollte. Ich folge zunächst wieder meinem „Lebenslauf":

«Bald darauf reiste ich mit meinen Eltern nach Wien zur Eröffnung der Weltausstellung. Auf der Reise verblieben wir einige Tage in Prag, welche Stadt eine der ehrwürdigsten und merkwürdigsten Städte ist, die ich kenne. Ich stand auf dem Boden, auf welchem die Hussitenkriege und -kämpfe gespielt, auf welchem Wallenstein und Piccolomini gegangen sind.

Ich ging auf den Hradschin und stand am Fenster, an welchem sozusagen der Dreißigjährige Krieg seinen Anfang nahm, aus welchem nämlich Martinitz und Slawata von den Böhmen hinausgestürzt wurden; ich sah auch den Weißen Berg, an welchem das Schicksal des neuen Böhmenkönigs bestimmt ward. Aber mit was für Gedanken trat ich in den Palast Wallensteins ein! Das also war das Haus des weltberühmten Mannes, hier hatte er gelebt, seine Pläne geschmiedet; auf dem Boden, auf dem ich ging, war er gegangen.

Was für Ereignisse waren seitdem durch die Welt gegangen, und noch stand alles so, wie er es verlassen hatte; sogar das Pferd war da, ausgestopft, welches er in der Schlacht bei Lützen ritt.

Auch auf der alten Moldaubrücke stand ich, da, von wo Johann v. Pomuck (Nepomuk) auf Kaiser Wenzels Befehl hinuntergestürzt worden war.

In Wien, wo wir recht freundlich vom Kaiser und seiner Gemahlin empfangen wurden, wohnten wir die ganze Zeit unseres Aufenthaltes in Hetzendorf, nicht weit von Schönbrunn, und jeden Morgen, ehe ich zur Ausstellung fuhr, ging ich mit meinen Eltern im Garten und Park von Schönbrunn spazieren. Auch hier wieder historischer Boden, wenn auch nicht angenehme Erinnerungen erweckend an die Zeit Napoleons I.

Die Eröffnung der Ausstellung war recht feierlich, und die riesengroße Rotunde, in welcher sie stattfand, und in welche der Dom des Sankt Peter hineingeht, war wohl bestimmt, einen mächtigen Eindruck zu machen. Ich kann natürlich nicht erzählen, was ich alles gesehen, gehört und gemacht habe; genüge es zu sagen, daß ich alle Tage 4–5 Stunden in der Ausstellung zubrachte; über das, was ich gesehen, habe ich ein Tagebuch geführt. Der junge 15jährige Kronprinz und ich waren sehr gute Kameraden geworden, und wir haben manchen Ausflug und manchen Spaziergang zusammen gemacht. Nach 14 Tagen reiste ich nach Haus, während meine Eltern nach Italien reisten.»

Diese kindlichen Berichte möchte ich in einigen Punkten ergänzen und setze mit unserer Ankunft in Wien ein. Hier wurden meine Eltern von Kaiser Franz Josef sowie sämtlichen Erzherzögen empfangen und nach Hetzendorf geleitet, wo wir abstiegen. Mein Vater fuhr mit dem Kaiser voraus, während ich bei meiner Mutter blieb. Ich weiß noch, wie sie mich während der Fahrt durch die Vorstädte erstaunt auf die Unregelmäßigkeit und Unscheinbarkeit der Häuser aufmerksam machte; sie hatte derartiges in der vielgerühmten Kaiserstadt nicht vermutet. In Hetzendorf erwarteten uns, außer den vorangefahrenen hohen Herren, Kaiserin Elisabeth, von der mir meine Mutter erzählt hatte, daß sie die schönste Frau Europas sei, sowie Kronprinz Rudolf und die obersten Hofchargen. Der Kaiser war damals noch von jugendlicher Frische und hatte die Figur eines Fähnrichs. Mit väterlicher Freundlichkeit ruhten seine Augen bei der Vorstellung auf mir – und dann stand ich vor der Kaiserin! Wie gebannt blickte ich in das von dunklem Haar umrahmte, blendend schöne Antlitz mit den dunklen Augen. Ich war derart überwältigt, daß erst eine Mahnung meiner Mutter mich daran erinnern mußte, der hohen Frau die Hand zu küssen. Ich war völlig hingerissen von dieser herrlichen Erscheinung, die das Urteil meiner Mutter in jeder Beziehung rechtfertigte.

Hetzendorf ist ein hübsches, mittelgroßes Rokokoschloß hinter Schönbrunn, in der Ebene gelegen und von einem schönen Garten umgeben. Ich wohnte mit General v. Gottberg, meinem Militärgouverneur, zu ebener Erde und konnte daher so oft ich wollte in den Garten hinaus, um mich dort zu ergehen.

Mit dem Kronprinzen Rudolf wurde ich schnell gut bekannt, was bei seiner gewinnenden Natur, die den Weltunerfahrenen leicht bestach, nicht zu verwundern war. Wir machten zusammen viele Ausflüge in die Umgegend von Wien, vor allem in den wundervollen Wiener Wald, den Lainzer Tiergarten und auf den Kahlenberg, von dem wir den schönen Blick über die Stadt und ihre Umgebung genossen. Selbstverständlich haben wir auch alle Sehenswürdigkeiten von Wien besichtigt, unter denen die berühmten Kleinodien des alten deutschen Kaiserreichs mich nicht zum wenigsten interessierten. Ich nahm die Mahlzeiten gewöhnlich gemeinsam mit Kronprinz Rudolf ein, dann und wann wurden wir auch zur Tafel bei den Majestäten mit herangezogen. Ich konnte bei diesen Gelegenheiten und insbesondere bei größeren Festlichkeiten staunend die große Pracht des kaiserlichen Hofes mit seinem alten spanischen Zeremoniell bewundern.

Ein Erlebnis mit der Kaiserin ist mir unauslöschlich im Gedächtnis geblieben. Eines Tages kam die hohe Frau zum Tee nach Hetzendorf zu meiner Mutter. Ich schrieb gerade an meinem schon erwähnten, leider aber wohl verloren gegangenen Tagebuch, als mich meine Mutter in den Garten holen ließ, in dem sie mit der Kaiserin spazieren ging. Die Kaiserin begrüßte mich mit der ihr eigenen gewinnenden Freundlichkeit, und dann erteilte mir meine Mutter den Auftrag, während des Spazierganges die lange Schleppe Ihrer Majestät zu tragen. Ich habe diesen kleinen „Pagendienst" mit Begeisterung übernommen und dabei die hoheitsvolle Haltung der Kaiserin und den herrlich schwebenden Gang, der sie auszeichnete, andächtig bewundert. Von ihr galt buchstäblich, was eine ältere Instruktion im Hofton zu fordern pflegte: sie setzte sich nicht, sondern sie ließ sich nieder; sie stand nicht auf, sondern sie erhob sich; sie ging nicht, sondern sie pflegte zu schreiten. So läßt sich wohl der sichere Rhythmus, der alle Bewegungen der Kaiserin beherrschte, am besten kennzeichnen.

Die kaiserliche Familie war außerordentlich zahlreich, da mit Ausnahme des Kaisers Maximilian von Mexiko alle Brüder des Kaisers noch am Leben waren und ebenso noch viele nähere Verwandte, die zum Teil zahlreiche Familien besaßen. Vor allem freute es mich, zum ersten Male Erzherzog Albrecht zu sehen, den berühmten Sieger von Custozza. Des weiteren wurde ich sehr freundlich vom Erzherzog Rainer, dem Schwager des Erzherzogs Albrecht, behandelt, der als großer Kunstkenner mich auf die reichen Sammlungen in Wien aufmerksam machte. Auch Erzherzog Friedrich und die Erzherzogin Elisabeth nahmen sich meiner freundlich an. Die Erzherzogin war eine imposante Erscheinung und wies eine auffallende Ähnlichkeit mit den Porträts der Kaiserin Maria Theresia auf.

Von den Sammlungen, die ich besucht habe, gefiel mir am besten die Ambraser mit ihren auserlesenen Waffen und Rüstungen. Ich fand in ihr unter anderem eine dem Kurfürsten Albrecht Achilles von Brandenburg zugeschriebene sehr eigentümliche Fußturnierrüstung. Sie war durch einen nach allen Richtungen von der Taille krinolinenartig auseinandergehenden stählernen Schutz ausgezeichnet, der in lauter spitze Stacheln auslief; vorne befand sich eine Tür, die aufgeschlagen werden mußte, wenn der Ritter in die Rüstung hineingelangen wollte. Auf der Rüstung ruhte ein als Adlerkopf geformter Helm, dessen Schnabel zugleich das Visier bildete. In allen Waffensammlungen, die ich in meinem späteren Leben besucht habe, ist mir eine gleiche oder ähnliche Rüstung nicht vorgekommen.

Nach Hause zurückgekehrt, ging das gleichförmige Studienleben wieder seinen Gang, aber noch lange wirkten die Erinnerungen an die Wiener Tage nach, so daß Hinzpeter geraume Zeit brauchte, um die oftmals „irrlichterierenden" Gedanken zusammenzufassen und zu konzentrieren.

VIII.

Was an äußeren Ereignissen nach der Wiener Reise bis zu meiner Einsegnung mir erwähnenswert scheint, sei in folgendem kurz berichtet.

Im Sommer 1873 waren wir wieder in Wyk und haben dort das gewohnte Ferienleben, auch den Zeichenunterricht bei Professor Magnussen fortgesetzt. Am 1. September wohnte ich der Grundsteinlegung des Lichterfelder Kadettenhauses bei, am folgenden Tage machte ich die Enthüllung der Siegessäule in der Front des Ersten Garderegiments zu Fuß mit. Ende September kam König Viktor Emanuel nach Berlin und wurde mit großen Ehren und vieler Begeisterung aufgenommen. Der König war ein sehr sympathischer, ungemein beleibter und jovialer Mann mit einem Riesenschnurrbart. Ihm zu Ehren fand auch in Potsdam eine große Parade statt, an der ich mit meinem Bruder Heinrich ebenfalls teilnahm. Die bedeutende Persönlichkeit des Einigers Italiens hinterließ noch lange einen tiefen Eindruck am Berliner Hofe ebenso wie im Volke.

Den ersten Stapellauf in meinem Leben sah ich am 22. November, einen Tag nach dem Geburtstage meiner Mutter, auf der Vulkanwerft in Stettin. Es war das erste deutsche Panzerschiff, das in Deutschland erbaut worden war, das Turmschiff „Preußen"; es erhielt später die Schwesterschiffe „Friedrich der Große" und „Großer Kurfürst". Meine Mutter vollzog den Taufakt bei heftigem Schneegestöber, dann glitt das Schiff majestätisch zu Wasser. Wie alle, die zum erstenmal einen Stapellauf erleben, war auch ich hingerissen von dem Anblick. Zugleich erfüllte mich das Bewußtsein mit großem Stolz, daß wir nun in Deutschland so weit waren, selber Schiffe zu bauen, und nicht mehr auf ausländische Firmen angewiesen blieben.

IX.

«Den ganzen Herbst (1873) hindurch und den ganzen Winter akkumulierte sich der Unterricht immer mehr bis 7 oder 8 Uhr abends, daß ich kaum eine Stunde zum Ausgehen hatte. Dies ging im Frühjahr und ersten Teil des Sommers (1874) auch so, nur in den Hundstagen wurde die letzte Ruhepause gemacht und zu einer Reise nach Scheveningen in Holland benutzt.» (Lebenslauf.)

Die Scheveninger Zeit erhielt ihr Gepräge durch die angespannte Vorbereitung auf meine Einsegnung. Den Konfirmationsunterricht gab mir seit September 1872 der Prediger Persius von der Heiligen Geistkirche in Potsdam, ein Sohn des verstorbenen Hof- und Oberbaurates König Friedrich Wilhelms IV. und Bruder des mir schon früher bekannten Geheimen Regierungsrates. Er gehörte der liberalen Richtung an und war Mitglied des Protestanten-Vereins; er machte auf mich einen verknöcherten und vergrübelten Eindruck und hat mir nichts für mein Leben mitgegeben. Theoretisch (oder soll ich sagen: theologisch?) hat er mich wohl ganz gut vorwärtsgebracht, aber die wahrhaft erhebende Weihe jener Zeit empfing ich durch die mehr als früher gepflegte Lehre des Herrn – nicht dessen, was Menschenwerk ist. Ich habe in jener Zeit viel über die ewigen Fragen nachgedacht, um Klarheit zu gewinnen, und manche Überlegung auch auf Anraten des Predigers als „Meditation" zu Papier gebracht. Meine „Meditationen" entfernten sich freilich sehr bald vom Inhalt der Vorträge von Persius und gingen über zur Bewunderung des Himmelsgewölbes und des blauen Meeres, sowie der auf ihm dahinziehenden Schiffe und Fischerboote. Aus diesen Stunden des Nachdenkens erwuchs schließlich mein Glaubensbekenntnis, das ich bei meiner Einsegnung vorzulesen hatte.

In Hinzpeters Aufzeichnungen finde ich über diese Zeit meiner religiösen Vorbereitung einige Ausführungen, die an die oben*) wiedergegebenen anschließen und mir ebenfalls des Abdrucks wert erscheinen:

«Da ist es dann später den zum Konfirmationsunterricht berufenen Predigern außerordentlich leicht geworden, die christliche Lehre in ihrer kirchlich fixierten und vorgeschriebenen Form dem Prinzen zu geben. Wie der erste Religionsunterricht möglichst undogmatisch gewesen war, sollte nun der dogmatische möglichst unkonfessionell gegeben werden. Einmal sollte dem Prinzen selbst die Freiheit gewahrt bleiben, die christliche Lehre seiner eigenen Individualität soweit anzupassen, daß sie die Richtschnur seines Lebens bleiben könne; und weiter sollte ihm trotz oder vielmehr wegen seiner festen religiösen Überzeugung die

*) Seite 64/65.

Freiheit der Anschauung bewahrt werden, deren ein preußischer König und deutscher Kaiser bedarf zum gerechten Regieren über konfessionell so verschiedene Untertanen. Es wurde deshalb mit großer Vorsicht ein Geistlicher ausgewählt, welcher sich von jeder Parteistellung ferngehalten. Und zwar geschah dies mit der offiziellen Motivierung, es sei die sehr natürliche Absicht, dem Knaben die christliche Lehre so bieten zu lassen, daß er zu seinem eignen Leben sie verwenden könne. Die Zeit werde früh genug kommen, in welcher er dieselbe als politisches Streitobjekt ansehen müsse und werde. Dazu sei aber die erste Bedingung, daß ein Geistlicher gewählt werde, dem weder seine Neigung noch seine Stellung ein Hineinziehen des dogmatischen und konfessionellen Streites in den Konfirmationsunterricht zur angenehmen Pflicht mache.

Die am Schluß abgehaltenen strengen, wenn nicht mißtrauischen Prüfungen fielen glänzend aus und bewiesen klar, daß der Prinz die Kirchenlehre vollkommen beherrschte. Er selbst erklärte auch in eben dieser Zeit bei einem intimeren Gespräch, er habe erkannt, daß das Christentum die Wahrheit enthalte und er gedenke sein Leben danach einzurichten. Die Abfassung des Glaubensbekenntnisses, welches er nach der Tradition der Familie an dem Tage der Konfirmation vor der versammelten Gemeinde vorzulesen hatte, zeigte sich dennoch schwierig. Es sollte im Gegensatz zu dem sonstigen Gebrauch möglichst individuell gehalten sein und selbständig aufgestellt werden, obwohl es doch andererseits immer nur eine mehr oder weniger persönlich gefärbte Paraphrase des Apostolischen Glaubensbekenntnisses sein konnte und durfte. Der Prinz pflegte dann zu diesem Behuf einsame Spaziergänge am Strande von Scheveningen zum „Meditieren" zu unternehmen, und es bildete diese Arbeit das wichtigste Interesse während des Aufenthaltes an der See im Sommer 1874.

Überhaupt wurde für den Prinzen, nachdem er die christliche Lehre mit Andacht und Begierde aufgenommen hatte, die Konfirmationszeit eine Periode wahrer Erbauung und damit Erhebung auf eine höhere Stufe inneren Lebens.»

Das innere Erleben jener Zeit war in der Tat so gewaltig, daß alle äußeren Ereignisse in Scheveningen dagegen völlig zurücktraten. Ich will diese daher auch hier beiseite lassen und nur zweier Histörchen Erwähnung tun, an die ich immer denken muß, wenn ich mich an diese Wochen erinnere.

Unter der lehrreichen Führung von Hinzpeter machten wir vielfach Ausflüge in die holländischen Städte zum Besuch der Kirchen und Galerien, die mich außerordentlich interessierten. So besuchten wir z. B. das Mauritz-Huis im Haag, das Rijksmuseum in Amsterdam und das Frans-Hals-Museum in Haarlem, das sich damals noch im Rathaus befand. Tiefen Eindruck hinterließen mir vornehmlich die herrlichen Werke von Rembrandt, van Dyck und Frans Hals. Stofflich interessierten mich vor allem die Bilder, die die großen holländischen Seeschlachten darstellten, und oftmals versuchte ich sie daheim aus dem Gedächtnis nachzuzeichnen.

Bei der Heimkehr von solchen Ausflügen pflegten wir vom Haag aus mit der Tram nach Scheveningen hinauszufahren. Wir hatten uns mit einem Tramschaffner besonders angefreundet, der den Krieg von 1870 in der Armee meines Vaters mitgemacht und sich in der Schlacht bei Wörth ausgezeichnet hatte; er erzählte uns daher mancherlei aus jenen Tagen und von der Begeisterung der Truppen für meinen Vater. An einer Stelle, wo die Trambahn eine sehr scharfe Kurve machte (es war damals noch Pferdebetrieb), pflegte der Wagen ziemlich regelmäßig zu entgleisen, was das Kommando des Schaffners zur Folge hatte: „Meine Herren, den Wagen wieder hineinschieben!" Wir Jungens sprangen dann von der Tram, stemmten uns gegen den Wagen, schoben ihn wieder ins Geleise und waren stolz, wenn wir dafür den Dank der Insassen ernteten.

Unser Kirchenbesuch führte uns einmal auch nach Gouda, wo wir in der Kirche die Fenster mit den schönen Glasmalereien bewunderten. Eins stellte Judith und Holofernes dar in dem Augenblick, da die jüdische Heldin mit dem Haupt des Feldherrn Nebukadnezars das Zimmer verläßt; der kopflose Leichnam des Holofernes lag in einem prachtvollen Bett mit seidnen Vorhängen. Aber mein historisches Stilgefühl wurde auf das äußerste beleidigt, als ich neben dem Bett einen eleganten Nachttisch bemerkte, auf dem ein chinesisches Teegeschirr stand. Meine Frage, ob die Leute damals schon Tee getrunken hätten, brachte den armen Hinzpeter in die größte Verlegenheit. Ebenso meine weitere Frage, wie Holofernes, da er doch wohl in einem einfachen Zelt gehaust hätte, es habe fertigbringen können, ein so wertvolles Teegeschirr auf seinem Kriegszuge mitzunehmen, ohne daß es entzwei ginge. Ob er vielleicht ein besonderes Teekamel gehabt habe? Erst als Hinzpeter voller Verzweiflung antwortete, daß Judith es ihm wahrscheinlich als Geschenk mitgebracht habe, war ich zufrieden.

Dieser Goudaer Kirchenbesuch hatte ein Nachspiel. Die damalige Königin der Niederlande, Sophie, ließ uns bisweilen in ihr Palais kommen und uns mit Tee, Kuchen, Erdbeeren und Konfekt regalieren, wobei wir ihr von unseren Ausflügen in Holland erzählen mußten. Das geschah auch nach unserm Besuch in Gouda. Als wir ihr berichteten, wo wir gewesen waren, fragte die Königin erstaunt: „Was in aller Welt, Kinder, habt Ihr denn in Gouda gemacht?" Wir: „Liebe Tante, wir haben uns die schöne Kirche angesehen." Königin: „Was ist denn in der Kirche so Schönes zu sehen?" Ich: „Aber liebe Tante, die schönen Fenster!" „Die Eroberung von Damiette," fügte Heinrich hinzu, „wo die holländischen Schiffe die Absperrungskette des Hafens gesprengt haben," worauf ich sofort einsprang mit der Bemerkung: „Judith und Holofernes, und er hat einen schönen Nachttisch mit einem chinesischen Teeservice!" Königin: „Aber das ist ja unmöglich, Holofernes hat doch niemals Tee getrunken, das kann doch kein Teegeschirr sein?!" Ich: „Doch, liebe Tante, es ist doch ein Teegeschirr!" Königin: „Na, Kinder, das muß ich mir einmal ansehen, in der Bibel steht doch nichts davon." Einige Zeit später hat die Königin wirklich in Gouda sich von der Richtigkeit unserer „kulturhistorischen" Angaben überzeugt.

Schließlich erscheint mir aus der Scheveninger Zeit noch erwähnenswert, daß ich damals meinen ersten militärischen Bericht an meinen Großvater*) erstattete, ein Brauch, den ich bis zu seinem Tode fortgesetzt habe.

*

Nach unserer Rückkehr übernahm Pfarrer Heym von der Friedenskirche in Potsdam den abschließenden Konfirmationsunterricht. Er war ein schlichter, gerader Charakter, der Liebling der ganzen älteren Generation des Königshauses, der er als Seelsorger Friedrich Wilhelms IV. sowie meines Großvaters und meines Vaters besonders nahe stand. Ich habe das gleiche Gefühl der Verehrung für ihn gewonnen und mein Leben lang behalten. In dieser Zeit geschah es auch zu meiner großen Freude, daß meine Großmutter, Kaiserin Augusta, mich oftmals zu sich nach Babelsberg befahl oder im Park von Sanssouci mit mir Spaziergänge machte. Bei diesen Gelegenheiten mußte ich berichten, was ich im Unterricht gehört hatte, und wenn meine Großmutter eine Lücke oder ein unverstandenes Wort bemerkte, dann teilte sie mir aus dem großen Schatz ihres Glaubens und ihrer Lebenserfahrung mit. Ich danke es vor allem meiner gütigen Großmutter, daß ich durch sie in das Gebiet der praktischen Anwendung unserer christlichen Religion auf das menschliche Leben eingeführt worden bin.

Der Tag meiner Einsegnung wurde dann zu einem großen seelischen Erlebnis für mich, die Vorlesung meines Glaubensbekenntnisses**)

---

*) Aus diesem Grunde gebe ich den Bericht bei. Vgl. Anhang Nr. 2.

**) Vgl. Anhang Nr. 3.

galt mir als ein festes Gelöbnis. Die Feier fand am 1. September in der Friedenskirche statt und gestaltete sich auch äußerlich ungemein eindrucksvoll. Meine Mutter hatte die Kirche durch gärtnerische Kunst mit Blumen und Laubgewinden wundervoll ausschmücken lassen, mein Vater die Texte für die Motetten und Lieder selbst ausgesucht. Mit einer großen Anzahl Gemeindemitgliedern war der größere Teil des Königshauses anwesend. Meine Großmutter, die Königin von England, hatte den Prinzen von Wales entsandt, der auch nach der Feier gemeinsam mit meinen Eltern und mir das Abendmahl nahm. Die mich tief ergreifende Feier wird mir stets eine unvergeßliche Erinnerung bleiben. «Meine Einsegnung», heißt es in meinem zwei Jahre später abgefaßten Curriculum vitae, «hatte mich herrlich gestärkt und mit neuen Kräften versehen, und ich blickte mit fester Zuversicht und Gottvertrauen in die Zukunft.»

Mit diesem feierlichen und weihevollen Erlebnis schließen innerlich und äußerlich die Jahre meiner Kindheit ab.

Skizze des Prinzen Wilhelm von Preußen von A. v. Menzel
zu einem nicht ausgeführten Bild einer Parade. 1873

Skizze A. v. Menzels zu einem nicht ausgeführten Bild einer Parade. 1873

Der alte Kaiser und die Seinen

I.

Mein Verhältnis zu der ehrwürdigen Gestalt des ersten deutschen Kaisers, zu meinem Großvater, ist überaus innig gewesen, von den Kindertagen bis zu dem ergreifenden Augenblick, da er die Augen für immer schloß. Ich habe mit Ehrfurcht zu ihm emporgeblickt und mit inniger Liebe an ihm gehangen. Er hinwiederum ist in Güte und Freundlichkeit mir ein liebevoller Großvater gewesen, und in diesem Geiste hat sein Auge auf der ganzen Entwickelung meiner Jugendzeit geruht; vornehmlich in meiner militärischen Laufbahn verdanke ich ihm alles. Sein Vertrauen zu mir ist immer groß gewesen; mancherlei Episoden dieser Jugenderinnerungen, vor allem meine beiden Sendungen nach Rußland, werden das belegen. Von meinen Reisen pflegte ich ihm stets Berichte über das, was mir in politischer oder militärischer Beziehung bemerkenswert erschien, zu erstatten, und er hat sich, wie er oft betonte, sehr über diese Aufmerksamkeit gefreut.

Das Jahr nahm im Leben meines Großvaters meist folgenden Verlauf: im Frühjahr oder Frühsommer ging er zur Kur nach Ems, dann nach Gastein, im Herbst hielt er sich in Babelsberg auf, nach den Manövern in Baden-Baden, den Winter verbrachte er in Berlin.

Oft, wenn meine Eltern auf Reisen waren, auch seine Tochter, Großherzogin Luise, nicht zum Besuch bei ihm weilte, wurde ich zu meinem Großvater allein zum Essen in sein Palais Unter den Linden bestellt. Diese Stunden des intimen Zusammenseins sind mir ewig unvergeßlich, die ganze Liebe eines Großvaters zu seinem Enkelsohn kam dann zum Ausdruck. Das Essen fand in solchen Fällen immer in dem Salon vor seinem Schreibzimmer statt, an einem kleinen grünen Whisttisch, der sehr wacklig war und eine überaus vorsichtige Behandlung verlangte. Zum Braten wurde eine Flasche Sekt auf den Tisch gestellt, die der Kaiser selbst entkorkte und aus der er eigenhändig sich und mir je zwei Glas einschenkte. Nach dem zweiten Glas pflegte er die Flasche gegen das Licht zu halten und in der Höhe des Inhalts einen Bleistiftstrich auf dem Etikett zu machen; damit wollte er, sparsam wie er war, kontrollieren, ob die Diener die Flasche aufhoben oder etwa seinem Befehl entgegen ihm am nächsten Tage eine frische vorsetzten. Geraucht wurde nach Tisch nicht, wie der Kaiser überhaupt nicht zu rauchen pflegte; besuchte er ein Offizierkasino, so zündete er sich wohl eine Zigarette an, um das Zeichen zum Rauchen zu geben, nahm aber nur wenige Züge.

Bei diesem kleinen Essen zu zweien pflegte mein Großvater mit seinen Gedanken oft in die Vergangenheit zu schweifen und Episoden und Anekdoten aus verklungenen Zeiten zu erzählen. Einige davon, die von seinem bekanntlich sehr witzig gewesenen Bruder handeln, erscheinen mir der Wiedergabe wert.

König Friedrich Wilhelm IV. war einst vom Generalintendanten der Königlichen Theater gebeten worden, einer neuen Oper beizuwohnen. Der Besuch gestaltete sich aber sehr langweilig, und der König verließ schon vor Ende des ersten Aktes die Vorstellung. Wie er aus seiner Loge heraustritt, sieht er den Logenschließer auf seinem Stuhle sitzend und in tiefsten Schlaf versunken. Entsetzt will der Intendant auf den pflichtvergessenen Beamten zueilen, um ihn zu wecken, – als der König ihn zurückhält und mit den Worten zu begütigen versucht: „Pst! Lassen Sie ihn! Er hat gehorcht!"

Es war damals, wie noch zu meiner Zeit, üblich, sich die Abendstunden in Gesellschaft mit Scharaden zu vertreiben. Oft ließ der

König auch den Offizier der Wache hereinrufen, damit er sich an dem Spiel beteiligte. So geschah es einmal, daß ein nicht allzu geistesgeübter Leutnant ratlos dastand, als die die Aufgabe stellende Dame ihn, einen silbernen Löffel in der Hand, mit bezauberndem Blick ansah: „Silberblick" sollte die Lösung lauten. Da flüsterte der König dem verzweifelten Leutnant leise zu: „Löffelgans" – und der folgsame junge Offizier erzielte einen durchschlagenden Erfolg.

In einer weiteren Anekdote machte den „Witz", wenn man so sagen darf, nicht der König, sondern „der andere". König Friedrich Wilhelm IV. hatte einmal bei einer Nachtübung Spandau gestürmt. Er ließ zur Übergabe blasen – doch nichts rührte sich. Da befahl er den Kommandanten der Festung, Petéry mit Namen, ans Tor. Petéry ließ die Öffnung im Tor aufmachen, steckte den Kopf heraus und meldete sich bei seinem König. Dieser forderte ihn, etwas ärgerlich, noch einmal persönlich auf, das Tor seiner „eroberten" Festung zu öffnen. Petéry aber ließ dem Gehege seiner Zähne die geflügelten Worte entströmen: „Uff Ehre, Eure Majestät, auch nicht einmal im Spaß!" Sprach's und klappte die kleine Öffnung am Tor wieder zu. – Die Gesinnung, die aus dieser an sich etwas erstaunlichen Antwort sprach, ehrte der König mit großer Anerkennung.

Noch lieber gingen die Gedanken meines Großvaters in die Zeit der Befreiungskriege zurück, die er als junger Leutnant mitgemacht hatte, und er erzählte aus jenen Tagen gern Episoden, von seiner Feuertaufe bei Bar-sur-Aube, dem Einzug in Paris, den drei Monarchen usw. Man sah es ihm an, wie sein Herz aufging, wenn er diese Erinnerungen wieder wachrief.

Nach dem Essen fuhr mein Großvater gewöhnlich mit mir in das Theater. Er saß dort in einer Ecke seiner Loge auf einem erhöhten Stuhl, so daß ihn das Publikum nicht sehen konnte. Es geschah dann wohl, daß er, wenn die Stunde vorrückte und die Ereignisse auf der Bühne nicht übermäßig aufregend waren, ein kleines

Nickerchen machte. Ich saß nicht mit in der Kaiserloge, sondern in der meiner Familie. Waren mehrere Mitglieder unserer Familie dort, so kam mein Großvater öfter in den Pausen zu Besuch. Streng hielt er darauf, daß wir Jüngeren unbedingt Front zum Publikum nahmen. Er wies dann immer auf die Erfahrungen hin, die er in seiner Jugend 1815 in Paris gemacht hatte, wo das Publikum bei Vorkommen des Gegenteils den Fürstlichkeiten zuzurufen pflegte: „Face au publique!"

Auch am Historischen Eckfenster habe ich einmal mit meinem Großvater gestanden, als die Wache aufzog und das Publikum ihn begrüßte. Als ich meiner Freude über die Liebe Ausdruck gab, die aus dem Jubel des Volkes sprach, gab das mein Großvater wohl zu, gedachte aber auch der Tatsache, daß er einst vor denselben Berlinern hatte flüchten müssen. Er sagte das ohne Bitterkeit, ganz mit der abgeklärten Weisheit des Alters, das die Vergänglichkeit und Veränderlichkeit alles Irdischen in den tiefsten Tiefen erkannt hat.

Mehr als einmal bin ich gefragt worden, ob mein Großvater je zu mir von Prinzeß Elisa Radziwill, seiner Jugendliebe, gesprochen hat. Das ist nicht der Fall gewesen, und ich kann mich nicht entsinnen, überhaupt je zu seinen Lebzeiten von dieser Herzensangelegenheit gehört zu haben. Ich bin daran erst vor kurzem durch eine Reliquie erinnert worden, die mir meine Tante, Großherzogin Luise von Baden, vermacht hat. Es handelt sich um ein Neues Testament, das der Prinzessin gehört hat, nach ihrem Tode von ihrer Mutter, Fürstin Luise, meinem Großvater geschenkt wurde, aus dessen Nachlaß es an die Großherzogin kam. Auf dem Büchlein, das 1818 im Leipziger Verlage Karl Tauchnitz erschienen ist, ist ein kleines Kruzifix aus Lapislazuli befestigt; an den vier Kreuzenden ist je eine kleine Kugel aus Türkis angebracht, die ihrerseits wiederum mit einem kleinen Edelstein besetzt ist. Wie aus Eintragungen hervorgeht, hat Fürstin Luise das Büchlein ihrer Tochter zur Konfirmation am

28. März 1820 geschenkt, das Kruzifix ist ein Geschenk des damaligen Prinzen Wilhelm gewesen! Eine eigenhändige Eintragung meines Großvaters auf der zweiten Seite des Vorsatzpapieres zeigt folgenden vielsagenden Wortlaut:

«Am 28. Oktober 1834 von der Tante erhalten, die Elisa dies Neue Testament, welches sie am Confirmations-Tage in Händen hielt, mit dem Kruzifix zieren ließ, welches ich ihr geschenkt hatte; – und das mir nun so zurückkommt, nachdem ihr wohl ist!»

In dem Buche selbst, in dem noch gepreßte Blumen und Blätter als zarte Erinnerungen eines leidvollen Herzensbundes liegen, sind zahlreiche Stellen, offenbar von Elisa, mit roter Tinte angestrichen, und bei dem Kapitel Ebräer 11 findet sich der Vermerk von der Hand der Fürstin:

«Am Sonntag den 21. September vorgelesen an Elisa.»

Es war das sechs Tage vor deren Tode. Vom Todestage selbst zeugt eine längere Eintragung der Fürstin Luise auf dem weißen Blatt hinten. Sie lautet folgendermaßen:

«Aus dem Brüdergesangbuch an Elisa durch Wanda vorgelesen den 27. September, eine halbe Stunde vor ihrem Tode. Freienwalde 1834.

Herr, der du mich führst und mein Tun regierst, ohne dich kann nichts gelingen, sondern wollen und vollbringen, wenn was soll gedeihn, kommt von dir allein.

Wahrlich, wenn ich mir dankbarlich vor dir alle deine Wunderwege mit mir Armen überlege, seit ich dein bin: so erstaunt mein Sinn.

In dir will ich nun zuversichtlich ruhn. So wird kein Leid mich quälen, so wird mir kein Gutes fehlen. Mein Immanuel segne meine Seele.»

Mit tiefer Rührung hielt ich dies schlichte und doch so beredte Zeugnis einer ergreifenden Episode aus der Jugend meines Großvaters in Händen. Verklungene und nun längst versunkene Zeiten steigen aus den vergilbten Blättern wieder auf und künden von der tiefen Liebe zweier Fürstenkinder und ihrem schmerzvollen Entsagen. Ich bewahre das Büchlein als ein teures Heiligtum.

II.

Das schönste Verhältnis, das man sich zwischen Großmutter und Enkel nur vorstellen kann, hat mich mit Kaiserin Augusta verbunden; es war, möchte ich sagen, so innig, wie man es in Romanen liest. Die Kaiserin, die im allgemeinen einen zeremoniösen Eindruck machte, oft sogar vor Menschen etwas Formelles, ja Steinernes an sich hatte, war in kleinem Kreise und nun gar unter vier Augen warm und herzlich und liebevoll besorgt. Nicht nur, daß sie mich außerordentlich verzogen und vorgezogen hat, wie das die richtigen alten Großmütter so gern tun, hat sie sich auch um meine geistige Entwickelung in der gütigsten Weise bekümmert. Wenn Professor Werder zum Literaturunterricht da war und ein Drama mit verteilten Rollen gelesen wurde, kam sie immer ins Schulzimmer und hörte voller Interesse zu; die weimarische Prinzessin, die Goethe noch persönlich gekannt hat und auch nach ihrer Vermählung in Briefwechsel mit dem großen Olympier geblieben ist, hat sie nie verleugnen können. Kam ich zu den Ferien aus Kassel nach Hause, dann mußte ich ihr meine Zeugnisse zeigen und ihr alles erklären, die Unterrichtsfächer, die Lehrer und die Mitschüler. Am meisten hat sich meine Großmutter wohl in der letzten Zeit vor meiner Einsegnung um mich bekümmert, wovon ich bereits sprach; sie hat damals vielem, was mein kindlicher Geist nicht verstanden hatte, erst Leben und Farbe gegeben. In ihrem festgegründeten Glauben, mit ihrem praktischen Christentum und ihrem steten Zurückgehen auf die Person des Herrn ist sie – gleich meiner

Tante Luise, die in allem ihr Widerschein war – mir in dieser schwierigen Zeit ein fester Rückhalt gewesen. In repräsentativer Beziehung hatte meine Großmutter wohl etwas Katholisierendes an sich, z. B. hatte sie eine Hauskapelle eingerichtet, doch vermochte das nie Einfluß auf ihre Glaubensrichtung zu gewinnen. Diese Neigungen sind zweifellos die Reaktion auf die rationalistische Zeit gewesen, die sie miterlebt hatte.

In späteren Jahren mußte ich meine Großmutter immer am Arm führen, wenn sie Cercle abhielt. Damals fanden bei den Hoffesten noch Steh- und Sprechcouren statt, die äußerst anstrengend waren. Erst nach dem Unfall meiner Großmutter ist der Hof zu Defiliercouren übergegangen, wie ich sie zu meiner Zeit grundsätzlich eingeführt habe. Ich habe bei jenen Sprechcouren immer die große Kunst bewundern müssen, mit der meine Großmutter jedem in hübscher Form etwas Verbindliches und doch Individuelles zu sagen verstand. Sie war in dieser Kunst in ihrer Jugend besonders erzogen worden; als sie noch ein vierzehnjähriges Kind war, wurden zu ihrem Unterricht eine Anzahl leerer Stühle aufgestellt, die sie als bestimmte Personen zu betrachten und entsprechend anzureden hatte. Ich habe das Glück gehabt, meine Großmutter jahrelang führen zu dürfen, bis sie infolge ihres Leidens in den Rollstuhl kam und gefahren werden mußte.

Von meinen Besuchen bei der Kaiserin auf ihrem Schloß in Koblenz, das sie so sehr liebte und dessen Anlagen am Rhein sie selbst geschaffen hatte, werde ich an einer anderen Stelle zu sprechen haben. Sie pflegte dort gern den rheinischen Adel heranzuziehen, immer bemüht, geistige Brücken zu schlagen. Im Herbst weilte sie gewöhnlich in Baden-Baden, wo sie im Meßmerschen Hause zu wohnen pflegte. Zu ihrem Geburtstage am 30. September kam stets die ganze Familie hin, und es wurden dann schöne Ausflüge und Picknicks veranstaltet. Meine Großmutter machte bei diesen

Gelegenheiten, ebenso wie in Koblenz, in reizender Weise die Wirtin. Höchst amüsant war es zu beobachten, wie auch mein Großvater an beiden Orten sich nur als Gast betrachtete.

Nach dem Tode meines Großvaters blieb die Kaiserin, was ich mit tiefem Dank begrüßte, zunächst in Berlin; denn sie tat, was in ihren Kräften stand, um ihrem Sohne und mir die schwere Zeit der neunundneunzig Tage zu erleichtern. Ein ergreifender Augenblick war es, als die Fahnen der Garde, die bis dahin im Palais meines Großvaters aufgestellt gewesen waren, nach meinem Regierungsantritt in das Berliner Schloß überführt werden mußten. Umflorten Blickes sah sie dem feierlichen und für sie so wehmütigen Schauspiel zu. Denn die weimarische Prinzessin war zur kernpreußischen Königin und deutschen Kaiserin geworden. Daß sie daneben für mich die beste aller Großmütter gewesen ist, bleibt ihr bis an mein Ende unvergessen.

III.

Aus dem Kreise Kaiser Wilhelms I. hat mir die nun auch verewigte Großherzogin Luise von Baden, Kaiser Wilhelms I. einzige Tochter, persönlich am nächsten gestanden. Sie war eine seltene Frau, tief religiös, fest im evangelischen Glauben, aber durchaus tolerant, was oft mißverstanden worden ist. Sie zeigte von meiner Kindheit an große Zuneigung für mich, und ich meinerseits habe bis zu ihrem Tode ihr Liebe, Vertrauen und Ehrerbietung entgegengebracht, sie auch durch schriftliche Mitteilungen an allem, was mein Leben und Schaffen betraf, teilnehmen lassen. Sie besaß beträchtliche politische Begabung und ein großes organisatorisches Talent; ausgezeichnet verstand sie es, die rechten Menschen an den rechten Platz zu stellen und ihre Kräfte dem Nutzen der Allgemeinheit dienstbar zu machen. Nicht immer anerkannt, hatte sie es trefflich gelernt, ihr Preußentum mit dem badischen Wesen zu verbinden und sich zu einer vorbildlichen Landesmutter entwickelt. Bis zuletzt nahm sie, unterstützt von ihrem hervorragenden Gedächtnis, an allem teil, was Wohltätigkeit, Politik, Erfindungen und wissenschaftliches Leben anlangte, und konnte auch in gewisser Weise mit der Zeit mitgehen. Tieferschütternd war es zu beobachten, mit welcher inneren Größe sie die schweren Kriegsjahre, die Revolution und die Nachkriegszeit ertrug. Durch ihren Tod habe ich unendlich viel verloren. Sie war die Letzte aus der großen alten Zeit.

Ihr Gemahl, Großherzog Friedrich, hat mir nicht weniger nahe gestanden. Mit seinem weisen Rat, seiner stärkenden Aufmunterung ist er mir stets ein väterlicher Freund gewesen. Daß seine ehrwürdige Gestalt bereits 1907 ins Grab sank, hat mich mit großem Schmerz erfüllt.

IV.

Wenn ich nun des alten Kaisers nächste Umgebung mit kurzen Strichen zu zeichnen versuche, so steigen vor meinem geistigen Auge vier Gestalten wieder auf, die längst schon ins Grab gesunken sind, aber im Gedächtnis leben werden, solange man von Kaiser Wilhelm und seinen Getreuen spricht: Albedyll, Lehndorff, Radziwill und Wilmowski.

General v. Albedyll war der Chef des Militärkabinetts. Seine Fähigkeiten für diesen Posten waren hochbedeutend, denn umfangreiches Wissen, untrügliches Gedächtnis, scharfer Verstand und eine außerordentliche Arbeitskraft prädestinierten ihn zu seiner verantwortlichen Stellung in der preußischen Armee. Er kannte in der Tat die ganze Rangliste auswendig, ihm waren die Lebensläufe nicht nur der Offiziere, die jetzt im Heere standen, sondern auch von deren Vätern geläufig. Die Besetzung der Führerstellen der Armee hatte er bei der Mobilmachung 1870 in einer Nacht gemacht. Er besaß das uneingeschränkte Vertrauen nicht nur des Kaisers, sondern auch meines Vaters. Er ist nach meinem Regierungsantritt noch Kommandierender General geworden und hat von mir den Schwarzen Adlerorden erhalten.

Den Chef des Zivilkabinetts v. Wilmowski habe ich nur in der Zeit zu sehen Gelegenheit gehabt, als mein Vater 1878 die Stellvertretung meines Großvaters übernommen hatte und in Homburg residierte. Er war ein stiller pflichttreuer Mann, der sehr zurückgezogen und ausschließlich seiner ausgedehnten Arbeit lebte. Bei seinem Abgang hat er mir Lucanus als seinen Nachfolger empfohlen.

Der Generaladjutant Graf Lehndorff stammte aus altem ostpreußischen Geschlecht. Sein Vater hatte im Jahre 1813 das mit Lanzen bewehrte ostpreußische National-Kavallerieregiment aufgestellt, das den Stamm für das später errichtete Garde-Husarenregiment abgab. Das durchschnittliche Größenmaß weit überragend, wohlproportioniert, war er in seiner Erscheinung der Typus des altpreußischen Edelmanns und Offiziers. Mit unverbrüchlicher Treue seinem Königlichen und späteren Kaiserlichen Herrn ergeben, war der „schöne Graf" allgemein verehrt und beliebt. Er bewies gegen jedermann ausgesuchte Höflichkeit und Zuvorkommenheit. Der Damenwelt gegenüber machte seine ritterliche Artigkeit ihn zu einem Charmeur, der alle Herzen gewann. Man kann ihn wohl mit Recht als Haupt- und Zentralfigur der meinen Großvater umgebenden sogenannten „Maison militaire" bezeichnen; es kam selten vor, daß mein Großvater nicht von ihm begleitet war. Im Dienst stand er stets auf dem Posten und konnte mit seinem präsenten Wissen auf alle Fragen sofort und erschöpfend antworten. Dabei besaß er eine gute Dosis Mutterwitz, der sich zuweilen in treffenden humoristischen Bemerkungen Luft machen konnte. Als z. B. Prinz Alexander von Battenberg, der als Leutnant bei den Gardes du Corps stand, zum Fürsten von Bulgarien gewählt wurde, beförderte der Kaiser ihn trotz seiner Jugend zum Oberst; Graf Lehndorff aber bemerkte bei diesem Anlaß sarkastisch zu General v. Albedyll: „Wenn ich der Battenberger wäre, würde ich jetzt abschnappen und Bulgarien fahren lassen!"

Die Flügeladjutanten meines Großvaters standen dem Grafen Lehndorff sämtlich mit dem Gefühl großen Respekts, aber auch großer Verehrung gegenüber, denn er ging ihnen in unbedingter Ergebenheit für seinen Herrn und in unerschütterlich vornehmer Haltung mit gutem Beispiel voran. Es war mir eine große Freude, nach meinem Regierungsantritt ihm die Treue, die er meinem Großvater und auch mir gehalten hat, mit der Verleihung des Schwarzen Adlerordens und der Stellung à la suite der Gardes du Corps zu danken.

Der letzte aus dieser Gruppe ist der große und dicke Generaladjutant Fürst Anton Radziwill. Trotz seines breiten polnischen Gesichts war er Stockpreuße und meinem Großvater gegenüber die personifizierte Treue; er war wohl der preußischste Pole, den es je gegeben hat, dabei immer lustig und guter Dinge, ja, sogar über seine Spielverluste konnte er sich freuen. Mein Vater betrachtete ihn als Vetter und duzte ihn. Im Jahre 1870 hatte er insofern eine (wenn auch kleine) historische Rolle zu spielen Gelegenheit gehabt, als er in Ems den französischen Gesandten Benedetti bei seinem zweiten Vorstoß abzuwehren hatte.

Diese vier waren die Getreuen des alten Kaisers, diejenigen, die die tägliche Kleinarbeit bei ihm verrichten mußten, um den Staatsorganismus in Gang zu halten. So wenig die Gestalten der großen Paladine Bismarck, Moltke und Roon, deren eherner Schritt durch Jahrhunderte der deutschen Geschichte dröhnen wird, von der Erinnerung an die welthistorischen Leistungen des großen Kaisers fortzudenken sind, so wenig wäre sein Werktag ohne die Treue Albedylls, Wilmowskis, Lehndorffs und Radziwills möglich gewesen.

* * *

Von den Adjutanten meines Großvaters will ich nur einige nennen. Graf Alten, eine straffe Reiterfigur, war lange Jahre Flügeladjutant und später bis zuletzt General à la suite, er hat geraume Zeit das Regiment der Gardes du Corps kommandiert. Wegen seiner vornehmen Anschauungen und seines aristokratischen Wesens wurde er allgemein „der Chevalier" genannt. Er war der Schwager des Chefs des Militärkabinetts und Bruder der Herzogin von Manchester, die in der Londoner Gesellschaft jener Zeit eine große Rolle spielte. Die Kameraden hatten auf ihn den schönen Vers gedichtet:

„Ich hab zum Schwager Albedyll,
Zu Freunden Lehndorff, Radziwill,
Vom Scheitel bis zur Zeh'
Bin ich der Chevalier."

Der Flügeladjutant von Plessen wurde später mein Generaladjutant; ich möchte von ihm sagen, daß er der Generaladjutant war, wie August Eulenburg der Hofmarschall war. Einige Worte will ich dem Flügeladjutanten v. Loë widmen.

v. Loë, ein katholischer Rheinländer, war wohl der bedeutendste Kopf in der militärischen Umgebung meines Großvaters. Er besaß ein feines, gewinnendes Wesen und verfügte über vollendete Formen. Wenn er im Gespräch seinen Partner mit seinen klugen Augen durchdringend anblickte, konnte er seinen Worten überzeugende Kraft verleihen. Er urteilte im allgemeinen treffend über Menschen und Dinge, nicht nur in seinem soldatischen Beruf, sondern auch auf anderen Gebieten, insbesondere der Politik. Im Kriege 1870/71 hat er das Bonner Königs-Husarenregiment mit besonderer Auszeichnung als Kommandeur geführt und sich das Eiserne Kreuz I. Klasse erworben. In seiner langen Dienstzeit als Adjutant und Generaladjutant bei meinem Großvater war er zu einem Vertrauten geworden, mit dem der Kaiser die wichtigsten Dinge zu besprechen gewohnt war. Ebenso brachten meine Großmutter und Großherzogin Luise den gediegenen Charaktereigenschaften dieses Mannes großes Vertrauen entgegen. Seine stille Arbeit hatte nicht wenig dazu beigetragen, die Grundlagen für die Herstellung des konfessionellen Friedens zu schaffen, denn er war ebenso treu als Sohn der römischen Kirche wie als preußischer Offizier.

In meiner Bonner Zeit habe ich General v. Loë näher kennen und außerordentlich verehren gelernt, so oft ich mit ihm bei meiner Großmutter in Koblenz zusammentraf. Wenn die Kaiserin ihre großen Empfänge für den rheinisch-westfälischen Adel in Koblenz abhielt, pflegte sie, da ihr das Gehen anfing schwer zu werden, mich zu ihrer Führung herüberzubefehlen und sich meiner Hilfe zu bedienen. General v. Loë war meistens dabei und hatte die Freundlichkeit, mich über die vorzustellenden Persönlichkeiten vorher zu orientieren. Auch während meines Kampfes gegen den Unionklub, auf den ich später kommen werde, erteilte er mir wertvolle Ratschläge, da er selber als Kavallerie-Brigadekommandeur in Berlin einen ähnlichen Kampf versucht hatte, der aber ergebnislos ausgegangen war.

Obwohl leidenschaftlicher Kavallerist, widmete Loë sich doch mit großem Eifer der, soweit es das alte Reglement gestattete, modernen Ausbildung seiner Infanterie. Dies war ein Thema, das wir in unsern Gesprächen oft behandelt haben. Ein Vorfall, den der General mir bei einer solchen Gelegenheit einmal erzählte und dessen ich mich noch genau entsinne, dürfte sowohl für die damaligen Verhältnisse wie für v. Loë bezeichnend sein. Eines Morgens war der General nämlich auf den Kreuzberg hinaus geritten, um in seiner Eigenschaft als Divisionskommandeur sich die infanteristische Ausbildung anzusehen. Dabei beobachtete er, wie unter den Augen des Generals v. Pape die Schützenlinien der Infanterie dahin geschult wurden, in tadelloser „Richtung" das Feld zu überschreiten; dieses Ziel konnte natürlich nur dadurch erreicht werden, daß die Leute statt nach vorn dauernd nach rechts und links schauten. Als Loë sich zu Pape gesellte, wies ihn dieser mit Stolz auf die prachtvolle „Richtung" seiner Schützenlinien hin, worauf Loë sarkastisch erwiderte: „Exzellenz, die preußische Infanterie ist doch die wunderbarste der Welt!" Pape: „Das will ich wohl meinen! Aber in welcher Beziehung meinen Sie das speziell?" Loë: „Weil, Euer Exzellenz, die preußische Infanterie die einzige ist, die das Kunststück fertig bringt, beim Vorgehen nie auf den Feind, sondern nur nach der Richtung zu sehen!"

Mit rührender Hingabe hat General von Loë nach dem Tode meines Großvaters meiner Großmutter und der Großherzogin Luise von Baden zur Seite gestanden, ebenso auch meiner Tante nach dem Hinscheiden meiner geliebten Großmutter. Das letzte Mal, daß ich dem klugen, treuen Mann die Hand drücken konnte, war bei der Beisetzung meines verehrten Onkels, des Großherzogs Friedrich von Baden. Gott schenke Deutschland noch viele so vaterlandstreue Katholiken, wie Generaladjutant v. Loë einer war!

*

Generalarzt Dr. v. Lauer hat das Leben und die Gesundheit meines Großvaters jahrzehntelang mit größter Sorgsamkeit betreut. Sein feines Gesicht mit der goldenen Brille fiel besonders dadurch auf, daß er, was damals durchaus ungewöhnlich war, glatt rasiert ging. Er war ein feingebildeter alter Herr, sprach Latein wohl so gut wie Deutsch, hatte den Horaz immer in der Tasche, selbst auf der Jagd, und ein lateinisches Zitat immer zur Hand. So still der alte Herr war und so wenig er hervortrat, so witzig konnte er doch sein. Das Verhältnis zwischen meinem Großvater und ihm beruhte auf engstem Vertrauen.

In späteren Jahren kam auch Dr. v. Leuthold zu meinem Großvater. In der Schule Lauers groß geworden, war er immer vorwärts treibend in der medizinischen Forschung, suchend und lernend; gleichwohl verachtete er zu gewissen Zeiten ein gutes altes Hausmittel keineswegs. Leuthold ist auch noch lange Zeit bei mir gewesen, er war mir ein väterlicher Freund, nicht nur mein Leibarzt. Sein abgeklärtes Urteil und seine tiefe Bildung gestalteten den Verkehr

Großherzogin Luise von Baden. 1867

Skizzen des Prinzen Wilhelm von Preußen von A. v. Menzel
zu einem nicht ausgeführten Bild einer Parade. 1875

mit ihm außerordentlich gewinnbringend. Auch bei Königin Victoria stand er in hohem Ansehen, und ebenso verehrte ihn ihr Leibarzt Sir James Reid, der überhaupt ein großer Anhänger der deutschen Medizin war. Ich werde Leutholds stets mit großer Dankbarkeit gedenken.

*

Unter den Hofpredigern war die führende Persönlichkeit zur Zeit meines Großvaters Oberhofprediger D. Kögel. Seine Figur zeichnete sich durch eine solche Größe aus, daß er einst Flügelmann des Kaiser Alexander-Garde-Grenadierregiments Nr. 1 gewesen war. Aus seinem Gesicht sprachen Energie und ein gewisser Fanatismus, der ihm zuweilen etwas Finsteres verlieh; er war leidenschaftlich „orthodox". Seine Predigten waren voll kühnen Gedankenschwunges und in der Form vollendet, doch fehlte es ihnen an einer gewissen sympathischen Wärme; sie wirkten mehr auf den Verstand als auf das Herz. Im Königlichen Hause genoß er allgemein hohes Ansehen und stand besonders meinen Großeltern sehr nahe; er hat ihnen beiden wundervolle Gedächtnisreden gehalten. Bei dem Gedenkgottesdienst für meine Großmutter in der Kapelle des Schlosses zu Berlin mußte er seine Rede plötzlich abbrechen, da er von einem Unwohlsein befallen wurde, das ein Aussetzen des Gedächtnisses zur Folge hatte. Ich erfuhr später von den Ärzten, daß D. Kögel während seines ganzen Lebens keine Predigt, keine Ansprache frei gehalten, sondern alle auswendig gelernt hatte. Die vielen Andachten an den Sterbelagern meiner beiden Großeltern hatten ihn so überanstrengt, daß schließlich das Gedächtnis den Dienst versagte. Sein Ausscheiden bedeutete das Verschwinden einer der markantesten Persönlichkeiten unter den Geistlichen seiner Zeit.

*

In engen Beziehungen zu meiner Tante Luise, wie vor allem auch zu meiner Großmutter stand Hofprediger Frommel, der aus

Baden stammte. Von kleiner, zierlicher Gestalt, mit langem, schneeweißen, aus der Stirn zurückgekämmten Haar, großen leuchtenden Kinderaugen, mit lebhaftem Gebärdenspiel, ein kristallener Charakter, eine durch und durch sonnige Natur, gewann er sich aller Herzen. Ich glaube ohne Übertreibung sagen zu dürfen: Frommel hat nie einen Feind gehabt! Seine gutmütige Mildtätigkeit kannte keine Grenzen. Die Armen von Berlin konnten ein Lied davon singen, denn er gab tatsächlich, wenn einer den Rock forderte, auch den Mantel. Als Garnisonpfarrer predigte er in der Berliner Garnisonkirche und war bei den Soldaten und seiner Zivilgemeinde ungemein beliebt. Seine Predigten sprach er schlicht und klar und erfüllte sie mit wohltuender Wärme und wundervollen Bildern, die er gleich dem Heiland aus der Natur zu nehmen pflegte. Seine Bitten um Unterstützung für diese oder jene Familie, Vereine oder Gemeinden trug er mit so beredter Innigkeit vor, daß ihnen nie der Erfolg versagt blieb. Er erzählte mir gelegentlich, daß man nach seiner Erfahrung zu jeder Predigt oder überhaupt zu jeder Rede erst einmal „einen Nagel" haben müsse, an dem man die Sache aufhängen könne. So sei er einmal in eine Versammlung gegangen, um für eine Kollekte zu einem Kirchenbau zu sprechen, hätte aber noch keinen Nagel gehabt und sich den Kopf zerbrochen, einen ausfindig zu machen. Als er nun an der Straßenecke einen ihm seit langem bekannten Drehorgelmann getroffen habe, hätte dieser ihm zugerufen: „Herr Hofprediger, Sie sind doch sozusagen ein anständiger Mann; geben Sie mir doch einen Groschen!" Nun hätte er seinen „Nagel" gehabt und in seiner Ansprache dann der Versammlung gesagt: Das Geld sei da (allgemeine Begeisterung), aber noch nicht hier (Enttäuschung). Die sehr geehrten Damen und Herren seien doch sozusagen „anständige Leute", also möchten sie ihm doch die nötigen Beiträge geben. Der Erfolg sei gewesen, daß eine namhafte Summe gezeichnet wurde.

Als Frommel in Baden noch Dorfpfarrer war, ging ihm vom Konsistorium ein von der Kanzel zu verlesender Erlaß zu, daß den Bauern mehr Ethik gepredigt werden solle. Als Frommel mit der Verlesung fertig war, sagte er zu seinen Bauern: „Ihr werdet mich fragen, was Ethik ist. Ich werde es euch durch ein Gleichnis erklären. Seht, meine Lieben, ihr seid jetzt gute, brave, gewöhnliche Appelbäum' und habt ordentlich einfache Appel hervorgebracht. Nun will das Konsistorium, daß ihr Bergamottebirnbäume werden und Bergamottebirnen hervorbringen sollt. Da werdet ihr mir antworten: ‚Herr Pfarrer, das können wir nit.' Da habt ihr ganz recht, das könnt ihr nit, also bleibt Appelbäum'! Wir wollen die Ethik beiseite lassen und fortfahren, uns mit unserm lieben Herrn und Heiland zu beschäftigen."

Nach meiner Heirat weilte Frommel oft als verehrter Gast in meinem Hause und gestaltete die Abende durch seine geistvollen Gespräche ungemein genußreich. Im Jahre 1894 begleitete er zur Stärkung seiner angegriffenen Gesundheit meine Familie und mich nach Abbazia und bezeugte an dem herrlichen Süden seine innige Freude. Als Kaiser Franz Josef uns dort besuchte, war er sichtlich angenehm berührt, in Frommel einen guten alten Bekannten aus Gastein wiederzusehen, da dieser dort oft für meinen Großvater amtiert hatte. Für die deutsche Jugend sind die von köstlichem Humor erfüllten Schriften Frommels und seine hübschen Gedichte ein wertvolles Gut.

Von Hofprediger Heym habe ich bereits im Verlauf meiner eigenen Jugendgeschichte berichtet.

*

Wenn ich noch in aller Kürze der Damen und Herren des Hofes gedenken soll, so muß ich in erster Linie des Ministers des Königlichen Hauses v. Schleinitz Erwähnung tun. Der Hausminister war ein alter Diplomat aus dem Rokoko, amüsant und witzig, der es in hohem Grade verstand, die Leute zu bezaubern. Meine Großeltern hatten ihn außerordentlich gern und unterhielten zu ihm von alten Zeiten her ein inniges Vertrauensverhältnis. Meine Eltern sind oft nach Tisch hingefahren und haben mich manches Mal mitgenommen; denn Frau Marie v. Schleinitz, allgemein „Mimi" genannt, war eine intime Freundin meiner Mutter. Sie war eine literarisch hochgebildete und ungemein geistvolle Dame; Literatur, Kunst und Politik, vor allem ein begeisterter Wagnerkult hatten eine Pflegestätte im vielberühmten „Salon Schleinitz" in der Wilhelmstraße Nr. 73 gefunden. Als Offizier bin ich auf Anraten meiner Mutter oft Sonntags in dem Salon gewesen und habe mich in der eigenartigen Atmosphäre stets wohl gefühlt.

Den Hofmarschall Graf Perponcher habe ich nur auf Hoffesten und bei feierlichen Gelegenheiten zu sehen bekommen; er waltete seines Amtes mit der vollendeten Grazie eines Hofmarschalls des ancien régime. Sehr verehrt habe ich die Palastdame Gräfin Oriola, eine geistvolle Dame von zierlicher kleiner Figur, der unverkennbar portugiesisches Blut in den Adern floß, und die doch zur echten Preußin geworden war. Mich hat sie auf dem glatten Parkett des Hofes mit der ihr eignen Herzensgüte unter ihre Fittiche genommen und sich damit mein dankbares Gedenken gesichert. Dagegen war man sich über eine andere Hofdame allgemein einig, daß sie trotz aller treuen Anhänglichkeit an ihre Kaiserin eigentlich nicht an einen Hof gehörte. Sehr bezeichnend ist der Spitzname, den sie führte: „das preußische Häkchen".

Und mit dem preußischen Häkchen schließe nun der Reigen historischer Gestalten an dem Hofe Kaiser Wilhelms I.

* * *

Auf dem Gymnasium zu Kassel

I.

Bald nach meiner Einsegnung wurde mir eröffnet, daß meine Eltern bestimmt hätten, ich solle von nun an das Gymnasium in Kassel besuchen, um dort meine Schulbildung abzuschließen und das Abiturientenexamen zu bestehen.

Der Urheber dieses Planes war Hinzpeter, er betrieb ihn bereits seit 1870; die ersten Vorschläge hatte er meiner Mutter in Homburg gemacht und sie dann in einer Denkschrift meinem Vater nach Versailles gesandt. Als die Gründe, die ihn zu diesem Vorschlage veranlaßten, gab mein Erzieher, wie er in seinen Aufzeichnungen rückblickend feststellt, in mehreren Denkschriften hauptsächlich folgende an: «Es sollte der ganzen Erziehung durch Unterwerfung unter eine äußere unabänderliche, der Willkür entzogene Norm eine Ruhe und Stetigkeit gegeben werden, welche die Privaterziehung, namentlich bei den Ansprüchen und Gewohnheiten des Hoflebens, trotz des ernsten Willens aller Beteiligten, unmöglich herstellen lassen, und die doch auch eine Vorbedingung günstiger Entwicklung sind ... Eine weitere günstige Folge des Unterwerfens unter eine systematisch ausgearbeitete und streng festgesetzte Regel sollte die Gewöhnung an strenge unerbittliche Pflichterfüllung und Konzentration aller Kräfte auf die unmittelbar vorliegende Aufgabe sein. Für den künftigen Souverän, Leiter eines Volkes, schien es von der höchsten Wichtigkeit zu sein, daß er Gedanken und Gefühle desselben kenne und verstehe, und das ist doch nur möglich, wenn er denselben Bildungsgang gehabt, den der Gebildetste desselben durchgemacht, wenn er mit denselben Vorstellungen und Grundsätzen genährt werde wie sie, wenn er auch Gelegenheit gehabt, mit Menschen aus anderen, von seiner späteren gewohnten Umgebung verschiedenen Klassen in vielfach nähere Berührung zu kommen ...»

Die Verwirklichung seines Planes scheint meinem Erzieher erhebliche Schwierigkeiten bereitet zu haben, wie aus seinen Aufzeichnungen zu entnehmen ist. Er betont, daß es sich dabei um einen Bruch mit der Tradition an dem in Familienangelegenheiten konservativsten Hofe der Welt gehandelt habe; auch die Vorstellung von einem Thronerben auf der Schulbank, schutzlos der Kritik der Welt preisgegeben, hätte in weiten Kreisen Anstoß erregt und der Plan ihrer Verwirklichung heftigen Widerstand erfahren. Hinzpeters Anregung wurde daher zunächst nur als Direktive hingestellt, und demgemäß wurde, wie ich bereits schilderte, außer der Mathematik auch das Griechische in den Unterrichtsplan aufgenommen, «eine in der Erziehung von Prinzen unerhörte und vielkritisierte Maßregel». Aber mit der ihm eigenen westfälischen Zähigkeit überwand Hinzpeter alle Widerstände, die sich seinem Plan in den Weg stellten. Zu Anfang des Jahres 1874 scheint dessen Ausführung genehmigt worden zu sein.

Für die Wahl des Ortes ließ Hinzpeter sich von dem Gesichtspunkt leiten, daß dieser eine gesunde Lage besitzen und in der Nähe einer größeren Stadt gelegen sein müsse, um die Lehrmittel für den französischen und englischen Unterricht, die das Gymnasium nicht bot, erreichbar zu machen. Im März 1874 dachte er in erster Linie an Homburg oder Wiesbaden, erst eine Reise im August dürfte die Entscheidung für Kassel gebracht haben.

In der Tat war Kassel ein geradezu ideal zu nennender Ort für die Schuljugend. In der kleinen Stadt beherrschten die Schulen damals das ganze Leben wie sonst nur die Universitäten. Die schöne Gegend mit ihren herrlichen Gartenanlagen gab Gelegenheit genug zu Spaziergängen, zu kleinen und großen Ausflügen. Das Theater, eine Oper, ein Museum und eine Bildergalerie schufen vielerlei Bildungsmöglichkeiten. Schönes geselliges Leben in der Stadt vermittelte anregenden Verkehr. Nimmt man dazu, daß Schloß Wilhelmshöhe, wo wir im Sommer wohnen sollten, eine unvergleichliche Lage besitzt, so muß man wohl zugeben, daß Hinzpeter eine gute Wahl getroffen hatte.

II.

Als ich von dem Plane, mich nach Kassel zu verpflanzen, zuerst erfuhr, war ich wenig angenehm überrascht. Denn nun sollte ich das Elternhaus verlassen, unter dessen Schutz ich aufgewachsen war, sollte in die Hand neuer Lehrer gegeben werden und nun mit einem Male unter fremden Knaben in einer öffentlichen Schule lernen, mit ihnen wetteifern und – unter ihnen bestehen! Es wurde mir doch recht unbehaglich zumute.

Ein Trost war es für mich wenigstens, daß mein lieber Bruder Heinrich mich begleitete; er sollte, da er für den praktischen Beruf des Seemanns bestimmt war, die Realschule in Kassel beziehen. Außerdem kamen mein „Zivilgouverneur" Dr. Hinzpeter und mein „Militärgouverneur" Generalmajor v. Gottberg mit. Letzterer, der seit 1871 als Nachfolger des Premierleutnants O'Danne mich betreute, war ein sympathischer und liebenswürdiger Herr, den ich außerordentlich gern gehabt habe. Ich habe auch in seiner Familie verkehrt, wo es immer ungemein gemütlich zuging. In Kassel lag ihm neben anderem die Verwaltung unseres Hausstandes ob, wodurch er oft in Gegensatz zu Hinzpeter geriet. Denn dieser hatte einen ebenso großen wie grundlosen Haß auf den General geworfen.

*

Bereits wenige Tage nach meiner Einsegnung schlug die Abschiedsstunde, und es hieß nun, aus dem Elternhause, von Berlin und Potsdam, von Freunden und Verwandten scheiden und in die Fremde ziehen ...

Den Übergang sollte eine Reise durch den Harz vermitteln. An ihr nahmen außer meinem Bruder Heinrich und mir noch die Kameraden v. Rex und v. Moser teil; Hinzpeter hatte die Führung. Die Wanderung führte uns von Thale aus nach Harzburg, nach Ilsenburg, nach Goslar, wo wir in der Kaiserworth gewohnt haben und in den Rammelsberg einstiegen; wir sind weiter auf dem Brocken gewesen, wo dichter Nebel jede Aussicht versperrte, auf dem Regenstein, wo ein Herr Leibrock uns führte, uns sein Harzbuch dedizierte und zu einer internen Berühmtheit gelangte („steht im Leibrock" wurde bei uns zu einem geflügelten Wort), und auf Schloß Wernigerode, wo der Hausmeister wegen unseres zweifelhaften Aussehens à la Wandervogel uns hinauswarf. Im Gasthof mußten wir mit einem winzigen Zimmer vorliebnehmen, da die Manövereinquartierung das Haus mit militärischen Gästen angefüllt hatte. Auch die den ganzen Tag über gehegte Hoffnung auf ein schönes Gericht Gebirgsforellen schwand dahin, da die hungrigen Krieger bereits bis auf den letzten Fisch alles verzehrt hatten. Nach Trennung von unseren Kameraden fuhren wir mit der Bahn nach Münden a. d. Werra, besuchten dort die schöne alte Kirche mit dem Grabmal des berühmten Doktor Eisenbart und marschierten auf der alten Landstraße über die Berge hinweg nach Kassel.

Die Reise gab uns wundervolle Eindrücke von dem lieblichen Gebirge und den Stätten historischer Erinnerung – aber die Gedanken, die voller Sehnsucht in die Heimat und nicht ohne Bangen in die ungewisse Zukunft gingen, wollten sich nicht bannen lassen, und als ich den Ort, der von nun an meine Heimat werden sollte, zum ersten Male sah, da wurden sie, wie ich aus meinem „Lebenslauf" nun wieder ersehe, übermächtig in meinem Herzen: «Als ich zum ersten Male Kassel vom Sondershäuser Berg vor mir liegen sah, stiegen alle diese Gedanken mit doppelter Macht in mir auf; da aber dachte ich an meine Einsegnung und an das Lied, welches dabei gesungen worden war: „Ein' feste Burg ist unser Gott", und die Zweifel und Gedanken verschwanden wie böse Gespenster oder Spukgestalten.»

* * *

Im Fürstenhof zu Kassel wäre es uns beinahe wie auf Schloß Wernigerode ergangen. Erst nach langem Palaver zwischen dem empörten Hinzpeter und dem Portier, der zwei preußische Prinzen erwartete, die wir doch unmöglich sein könnten, wurden wir endlich eingelassen. Überhaupt waren die Umstände unseres „Einzugs" in Kassel so seltsam und eigenartig, daß ich es mir nicht versagen kann, hier aus Hinzpeters Tagebuch die betreffende Stelle vom 12. September 1874 einzureihen. Sie dürfte auch hervorragend geeignet sein, den Geist und die Gesinnung zu kennzeichnen, die meine ganze Erziehung beherrscht haben: «Wir zogen in Kassel ein unter eigentümlichen Formen, im bewußten Gegensatz zu der Phantasie der Menge. Wir saßen sehr vergnügt im Landwehrhagen in der Kegelbahn einer Fuhrmannskneipe, saures Bier und hartes Brot mit gesalzener Butter zu uns nehmend. Es regnete dazu und ich hielt meinen Regenschirm über das Frühstück, um das Bier nicht noch wäßriger werden zu lassen, denn wir bedurften der Stärkung nach einem beschwerlichen Marsche. Wir hörten dort das Pfeifen der Lokomotive und wußten daraus, daß in diesem Moment der Kaiser im Triumph in Kassel einzog, im bequemen Salonwagen, geehrt, gepriesen, gut dinierend, in vollem Genuß der erworbenen Stellung nach der Arbeit des Lebens, während Prinz Wilhelm hier ebenso dürftig gefrühstückt, mit müden Beinen und leerem Magen in echter Weise des fahrenden Schülers nach Kassel marschiert und in Kassel einzieht. Und diese Moralpredigt in Wort und Tat findet vollen Beifall. Um nicht mit dem Kaiser in Kassel zu sein, treiben wir uns in der Umgebung herum, finden mit

Not im Augarten eine Tasse Kaffee, wozu noch mit Wonne eine im Landwehrhagen eingesteckte Brotrinde verzehrt wird; dann ziehen wir endlich nach unserem Fürstenhof in der Königstraße, wo der Portier in Gala sich nur schwer überreden läßt, daß wir die erwartete Gesellschaft vorstellen.»

So waren wir an unserem Bestimmungsort angelangt.

III.

Es ging aber alles viel besser, als ich gedacht hatte, denn: «Ich war kaum eine Woche in der Schule gewesen, so fühlte ich mich so zu Hause in der Klasse (es war die Obersekunda) und war so schnell vertraut geworden mit meinen Kameraden, daß es mir vorkam, als ob ich nie anders als in der Klasse meinen Unterricht genossen hätte. Gerade der Schriftsteller, welchen wir lasen, entsprach meinen Hoffnungen und Wünschen; die lebhafte genaue Darstellung der Ereignisse, die treffende Charakteristik der in den erzählten Ereignissen vorkommenden Personen machten mir die Lektüre zu dem Anziehendsten, was ich von den Werken Sallusts gelesen habe»*).

Wie ich aus Hinzpeters Aufzeichnungen ersehe – ich weiß nicht, ob es mir damals zum Bewußtsein gekommen ist –, war ich nicht der Einzige, der meinem Eintritt in die Schule mit geteilten Gefühlen entgegensah: «Auf seiten der Lehrer und Schüler des Gymnasiums waren die Empfindungen zuerst ebenfalls unbehaglich genug, da der neue Schüler und Mitschüler als eine ganz unberechenbare Größe, als ein sehr heterogenes Element erschien. Indes das dauerte nicht lange, da der Prinz, nach seiner Art sich auch hier der gegenwärtigen Existenz mit Enthusiasmus hingebend wie später als Student und Offizier, so hier als Gymnasiast sich fühlte und gebärdete. Die Mitschüler entdeckten bald, daß er trotz der stets bewährten taktvollen

*) Aus meinem Curriculum vitae.

Zurückhaltung, die jede unnötige Familiarität ausschloß, ein guter Kamerad sein wolle und könne; stets bereit, sich mit ihnen in ihren Plänen und Bestrebungen zu identifizieren und von dem aufrichtigen Streben erfüllt, mit ihnen, auf jedes Privilegium verzichtend, als Gleichgestellter zu konkurrieren. Da der Prinz in der Auswahl seiner näheren Bekannten grundsätzlich weder beeinflußt noch beschränkt wurde, so bildete sich zu einigen sympathischeren Persönlichkeiten ein näheres Verhältnis, das einen vertrauteren Verkehr gestattete. Die ganze Situation gestaltete sich auch in dieser Beziehung so natürlich und deshalb fruchtbar, wie es kaum zu hoffen gewesen war.»

Ich habe mit allen meinen Mitschülern gute Kameradschaft gehalten, ohne gerade mit dem einen oder anderen engere Freundschaft zu schließen. Besonders entsinne ich mich noch der Kameraden Johannes Brauneck, später Direktor des Wilhelm-Gymnasiums in Hamburg, des nachmaligen Staatsanwalts Ganslandt und eines kleinen jüdischen Mitschülers, des späteren Appellationsgerichtsrats Sommer, der im September 1925 verstorben ist. Am meisten verkehrt haben wir, d. h. mein Bruder Heinrich und ich, mit einem Kameraden namens Wild, der weder in dessen noch in meiner Klasse war; es war der spätere Kriegsminister Wild v. Hohenborn. Ein netter, frischer Knabe, unschätzbar bei den damals viel geübten Scharadespielen und Theateraufführungen, hat er uns beiden sehr nahe gestanden.

Auch einer anderen Jugendbekanntschaft aus dieser Zeit möchte ich hier Erwähnung tun, wenngleich sie mit dem Gymnasium nichts zu tun hat. Ich meine den jungen Grafen Emil Görtz, den ich bei einem Besuche in Schlitz kennen lernte. Von riesengroßem Wuchs, war er eine genial veranlagte Natur, begabt in vielen Künsten; er malte, sang, deklamierte, dichtete, komponierte, bildhauerte — und strotzte von Kraft und Tätigkeitsdrang. Dazu besaß er einen kristallklaren Charakter und war im tiefsten Innern eine reine Kinderseele. Sein Unglück war nur, daß er seine Kräfte verzettelte und es in keinem Fache zu etwas Überragendem brachte. Ich habe ihn später zu beeinflussen und ihm eine feste Richtung zu geben versucht; bekanntlich hat er den Coligny vor dem Berliner Schloß und Ludwig den Römer in der Siegesallee, sowie andere von mir angeregte Skulpturen geschaffen. Er war für mich mehr der Freund, der mir künstlerische Anregungen und Ratschläge geben konnte als der schöpferisch ausübende Künstler; bei seinem Stilverständnis für alle Zeitalter, besonders für die Antike, war er dazu wie wenige andere befähigt.

Nach dieser kurzen Abschweifung kehre ich zum Kasseler Gymnasium zurück.

Von den Lehrern habe ich besonders im Andenken den Direktor Vogt, der alte Sprachen gab; er war zwar streng, aber doch umgänglich, nicht verknöchert und durchaus kein Pedant, sehr gütig im außerdienstlichen Verkehr. Er erwies sich als ein besonderer Kenner des griechischen und römischen Theaters und stieß mit diesen Kenntnissen auf starkes Interesse bei mir. Der Geschichtslehrer Hartwig war ebenfalls anregend und trug ausgezeichnet vor, während ich meinen Ordinarius Heußner als etwas trocken in Erinnerung habe. Von unserem Mathematiklehrer, Herrn Schorre, ist zu sagen, daß er ein weit besserer Jäger als Mathematiker war. Während er uns dann und wann durch die Schilderung eines nächtlichen Abenteuers mit einem Ungetüm im Kaufunger Wald (einer „Uäne", wie er sagte) in Erstaunen zu versetzen pflegte, war er außerstande, uns das Wesen und das Entstehen einer Gleichung faßlich zu machen. Als wir aber nach Unterprima versetzt wurden, kamen wir zu einem ausgezeichneten Mathematiklehrer, der, nebenbei bemerkt, eine täuschende Ähnlichkeit mit Naßr ed-Dîn, dem Schah von Persien, besaß. Dieser Lehrer, Dr. Auth mit Namen, war ein dicker, jovialer Herr, der den

Wein und – ein gut geheiztes Klassenzimmer besonders liebte. Da mich das Vertrauen der Klasse ermächtigt hatte, die Heizung des Ofens zu bewerkstelligen, so kachelte ich jedesmal vor seinem Erscheinen gründlich ein. Allerdings vergingen meine in der Nähe des Ofens sitzenden Kameraden fast vor Hitze, aber dieser Nachteil wurde reichlich aufgewogen durch die gute Laune Dr. Auths, die der Höhe der Temperatur proportional zu sein pflegte und die der ganzen Klasse zugute kam. Dr. Auth hat uns in Unter- und Oberprima durch seinen trefflichen Unterricht und seinen frischen, anregenden Vortrag vorzüglich vorwärts gebracht, so daß unsere Klasse beim Abiturientenexamen in Mathematik gut abschnitt.

* * *

Der Unterricht stellte freilich enorme Anforderungen, von denen die heutige Jugend sich kaum einen Begriff machen kann. Daß Schule und häusliche Arbeit 10 bis 11 Stunden in Anspruch nahmen, war durchaus keine Seltenheit. Ich mußte im Sommer jeden Tag um 5 Uhr aufstehen, um 6 Uhr saß ich schon über der Arbeit, um mich auf den Schulunterricht vorzubereiten, der von 8 bis 12 Uhr währte. Die Zeit von 12 bis 2 Uhr wurde ausgefüllt mit Spazierengehen, Fechten oder Schwimmen. Dann folgten wieder zwei Schulstunden, an die sich für mich eine Repetitionsstunde bei Hinzpeter anschloß. Von 5 bis 6 Uhr war Essenspause, die wieder von mindestens zwei Arbeitsstunden abgelöst wurde. Oft dauerte der Nachhilfeunterricht bis 9 Uhr und länger. Kam doch bei mir zu den Lasten, die alle Schüler zu tragen hatten, noch der Spezialunterricht in Englisch sowie in Französisch bei dem Schweizer Beauvon, später bei dem Franzosen Ayme hinzu! Die heutige Jugend hat es nicht so schwer, und das ist gut so; denn uns wurde das Leben damals oft zur Qual gemacht.

* * *

Über den Unterricht selbst wüßte ich aus eigener Erinnerung kaum noch etwas zu berichten, und bestenfalls wäre dieses durch den Anschauungswandel im späteren Leben getrübt und verzerrt. Es erscheint mir daher am besten, wenn ich statt dessen die Worte meines Curriculum vitae hierhersetze, die getreu meine damalige Anschauung wiedergeben. Ich setze mit der Stelle ein, die sich an die vorhin erwähnte über Sallust anschließt:

«Später lasen wir eine Rede Ciceros, „pro lege Manilia" oder „de imperio Cn. Pompeji", welche ich für die einzige halte, in welcher Cicero weniger von sich als von dem Gegenstand seiner Rede spricht. Im Griechischen lasen wir den Homer, da frischte ich alle meine alten Vorstellungen von dem antiken Griechentum in wohltuender Weise wieder auf. Die schönen Gleichnisse aus der Natur, die Schilderungen der Helden, ihrer Taten und Kämpfe, das alles war es, was mich hinriß und mich unwiderstehlich an den Homer fesselte. Und nun kam noch die schöne äußere Form des Gedichtes hinzu, die einfachen und doch großartigen Hexameter; wie vortrefflich schienen dieselben geeignet, die großen Ereignisse wiederzugeben, welche sie schildern sollten! Ich finde und bleibe dabei, daß nichts über die griechische Sprache geht und in der griechischen Sprache nichts über den Homer, und zwar über seine Ilias.

Zu Ostern wurde ich mit meiner Klasse in die Unterprima versetzt. Hier begannen wir beim Herrn Direktor die Lektüre des Horaz, eines Dichters, für welchen wir alle nach wenigen Tagen schon begeistert waren, und in welchem wir endlich den größten römischen Schriftsteller kennen lernten. Da außerdem mit der Erklärung der Oden auch etwas Kunstgeschichte verbunden war, so war es für mich doppelt interessant, weil ich die Kunstgeschichte sehr gern hatte und weil ich manches Neue dabei lernte. Hierbei kamen mir die Vorträge des Professors Bötticher vom Berliner Museum über die Architektur und Bildhauerkunst der Griechen und Römer sehr zu-

Prinz Wilhelm von Preußen als Schüler. 1874

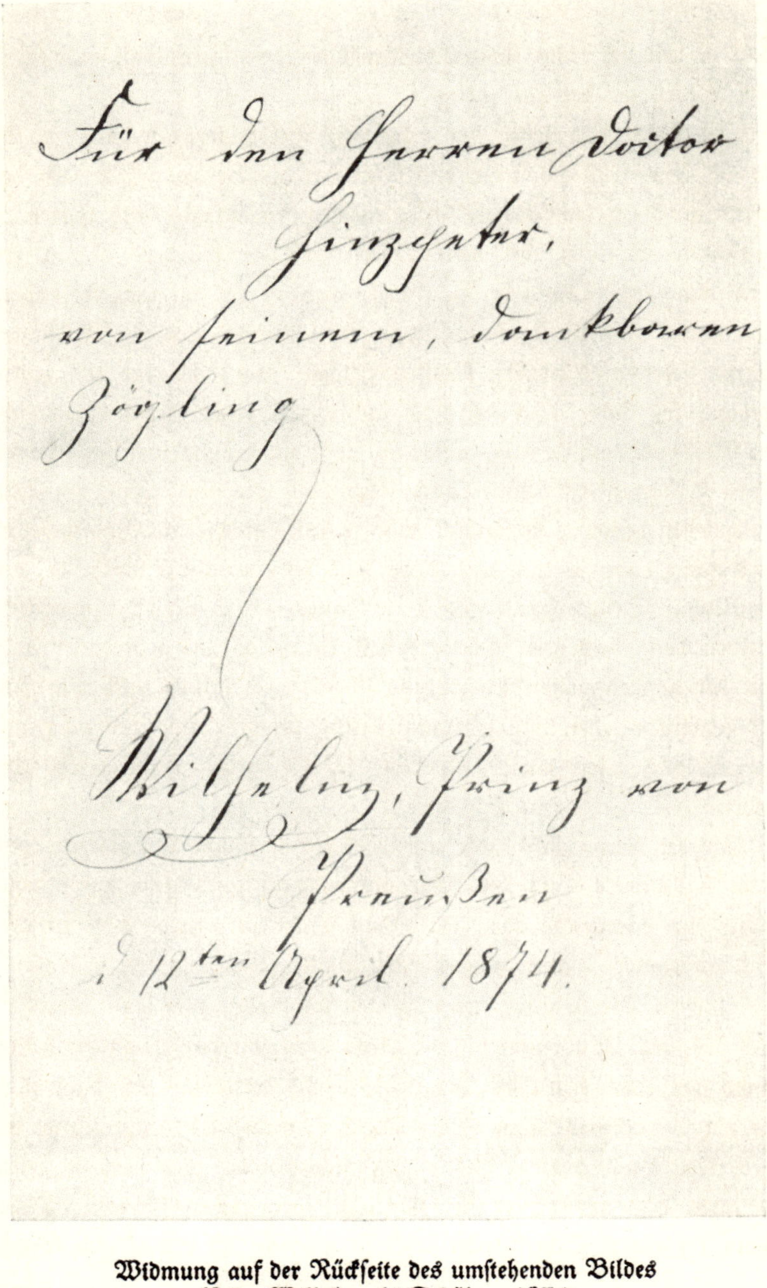

Für den Herrn Doctor
Hinzpeter,
von seinem, dankbaren
Zögling
Wilhelm, Prinz von
Preußen
d 12ten April 1874.

Widmung auf der Rückseite des umstehenden Bildes
Prinz Wilhelm als Schüler. 1874

statten, und ich kann ihm nicht dankbar genug sein, daß er mich so viel Neues gelehrt hat.

Ich hatte von jeher die griechische Bildhauerkunst gern gehabt, da ich sehr früh schon in das Museum zu Berlin geführt worden war, um die griechischen Bildsäulen anzusehen, und bald waren es bestimmte Statuen, die meine Lieblingsbilder wurden. Es waren dies eine Bildsäule von Achilleus, welchen ich ja ganz besonders lieb hatte, und die Äginetengruppe, weil das die einzigen Bildsäulen waren, welche griechische Waffen trugen, und das war es gerade, wonach ich suchte. Zu der Zeit las ich in einem Erzählungsbuche die Ilias und wollte nun, wenn ich die Beschreibung von den Waffen eines Helden gelesen hatte, auch sehen, wie dieselben ungefähr wohl ausgesehen hätten. Besonders war es mir um die mit Roßschweifen gezierten Helme zu tun, und deren gab es eine ganze Reihe bei den Ägineten. Sehr erfreute mich mein Vater, als er mir zwei griechische Helden der Ilias (den Achilleus und Patroklos) in gebrannter Erde mit der ganzen vollen Ausrüstung schenkte; ich konnte mich nicht satt an denselben sehen und jedesmal, wenn ich die Ilias las oder mir daraus vorgelesen wurde, so hatte ich die beiden Figuren vor mir stehen.

In der Klasse lasen wir im Lateinischen ferner den Cicero, und zwar das fünfte Buch der „Tusculanen"; ich fand dieses zuerst zwar nicht sehr anregend, aber gegen das Ende hin wurde diese Lektüre doch angenehm. Aber nach diesem Buche lasen wir den „Orator". Bei diesem Werke ging, was ich bei der Rede „pro lege Manilia" und bei den „Tusculanen" an Liebe zum Cicero gewonnen hatte, schon nach den ersten 10 Kapiteln schnell verloren. Ich habe noch nie ein so trockenes, schwer verständliches, wenig Liebe zum Autor erweckendes Buch gelesen, das so gar nichts bietet, was man sich hätte zueignen oder was man für sich hätte gebrauchen können. Denn wenn ich einen Schriftsteller lese, so wünsche ich etwas, ich könnte sagen, eine Quintessenz dessen, was er geschrieben hat, für mich zu behalten und zu bewahren für das Leben. Dieses war mir jedoch bei jener Schrift mit dem besten Willen nicht möglich; ich fand nichts als eine endlose Menge von Perioden und Phrasen mit einer Liste von Rednern und Sophisten, die mich alle mehr oder weniger gar nicht interessierten.

Um so mehr wurde ich dann im Griechischen entschädigt durch das Lesen des Demosthenes. Staunen und Bewunderung erfüllten mich, wenn ich den gewaltigen Mann im Geiste ansah, wie er in der Jugend in unglücklichen Verhältnissen aufgewachsen, sich emporarbeitete und emporrang bis zum gewaltigsten und berühmtesten Redner, den es je gegeben, denn noch jetzt richten sich die Redner nach ihm. Alle Hindernisse, die sich ihm in den Weg stellten, besiegte er, sowohl die seines Organs als die, welche seine Gegner ihm bereiteten. Und nun seine Rede! Klar, einfach, wahr; ohne große Prahlerei von seinen Verdiensten oder Taten, immer nur die Sache, um welche es sich handelt, im Auge; nie, auch nicht ein einziges Mal spricht er von sich selbst. Der größte Beweis dafür, daß er ein großer Redner war, ist doch wohl der, daß, nachdem er gesprochen hatte, die athenischen Heere in den Kampf, in den Tod marschierten. Bei seinen Reden wandte Demosthenes auch nicht feingedrechselte Perioden und Phrasen an, nein, frisch von der Leber weg sprach er, was er auf dem Herzen hatte, er sagte den Athenern oft auch derbe Wahrheit ins Gesicht. Und darum gefiel er mir auch so sehr und deshalb verachtete ich den neben ihm kleinlich aussehenden Cicero immer mehr, je mehr ich mich in den Demosthenes vertiefte.

Auch mein Enthusiasmus für den Horaz ging nach und nach verloren. Je mehr Oden ich las, um so mehr lernte ich den Charakter des Dichters erkennen. Wenn man sich den Horaz in die Jetztzeit versetzt dächte, so würde jeder anständige Mensch sich schämen, mit ihm zusammen zu gehen, und noch weniger würde es einem an=

ständigen Menschen einfallen, ihn zu sich zu Tische zu laden*). Der Geschichtsunterricht betraf auch gerade mein Lieblingsthema, nämlich die Geschichte des Mittelalters; zu Hause las ich im Kohlrausch und Menzel das nach, was wir in der Schule durchgenommen hatten. Auch bildete ich mit einigen Kameraden ein Geschichtskränzchen zur Repetition der ganzen Geschichte der alten Zeit wie des Mittelalters; im Kränzchen wurden auch freie Vorträge gehalten und diese von den jedesmaligen Zuhörern zensiert und protokolliert. Neben dem Demosthenes lasen wir in der Klasse auch die Elektra des Sophokles; welch ein Geist lebt in dem Stück, welch ein tiefes sittliches Gefühl ist in den Chorliedern und den Reden und welch eine Innigkeit des Gemüts ist in dem Charakter der Elektra vertreten!

Bei diesem Stück lernte ich wieder viel Neues in bezug auf das hellenische Schauspiel, sowohl was den Bau des Theaters angeht, als auch was die Einrichtung der Bühne, die Zahl und Bekleidung der Schauspieler und ihr Spiel betrifft. Auch da kamen mir die Vorträge des trefflichen Professors Bötticher über das hellenische Theater und Schauspiel sehr gelegen.

Zu Ostern kamen wir in die Oberprima. Hier lasen wir des Horaz Satiren, die mir den Rest von Achtung, welchen die Oden mir übriggelassen hatten, schnell benahmen und ihn in meinen Augen in die unterste Klasse der Genußmenschen herabsetzten. Im Lateinischen lasen wir die Rede des Cicero „pro Sestio“, welche er mit Fug und Recht „pro Cicerone“ hätte betiteln können, denn der P. Sestius wird kurz hier und da einmal erwähnt, sonst aber handelt die Rede vorzugsweise von der Trauer des populus Romanus um den Clodius und seine Bande und von der Freude des populus Romanus, als der Cicero wieder zurückberufen ward. Und da soll man den prahlsüchtigen Schönredner nicht verachten, wenn man daneben den herrlichen Demosthenes hat?

*) Ich kann diese Stellen heute nicht ohne stille Heiterkeit lesen.

In der Geschichte wurde das Zeitalter der Reformation durchgenommen und der Anfang vom 30jährigen Kriege. Obwohl diese Periode auch höchst interessant ist, so habe ich sie doch nicht ganz so gern, weil schon der Anfang des Verfalles des deutschen Reiches sich bemerkbar macht, dagegen in der Ritterzeit das schöne Römische Reich Deutscher Nation so recht in seiner Kraft und Fülle war und an der Spitze der ganzen damaligen zivilisierten Welt.»

* * *

Nicht erwähnt wurde von dem Oberprimaner in seinem „Lebenslauf", daß, wie er bitter empfand, der Geschichtsunterricht mit dem 30jährigen Kriege aufhörte und daß von dem weiteren Gang der Entwicklung nichts mehr gelehrt wurde, geschweige denn von der Gegenwart. Es ist nicht zu leugnen, daß der Geschichtsunterricht nicht auf der Höhe stand, die für ein preußisches Gymnasium verlangt werden muß; zum Nachteil der vaterländischen nahm die griechisch-römische Geschichte den weitaus größten Raum ein. Aber auch diese beschränkte sich hauptsächlich auf die Aufzählung von Tatsachen, während die Charakteristik von Herrschern und Staatsmännern, sowie Beschreibung der Sitten, Gebräuche und des Geisteslebens der Völker sehr stiefmütterlich behandelt wurden. Die vaterländische Geschichte wurde nur recht allgemein vorgetragen, ohne Begeisterung für den nationalen Gedanken erwecken zu wollen. Die Schuld lag am System des Lehrprogramms, nicht an dem sehr tüchtigen Historiker Dr. Hartwig, der in späteren Zeiten nach der Schulreform der Leiter des ersten Reformgymnasiums wurde.

Der andere Vorwurf, den ich dem damaligen Gymnasium mache, lautet dahin, daß die Erziehung unter vorwiegend philologischem Einfluß auch einen philologischen Charakter erhielt. Ich habe während meiner Schulzeit beobachten können, daß zwar große Begeisterung für 1870/71 und für das neue Reich in den Knaben vorhanden war, daß aber die richtige Grundlage für das Deutschtum, das Gefühl „civis Germanus sum", wie ich es später dem deutschen Volke zurief, noch durchaus fehlte. Eine solche zu schaffen und in die jungen Herzen zu legen, dazu war bei dem verknöcherten altphilologischen Lehrplan die Lehrerschaft außerstande. Das Herz, der Charakter der Gymnasiasten spielten bei der Art der Lehrmethode keine Rolle, nur das Gehirn wurde bearbeitet. Es wurden Philologen ausgebildet, aber keine für praktische Mitarbeit am jungen Reich geeigneten deutschen Staatsbürger, mit anderen Worten: keine selbstbewußten Deutschen. In unserem kleinen Lesezirkel habe ich oft versucht, den großdeutschen Gedanken zu behandeln, um partikularistische und andere der deutschen Idee entgegenstehende Neigungen zu bekämpfen. Aber vergeblich. Schließlich war das bekannte „Buch der deutschen Flotte" von Admiral Werner das einzige Werk, womit das lebendige Empfinden für das Deutsche Reich entflammt werden konnte. Wenn ich in späterer Zeit englische Schüler sah und die sportlich erstarkten Knaben z. B. in Eton im Geiste mit meinen einstigen überstudierten Kameraden verglich, dann fiel dieser Vergleich nicht zu meiner Freude aus. Die jungen Briten, die von Eroberungen in den Kolonien träumten, von Expeditionen zur Erforschung neuer Länder, von Ausbreitung des Handels, und die Pioniere ihres Vaterlandes sein wollten nach dem Wort: „Right or wrong – my country", sie hatten sehr viel weniger Latein und Griechisch gelernt, waren aber von dem Gedanken beseelt, Großbritannien noch größer und stärker zu machen. Soviel wurde mir nachmals mit aller Deutlichkeit klar: der philologische war nicht der Weg, um selbstbewußte Deutsche zu bilden, die an Stolz mit den Bürgern anderer Nationen wetteiferten und das „civis Romanus sum" auf sich übertrugen, um zu lebendigen Faktoren des Deutschtums zu werden.

Aus diesen Überlegungen heraus erkämpfte ich später gegen den Widerstand der Philologie innerhalb und außerhalb des Ministeriums wie der Schulkreise die Schulreform für die deutsche Jugend. Die Reform ist nicht so geworden, wie ich sie erhofft und hat nicht zu dem Ergebnis geführt, welches ich mir gesteckt hatte. Wieviel das, was versäumt worden ist, zu unserem Zusammenbruch beigetragen hat, wird wohl erst späteren Geschlechtern völlig klar werden.

* * *

Mein Lieblingsschriftsteller war in jenen Jahren Ebers; ich habe in Kassel seine historischen Romane förmlich verschlungen. Besonders „Uarda" gefiel mir wie meiner Mutter ungemein. Daß Ebers moderne Ideen in archaistisches Gewand kleidete, störte mich damals natürlich recht wenig. Aus Dickens, den ich ebenfalls sehr gern hatte, las Hinzpeter häufig vor; Scott behielt seinen bevorzugten Platz unter meiner Lektüre. Einen besonders tiefen Eindruck empfing ich, als mein Erzieher mir Gobineaus „Renaissance" in die Hand gab. Die herrlichen farbenglühenden Szenen der Dichtung haften noch heute fest in meinem Gedächtnis. Übrigens teilte ich die Begeisterung für dieses Werk mit der Kaiserin Augusta und der Großherzogin Luise. In ähnlicher Weise wie die „Renaissance" hat mich einige Jahre später Taines Schilderung der Französischen Revolution gefesselt.

Daneben las ich noch eine große Anzahl anderer Bücher, so z. B. an historischen Werken die „Charakterbilder aus Geschichte und Sage" von Grube, die an die Stelle des Buches von Kohlrausch traten, von dem mein Curriculum vitae oben mit solcher Begeisterung sprach. Das Grubesche Buch brachte mir die Themen des Schulunterrichts persönlich nahe und veranschaulichte sie weit mehr, als das in trockenen Schulbüchern möglich ist; mit der Schilderung der Schlacht bei Pavia, die ich hier so schön dargestellt fand, konnte ich nachher beim Abiturientenexamen besondere Ehre einlegen. Im übrigen verschlang ich alles, was mir in deutscher, französischer oder englischer Sprache an Reise-, Geschichts-, Kriegs- und Seegeschichten in die Hände fiel.

Vornehmlich alles, was die See betraf, fand mein brennendes Interesse. Die englischen Marinebücher, die Königin Victoria meinem zur Seefahrt bestimmten Bruder zum Geburtstage und zu Weihnachten schenkte, habe ich immer zuerst gelesen. In meiner Gymnasialzeit kam auch gerade das schon erwähnte Buch von Admiral Werner über die deutsche Flotte heraus; dieses hat mich in Kassel nie verlassen, ich habe, wie erwähnt, auch meinen Kameraden oft daraus vorgelesen, um meine Begeisterung auf sie zu übertragen und konnte es schließlich auswendig.

So groß mein Interesse für Epos, Drama und auch für Balladen war — die wundervollen „Glocken zu Speyer" und andere Kaiserballaden von Löwe, die Graf Görtz in Schlitz sang, haben mich tief bewegt —, so gering war mein Interesse für Lyrik. Hinzpeter war darüber sehr unglücklich und gab sich redliche Mühe, den fehlenden Sinn zu erwecken — aber vergeblich. Ebensowenig war sein Vorhaben, mich zu eigener poetischer Produktion zu begeistern, von Erfolg gekrönt. Ich folgte zwar seinen ernsten Mahnungen, einmal meine Kunst zu versuchen, und machte mich auch wirklich ans Dichten. Da ich 15 Jahre alt war, mußte es natürlich eine Tragödie werden und ebenso selbstverständlich eine historische. Meine Wahl fiel nach langem Suchen auf die Geschichte von den beiden Athenern Harmodios und Aristogeiton, die im Jahre 514 v. Chr. den Pisistratiden Hipparchos ermordeten — also ein Revolutionsdrama! Eine Liebesgeschichte spielte natürlich auch hinein und gab dem Epos nach der Heldin den Titel „Hermione". Ich ließ mir die Arbeit recht sauer werden und zimmerte meine Verse unverdrossen und mit großem Fleiß. Schließlich ebbte die Begeisterung aber doch ab, und als mein späterer Schwager Bernhard mir eines Tages eröffnete, daß er bereits diesen Stoff dramatisch bearbeitet hätte, da glaubte ich, die deutsche Literatur hätte an einem solchen Stück genug und gab den Plan auf. So blieb die „Dichtung" ein Torso.

Von dem Kränzchen, das ich mit meinen Mitschülern bildete, berichtete schon mein Curriculum vitae. In diesem Kreise, der Sonntags nachmittags sich zusammenfand, wurden nicht nur Klassiker mit verteilten Rollen gelesen, sondern auch Vorträge gehalten (ich sprach einmal über den Zug Alexanders des Großen nach Indien) und Debatten geübt. Zu diesem Zweck mußte ein jeder von uns einen der bekannten Politiker darstellen, die damals eine Rolle spielten; so war z. B. der kleine diskutierlustige Sommer: Lasker. Für mich war es nicht so einfach, ein geeignetes Vorbild zu finden, und es bedurfte erst langer Beratungen; schließlich einigten wir uns auf Schulze-Delitzsch, den damaligen Führer der Fortschrittspartei. Diese Debatten wurden sehr ernsthaft behandelt und sogar aufgezeichnet; Brauneck war Protokollführer. (Außerdem war dieser auch ein großer Briefmarkensammler, und ich habe ihm, als meine eigene Leidenschaft für diesen Sport erloschen war, meine selbst zusammengebrachte Sammlung vermacht.)

Theaterbesuche bedeuteten nach wie vor für mich Festtage. Kassel besaß eine verhältnismäßig gute Oper, und in dem Dirigenten Reis einen tüchtigen Kapellmeister. Das Schauspiel stand nicht auf gleicher Höhe; doch sah ich mit viel Interesse die Werke von Shakespeare, Schiller, Uhland u. a. Als besonders eindrucksvoll ist mir eine Vorstellung von Uhlands „Ludwig der Baier" in Erinnerung. Unter den Schauspielern erfreute sich Varena, der nachher Theaterdirektor in Stettin oder Königsberg wurde, großer Beliebtheit bei der Jugend; sein Graf Wetter vom Strahl riß alle zur Begeisterung hin. Recht gut gefiel uns die Schauspielerin Harke, auch die schöne Hagen, die sich später mit einem Fürsten Wittgenstein-Altenkirchen verheiratete. Ein großes Talent war der junge Herbert, auf den ich Hülsen aufmerksam machte; leider blieb er nicht im preußischen Dienste.

* * *

Im Sommer wohnten wir mit Hinzpeter in Schloß Wilhelmshöhe, im Winter im Fürstenhof zu Kassel. Schloß Wilhelmshöhe mit dem unvergleichlich schönen Blick auf das Fuldatal, ein wahres Juwel, das die Kaiserin später so geliebt hat, bewahrte noch zahlreiche Erinnerungen an Kaiser Napoleon III., der einige Jahre zuvor hier gefangen gewesen war; die von ihm bewohnt gewesenen Räume sind bis 1918 nicht geändert worden. Das Empire, das noch aus Jerômes Zeit stammte, war das beste in Europa, stilgerecht, prachtvoll, ganz in Atlas, aber erdrückend in seiner Schwere.

Der Fürstenhof gehörte zu dem kurfürstlichen Palais am Friedrichsplatz; der Hof stieß mit dem des Gymnasiums zusammen, von dem es nur durch eine kleine Mauer getrennt war. Nach unserer Ankunft wurden einige Stufen an die kleine Mauer herangeführt, so daß ich gleich von unserem Hofe mit einigen Sprüngen auf den Schulhof setzen und den Umweg über die Straße ersparen konnte. Während des Sommeraufenthaltes in Wilhelmshöhe hingegen pflegten wir alle Morgen zum Schulunterricht nach Kassel hinunterzureiten.

*

An dieser Stelle habe ich zweier Menschen zu gedenken, die mich in jener Zeit in rührender Weise betreut haben. Es waren dies mein Kammerdiener und seine Frau. Friedrich, ein Schlesier, der ursprünglich Bursche bei General v. Werder gewesen war, ein guter braver Mann, hat mit großer Treue von meiner Kindheit an für mich gesorgt; später wurde er mein Kellermeister. Seine wackere Frau hielt unsere Wäsche und Kleidung in Ordnung und konnte sich in mütterlicher Sorge nicht genug tun. Ich bewahre den beiden treuen Leuten, die Licht und Wärme in die oft recht harte Kasseler Zeit brachten, für immer ein dankbares Gedenken.

*

Ich habe in der Kasseler Zeit Sport in gleichem Maße wie zuvor in Berlin und Potsdam getrieben, in der Fulda geschwommen,

Schlittschuh gelaufen, geritten und gefochten. Rittmeister v. Raven aus dem Westf. Dragonerregiment Nr. 7 gab mir Reitstunden, später Rittmeister v. Prittwitz von den 14. Husaren. Ich focht auf der Kriegsschule mit den Fähnrichen und setzte so den Fechtunterricht fort, den mir in Potsdam Hauptmann v. Dresky erteilt hatte. Premierleutnant v. Heugel gab mir Unterricht im Florettfechten, das ich besonders gern trieb. Der Kommandeur der Kriegsschule war übrigens Oberstleutnant v. Streccius, bekannt als Übersetzer eines Werkes des Fürsten Galizin über antike Taktik; er wurde von meinem Vater sehr geschätzt und zeichnete sich durch musikalische Talente aus. Das von ihm übersetzte Werk habe ich mit großem Interesse studiert.

*

Selbstverständlich lernte ich in meiner Kasseler Zeit zahlreiche prominente Persönlichkeiten kennen, wohl alles, was zu den „Spitzen" zu zählen war. Es würde zu weit führen, wenn ich hier allzusehr in Einzelheiten ginge, und ich will mich daher auf das Wichtigste beschränken. In erster Linie ist der Kasseler Bürgermeister Nebelthau zu nennen, der mir schon vom Truppeneinzug 1871 her mit seiner sehr schönen Ansprache in Erinnerung steht, sowie General v. Bose, der Held von Wörth, ein feiner alter Herr, und der alte General v. Roehl. Dann waren da aus der Zeit vor 1866 noch eine Anzahl Kurhessen, alles ganz prächtige Leute, durchweg sehr groß und unbedingt treu ihrem alten Herrn ergeben. Ich entsinne mich noch des Präsidenten der Generalverwaltung v. Heeringen, des Vaters des späteren Kriegsministers, mit rotem Gesicht und schneeweißem Haar, dann des kurhessischen Oberjägermeisters Freiherrn v. Dörnberg und des Oberjägermeisters v. Baumbach. Der Kommandeur des in Kassel stehenden Infanterieregiments Nr. 83 war Oberst v. Oetinger, ein fideler Herr, der immer voller Schnurren steckte, auch viel von Kaiser Napoleons Fahrt nach Kassel, an der er teilgenommen hatte, zu erzählen wußte.

Alle diese Persönlichkeiten, zu denen noch manche andere aus allen Ständen hinzukamen, Offiziere, Professoren, Beamte, alte Kurhessen und stramme Preußen, sah ich auch häufig bei mir zu Gast. Es gehörte mit zu Hinzpeters Programm, eine „Versöhnung der Stände" herbeizuführen. Daher mußte General v. Gottberg wöchentlich einmal ein Diner arrangieren, zu dem die Einladungen diesem Programm entsprachen. Hinzpeter nannte das seine „Versöhnungsdiners".

* * *

Spaziergänge und kleinere wie größere Ausflüge unternahm mein Mentor mit uns in der gleichen Weise wie früher in Berlin und Potsdam. Wir haben so die nähere oder weitere Umgebung von Kassel zu Fuß oder zu Pferd gründlich abgestreift und Gegend wie Menschen gut kennen gelernt. Hinzpeter pflegte bei diesen Gelegenheiten das Angenehme mit dem Nützlichen zu verbinden, indem er uns historische oder andere Themen vortrug oder auch sich vortragen ließ; jedenfalls bot sich hier in der freien Natur Gelegenheit zu reichem Gedankenaustausch und lehrreichen Beobachtungen.

Wir haben in der Kasseler Zeit nur eine Reise, und zwar im Sommer 1876, nach Scheveningen gemacht. An diese Wochen, die wir, alle Kinder, mit unseren Eltern in dem holländischen Seebade verlebten, gedenke ich mit besonderer Freude und erinnere mich noch mancher Einzelheiten. Vor allem war es so schön, daß mein Vater in der Ungebundenheit des Badelebens, fern dem Hofe und allem Zwang, seiner inneren Natur folgen konnte und ganz kameradschaftlich mit uns lebte. So entsinne ich mich noch voller Vergnügen, wie er mit uns auf den Utrechter Waffelmarkt ging und uns zu intensiver Tätigkeit mit den Worten aufforderte: „Futtert euch man ordentlich voll" – und Hinzpeter mußte sich darauf beschränken, ein finsteres Gesicht zu machen!

Dann gab es auch oft kleine Feste und mancherlei andere Abwechslung: wiederholt waren wir bei dem Prinzen Friedrich der Niederlande zu Besuch, der ein Sommerhaus, das Huys de Paw, zwischen Haag und Leyden besaß, ein andermal war er in Scheveningen, wo ihm ein Pavillon gehörte; auch König Wilhelm III. der Niederlande war einmal bei uns.

Wir pflegten sehr anregenden Verkehr mit der Familie des englischen Gesandten im Haag, des Admirals Sir Harris, Vater des späteren Lord Malmesbury. Seine vier Töchter haben mir das damals aufkommende Lawntennisspiel beigebracht. Er selbst schenkte mir, als er meine leidenschaftliche Neigung für die Seeschiffahrt bemerkte, das englische Marinewerk James, „Naval History". Ich habe in meiner Jugendzeit das ganze Werk, 12 oder 14 Bände, mit Begeisterung gelesen und oft auch englische Marineoffiziere mit Kenntnissen daraus überrascht.

Mit der Erinnerung an diese goldene Scheveninger Zeit verbindet sich auch unlöslich die an Karlchen Zuschlag, wie wir ihn nannten. Professor Dr. Karl Zuschlag gab am Kasseler Gymnasium Französisch und war nach Scheveningen mitgekommen, um meinem Bruder Heinrich in diesem Fache Nachhilfeunterricht zu geben. Er war ein frischer und freundlicher Mann, der noch nie das Meer gesehen hatte und jetzt einen überwältigenden Eindruck von diesem Element empfing. „Thalatta, Thalatta!" rief er ein über das andere Mal aus und wußte sich in heller Begeisterung kaum zu fassen. Nicht ohne Rührung sahen wir mit an, wie der Anblick des gewaltigen Meeres für einen reifen Menschen zum inneren Erlebnis wurde.

IV.

Der Januar 1877 war der schwere Monat, in dem das Abiturientenexamen stattfand. Wir waren im ganzen 17 Abiturienten, und die Prüfung war nicht so ganz einfach. Aber die schriftlichen

Arbeiten gingen glatt vonstatten, und die mündliche Prüfung fiel auch „gut" aus; ich wurde wie meine Mitschüler in allen Fächern geprüft. Am 25. Januar konnte in der Aula des Gymnasiums unsere feierliche Entlassung stattfinden. Jeder erhielt sein Abgangszeugnis in der alphabetischen Reihenfolge, ich (als Prinz Wilhelm von Preußen unter P rangierend) als zehnter. Damit war unsere Schulzeit beendet, und das Leben sollte uns nun in seine Schule nehmen. In meinem Curriculum vitae hatte ich „Staats- und Rechtswissenschaften" als Gegenstand meines künftigen Studiums angegeben.

Auch Hinzpeters Aufgabe war nun zu Ende, und er konnte sich jetzt nach Bielefeld zurückziehen, um seiner Familie und seinen Studien zu leben. Der unauslöschliche Dank seines Zöglings und meiner Eltern folgte ihm in seinen Ruhestand.

*

Zwei Tage nach meiner Entlassung vollendete ich das 18. Lebensjahr und wurde damit gemäß unserem Hausgesetz großjährig. Zwei hohe Orden wurden mir an diesem Tage verliehen.

Mittags erschien im Kronprinzenpalais der englische Botschafter Lord Odo Russell und überbrachte die Insignien des Garter. Diesen hohen englischen Orden erhalten im allgemeinen nur Souveräne, hier und da auch Thronfolger; ich erhielt ihn als Enkel der Königin. Der Botschafter übergab den Ordensmantel, Stern und Band meinem Vater, der mich im Auftrage der Königin, seiner Schwiegermutter, investierte.

Dann begaben wir uns zum Schloß hinüber, wo mein Großvater an mir die Investitur mit dem Schwarzen Adlerorden vollziehen wollte. An der Zeremonie, die im Rittersaal stattfand, nahm die gesamte Königliche Familie teil, auch Prinz Karl, Prinz Friedrich Karl und Prinz Albrecht, sodann als Ordensmarschall Generalfeldmarschall Graf Wrangel, als Ordenszeremonienmeister Graf Stillfried, ferner die Generalfeldmarschälle v. Moltke, v. Steinmetz, Herwarth v. Bittenfeld und v. Manteuffel, sowie die Generäle v. Goeben, v. Kirchbach und v. Bose. Mein Vater und mein Oheim Prinz Albrecht geleiteten mich als meine Paten in den Rittersaal und bekleideten mich, nachdem ich das Gelöbnis abgelegt hatte, mit dem roten Ordensmantel. Dann trat ich an die Stufen des Thrones heran, auf dem der Kaiser saß, kniete nieder und empfing von meinem Großvater die Kette des Hohen Ordens vom Schwarzen Adler. Darauf erhob ich mich, und mein Großvater zog mich an sich, um mir, indem er mich innig küßte, die Akkolade zu erteilen.

Mit dieser feierlichen Zeremonie war ich in die erlauchte Gemeinschaft der Ritter des höchsten preußischen Ordens aufgenommen.

* * *

Bevor ich mich einige Semester dem Studium auf einer Universität widmete, sollte ich ein halbes Jahr lang militärischen Dienst tun. In der Zwischenzeit war ich im Januar 1873 à la suite des 2. Garde-Landwehrregiments gestellt und im März 1876 zum Premierleutnant befördert worden. In dieser Stellung trat ich am 9. Februar 1877 meinen praktischen Dienst in der 6. Kompagnie des Ersten Garderegiments zu Fuß an. Mein Großvater führte mich selbst meinen Vorgesetzten, die in das Schloß nach Berlin befohlen waren, vor und hielt eine Ansprache an mich, deren schlichte Wahrheit jeder Soldat zeit seines Lebens beherzigen muß: „Es werden dir in den neuen Dienstverhältnissen manche dem Anschein nach unbedeutende Dinge entgegentreten, die dir vielleicht auffallen könnten; aber du mußt auch lernen, daß im Dienste nichts klein ist, und daß jeder Stein, der zum Aufbau einer Armee gehört, richtig geformt sein muß, wenn der Bau richtig und fest sein soll. Nun gehe hin und tue deine Schuldigkeit, wie es dir gelehrt werden wird. Gott sei mit dir!" Nachmittags fuhr mein Vater mit mir nach Potsdam und stellte mich zunächst dem Offizierkorps des Regiments vor, dann (im

Langen Stall) der 6. Kompagnie, in die ich eintrat; schon mein Vater hatte einst in dieser Kompagnie gestanden.

So war denn meine Sehnsucht aus frühester Jugendzeit erfüllt, ich konnte mich endlich dem militärischen Dienste und damit der großen Idee des Preußentums weihen. Eine große Freude war es für mich auch, mit der Mannschaft zusammenzuleben und mich um meine Leute zu bekümmern. Ich lernte manchen prachtvollen Typus königstreuer Männer aus allen Ständen und aus allen Teilen des Vaterlandes kennen, deren Ausbildung durch ihre begeisterte Hingabe an den Soldatenberuf ungemein erleichtert wurde. Denn wie die Offiziere und Unteroffiziere waren auch sie alle von dem hohen Ziel erfüllt, im Dienst des Kaisers sich „allezeit treu bereit für des Reiches Herrlichkeit" zu halten.

Mein Bataillonskommandeur war Graf Heinrich zu Rantzau, ein echter holsteinischer Edelmann und uns ein wohlwollender Vorgesetzter. In seiner Jugend war er Seekadett gewesen und erst später in die Armee übergetreten. Wegen seiner vornehmen Gesinnung und des persönlichen Interesses für seine Offiziere erfreute er sich bei uns allen großer Beliebtheit.

Mein Hauptmann v. Petersdorff, bei Königgrätz am rechten Arm schwer verwundet, war im Dienste streng, vielleicht gar etwas pedantisch, außer Dienst ein väterlicher Freund und Berater für mich. Er führte mich in alle Zweige des Dienstes, in alle Verhältnisse der Verwaltung sowie in die Führung einer Kompagnie und ihrer Bestände mit peinlicher Genauigkeit ein. Ja er brachte mir sogar persönlich die stimmliche Technik des Kommandierens bei, was, um Störungen anderer zu vermeiden, auf der Kompagniekammer vor sich ging. Ich habe außerordentlich viel bei ihm gelernt und bin ihm zu hohem Danke verpflichtet. Es war mir eine große Freude, ihn später in meiner 2. Garde-Infanteriebrigade als Kommandeur des 2. Garderegiments zu Fuß unter meinem Kommando zu haben. Er war übrigens einer der letzten Offiziere der Armee, der noch die Flügeladjutantenschnüre von meinem Großvater erhielt.

*

Es war mir eine stolze Freude, bei der Besichtigung der 6. Kompagnie durch meinen Großvater am 24. März auf dem historischen Lustgarten meinen Zug vorführen zu dürfen, und sowohl meines Großvaters, wie meines Vaters Anerkennung zu finden. Nach der Kompagniebesichtigung pflegte mein Großvater das Frühstück beim Offizierkorps des Ersten Garderegiments zu Fuß einzunehmen. Diesmal sollte es eine besondere Weihe erhalten. Es war eine alte Sitte im Regiment, daß beim Schluß des Essens zu Ehren des Offiziers, der gerade Geburtstag hatte, ein Kuchen mit einem der Anzahl seiner Lebensjahre entsprechenden Lichterkranz herumgereicht wurde. Wer beschreibt unsere freudige Überraschung, als zum Schluß des Frühstücks für meinen Großvater, dessen 80. Geburtstag zwei Tage vorher gewesen war, ein Lichterkuchen mit 80 Lichtern aufgetragen wurde! Ein spontanes dreimal donnerndes Hurra brauste dem Obersten Kriegsherrn aus jungen und alten Kehlen seines Ersten Garderegiments zu Fuß entgegen. Dann verteilte der Kaiser an die ergriffenen Teilnehmer des Frühstücks die Lichter, die wohl von allen sorgsam aufbewahrt sein werden. Ich habe das meine erst durch die Vernichtung meiner Briefschaften und persönlichen Andenken in der Revolution verloren.

Die Ausbildung im Felddienst während der Sommerperiode fand in der Umgebung von Potsdam statt. Dabei kam mir meine auf den zahllosen Spaziergängen mit Hinzpeter erworbene Geländekenntnis gut zustatten. Einige Felddienstübungen gegen wirklichen Gegner fanden unter den Augen meines Vaters statt, und ich darf sagen, daß er dabei meinem Verhalten Beifall zollte. Ein wichtiger Tag war für mich jungen Premierleutnant der 1. April, an dem ich Gelegenheit hatte, dem Obersten v. Derenthall im Beisein meines

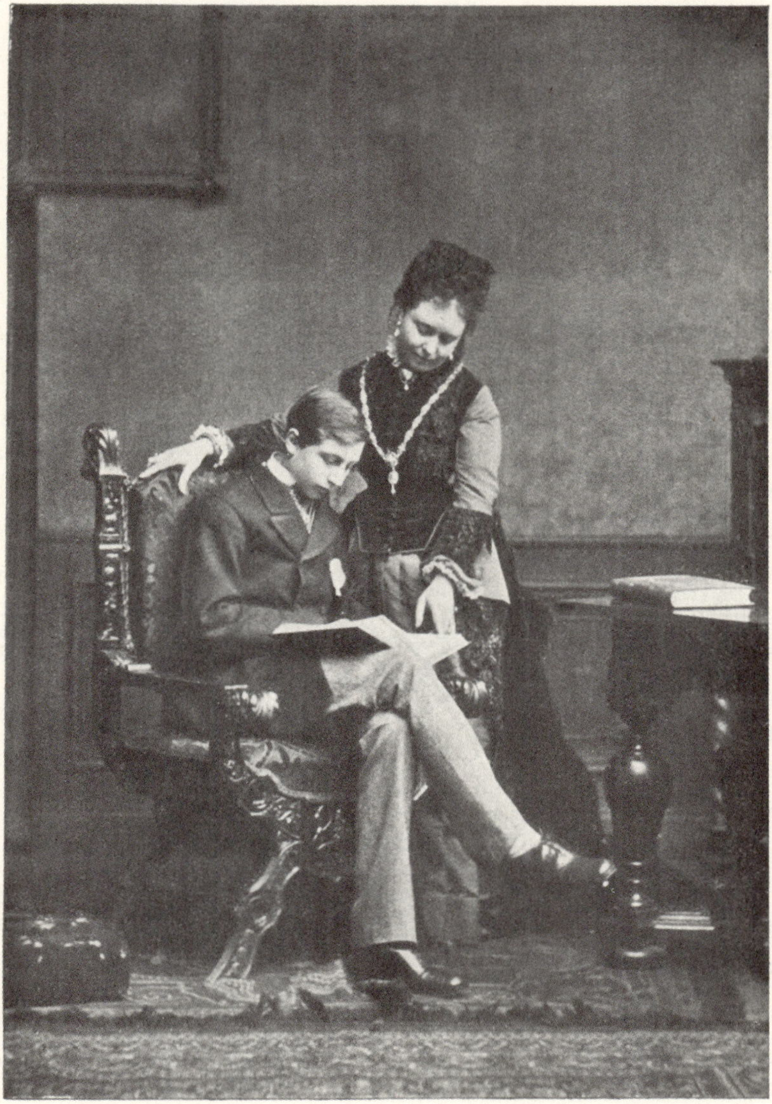

Kronprinzessin Victoria von Preußen (spätere Kaiserin Friedrich)
mit Prinz Wilhelm. 1875

Kronprinz Friedrich Wilhelm von Preußen mit Familie vor dem Teehaus im Rosengarten des Neuen Palais. 1875

Von links nach rechts: Erste Reihe: Victoria (spätere Prinzessin von Schaumburg-Lippe), Waldemar [†], Charlotte (spätere Herzogin von Meiningen [†]). Zweite Reihe: Heinrich, Kronprinzessin Victoria, Sophie (spätere Königin von Griechenland), Wilhelm. Letzte Reihe Kronprinz Friedrich Wilhelm, Margarete (spätere Landgräfin von Hessen)

Vaters die 6. Kompagnie auf dem Bornstedter Felde vorzuexerzieren. An jenem Tage schrieb mein Vater in sein Tagebuch: „Wilhelm exerzierte die 6. Kompagnie vorm Kommandeur Oberst v. Derenthall recht gut, fast fehlerlos und ohne alle Hilfe. Er hat sich auch in der Dienstinstruktion und der Gewehrkenntnis sicher erwiesen. Er findet überall Anerkennung wegen hingebenden Eifers und Passion, auch soll er militärische Anlagen zeigen, die auf Talent schließen lassen."

Neben meinem praktischen Dienst, der fast den ganzen Tag ausfüllte, mußte ich mich noch zum Offiziersexamen vorbereiten. Die notwendigen Kenntnisse vermittelten mir die mit dem Unterricht beauftragten Offiziere: Hauptmann v. Neumann Waffenlehre, Hauptmann Diener Befestigungslehre, Hauptmann Meyer Feldkunde und Hauptmann Vietinghoff, gen. von Scheel Taktik und Nebenfächer. Das Examen fand am 14. Juli in Gegenwart meines Vaters vor dem gefürchteten Präses der Ober-Militärexaminations-Kommission, dem General der Infanterie v. Holleben statt, und ich kann sagen, daß ich dabei gut bestand.

*

Das Reglement, nach dem die Infanterie zur Zeit meines Eintritts ausgebildet wurde, war, abgesehen von wenigen Modifikationen, wie z. B. den kurz vor dem Kriege 1866 von General v. Steinmetz eingeführten Halbbataillonen, im allgemeinen noch dasselbe wie zu Anfang des 19. Jahrhunderts. Die von der Truppe ersehnte Umgestaltung des Reglements hatte weder das Jahr 1866 noch das Jahr 1870 gebracht. So waren z. B. bei der Ausbildung des Bataillons einerseits Bewegungen desselben nur unter Kommando des Bataillonskommandeurs auszuführen, während anderseits bei der Gefechtsausbildung das Bataillon in vier Kompagniekolonnen auseinandergezogen wurde, deren vor ihrer Front befindliche Hauptleute die Befehle des Bataillonskommandeurs durch eigenes Kommando ausführten. Der Hauptmann war also bei der Bataillonskolonnentaktik ausgeschaltet und nur Zugführer, bei der Kompagniekolonnentaktik selbständiger Führer. Im ersteren Fall führte das Bataillon einheitlich alle Bewegungen wie eine Kompagnie nach Kommando des Bataillonskommandeurs aus, im zweiten Falle kommandierten die Hauptleute nach. Bei der Gefechtstaktik wurde für die Reserven die Linie und die Kolonne abwechselnd angewendet. Das aus der Reserve vorrückende Regiment wurde z. B. in drei nebeneinander „zur Linie deployierten" Bataillonen mit schlagenden Tambours und nach den Klängen des Yorckschen Avanciermarschs der Regimentsmusik geführt; dabei mußten sie gleichen Tritt halten und schnurgerade ausgerichtet sein. Diese Angriffsform hieß allgemein die „englische Attacke". Es ist begreiflich, daß für das Exerzieren in der Linie und der Kolonne viel Zeit aufgewandt werden mußte, bis es tadelfrei genannt werden konnte.

Das zerstreute Gefecht, das sogenannte Schützengefecht, wurde dagegen sehr stiefmütterlich behandelt. Man betrachtete die Schützenlinie vom Standpunkt der Ordnung und Disziplin aus als ein notwendiges Übel. Die Zugführer und die zum Gefecht abgesessenen Hauptleute führten ihre auf der Erde liegenden Schützen stehend, da es damals für einen preußischen Offizier als unpassend und gegen seine Ehre galt, sich zu decken oder gar auf die Erde niederzulegen; zudem konnte man angeblich aus solcher Stellung das Schützenfeuer nicht leiten. Dabei wurde das Feuergefecht ganz schematisch betrieben. Die zur Verstärkung der Schützen herangeführten Züge oder Kompagnien wurden in Linien vorgeführt und gaben, in der Schützenlinie angelangt, stehend Salven; indem sie in dieser Formation verharrten, trugen sie die Schützen zum Angriff vor. Für das Regiment als Ganzes hatte Oberst v. Derenthall den sogenannten „Normalangriff" eingeführt, der bei jeder Gelegenheit als Allheilmittel angewendet werden sollte: zwei Bataillone im ersten Treffen, ein Bataillon in der Mitte als Reserve dahinter, von jedem vorderen

Bataillon die Flügelkompagnien vorgezogen, von jeder Flügelkompagnie ein Zug als Schützen aufgelöst vor der Front. Da die Kavallerieattacke noch eine große Rolle spielte, formierten die geschlossenen Abteilungen Karrees, die aufgelösten Schützen mußten das Schießen einstellen und rannten, indem sie sich zu Knäueln zusammenballten oder hinter einer stehenden Linie sich ohne weitere Gliederung mit der Front nach außen anschlossen, zusammen. Diese Form meinte ein vielbelachtes Rebus mit der Frage: Was ist das für ein Ding, vorne ist's viergliedrig, hinten borstig?!

Zu diesen veralteten Einrichtungen trat während meiner ersten Dienstzeit im Jahre 1877 zu allem Überfluß noch die Theorie des Hauptmanns Mieg, der alles ausschließlich mit Salvenfeuer erledigen wollte. Diese Theorie kam unmittelbar in die Front, ohne vorher durch die Schießschule geprüft worden zu sein. Der Erfolg überbot jede Vorstellung, denn man hörte von da ab selbst in der Schützenlinie nur noch Salven. Der spätere Generalstabschef, damalige Leutnant v. Moltke, und ich hatten einmal unsere Reservezüge in Linie hinter die Schützen zur Feuerunterstützung herangeführt und griffen mit Salven ein. Nach Schluß des Gefechtsexerzierens stellten wir fest, daß wir die gesamte Kriegschargierung an Taschenmunition, die für einen ganzen Tag reichen sollte, im Lauf einer halben Stunde durch Salven verschossen hatten. Die Leitung des Feuergefechts beim Exerzieren wird am besten illustriert durch folgende Tatsache. Der Bestand an Platzpatronen war sehr gering; es wurden gewöhnlich zum Exerzieren, wenn Platzpatronen ausgegeben wurden, etwa sechs pro Kopf bewilligt, die zur Markierung neu eintretender Gefechtsmomente benutzt werden sollten. Da aber meist mehr solcher Momente eintraten als Platzpatronen vorhanden waren, war eine sparsame Verwendung derselben geboten. Das hatte zur Folge, daß bei dem Kommando für das Schützenfeuer die Platzpatronenzahl jedesmal besonders befohlen werden mußte und z. B. folgendes Kommando erfolgte: „5 Patronen Schützenfeuer, 2 Patronen mit Patronen, 3 Patronen ohne Patronen!"

Die damals noch üblichen Frühjahrs- und Herbstexerzitien im Regiment und in der Brigade gaben mir Gelegenheit, zum ersten Male die Verwendung der Infanterie in größerem Verbande mitzumachen. Naturgemäß traten hierbei die reglementarischen Mängel in erhöhtem Maße in Erscheinung. Die formale Ausbildung der Bataillone in Kolonne und Linie spielte die Hauptrolle, das Gefechtsexerzieren war pedantisch und schwunglos. Aus diesen Gründen schaffte mein Vater das Regiments- und Brigade*exerzieren* nach seiner Thronbesteigung ab, um die Zeit ganz für die Ausbildung zum *Gefecht* frei zu lassen. Dem Herbst-Brigadeexerzieren in Potsdam wohnten im Jahre 1877 zuweilen mein Großvater, Prinz Karl und Prinz Friedrich Karl bei. Die dabei sich entwickelnden Gefechtsbilder müssen reichlich unkriegsgemäß gewesen sein, denn Prinz Karl ritt einmal zu der in Reserve stehenden 6. Kompagnie heran, und auf das Gefechtsbild deutend, sagte er mit abwehrender Handbewegung zu mir: „Plewna, lieber Wilhelm, Plewna!" Es waren damals gerade ausführliche Meldungen eingetroffen über die furchtbar verlustreichen Angriffe der russischen Truppen auf Plewna, die infolge ihrer veralteten Taktik gescheitert waren.

Wie schematisch die Ausbildung und Vorbereitung der Truppe für das Manöver betrieben wurde, möge folgender kleine Vorfall illustrieren. Eines Tages wurde „bei Tage" im Militzer Gehölz das Beziehen der Biwaks geübt, dabei aber Wasserholen, Verpflegung, Holz- und Strohempfang nur markiert. Beim Wasserholen z. B. mußten die Wasserholkommandos mit leeren Kochgeschirren eine Strecke weit in den Wald gehen und dann mit ebenso leeren Kochgeschirren wieder zurückkehren. In derselben Weise wurde auch der Zapfenstreich oder die Retraite bei hellem lichten Tage geblasen, nachdem der Brigadekommandeur eingetroffen war. Als Erläuterung dazu stand im Brigadebefehl wörtlich zu lesen: „Das Hereinbrechen der Dunkelheit wird durch die Ankunft des Herrn Brigadekommandeurs markiert!" Bei einer anderen Gelegenheit ließ ein Bataillonskommandeur des nach Potsdam zum Brigadeexerzieren herübergezogenen 3. Garderegiments zu Fuß, um die Findigkeit der Leute im Fall eines Alarms zu prüfen, während der Mittagsruhe sämtliche Stiefel der Korporalschaften vor die Quartiere tragen, sie vertauschen – und dann Alarm blasen! Das Ergebnis konnte natürlich nur eine furchtbare Verwirrung sein und keinen Nutzen für die kriegsgemäße Ausbildung haben.

Den Abschluß meiner ersten aktiven Dienstzeit in der Front bildeten die Herbstparade und das Manöver. Das letztere spielte sich von Berlin aus in der Richtung auf Hohenfinow zu ab. Auf den Feldern außerhalb von Weißensee, wo jetzt ein Häusermeer steht, bezog ich meine erste Feldwache. Ich war bestrebt, meine Posten und Unteroffizierposten rege und aufmerksam zu erhalten, und alles spähte scharf nach dem Feinde, besonders als die Dunkelheit sich herabsenkte. Nur war die Instruktion nicht ganz leicht, denn vor meiner Front lag ein Dorf, in dem unser Brigade- und Regimentsstab sowie einige Schiedsrichter untergebracht waren. Dieses Dorf war den damaligen Gepflogenheiten entsprechend aus Unterkunftsgründen „neutralisiert", d. h. was darin lag, „machte nicht mit". Der Erfolg war, daß sowohl die „feindlichen" wie auch meine eigenen Patrouillen das Dorf als Deckung benutzten und sich dort kleine Gefechte lieferten. Dies hatte wiederum zur Folge, daß am nächsten Morgen die in ihrer Ruhe gestörten Vorgesetzten ein heiliges Donnerwetter auf mein sündiges Haupt herniedersausen ließen. Ich war zwar der Meinung, die Rüge hätte wohl eher der Generalstabsoffizier verdient, der zur Bequemlichkeit der Vorgesetzten diese vor der Front ihrer eigenen Vorposten untergebracht hatte, hielt es aber für besser, mit meiner Meinung zurückzuhalten.

Der Verlauf des Manövers führte mich nach Hohenfinow, wo ich beim alten Herrn von Bethmann Hollweg einquartiert wurde. Der Hausherr und seine edle, liebenswürdige Gattin empfingen mich mit herzgewinnender Gastfreundschaft; im Kreise ihrer sympathischen Familie habe ich schöne Stunden verlebt. Der alte Herr brachte mich am Nachmittag auf meinen ersten Rehbock zu Schuß; die Stelle, wo er im Feuer zusammenbrach, ziert heute ein Findling mit einer jungen Eiche. Da ich übrigens keine Zivilkleidung mitgenommen hatte, lieh mir Bethmanns langer Sohn, der spätere Reichskanzler, seine Joppe, die auf meinem Körper zur allgemeinen Erheiterung den Eindruck eines Sommerpaletots machte. Die königstreue und tiefreligiöse Atmosphäre, die in dem Hause Bethmann herrschte, berührte mich unendlich angenehm und hat mich später noch oft nach Hohenfinow gezogen.

Nach Abschluß der Manöver begab ich mich zum Antritt meiner Studien nach Bonn.

V.

Bevor ich mit der Erzählung meines Bonner Lebens beginne, erscheint es mir angebracht, einige Ereignisse aus dem Jahre 1877 nachzutragen, die vielleicht des Aufzeichnens wert sind.

Im Frühjahr reisten meine Eltern mit mir nach Kiel zur Einstellung meines Bruders Heinrich in die Marine. In Hamburg wurde die Reise unterbrochen und in einem Hotel an der Alster Quartier genommen. Bei einem Bankett in der Kunsthalle hatte ich Gelegenheit, die Bildersammlung zu betrachten, in der einige sehr schöne Seestücke des berühmten Seemalers Melbye meine Aufmerksamkeit fesselten. Ich hatte mir eine Sammlung von Photographien seiner Bilder angelegt und war nun erfreut, hier einige im Original bewundern zu können.

Am nächsten Tage begleitete ich meinen Vater zur Besichtigung der in Hamburg-Altona garnisonierenden Truppen. Als die Gefechtsbesichtigung begann, fragte ich den Kommandierenden General v. Treskow, welchen „Türken" der zu besichtigende Bataillonskommandeur wohl vorführen werde, worauf Seine Exzellenz mir sehr spitz zur Antwort gab: „Die in der Garde beliebten und viel eingeübten Ballettkunststücke, die sogenannten ‚Türken', gibt es bei mir nicht! Die werden nur in Potsdam und Berlin vorgeführt! Ich gebe einen Auftrag, und dann hat die Truppe freies Manöver. Eingeübte Kunststücke sind bei mir verboten!"

Tiefbeschämt schlich ich mich zu dem uns von Kassel her bekannten Oberst Streccius, der den Anpfiff mit angehört hatte. Als ich bei ihm Trost suchte, lachte er, daß sein großer Körper sich ordentlich schüttelte, und dann, auf das sich entwickelnde Bataillon hinweisend, flüsterte er mir zu: „Jetzt macht der Major den sogenannten ‚Einsamen Baumtürken' gegen die Eiche, neben der Ihr Herr Vater steht. Er hat ihn bereits fünfmal vorgeübt. Also beruhigen Sie sich, wir machen es hier genau so wie in Potsdam und Berlin. Es wird eben überall mit Wasser gekocht."

Auf der Rückfahrt nach Hamburg belehrte mich mein Vater unter Hinweis auf die gesehenen Vorführungen, daß in der Linie die kriegsgemäße Gefechtsausbildung eben doch ganz anders geübt werde als in der Garde. Als ich meinem Vater darauf erwiderte, das Gefechtsbild sei so exakt gewesen, daß es vorgeübt gewesen sein müßte, wie denn Oberst Streccius mir auch die Tatsache der fünffachen Vorübung mitgeteilt habe, brach mein Vater nach einer Pause des Erstaunens wider Erwarten in lautes Lachen aus. Denn da die Truppe sich gut und stramm gezeigt hatte, war er in bester Stimmung und daher sehr geneigt, den Vorgang nur von der humoristischen Seite aus anzusehen. Als ich am Abend bei dem großen Empfang der Stadt mit Streccius zusammenstand, trat plötzlich mein Vater unversehens zu uns und, dem Obersten auf die Schulter klopfend, sagte er: „Na, Streccius, Sie haben ja meinem Jungen gegenüber ordentlich aus der Schule geplaudert! Ihre Geschichte von dem ‚Einsamen Baumtürken' ist wirklich köstlich!"

In Kiel erfolgte die Einstellung meines Bruders an Bord des Schulschiffs „Niobe", einer seinerzeit in England angekauften Segelfregatte. Vor den an Deck versammelten Offizieren und Mannschaften hielten mein Vater und Admiral v. Stosch Ansprachen. Da Heinrich sich sehr einsam und verlassen fühlte, beschloß ich nach Rücksprache mit dem zu ihm kommandierten Kapitänleutnant Freiherr v. Seckendorff, die erste Nacht mit ihm zusammen an Bord zuzubringen. Wir meldeten uns beim Kommandanten, Kapitän z. S. Ulffers, und bezogen gemeinsam Heinrichs kleine Kajüte, neben welcher die Seckendorffs lag. Das Wetter war rauh und kalt, die Kajüte ungeheizt. Die Frage des Nachtlagers wurde durch Heinrich dahin entschieden, daß er selbstverständlich als echter Seemann in der Hängematte schlafen werde, während ich seine Koje erhielt. Aus dieser sicheren Lagerstätte konnte ich dann gemächlich das „Zur Hängematte-Gehen" meines Bruders beobachten. Nach mehreren fehlgeschlagenen Versuchen gelang es ihm unter Anwendung verschiedener Turnkunststücke und schließlicher Zuhilfenahme eines Stuhles, in das schwankende Gerät zu klimmen, worauf er dann noch von Seckendorff mit einem dichten Plaid zugedeckt wurde. Es wurde dunkel gemacht, und ich schlief ein. Nach einiger Zeit hatte ich die Empfindung eines starken Drucks auf der Brust und Luftmangels, als wenn jemand auf meinem Körper stände. Auf meine schlaftrunkene Frage, was denn sei, antwortete Heinrich – denn er und kein anderer war die Veranlassung meines Alpdrückens – mit klagender Stimme: „Wo ist mein Plaid, ich suche mein Plaid", wobei er seine Spaziergänge auf mir fortsetzte. Der von mir zu Hilfe gerufene Seckendorff erschien bestürzt mit einem Licht und war nicht wenig erstaunt, meinen Bruder im leichten Gewande und vor Kälte klappernd auf dem Rande meiner Koje stehen zu sehen. Das Plaid lag unten auf dem Boden. Mit einiger Mühe praktizierte Seckendorff den jungen Seemann in seine schwankende Hängematte wieder hinein, und tiefer Friede lagerte sich von neuem auf die Kajüte.

Am nächsten Morgen fuhr ich erschreckt in die Höhe, da unmittelbar nebenan in der Batterie, die von unserer Kajüte nur durch eine dünne Holzwand getrennt war, der Tambour die Reveille schlug und der Hornist aus vollen Kräften blies. Ich ging, schnell und endgültig munter geworden, an Deck hinauf und trabte in der rauhen Morgenluft auf und nieder, um einigermaßen warm zu werden; dabei stellte sich bei mir gewaltiger Hunger ein. Ich wollte geschwind zu Seckendorff eilen, um von ihm zu erfragen, wie und wo das Frühstück zu erhalten wäre. Da begegnete ich auf dem Wege zu ihm einem Matrosen mit dampfendem Kaffee und Gebäck. Als ich auf meine erwartungsvolle Frage: „Ist dies das Frühstück?" die Antwort: „Zu Befehl, Königliche Hoheit" erhielt, nahm ich den Läufer hocherfreut nach unserer Kajüte mit, wo er auch von Heinrich mit stürmischem Jubel begrüßt wurde. Wir fielen mit Heißhunger über das Frühstück her, und Seckendorff mußte noch für Nachschub sorgen. Als wir nach restloser Vertilgung der letzten Semmel an Deck gingen, meldete Heinrich sich bei Kapitän z. S. Ulffers zum Dienst. Dabei hatte ich den Eindruck, als ob dieser etwas mißgestimmt und griesgrämig aussähe. Seckendorff konnte mir später meine Beobachtung bestätigen, als ich ihn deswegen befragte, und nannte mir auch die Ursache: da ich den Läufer des Kapitäns irrtümlich für die Ordonnanz der Offiziersmesse gehalten, das für den Kommandanten bestimmte Frühstück in Heinrichs und meinen Magen abgelenkt, schließlich auch noch der von Seckendorff besorgte beschleunigte Nahrungsmittelnachschub die letzten Reserven des Kapitäns erschöpft hätte, so sei der arme Herr selbst ohne Frühstück geblieben. Der Steward hätte nicht mit meiner Anwesenheit gerechnet und vor allen Dingen nicht mit der Möglichkeit, daß zwei preußische Prinzen einen solchen Hunger entwickeln könnten!

Das war die Geschichte der ersten Nacht, die Heinrich und ich an Bord eines deutschen Kriegsschiffes zugebracht haben.

*

Im Juli weilte die kronprinzliche Familie mit Ausnahme Heinrichs zum Badeaufenthalt in Ostende. Von dort aus besuchten wir die wundervollen flandrischen Städte Brügge und Gent. Auch in Brüssel sind wir mehrere Male gewesen. Es versteht sich, daß wir alle Sehenswürdigkeiten dieser schönen alten Städte besichtigten und nach Gebühr genossen. Besonders starken Eindruck machten auf mich die herrlichen Sarkophage Karls des Kühnen und seiner Tochter Maria von Burgund, die in der Kirche St. Sauveur in Brügge stehen. Ich bin von der Schönheit dieser Skulpturen derart eingenommen worden, daß sie mir nicht aus dem Gedächtnis geschwunden sind; ich bin im Weltkriege mehr als einmal hingefahren, um sie wieder zu besichtigen.

Eines Tages wurde uns eine freudige Überraschung zuteil: plötzlich erschien auf der Reede die „Niobe"; eine Flaute wollte das Schiff, das nach England fuhr, nicht weiter lassen. Die Freude über das unverhoffte Wiedersehen mit unserem Heinrich war groß, wenn sie auch nur kurz war. Selbstverständlich gingen wir mit dem Vater auf das Schiff, und ich kroch wieder in jedem Winkel herum. Ein paar Tage später begab ich mich nach Cowes und dann zu einem kurzen Besuch meiner Großmutter nach Osborne, von wo aus ich wieder zu meinen Eltern nach Ostende zurückkehrte.

Schließlich wohnte ich noch im September mit meinen Eltern der Grundsteinlegung des Denkmals auf dem Niederwald bei, die ohne große Feierlichkeit vor sich ging. Noch eine kurze Reise mit meinen Eltern nach Darmstadt zu den Verwandten, darauf mit Vater und Großvater nach Karlsruhe und Baden-Baden zur Kaiserin Augusta – und dann stand mein weiteres Schicksal im Zeichen Bonns!

Student in Bonn

I.

Ende Oktober 1877 machte ich mich auf, um in Bonn am Rhein juristische und staatswissenschaftliche Studien zu treiben. Indem ich den Namen Bonn am Rhein niederschreibe, steigt der holde Zauber, der um diesen Namen webt, von neuem vor mir auf. In wohlverstandener akademischer Freiheit, unmittelbar am weinumrankten, sagenumwobenen deutschen Strom, in ungebundener Jugendlust und voller Sehnsucht, zu sehen, zu erleben und zu lernen – nichts Schöneres wüßte ich als einige Semester an der rheinischen Alma mater! Es liegt wie ein sonniger Glanz über der Erinnerung an jene Jugendjahre.

In meiner Begleitung befanden sich Major v. Liebenau, mein späterer Hofmarschall, sowie mein Adjutant v. Jacoby, der Straßburger Pfälzer gewesen war und daher das Universitäts- und Studentenleben gut kannte. Ich habe in der in einem herrlichen weiten Garten am Rhein gelegenen Villa Frank an der Koblenzer Straße gewohnt, die die wundervolle Aussicht auf das Siebengebirge bot. Wenn ich mich nicht irre, war die Villa ein Teil des Grundstücks der alten Vinea Domini, wo mein Vater 28 Jahre zuvor als Student gewohnt hatte; jedenfalls war der Besitzer meinem Vater persönlich bekannt.

Mein unmittelbarer Nachbar war der allgemein verehrte Landrat v. Sandt. Er und seine liebenswürdige, aus Köln stammende Gemahlin haben mir ihr gastliches Haus in der freundlichsten Weise geöffnet. Nachmittags habe ich oft mit seinen Töchtern Croquet gespielt, abends an manchem angeregten Essen und manchem gelungenen Ball in seinem Hause teilgenommen. Ich denke jetzt noch dankbar an die schönen, in der Sandtschen Familie verlebten Stunden.

II.

Ich habe im ganzen vier Semester in Bonn studiert. Vornehmlich hörte ich juristische, nationalökonomische und sozialpolitische Kollegs, daneben Geschichte, deutsche Literatur, Kunstgeschichte, Philosophie, Physik und Chemie. Mein Studium verteilte sich auf die einzelnen Semester folgendermaßen.

Im ersten Semester hörte ich bei Professor v. Stintzing Einführung in das Studium der Rechtswissenschaft und Institutionen, bei Professor Maurenbrecher Geschichte des 19. Jahrhunderts, bei Professor Clausius Experimentalphysik und bei Professor Meyer Geschichte der Philosophie. Das Sommersemester 1878 bot mir deutsche Staats- und Rechtsgeschichte bei Professor Loersch, Nationalökonomie bei Professor Nasse, deutsche Literaturgeschichte des 18. Jahrhunderts bei Professor Wilmanns und ein Kolleg über antike Kunst bei Professor Reinhard Kekule. Im Wintersemester 1878/79 beschäftigten mich Strafrecht und Strafprozeß (Professor Haelschner), Finanzwissenschaft (Professor Held), die Fortsetzung des staatsrechtlichen Kollegs von Professor Loersch, die Geschichte des Reformationszeitalters (Professor Maurenbrecher) sowie ein Kolleg über mittelalterliche und moderne Kunstgeschichte (Professor Justi). Im letzten Semester, im Sommer 1879, hörte ich schließlich Vorlesungen über Staatsrecht, Privat-, Fürsten- und Völkerrecht (Professor Haelschner), über Politik und Preußisches Verwaltungsrecht (Professor Nasse), über Staatsschuldenwesen (Professor Held) und über Experimentalchemie (Professor Dr. August Kekule).

Von diesen Vorlesungen habe ich eine Anzahl in der Universität selbst gehört, so selbstverständlich die Experimentalvorträge, die meisten aber haben mir die Professoren als Privatissima bei mir zu Hause gehalten. Auf diese Weise war es möglich, die im Verhältnis zu anderen Studenten beschränkte Zeit, die mir zur Verfügung stand, besser auszunutzen, als wenn ich nur auf das Anhören im Auditorium angewiesen gewesen wäre. Ich habe damals ganz zwischen Professoren und Studenten gelebt, auch mit ersteren sehr viel persönlichen Verkehr gepflegt, bin bei ihnen gewesen und habe sie zu mir eingeladen.

Der Staatsrechtler Loersch, der spätere Kronsyndikus, war zu jener Zeit einer der jüngsten Professoren in Bonn, sehr elegant, äußerst gewählt sprechend; er war mit einer Tochter des Zentrumsführers Reichensperger verheiratet. Ich habe ihn ungemein gern gehabt, auch mit ihm verkehrt und zahlreiche anregende Abende in seinem Hause verlebt. Aus seinen Vorlesungen, die ich mit großem Interesse hörte, glaube ich reichen Gewinn gezogen zu haben. Er war übrigens ein geborener Aachener, und unter seiner Führung bin ich damals zum ersten Male in der Stadt Karls des Großen gewesen. Es gehört gewiß nicht zur akademischen Wissenschaft, ich möchte es aber doch an dieser Stelle nicht verschweigen, was ich dort in Aachen bei der Schwägerin Professor Loerschs gelernt habe: nämlich Salat zu bereiten!

Professor Haelschner war ebenfalls persönlich sehr freundlich und verbindlich; die an sich interessante Materie, die sein Kolleg behandelte, trug er aber, wie ich glaube, ziemlich trocken vor. Ebensowenig gelang es Professor v. Stintzings Vorträgen, mich für Justinian und die Pandekten zu begeistern. Der Nationalökonom Nasse, ein Bruder des Oberpräsidenten der Rheinprovinz, war ein Mann von hoher Begabung; für seine Vorlesungen war ich jedoch damals wohl noch zu jung. Dagegen gefielen mir die finanzwissenschaftlichen Kollegs bei Professor Held, dem Kathedersozialisten, sehr gut; er selbst war auch noch verhältnismäßig jung und zog mich in hohem Maße an. Ich habe mit ihm in engem Verkehr gestanden und es tief beklagt, daß er bald nach meiner Studienzeit gestorben ist; er ist im Thuner See verunglückt.

Großartig fand ich den Historiker Wilhelm Maurenbrecher, der in der begeisterten Art seines Vortrags an Treitschke erinnerte. Namentlich seine Charakteristiken historischer Persönlichkeiten waren höchst eindrucksvoll; wie er z. B. einmal Jerôme in der ihm eigenen kurzangebundenen Art als „aufgeblasenen, eingebildeten Hanswurst" abgetan hat, ist mir noch heute in frischer Erinnerung. Bei meinen ausgeprägten geschichtlichen Neigungen nahm ich Maurenbrechers Darbietungen mit offenem Sinn und großer Anteilnahme in mich auf. Er war übrigens auch musikalisch veranlagt, und wir trafen uns oft in der Beethovenhalle, wo unsere Abonnementsplätze sich nebeneinander befanden. Der Vortrag des berühmten Literaturhistorikers Wilmanns, zu dem ich mit hochgespannten Erwartungen ging, enttäuschte mich dagegen, ich erhielt von ihm nur geringe Anregung. Das philosophische Kolleg bei Professor Jürgen Bona Meyer hatte ich auf Anraten meiner Mutter belegt; da mir aber der Sinn für theoretische Philosophie völlig abgeht, habe ich es bald abgebrochen.

Der Physiker Clausius war wohl einer der bedeutendsten unter den Professoren. Fein und liebenswürdig, universal gebildet, eine gewinnende Persönlichkeit voll schlichter Freundlichkeit und von gewandtem Auftreten, hielt er fesselnde und interessante Vorträge. Zum ersten Male wurden in seinem Kolleg meine technischen Interessen fachmännisch befriedigt. Bei ihm habe ich auch das erste Telephon gesehen, und ich entsinne mich noch, welch ein Erstaunen der Apparat bei uns Hörern auslöste. In seinen Abendgesellschaften verstand Clausius stets einen Kreis geistvoller Männer um sich zu sammeln,

Prinz Wilhelm von Preußen als Bonner „Borusse“. 1877

deren Diskussion anzuhören einen großen Reiz bedeutete. Auch der Chemiker August Kekule mit dem wunderschönen Kopf war sehr nach meinem Geschmack, geistvoll, fein, vornehm, ungemein interessant, namentlich im Vorführen von Experimenten. Er besaß die seltene Gabe, dieses fesselnde, aber für den Laien recht komplizierte Gebiet in klarer, verständlicher Form und höchst anregend vorzutragen. Als er sein Rektorat antrat, machte ich den Fackelzug der Studentenschaft mit und habe unter seinem Balkon, die Fackel in der Hand, mit meinen Kommilitonen seiner kernigen, von vaterländischem Geist durchwehten Rede begeistert gelauscht und aus voller Kehle „Heil dir im Siegerkranz" und die „Wacht am Rhein" mitgesungen.

Zu großem Dank verpflichtet bin ich dem Kunsthistoriker Kekule, einem entfernten Verwandten des Chemikers. Er war ein Mensch, der seine Person völlig zurücktreten ließ, verfügte auch durchaus nicht über einen blendenden Vortrag, aber in ihm loderte das heilige Feuer der Begeisterung für die Antike, und das machte seine Vorlesungen für mich, der gleiche Neigung hatte, zu einem hohen Genuß. Es war ein reicher Gewinn, den mir seine Vorlesungen in der Sammlung der Gipsabgüsse berühmter antiker Originale einbrachten, ein Gewinn fürs ganze Leben. Ich habe auch gern in seinem Hause verkehrt, wo seine schöne Frau mit dem klassischen Kopf anmutsvoll waltete. Später habe ich mich mit Erfolg bemüht, ihn als Direktor an das Königliche Museum in Berlin zu ziehen und aus dem Verkehr mit ihm immer wieder neue Bereicherung geschöpft. Die letzte Freude, die ich ihm vor seinem Heimgang noch bereiten konnte, war eine Einladung nach dem Achilleion auf Korfu, dessen Schönheit ihn ganz gefangen nahm. Bei unseren Erörterungen über die Aufstellung der großen Achillesstatue gab er mir wertvolle Ratschläge und verfaßte auch die an das griechische Volk gerichtete Weiheinschrift auf dem Sockel; sie ist im Weltkriege von der frankoserbischen Besatzung der Insel heruntergeschlagen worden.

Großen Nutzen habe ich schließlich auch von dem anderen Kunsthistoriker Bonns gehabt, der der großen Gelehrtenfamilie der Justi angehörte. Ganz in seinen Arbeiten lebend, kaum unter Menschen gehend, war er nichts weniger als ein Weltmann, trug aber ausgezeichnet vor. Die Kunst der Renaissance und die alten Meister lebten förmlich unter seinen Worten auf. Auch sein Kolleg habe ich auf die Gewinnseite meiner Studienzeit zu buchen.

Schließlich gedenke ich noch zweier akademischer Lehrer, bei denen ich zwar nicht gehört habe, die mir aber gesellschaftlich näher getreten sind. Der eine war Professor Schaafhausen, ein bedeutender Physiologe und Phrenologe; den Verkehr in seinem Hause machte ein Kranz liebenswürdiger Töchter, die den verwitweten Vater umgaben, ungemein heiter und frohsinnig. Der andere Herr war Professor Sell; seine Gestalt ragte als Wahrzeichen aus uralten Zeiten noch in unsere Jugend hinein. Er besaß von jeher eine besondere Vorliebe für das Korps Borussia, wo der alte Herr durch ebenso launige, wie formvollendete Reden sich die Herzen seiner Zuhörer gewann. Seine Höflichkeit war sprichwörtlich, da er jedem Studenten, der ihn auf der Straße grüßte, durch schwungvolles Abnehmen seines Hutes dankte. Dies veranlaßte oft die akademischen Jünglinge, wenn sie ihm zu zweien begegneten, sich zu teilen, um ihn zwischen sich hindurchgehen zu lassen, wobei sie a tempo grüßten – worauf der freundliche alte Herr niemals verfehlte, mit liebenswürdigem Lächeln erst den Gruß des einen und dann, sich umwendend, den des andern zu erwidern.

III.

Nicht nur der strengen Wissenschaft, nicht nur dem Verkehr mit Professoren habe ich meine Zeit in Bonn gewidmet!

Schäumende Jugendlust suchte und fand Verkehr mit Gleichgestimmten.

Dem Korps der Borussen hatte mein Vater seinerzeit angehört, und so war es nur natürlich, daß auch ich den weißen Stürmer tragen sollte. In diesem Kreise froher Jugend habe ich wundervolle Zeiten verlebt, alle Pflichten, die das Korps an mich stellte, erfüllt, alle Veranstaltungen, nur Student unter Studenten, frohgemut mitgemacht. Der Geist, der unter diesen jungen Leuten gepflegt wurde, war vortrefflich, die Begriffe König und Vaterland stellten die höchsten Ideale dar, die Erziehung zu Staatsgesinnung, Pflichterfüllung und Kameradschaft war vorbildlich. Auf Disziplin wurde streng gehalten, doch ohne berechtigtem Frohsinn Gewalt anzutun.

Als Beispiel für die Lebensklugheit, mit der diese lustigen und lebensfrohen jungen Herren verfahren konnten, möchte ich ein kleines Erlebnis aus meiner Studienzeit hierher setzen. Ein hochstehender Alter Herr aus altem Adelsgeschlecht, Kammerherr an unserem Hofe, liebte es bei seinen Besuchen, unter der Maske scheinbaren Berauschtseins andere zu necken, zuweilen sogar beleidigende Bemerkungen zu machen. Das Korps trat zu einem Konvent zusammen und faßte den sehr vernünftigen Beschluß, dem Friedensstörer „Narrenfreiheit zu erteilen". Dies bedeutete, daß seine Anrempelungen niemals als Beleidigungen aufgefaßt werden durften, sondern als Narrenstreiche auch von den Betroffenen belacht werden sollten. Der Alte Herr, der von diesem Beschluß keine Kenntnis hatte, war nicht wenig erstaunt, als er bei seinen Anzapfungen nur noch schallende Heiterkeit, aber keine Pikiertheit zu erzielen vermochte, so daß er das Vergnügen bald aufgab – sehr zur allgemeinen Erleichterung.

Zu den Schattenseiten gehörte, wie nicht zu leugnen ist, das starke Trinken, und ich habe in dieser Beziehung damals und später das meine getan, um dieser Unsitte zu steuern; hoffentlich wird die sportliche Bewegung, die jetzt durch Deutschland geht, die letzten Übelstände beseitigen. Ich selbst war nicht aktiv, sondern nur „Konkneipant" und bekam das Band erst lange nachdem ich die Universität verlassen hatte. Ebenso habe ich wohl am Fechtunterricht teilgenommen, aber nicht auf Mensur gestanden.

Von den Kommilitonen sind mir eine Anzahl im Gedächtnis geblieben, deren Gestalten nun wieder von der Erinnerung heraufbeschworen werden. Da waren Herzog Georg von Oldenburg und der spätere Großherzog Friedrich von Baden, mein Kamerad auf der Schwarzwaldreise, dann Freiherr v. Seherr-Thoß, der spätere Regierungspräsident von Liegnitz, Graf v. Tiele-Winckler, dessen Mensur die erste war, die ich mit ansah, ferner Freiherr Ernst v. Salza, mit dem ich seinerzeit in Wyk gespielt hatte. Dann entsinne ich mich noch des Hamburgers Ohlendorf und des später als Weltreisender bekannt gewordenen Hamburgers Otto Ehlers; er ist nachmals bei einer Forschungsreise in Neu-Guinea umgekommen. Schließlich nenne ich noch den Grafen Münster, einen Sohn des Botschafters, dann den Grafen Victor v. Henckel, sowie v. Sydow, den besten Fechter des Korps. Diese Kommilitonen waren wohl zu meiner Zeit alle aktiv. Außer ihnen verkehrte noch eine Anzahl Inaktiver im Korps, wie z. B. der mir nahestehende Herzog Johann Albrecht von Mecklenburg-Schwerin, der spätere Regent von Braunschweig. Sie alle trugen nach Kräften und Befähigung, der eine auf die, der andere auf jene Weise, zur Unterhaltung und zum Gedeihen des Korps bei.

Eine besondere Note erhielt das gesellschaftliche Leben in Bonn durch den guten Zusammenhalt unter den drei Korps, den Hanseaten, den Pfälzern und den Borussen. Dieser ist gewiß sehr gefördert worden durch den Umstand, daß viele Aktive gleichzeitig im dortigen Königs-Husarenregiment ihr Jahr abdienten; dadurch wurde nicht nur der Geist der Kameradschaftlichkeit wesentlich gestärkt, sondern auch der Zusammenhalt zwischen den Korps und dem Regiment außerordentlich eng. Es war ein sehr schönes Verhältnis, dem ich im folgenden wenigstens einige Zeilen widmen muß.

In dem gastlichen Hause des Husarenobersten Prinzen Heinrich XIII. Reuß und dessen liebenswürdiger Gemahlin, einer geborenen Gräfin Hochberg, Tochter des Fürsten von Pleß, verlebte ich manchen heiteren Abend mit Scharaden, Theaterspiel oder Bällen. Ein amüsanter Kamerad war ein anderer Reuß, Prinz Heinrich XXIV. aus der Linie Ernstbrunn-Köstritz, der vor allem ungemein musikalisch veranlagt war. Er spielte Orgel und Klavier, komponierte und dirigierte und war insbesondere ein guter Bachkenner. Wir haben einmal zusammen in einem kleinen Stück gespielt, in dem Reuß einen sächsischen Kammerdiener zu mimen hatte; das machte er so naturgetreu und zwerchfellerschütternd, daß er die Mitspieler aus dem Text brachte. Ferner erwähne ich meinen späteren Adjutanten, Major Moßner, den nachmaligen Botschafter Graf Pourtalès, dann Herrn von dem Knesebeck, der später Privatsekretär bei der Kaiserin Augusta und dann bei meiner Frau war. Knesebeck war eine Natur ähnlich der des Grafen Seckendorff, künstlerisch veranlagt, hochgebildet, sprachenkundig und schwärmerisch begeistert für Italien, besonders Venedig.

Auch General v. Loë, der die Königshusaren 1870 gegen Frankreich geführt hatte, kam oft zum Regiment. Ich verdanke den Gesprächen mit ihm einen großen Schatz an militärischen Lehren aus Kriegs- und Friedenszeiten.

Feldmarschall Herwarth v. Bittenfeld, der mich in freundlicher Weise in seinem Hause aufnahm, ließ sich gern von mir aus meinem Leutnantsleben erzählen. Wenn dieser kernige alte Haudegen bei den großen Kommersen der Universität von der Tribüne der Honoratioren herab zu uns Studenten sprach, dann erhoben wir uns alle und standen mit der Front gegen ihn „stramm, die Hände an der Hosennaht". Und wenn seine kurzen, knappen, wie Hammerschläge die Begeisterung weckenden Worte verklungen waren, dann donnerten die drei Hurras und die Nationalhymne durch den Saal, daß die

Wände zitterten. Manch anderen Träger berühmter Namen lernte ich im Königshusarenregiment noch kennen, von dem sich viel erzählen ließe. Historische Vollständigkeit kann aber nicht mein Ziel sein.

IV.

Vielfache Ausflüge in die nähere und weitere Umgegend teils zu Pferde, teils mit der Eisenbahn oder dem Dampfer, vor allem aber im Ruderboot, gewährten mir hohen Genuß und lehrten mich einen der schönsten Teile unseres Vaterlandes näher kennen. Ich habe damals wundervolle Fahrten auf dem Rhein im Boot gemacht. Besonders gern bin ich mit dem Nachtdampfer nach Koblenz gefahren, um am nächsten Tage nach Bonn stromabwärts zurückzurudern; gegenüber der Burg Argenfels wurde dann gewöhnlich eine einstündige Mittagspause eingelegt. Meist war von den Kommilitonen Otto Ehlers mit von der Partie, der als Hamburger mit dem Wassersport mehr vertraut war als die andern. Als Steuermann pflegte der Schwimmeister Busch zu walten, ein fideler, prachtvoller Rheinländer, der sich wohl mehr als zwanzig Lebensrettungen zuschreiben durfte. Diese Fahrten am Siebengebirge, am Drachenfels und den rheinischen Burgen vorbei waren stets voll unbeschreiblich schönen Genusses.

Das frohe Treiben des lustigen rheinischen Völkchens habe ich heiteren Sinnes oft beobachten, manchmal auch mitmachen können. Vom eigentlichen Karneval habe ich freilich nicht viel gesehen, nur an einer Narrensitzung in den Viktoriasälen habe ich mich einmal beteiligt. An einem hübschen Fest konnte ich gelegentlich im „Malkasten" in Düsseldorf teilnehmen. Dagegen habe ich – denn die ernstere Richtung lag dem Norddeutschen doch mehr – häufig den bekannten Rheinischen Musikfesten beigewohnt und viel Genuß von ihnen gehabt. Vom regelmäßigen Besuch der Konzerte in der Beethovenhalle sprach ich gelegentlich schon. Als besondere Erlebnisse sind in meiner

Erinnerung haften geblieben, daß Frau Joachim dort einmal gesungen und ein anderes Mal Klara Schumann auf dem Klavier vorgetragen hat.

* * *

Oft bin ich nach Koblenz zu meiner Großmutter, Kaiserin Augusta, befohlen worden. Im lieben alten Schloß mit dem stillen, schönen Garten und dem herrlichen Blick auf den Ehrenbreitstein habe ich unvergeßliche Stunden verbracht. Ich lernte dort unter vielen anderen auch den berühmten General v. Goeben kennen, der damals Kommandierender General des VIII. Armeekorps war und den meine Großmutter sehr hoch schätzte. Auch ich habe den seltenen Mann, der mit seiner Brille und dem feinen Gesicht mehr wie ein Gelehrter als ein Militär aussah, aufrichtig verehrt. Er hat mir mancherlei aus seinem ereignisreichen Leben erzählt, besonders von seinen Abenteuern im Spanischen Bürgerkriege, den er auf seiten der Karlisten mitgemacht hatte, sowie von den drei ruhmreichen deutschen Kriegen. Ich konnte von ihm viel selbsterlebte Geschichte lernen.

Auch mit dem Offizierkorps des Königin Augusta-Garde-Grenadierregiments Nr. 4 kam ich in Koblenz auf Wunsch meiner Großmutter oft zusammen. Mit ehrfurchtsvoller Liebe hing das Regiment an seinem hohen Chef, der keinen Tag vorübergehen ließ, ohne einige Herren des Regiments bei sich zur Tafel zu sehen. Die Beziehungen der Kaiserin Augusta zu ihrem Regiment spiegelten das Verhältnis einer großen Familie wider; sie war die Mutter, und die „Augustaner" betrachteten sich als ihre Söhne. Ich konnte das so recht beobachten, als ich bei den Jubiläumsfestlichkeiten des Regiments die Kaiserin zu den Darbietungen der Mannschaften in die Kasernen und zum Empfang des Offizierkorps in das Kasino begleiten durfte und dabei Zeuge der rührenden Anhänglichkeit seitens der Mannschaften wie der Offiziere wurde.

Ein unvergeßlicher Augenblick war die Vereidigung der Rekruten des Regiments, die in der Eingangshalle zum großen Treppenhause im Schloß in Gegenwart des Kaisers stattfand. Hoch über den versammelten Soldaten und dem Treppenabsatz, umrauscht von den zerschossenen Fahnen des Regiments, stand der Oberste Kriegsherr, weiter rückwärts, etwas erhöht auf dem nächsten Treppenabsatz, die Kaiserin, ihr zur Seite ich. Machtvoll und feierlich stieg der Schwur des Fahneneides zu der ehrfurchtgebietenden Gestalt des greisen Kaisers empor. Nach dem Schwur einige kurze, knappe Ermahnungen des Kaisers an die jungen Krieger, dann die Erwiderung des Regimentskommandeurs mit dem Treugelöbnis für das ganze Regiment und drei donnernden Hurras, am Schluß „Heil dir im Siegerkranz". Auf den Gesichtern aller Teilnehmer an der Feier spiegelte sich tiefe Ergriffenheit. Zum Abschied reichte der Kaiser, selbst bewegt, dem Regimentskommandeur dankend die Hand und ebenso dem General v. Goeben. Ich sah in dem Augenblick die Hand des Kaisers in der seines Feldherrn ruhen, des Siegers von St. Quentin, der ihm die Kaiserkrone mit hatte erstreiten helfen. Auch mir wurde es feucht vor den Augen. Meine Großmutter flüsterte mir ins Ohr: „St. Quentin-Versailles-Koblenz, das merk dir für dein Leben!"

Ich habe es nicht vergessen.

* * *

So manchen Sonntag habe ich in meiner Bonner Zeit bei meinen Verwandten in Darmstadt zugebracht; ich fuhr dann meist Freitag nachmittag, da Sonnabend kollegfrei war, fort, und kam Montag früh zurück. Schon die Fahrt durch das liebliche Rheintal in den verschiedenen Jahreszeiten war ein hoher Genuß für mich, noch schöner aber sollte es immer in Darmstadt werden. Großherzogin Alice von Hessen-Darmstadt, die Gemahlin des Großherzogs Ludwig, war eine Schwester meiner Mutter, klug, tief religiös, unendlich liebevoll und gütig, für mich gleichsam eine zweite Mutter. Ich fühlte mich wie ein Kind im Hause, meine Vettern und Kusinen waren so gut wie meine Geschwister. Mit Erni, der damals freilich noch ein kleiner Junge war, und mit den vier Kusinen wurden Partien gemacht, wurde Lawn tennis und anderes gespielt, mit meinem Oheim unternahm ich Pirschfahrten und Ritte, wobei mir der begeisterte Soldat viel von 1870/71 erzählte – kurzum, es war über alle Beschreibung schön.

Aber welch tragisches Schicksal hat die geliebten Verwandten betroffen!

Noch während meiner Studienzeit brach in der Familie eine Diphtherieepidemie aus und raffte am 18. November 1878 die kleine May dahin. Tante Alice hatte die Pflege der Kinder übernommen und fiel nun am 14. Dezember selbst der Krankheit zum Opfer. Es war ein furchtbarer Schlag und ein herber Verlust auch für mich. Von den Töchtern, deren eine, Prinzessin Irene, sich später mit meinem Bruder Heinrich vermählte, verheirateten sich zwei nach Rußland: Prinzessin Elisabeth mit dem Großfürsten Sergius, einem Sohne Zar Alexanders II., Prinzessin Alix mit dem russischen Thronfolger, dem späteren Zaren Nikolaus II. Großfürst Sergius wurde bekanntlich im Jahre 1905 als Generalgouverneur von Moskau durch die Bombe eines Terroristen in Stücke gerissen. Seine Witwe begründete nach diesem schrecklichen Ereignis das Kloster Martha und Maria in Moskau zur Fürsorge für die Armen und Kranken, deren Vorsteherin oder „Äbtissin" sie wurde; noch im Weltkriege erregte ihre edle Erscheinung die Bewunderung eines Mannes wie des Franzosen Paléologue. Der Ausgang der beiden Schwestern ist bekannt. Die Zarin wurde mit ihrer Familie in der Nacht vom 16. zum 17. Juli 1918 in Jekaterinburg von den Bolschewisten hingemordet, ihrer Schwester in der folgenden Nacht der gleiche grausame Tod bereitet.

So hart ist das Schicksal mit uns, die wir damals alle heiter und vergnügt uns unseres jungen Lebens freuten, umgegangen!

* * *

Auch in Neuwied bin ich oft gewesen, in Monrepos und im Segenhaus. Bei diesen Gelegenheiten habe ich Roggenbach oft getroffen und näher kennen gelernt, einmal auch die damalige Fürstin, spätere Königin Elisabeth von Rumänien gesehen. Unter ihrem Dichternamen Carmen Sylva hat die Königin u. a. auch hübsche Gedichte vom Rhein und seinen Menschen veröffentlicht („Bonn, Bonn, es liegt an dir – daß man bummeln muß!"). Auf mich machten damals, wie ich mich entsinne, besonders ihre schönen großen Augen und ihre religiöse Gesinnung großen Eindruck.

* * *

Es war damals die Zeit, da die Wogen des unseligen Kulturkampfes sich noch immer nicht legen wollten. Auch ich kann davon ein eigenes Erlebnis aus meiner Bonner Zeit berichten.

Der Königliche Oberforstmeister v. Kalitsch gab in den Staatsforsten in der Gegend von Oranienstein die übliche „Königliche Jagd", zu der Offiziere des Königs-Husarenregiments, eine Anzahl Borussen, darunter auch ich, sowie eine größere Anzahl von Angehörigen des rheinisch-westfälischen Adels eingeladen wurden. Da diese nicht rechtzeitig auf dem Sammelplatz im Walde zur Stelle waren, ließ Oberforstmeister v. Kalitsch zwei kleinere Treiben ohne sie nehmen. Nach dem zweiten Trieb traf wenigstens Graf Wolff-Metternich-Gracht auf seinem schönen Viererzug bei uns ein; anscheinend sehr verstimmt, nahm er sogleich nach der Vorstellung Herrn v. Kalitsch und meinen Hofmarschall v. Liebenau zu einer Besprechung beiseite, die offensichtlich sehr peinlichen Charakters war. Während zu meiner Verwunderung Oberforstmeister v. Kalitsch alsbald nach deren Beendigung das nächste Treiben befahl, ohne daß die noch erwarteten Jagdgäste angekommen waren, klärte mich Herr v. Liebenau auf. Die übrigen Herren des rheinisch-westfälischen Adels, denen meine Teilnahme vorher nicht bekannt gewesen war, hätten mich bei ihrem Hotel in

Deutz vorbeikommen sehen und daraufhin sofort beschlossen, wieder nach Hause zu fahren. Sie hätten sich geweigert, an der Jagd teilzunehmen, da sie wegen des noch herrschenden „Kulturkampfes" nicht mit einem preußischen Prinzen zusammenkommen könnten! Dieses unqualifizierbare Benehmen rief bei allen anwesenden Jagdgästen tiefe Entrüstung hervor, da ich doch persönlich wahrlich mit dem ganzen Streit nichts zu tun hatte! Der Vorfall zeigt aber deutlich, bis zu welchem Grade der Verhetzung der unheilvolle Kampf geführt hatte.

*

Da in Bonn zwei bedeutende Geistliche an der evangelischen Kirche wirkten, bereitete mir der Besuch derselben besondere Freude. Der eine war der Dekan der Theologischen Fakultät D. Christlieb, der trotz seines jugendlichen Äußern durch die Kraft seiner Rede wie seinen tiefen Ernst allgemein starken Eindruck machte und Respekt abnötigte; seine Predigten waren „gewaltig" und oft erschütternd.

Der andere war Dryander, dessen gewinnende Herzlichkeit und sonniges Wesen ihm überall vertrauensvolle Zuneigung erwarb. Seine geistvollen Predigten fanden lebhaften Anklang; er verstand es mit großem Feingefühl, trotz großer Schwierigkeiten, den konfessionellen Frieden zu erhalten. Ich hatte in Potsdam und Berlin immer den Mangel der Predigten, die fast nur trockne Dogmatik behandelten und die Person Christi sehr vernachlässigten, schmerzlich empfunden. Das, was ich suchte, fand ich nun in den Predigten Dryanders, dessen milde, dabei doch kraftvoll klare und echt evangelische Auffassung meiner eigenen religiösen Einstellung sehr entgegenkam; denn bei ihm war die Predigt frei von Dogmatik, die Person des Herrn stand im Mittelpunkt, und das „praktische Christentum" war das A und O seiner Lehren. Ich habe Dryander aufrichtig verehrt und aus dem Verkehr mit ihm den Entschluß geschöpft, alles daran zu setzen, um ihn nach Berlin zu bringen. Sein Wirken dort an der Dreifaltigkeitskirche, am Dom und an der Schloßkapelle steht noch in frischer Erinnerung. Er hat mich und die Meinigen jahraus, jahrein mit geistlichem Zuspruch treu begleitet, auch das Werden, die Zukunft und die Aufgaben der protestantischen Kirche in vielen Unterredungen mit mir besprochen. Er ist in guten Zeiten mir ein treuer Freund gewesen und ist es in schlechten bis an sein Lebensende geblieben.

V.

Einer Reihe von Ereignissen aus jenen Jahren, die aus dem Rahmen meiner eigentlichen Bonner Erlebnisse herausfallen, muß ich an dieser Stelle mehr oder minder ausführlich gedenken.

Im Februar 1878 fand die Vermählung meiner Schwester, Prinzessin Charlotte, mit dem Erbprinzen Bernhard von Sachsen-Meiningen statt, gleichzeitig die Vermählung der Prinzessin Elisabeth, Tochter Prinz Friedrich Karls, mit dem Erbgroßherzog Friedrich August von Oldenburg. Beide Feiern wurden in einer großen Doppelhochzeit gemeinsam begangen.

Bald danach ereigneten sich jene beiden fluchwürdigen Mordanschläge auf meinen Großvater, am 11. Mai durch Hödel, am 2. Juni durch Nobiling. Das zweite Attentat rief überall einen unbeschreiblichen Eindruck hervor. Meine Beschämung darüber, daß ein Deutscher fähig gewesen war, eine solch bübische Tat an dem allverehrten, greisen Herrscher zu begehen, war grenzenlos, auch die allgemeine Empörung ungeheuer. In hellen Haufen kamen meine Bekannten, um mir ihr Mitgefühl auszudrücken und Näheres zu erfahren. Ich erhielt die Erlaubnis, nach Berlin zu reisen und durfte meine Eltern auf einem Krankenbesuch zu meinem Großvater begleiten. Mit tiefer Erschütterung sah ich den ehrwürdigen Kaiser, dem mein ganzes Denken galt, in seinen Verbänden bleich auf dem Schmerzenslager liegen.

Das zweite Attentat hatte meinen Großvater so stark mitgenommen, daß er sich unfähig fühlte, die Regierung auszuüben und meinen Vater zu seinem Stellvertreter ernannte. Als meine Eltern Ende Juli nach Homburg übersiedelten, habe ich sie nach Semesterschluß im August besucht. Ich mußte immer zugegen sein, wenn die Chefs des Militär- und des Zivilkabinetts meinem Vater Vortrag hielten und durfte ihm beim „Regieren" helfen. Da mein Vater nämlich noch die Gewohnheit hatte, zum Löschen der Tinte Sand zu benutzen, so bereitete die Unmenge von Orders und Patenten, die er unterzeichnen mußte, nicht geringe Schwierigkeiten. Mir fiel daher die Aufgabe zu, diese zum Trocknen auszulegen und dann wieder zu ordnen. Am Schluß der Vorträge waren oft sämtliche freien Tische, alle verfügbaren Möbel und der Fußboden mit diesen Dokumenten bedeckt; nur zur Tür mußte ein schmaler Zugang gelassen werden.

*

In dieser Zeit wurde ich zum ersten Male in offiziellem Auftrage an einen ausländischen Hof entsandt. Am 22. August begingen König Leopold II. und Königin Maria das Fest ihrer Silbernen Hochzeit, und da mein Vater infolge seiner Stellvertretung nicht abkömmlich war, mußte ich die Vertretung meines Großvaters übernehmen.

Ich begab mich mit meinen beiden Herren, Major v. Liebenau und Leutnant v. Jacoby, nach Brüssel. An der belgischen Grenze traf ich mit dem Vertreter Kaiser Franz Josefs, Erzherzog Karl Ludwig, dem Vater des in Serajewo ermordeten österreichisch-ungarischen Thronfolgers, zusammen. In seiner Begleitung befand sich General Fürst Windischgrätz, dem ich bereits in Berlin am Hofe meiner Großeltern und Eltern, wo er eine sehr gern gesehene Persönlichkeit war, wiederholt begegnet war.

Der König empfing mich persönlich am Bahnhof und fuhr dann mit mir durch die reichgeschmückte Stadt, deren Bewohner in festlich angeregter Stimmung die Straßen füllten, nach dem Palais. Hier begrüßte mich die Königin, eine stolze Frau mit vornehmem Gesichtsschnitt und wahrhaft königlicher Haltung, übrigens eine Tochter des Erzherzogs Joseph, Palatins von Ungarn, und Schwester des Feldmarschalleutnants Erzherzog Joseph.

Zweifellos war König Leopold eine markante und imposante Persönlichkeit, die man so leicht nicht wieder vergaß. Doch verrate ich kein Geheimnis, wenn ich sage, daß er auf mich den Eindruck eines ausgesprochenen Zynikers und Menschenverächters machte; einige Vorfälle, die ich damals erlebte, werden das illustrieren.

Der erste ereignete sich, als der König mir seine Würdenträger vorstellte. König Leopold war ein Meister in der Kunst des Vorstellens, denn er unterrichtete mich mit großer Gewandtheit über die Persönlichkeit, ihre Familie, ihr Amt und die Vortrefflichkeit der Führung desselben. Dies geschah aber auf Französisch, das er in hervorragendem Maße beherrschte. Dann erfolgten bei den Herren, die kein Deutsch verstanden, einige sarkastische Bemerkungen in dieser Sprache. So z. B. stellte er mir seinen Kriegsminister vor, einen Riesen in gesticktem Frack, weißen „Collants" und Kanonenstiefeln sowie mit federgeschmücktem Dreimaster, der sehr an die Generale aus der Zeit Napoleons I. erinnerte. Nachdem er auf Französisch die Vorzüge des Generals und seine Verdienste um das Heer rühmend hervorgehoben hatte und ich demgemäß bereits in meinem Innern einige französische Freundlichkeiten zu entwerfen beschäftigt war, die ich an den General richten wollte, flüsterte der König mir auf Deutsch zu: „Seine Exzellenz ist in seiner Jugendzeit Tambourmajor gewesen, daher kann er trotz seiner Kanonenstiefel nicht reiten. Wenn ich daher bei Paraden an die Front meiner Truppen heransprenge (der König ritt vorzüglich und stets die edelsten englischen Vollblüter), dann muß er mich begleiten und fällt meistens dabei herunter." Und ähnlich ging es auch bei allen andern Ministern, so daß ich mich mehr als einmal im Kampf mit dem Lachen befand.

Beim Festmahl erhob sich Erzherzog Karl Ludwig, um die Tischrede auf das Silberpaar zu halten. Er kam aber nicht weit, sondern blieb bald stecken und rettete die Situation nur dadurch, daß er schnell zum Schluß überging und das Hoch ausbrachte. Da sagte König Leopold, langsam und bedeutsam mir ins Ohr flüsternd: „Mein lieber Wilhelm, es ist eine schöne Gabe Gottes, wenn einer ein begnadeter Redner ist!"

Das bezeichnendste Erlebnis aber ereignete sich gegen Schluß der Tafel. Die Bonbons waren schon herumgereicht, alles wartete auf das Erheben der Majestäten, und es trat jene gedämpfte Stille ein, die immer diesem Augenblick vorauszugehen pflegt. Nur einer sprach weiter: der stocktaube Graf Philipp von Flandern, König Leopolds Bruder, der infolge seines Leidens nichts von dem eingetretenen Schweigen bemerkte. Und was war der Inhalt seines Gespräches? Mokante Bemerkungen über die Tischgäste! Die Situation war unglaublich peinlich. Vergebens versuchte seine Tischnachbarin, die Gräfin Grünne, Oberhofmeisterin der Königin, ihn von seinem Thema abzubringen, er ließ sich nicht beirren. Flehentlich sah sie zum König hinüber. Der aber stieß mich – ich saß zwischen den Majestäten – leicht an und sprach auf Deutsch ruhig und langsam die geflügelten Worte: „Mein lieber Neffe, siehst du, wie die Gräfin Grünne mich anfleht, ich möge doch die Tafel aufheben? Ich denke gar nicht daran. Ich lasse meinen guten Bruder ruhig noch weiterreden. Denn ich erfahre auf diese Weise allerhand Dinge, die mir sonst keiner erzählt!"

Den Höhepunkt der Festlichkeiten bildete das feierliche Hochamt und Tedeum in der ehrwürdigen alten Kathedrale Ste. Gudule. Die Majestäten und Mitglieder ihres Hauses sowie ihre fürstlichen Gäste gruppierten sich um den Altar auf dem hohen Hochchor. Von dort schweifte der Blick durch die himmelanstrebenden Bogen des wunderbaren Baues, zwischen dessen gewaltigen Pfeilern die weltberühmten Gobelins das Grau der Steinmassen farbig belebten. Die gesamte hohe Geistlichkeit beteiligte sich bei dem Zelebrieren, während die heilige Handlung von einem prachtvollen Orchester nebst Chor eindrucksvoll begleitet wurde. Das Ganze wurde von den Strahlen der durch die schönen farbigen Fenster hereinleuchtenden Sonne in ein Meer goldenen Lichts getaucht. Die Hitze war jedoch außerordentlich groß und daher besonders für den König wegen seines steifen Beines sehr anstrengend.

Die Liebenswürdigkeit und aufmerksame Unterstützung, die der König mir bei meiner Unerfahrenheit in vollem Maße zuteil werden ließ, verpflichtete mich ihm zu herzlicher Dankbarkeit. Er ist auch späterhin nach meinem Regierungsantritt stets derselbe gegen mich geblieben.

* * *

Von Brüssel kehrte ich zunächst nach Potsdam zurück. Ende August kam Herzog Friedrich von Schleswig-Holstein-Augustenburg mit seiner Familie zu uns zu Besuch. Auch Prinzessin Auguste Viktoria war dabei.

* * *

In den ersten Septembertagen begab ich mich zur Kräftigung meiner Gesundheit in das Seebad Ilfracombe in Devonshire, im Südwesten Englands. Ein lieber netter, noch junger Gelehrter, der Mitarbeiter an den Monumenta Germaniae war, begleitete mich; zu meinem tiefen Bedauern ist er nicht lange danach gestorben.

In Ilfracombe erhielt ich die Einladung meiner Großmutter zu einem Besuch auf ihrem Lieblingssitz Balmoral, der ich mit großer Freude Folge leistete. Balmoral ist ein niedriges, um einen Hof in offenem Viereck gebautes Schloß mit nicht großen, aber behaglich eingerichteten Räumen in den schottischen Hochlanden; mit ihrer großartigen, rauhen Landschaft erinnern diese sehr an Norwegen und haben auch dasselbe Klima. Die Hochländer sind ein sympathischer Volksschlag, sehr ruhig, schlicht und gastfreundlich, und besitzen im Unterschied vom Engländer großen Humor.

Prinz Wilhelm von Preußen. 1880
Nach einem Gemälde von H. v. Angeli

An diesen Aufenthalt in Balmoral knüpft sich für mich eine liebe Erinnerung, da mir meine Großmutter dort einen außerordentlichen Beweis ihrer Zuneigung gab. Die Königin überraschte mich nämlich mit der Ehrung, die hochländische Tracht des königlichen Klans (Klan Stewart) tragen zu dürfen. Da die Hochlandstracht in Deutschland an sich sehr populär, ihre wirkliche Kenntnis aber so gut wie gar nicht vorhanden ist, will ich mich über die mir „verliehene" Tracht des königlichen Klans näher auslassen.

Bei Tage wurde der grüne Kilt (Hunting Stewart) oder ein grauer (Balmoral) getragen. Des Abends bestand die Tracht in einem roten Kilt, Sammetjacke mit silbernen Knöpfen, einer mit Silber beschlagenen Tasche (sporran), Schuhen mit silbernen Schnallen, einem umgehängten Plaid, das auf der linken Schulter mit einer großen silbernen, mit Goldtopas verzierten Brosche befestigt war. Dazu kam noch ein auf besonderen Befehl meiner Großmutter hergestelltes prachtvolles, silberbeschlagenes Wehrgehenk. Dieses bestand aus einem an Ketten hängenden, mit einem hühnereigroßen Goldtopas (cairngorm) verzierten Dolch, der über einen Fuß lang war, sowie einem breiten, mit Schnallen versehenen Bandelier, an dem das alte berühmte, mit einem geschlossenen Korbgriff versehene Schwert (claymore) hing; letzteres wurde aber im Hause und zu Tisch nicht getragen. Dazu blitzte im Strumpf ein kleines, mit Goldtopas verziertes Messer. Die Tracht ist nicht nur sehr kleidsam, sondern auch sehr praktisch, sie hält warm, gestattet beim Gehen weites Ausschreiten und zeigt dabei längst nicht soviel vom Bein wie die berühmten „Gemsledernen" der Tiroler, Steyerer und Oberbayern, da das Knie immer bedeckt sein muß. Der Kilt ist nämlich im Grunde nichts anderes als ein in Falten gelegtes Plaid, das um den Leib geschlungen ist.

Man kann sich vorstellen, wie groß meine jugendliche Freude war, als ich mein Zimmer betrat und diese ganze Pracht vorfand, welche meine Großmutter als Überraschung für mich dort hatte ausbreiten lassen. Ihr schottischer Kammerdiener John Brown, der wie so manches andere noch aus der Zeit des Prinzgemahls stammte, mußte bei der „Kostümierung" die Oberaufsicht führen, und sein fachmännisches Urteil konnte feststellen, daß alles wie angegossen saß.

Auf Anregung meiner Großmutter durfte ich auch auf die Pirsch gehen, um einen Hirsch zu schießen. Die Jagd in den Hochlanden bietet besondere Schwierigkeiten. Es wurde an den Hängen des Lochnagar gepirscht, nachdem zuvor der alte Büchsenspanner meines Großvaters, Cowley, meine Gewehre revidiert, sie dem mich führenden schottischen Jäger übergeben und mir eine eingehende Instruktion über mein Verhalten auf der Pirsch erteilt hatte. Das Gelände war baumlos und meist mit dichtem Heidekraut bewachsen. Da das schottische Rotwild oft getrieben wird, ist es ungemein argwöhnisch und sichert wie die Gemse auf weite Entfernungen. Daher sind die schottischen Jäger sämtlich mit Fernrohren ausgerüstet, mit denen sie, sobald sie eine gewisse Höhe erreicht haben, den Horizont aus liegender Stellung absuchen. Das Rudel, das wir anpirschen sollten, konnte ich mit dem bloßen Auge kaum erkennen; es mochte wohl 3 bis 4 km von uns entfernt gewesen sein, und dennoch mußten wir schon volle Deckung nehmen. Nach einer anstrengenden Pirsch von etwa drei Stunden, bei der auf weiten Umwegen erst Wind geholt, eine große Menge von übermannstiefen Rinnsalen im Heidekraut überquert und der letzte Teil kriechend zurückgelegt werden mußte, langten wir schließlich hinter einem Felsblock in der Nähe des Rudels an. Es gelang mir, einen starken alten Achtender zur Strecke zu bringen.

Ich habe den Aufenthalt in Balmoral mit seiner Behaglichkeit und ländlichen Schlichtheit, überstrahlt von der liebevollen Güte meiner Großmutter, mit Freuden genossen. Auch hier war übrigens überall die rührende Pietät zu beachten, mit der die Königin die Erinnerungen an meinen Großvater, den Prince-Consort, hütete. Mit wehmütigem Stolz zeigte sie mir die von ihm geschaffenen Gartenanlagen und die Pflanzungen auf den umliegenden Bergen, die als bleibende Denkmäler seines Wirkens von seinem großen Talent für die Hebung der Naturschönheit zeugten. Als ich meiner Großmutter beim Abschied von diesen Eindrücken erzählte, klopfte sie mir auf die Schulter und sagte, mit versonnenem Blick gleichsam in die Ferne schauend: „My dear boy, never forget him! Your grandfather was the best man in the world. Try as much as you can, to become like him. God bless you*)!"

Ich fuhr dann nach London, um von meiner Lieblingstante Luise, der späteren Herzogin von Argyll, Abschied zu nehmen. Sie schickte sich eben an, mit ihrem Gatten nach Kanada abzureisen, wo er den Posten als Gouverneur antreten wollte.

Von London aus fuhr ich nach Paris zum Besuch der Weltausstellung.

* * *

Mein Aufenthalt in Paris zur Besichtigung der Weltausstellung dauerte von Ende September bis Anfang Oktober, ungefähr 14 Tage. Unter der trefflichen Führung Rudolf Lindaus genoß ich die Kunstschätze des Louvre, das wundervolle Musée de Cluny, den herrlichen Dom von Notre-Dame, die Kirche Ste. Chapelle und die übrigen Sehenswürdigkeiten mit ganzer Seele. Einmal habe ich auch einer Gerichtssitzung beigewohnt, bin ein andermal im Hof der Tuilerien in einem Luftballon hochgefahren und so zu einem unbeschreiblich schönen Anblick von Paris gekommen. Ich habe beim Wandern durch die Straßen vor dem Präsidenten Mac Mahon Front gemacht und den Hut zum Gruß gezogen, bin General Chanzy und anderen berühmten französischen Heerführern und Staatsmännern

*) „Mein lieber Junge, vergiß ihn nie! Dein Großvater war der beste Mann auf der Welt. Suche, soviel in deinen Kräften steht, ihm gleich zu werden. Gott segne dich!"

begegnet. Im Théâtre Français habe ich das klassische Spiel einer Madame Agar in dem ergreifenden Stück „Les Fourchambault" bewundert, das vortrefflich gegeben wurde. Die entzückende Umgebung von Paris, vor allem St. Cloud sowie Versailles mit seinen historischen Erinnerungen und Wasserkünsten, übte wie auf alle Reisenden auch auf mich einen eignen Reiz aus. Doch die fiebrige Hast und Unruhe des Pariser Lebens stieß mich sehr ab. Ich habe niemals Sehnsucht gehabt, die französische Hauptstadt wieder zu besuchen.

* * *

Am 14. Oktober sollte mein Bruder Heinrich eine Weltumsegelung von zweijähriger Dauer antreten. Ich reiste daher von Paris über Kiel zurück und kam gerade noch zurecht, um ihm Lebewohl zu sagen. Ich begleitete meinen Bruder auf der gedeckten Korvette „Prinz Adalbert", die ihn in die fernen Meere tragen sollte, bis zum Ausgang der Kieler Förde. Kurz vor Bülk nahm ich endgültig Abschied und kehrte auf dem „Notus" nach Kiel zurück, indes die Korvette in die blaue Weite zog. Wir ahnten nicht, wieviel Schweres uns bevorstand – ihm auf dem Meere, uns beiden in der Familie.

Zum Geburtstag meines Vaters war ich wieder daheim in Potsdam und konnte ihn mit hübschen Geschenken aus Paris erfreuen. Ende Oktober kehrte ich in mein drittes Semester nach Bonn zurück. Bald danach traf mich der Verlust meiner geliebten Tante Alice in Darmstadt, von dem ich schon sprach, und hüllte den Ausgang des Jahres 1878 in Ernst und Trauer.

*

Ernst und Trauer waren die Zeichen, unter denen auch das Jahr 1879 stand. Ein freudiges Familienfest, die Hochzeit von Prinzeß Luise Margarethe von Preußen mit dem Herzog von Connaught zu Windsor hatte mich, zum ersten Male seit 1871 wieder gemeinsam mit meinen Eltern, nach England geführt. Wir erlebten es damals, daß meine Großmutter, was seit dem Tode des Prinzgemahls nicht geschehen war, an einem großen Familienfeste, wenn auch in Trauer, teilnahm. Acht Tage nach unserer Heimkehr von dem fröhlichen Feste traf uns der schwere Schlag: am 27. März starb mein Bruder Waldemar an der Diphtherie. Das Leid meiner Eltern über den Verlust dieses stattlichen Sohnes war unsagbar, unser Schmerz über alle Worte tief und grausam. Dem dahingeschiedenen Bruder die Totenwache in der Friedenskirche zu halten, war das einzige, was ich ihm an Liebe noch erweisen konnte.

Einige Wochen der Ruhe in Homburg sollten uns helfen, diesen Schicksalsschlag zu überwinden.

* * *

Im August 1879 entstand plötzlich infolge eines Briefes Zar Alexanders II. an meinen Großvater eine schwere politische Krisis. In Ausführung des Berliner Vertrages von 1878, der den entscheidenden Wendepunkt in den Beziehungen zwischen Rußland und Deutschland bildete, war eine Kommission aus den Signatarmächten zusammengetreten, um die neuen Grenzen auf dem Balkan festzulegen; dabei glaubten die Russen Anlaß zu haben, mit der Haltung der deutschen Vertreter unzufrieden zu sein. In seinem Beschwerdebriefe hatte nun der Zar dem Kaiser vorgeworfen, „eine persönliche Verstimmung" Fürst Bismarcks sei das Motiv für die Haltung Deutschlands gegenüber Rußland, weiterhin sich auf die Dienste berufen, die Rußland dem Nachbarstaate während des Krieges 1870 erwiesen, und mit unverhüllten Drohungen geschlossen. Mein Großvater war tief verletzt über die Handlungsweise seines Neffen, um so mehr als er selbst noch aus seiner Jugendzeit her die stärksten russischen Sympathien hegte und ihm die deutsch-russische Freundschaft ein „heiliges Vermächtnis" war. Daß die Stimmung in Rußland jetzt eine ganz andere war, wollte er nicht erkennen. Infolge des Zarenbriefes wurde Generalfeldmarschall v. Manteuffel mit einem kaiserlichen Antwortschreiben nach Warschau geschickt, nach dessen Empfang der Zar eine persönliche Zusammenkunft mit meinem Großvater in Alexandrowo, also auf russischem Gebiet, für den 3. September vorschlug.

Am 2. September war große Parade auf dem Tempelhofer Felde, zu der ich aus dem Palais meines Großvaters die Fahnen abgeholt hatte. Während die Parade in vollem Gange war, ging plötzlich die Kunde von dem Angebot des Zaren von Mund zu Mund und — daß der Kaiser es angenommen hätte! Auf allen Gesichtern war Bestürzung zu lesen, alle waren aufs äußerste erregt: „ein neues Olmütz", hieß es allgemein, und überall wurde Manteuffel die Schuld an dieser Schlappe gegeben. Mein Vater war verzweifelt, aber auch Kaiserin Augusta zeigte sich tief bedrückt.

Am 4. September fuhr ich mit meiner Großmutter, meinem Vater und zahlreichen hohen Offizieren nach Dirschau, um meinen Großvater auf der Rückreise aus Alexandrowo einzuholen; in Königsberg sollte am nächsten Tage Parade des I. Armeekorps sein und daran sich das Korpsmanöver anschließen. Die Stimmung in Dirschau war recht trübe und niedergeschlagen; sie wurde es noch mehr, als wir erfuhren, daß der russische Kriegsminister Miljutin, der bekannte Kriegshetzer und Deutschenfresser, auch in Alexandrowo gewesen war und sogar auf Manteuffels Betreiben den Schwarzen Adlerorden erhalten hatte! Mein Großvater dagegen zeigte sich sehr befriedigt von der Aussprache; der Zar hätte erklärt, daß er keineswegs habe drohen wollen, daß er bei uns mißverstanden sei, daß es sich um einen Privatbrief gehandelt habe und er ihn unter diesen Umständen als ungeschrieben anzusehen bäte. Die Freundschaft meines Großvaters für Rußland war nach dieser Aussprache offenbar fester denn je. Alle anderen aber, Kaiserin Augusta nicht ausgeschlossen, blieben in schwerer Sorge über dieses Ereignis.

Daß auch Fürst Bismarck, der zu jener Zeit in Gastein weilte, über die von ihm nicht gebilligte Zusammenkunft sehr beunruhigt war, wußten wir wohl. Wir ahnten aber damals nicht, daß er gerade in jenen Tagen angesichts der feindlichen Haltung Rußlands und der drohenden Gefahr eines russisch-französischen Bündnisses einen engen Bund zwischen Deutschland und Österreich-Ungarn vorbereitete und nun bei seinem kaiserlichen Herrn auf den heftigsten Widerstand stieß. Meinem Großvater erschien ein solches Bündnis geradezu als Felonie gegenüber Rußland. Ich habe den am 7. Oktober schließlich doch geschlossenen Bündnisvertrag, ebenso wie den Dreibundvertrag von 1882, erst während meiner späteren Tätigkeit im Auswärtigen Amt kennen gelernt.

* * *

Während noch um das Zustandekommen des Zweibunds gekämpft wurde, war ich mit meiner Mutter und meinen Schwestern in Begleitung Seckendorffs und meines Vaters Adjutanten Rittmeister Freiherrn v. Nyvenheim zu meiner ersten Italienreise aufgebrochen. Mein Vater kam von Baden-Baden aus, wo der Kaiser damals weilte, am 1. Oktober nach. Wundervolle Eindrücke empfing ich von dem Lande, dessen südliche Schönheit und klassische Erinnerungen auch ich von Jugend auf „mit der Seele gesucht" hatte.

Nie vergessen werden wird Venedig mit seinen Kirchen und Palästen, die meine Mutter genau kannte, mit dem Canale Grande und der Seufzerbrücke, auch nicht jene märchenhafte nächtliche Gondelfahrt, die uns gerade vor den Dogenpalast führte, als leuchtend die Sonne wieder aufging. Von Venedig aus siedelten wir nach Pegli über, einer wundervollen Ortschaft bei Genua, wo wir im Hotel Egli, dem früheren Palazzo Lomellini, gewohnt haben. Unter den über alle Beschreibung schönen Besitzungen jener Gegend ist mir besonders die dem Marchese Durazzo gehörige Villa Pallavicini in Erinnerung geblieben. Mächtige Wasserkünste spielten in dem schönen Park, von dem aus sich eine weite Aussicht auf das Meer bot. Meine Mutter fand hier manch prächtigen Vorwurf zum Malen.

Fast jeden Nachmittag bin ich entweder mit meinen Eltern oder mit Freiherrn v. Nyvenheim nach Genua gewallfahrtet. Der Dom, die Kirchen, die Paläste, die Universität, die Sammlungen, der Campo Santo, das Hafenleben —: das alles übte einen unbeschreiblichen Reiz auf mich aus und lockte mich immer von neuem in die Stadt. Wir sind auch in dem altberühmten Monza gewesen, wo wir von dem italienischen Königspaar und dem Kronprinzen begrüßt wurden. Den herrlichen Dom mit seinen Schätzen haben wir natürlich mit großem Interesse besichtigt; so sah ich die Eiserne Krone der Langobarden, das Kreuz König Berengars, Kreuz und Schmuck der Königin Theodelinde und andere historische Kostbarkeiten.

Mit reichen Eindrücken kehrte ich Ende Oktober nach Deutschland zurück, indes meine Eltern noch länger in Pegli verweilten. Meine Mutter blieb auch noch über die Ende November erfolgende Rückkunft meines Vaters dort, da sie nach der schweren seelischen Erschütterung weiterer Erholung bedurfte.

VI.

Bereits Mitte August dieses Jahres 1879 hatte ich mit dem Ende des Sommersemesters meine Studien in Bonn abgeschlossen. Nun ging meine Sehnsucht dahin, eine große Reise nach dem Orient zu machen, für den ich ein so brennendes Interesse hatte, besonders nach Ägypten wäre ich gern gefahren. Mein Großvater jedoch wollte sich mit diesem Gedanken nicht befreunden; jetzt sei es höchste Zeit für mich, Frontdienst zu tun. Nur die italienische Reise wurde mir noch gewährt, dann hieß es: hinein in die Kompagnie!

Bonn und der Rhein, die Musen und Grazien und die Burschenherrlichkeit versanken hinter mir. Potsdam war von nun an mein Schicksal.

Ein goldener Schein umstrahlt in meiner Erinnerung das vom lieblichen Rheinland eingefaßte Bild von Bonn. Bonn und seiner Alma Mater einen Dankesgruß! Bonna soll leben!

Ereignisse und Erlebnisse
1880–1888

I.

Am 29. Oktober 1879 meldete ich mich in Potsdam beim Regiment zum Dienst zurück und trat bei der Leibkompagnie ein. Ich erhielt sogleich von meinem Hauptmann, Oldwig v. Natzmer, die Rekruten zur Ausbildung. Es war mir eine hohe Freude, dies unverbildete Menschenmaterial im Laufe der Ausbildungszeit Form und Schliff gewinnen zu sehen. Der wegen seiner Strenge gefürchtete Natzmer zeigte eine geradezu „mütterliche" Fürsorge für seine Leute und verstand es ausgezeichnet, ihre Herzen zu gewinnen. Daß auch mir das gelang, bewies mir der Eifer meiner Rekruten beim Dienst und das Vertrauen, mit dem sie außer Dienst mit ihren kleinen Sorgen und Nöten zu mir kamen.

Am 17. März 1880 konnte ich meine Rekruten dem Obersten Kriegsherrn im Beisein meines Vaters vorstellen. Die Besichtigung war eingehend und erstreckte sich auch auf die Instruktion, der die Vorstellung der Leibkompagnie in der Kompagnieschule folgte. Wie die Besichtigung ausgefallen ist, geht aus dem „blauen Brief" hervor, der mir fünf Tage darauf, zu Kaisers Geburtstag, die Beförderung zum Hauptmann brachte. Denn in ihm stand der Satz: „... daß es mir eine große Freude gewesen ist, mich von Euer Königlichen Hoheit Fortschritten im Dienst persönlich zu überzeugen und insbesondere, Sie am 17. ds. Mts. die Leibkompagnie zu meiner vollsten Zufriedenheit vorstellen zu sehen". Schnell wurden die Sternchen für die Epauletten besorgt, und bei der Geburtstagsgratulation konnte ich mich bei meinem Großvater als zum Hauptmann befördert melden. Er drückte mir die Hand, sah mich mit seinem freundlich-ernsten Blick an und sagte dann lächelnd: „Meine Leibkompagnie war gut." Seit dem Augenblick wußte ich, was es heißt, stolz auf eigene Leistung zu sein.

*

Am 1. April 1880 wurde mir die selbständige Führung der 2. Kompagnie des Ersten Garderegiments zu Fuß übertragen, ein halbes Jahr später, am 7. August, erfolgte dann auch meine Ernennung zum Kompagniechef. Es war die erste Stelle, die ich unter eigner Verantwortung auszufüllen hatte. Mein Vorgänger, Hauptmann Freiherr v. Wangenheim, hatte die Kompagnie mit aller Sorgfalt ausgebildet, in musterhafte Disziplin gebracht und ihre innere Verwaltung mit Hilfe des trefflichen Feldwebels Schumann zu ungewöhnlicher Höhe entwickelt.

Meine Kompagniechefszeit gehört mit zu den schönsten Erinnerungen meines militärischen Lebens, besonders wegen des engen Zusammenhalts mit meinen Grenadieren, für deren Ausbildung, Disziplin und Wohl zu sorgen mir stets eine liebe Aufgabe war. Der Felddienst und das Schießen wurden eifrig betrieben, und bei der Regiments- und Brigadevorstellung im Frühjahr hatte ich meine Kompagnie bereits sicher in der Hand. Mein Grundsatz war, lediglich an das Ehrgefühl und das Verständnis meiner Grenadiere zu appellieren: unsere Kompagnie müßte die beste des Regiments sein im Exerzieren, Schießen, Turnen, Felddienst, vor allem aber im Wachtdienst; außer Dienst müßte die Haltung meiner Grenadiere derart sein, daß man überall sie als der zweiten Kompagnie angehörig erkenne. Insbesondere der Wachtdienst spielte eine Hauptrolle in der Ausbildung der Truppe, denn gerade dieser Dienst ist hervorragend geeignet, den Mannschaften Pflichterfüllung und Verantwortungsgefühl anzuerziehen, was sie zu selbständigem Handeln befähigen soll. Zu meiner Freude galt es, wie ich bald feststellen konnte, bei meiner Kompagnie unbedingt als Ehrenpflicht, daß Wachtvergehen nicht vorkamen. Ich habe mit meinem Grundsatz die besten Erfahrungen gemacht und in der ganzen Zeit bis zum Herbst 1881 nur eine einzige schwere Strafe zu verhängen brauchen. Meine Offiziere, Premierleutnant v. Hoepfner und die Secondeleutnants Freiherr v. Willisen, v. Leipziger, v. Eckartsberg, v. Kleist und v. Hopffgarten, haben mich nach Kräften bei der Führung der Kompagnie unterstützt, ebenso mein Feldwebel Schumann.

Während des Kaisermanövers, das in diesem Jahre in der Gegend von Groß-Ziethen stattfand, fielen mir wiederholt interessante Gefechtsaufgaben zu. Besonders in Erinnerung ist mir ein Moment, als es mir gelang, durch einen auf eigenem Entschluß beruhenden überraschenden Stoß den Gegner gerade in dem Augenblick zu werfen, als mein Großvater und Vater mit ihrem Gefolge und vielen Zuschauern bei der Kompagnie eintrafen. Der über meine selbständige Handlung entrüstete Bataillonskommandeur wurde nur durch die eben aus Kaiserlichem Munde erfolgende Anerkennung für diesen Streich daran gehindert, die Schale seines Zornes über mich auszugießen. Als er mich später im Biwak dennoch darüber zur Rede stellte mit leisem Hinweis auf die Anwesenheit einer illustren Zuschauermenge, der zuliebe ich den befehlswidrigen Streich ausgeführt hätte, erwiderte ich, daß ich es im Kriege geradeso gemacht und vielleicht ebenso wie der Bataillonskommandeur eine Auszeichnung dafür erhalten hätte; denn von diesem hätte man wohl selbstverständlich angenommen, daß er den Befehl erteilt habe.

Am 16. September 1881 wurde ich zum Major à la suite des Regiments befördert und mußte die Kompagnie abgeben. Der Abschied, der im Manövergelände stattfand, fiel, wie ich glaube, nicht nur mir, sondern auch meinen Leuten schwer. Als ich mich dann zum Kaisermanöver nach Itzehoe in Schleswig-Holstein begab, um mich als Major bei meinem Großvater zu melden, eröffnete mir der Kaiser unter Worten gütiger Anerkennung, daß ich zur Dienstleistung dem Garde-Husarenregiment zugeteilt sei.

*

Bei meinem Eintritt in das Erste Garderegiment zu Fuß am 9. Februar 1877 hatte ich im Schloß zu Potsdam eine eigene Wohnung erhalten; Major v. Liebenau, der mir als persönlicher Begleiter zugeteilt wurde, leitete auch mein Hauswesen. Ich vertauschte damals das Leben im lieben Elternhaus mit dem im Kreise meiner Regimentskameraden. Aber auch das war eine „Familie". Ich wurde schnell vertraut mit meinen Kameraden, die mich ganz als einen der ihrigen behandelten und in schlichter, herzlicher Weise sich meiner unerfahrenen Jugend annahmen.

In dem von altpreußischem Geiste beherrschten Kameradenkreise habe ich mich stets unendlich wohl gefühlt. Das Leben im Kasino war einfach, anspruchslos und billig. Mittags nach dem Dienst bildete fast durchweg das Gericht „Setzeier mit Bratkartoffeln" das Frühstück der hungrigen Schar. Nachmittags um 5 Uhr gab es Suppe, ein warmes Gericht, Käse und Obst, süße Speisen nur an Sonn- und Feiertagen. Wer unpünktlich erschien und sich dem Tischdirektor gegenüber nicht durch Dienst entschuldigen konnte, mußte Strafe zahlen. Sekt kam nie auf den Tisch, außer zu Kaisers Geburtstag oder nach der Besichtigung. Nach Tisch wurde bis zum Abenddienst geraucht, musiziert oder geplaudert. Um 8.30 Uhr traf man sich wieder, um Whist, Piquet, Skat, Schach oder Billard zu spielen. Zum Abendbrot fand man sich in der Frühstücksstube zusammen, wobei meist zu einem Glas Bier ein einfaches Butterbrot gegessen wurde. Danach verbrachte man einige Zeit bei lustigem Geplauder, erfüllt vom Geist harmlosen, freimütigen Frohsinns, um frühzeitig zur Ruhe zu gehen, da der Dienst im Winter um 7 Uhr, im Sommer um 6 Uhr oder früher begann.

Im Kasino verschwanden die im Dienste streng innegehaltenen Chargenabstände völlig. Vom Leutnant bis zum Stabsoffizier verkehrten alle in harmonischem Zusammensein miteinander. Freitag war der Abend, an dem auch die Verheirateten des Regiments zu erscheinen hatten und der gestrenge Herr Oberst seine Offiziere um sich versammeln konnte, um sich von ihrer Entwicklung in gesellschaftlicher und geistiger Beziehung zu überzeugen. Ich habe stets unter den Kameraden meiner Charge bei Tisch gesessen und verließ nur schweren Herzens, als ich unter die Hauptleute gehen mußte, den „Mitteltisch", wo die lustigen Leutnants saßen. Aber sowohl als Hauptmann wie als Stabsoffizier habe ich doch hie und da einmal einen Abstecher an den „Mitteltisch" gemacht, solange meine Generation noch an ihm schaltete und waltete.

Die Jahre frohen, arbeitsreichen und kameradschaftlichen Lebens im Ersten Garderegiment zu Fuß werde ich nie vergessen. Hier lernte ich, was altpreußischer Geist und altpreußische Kameradschaft bedeuten. Wir lebten in den Traditionen Friedrich Wilhelms I. und Friedrichs des Großen und fühlten uns stolz als Soldaten Seiner Majestät, wie er uns stets „Mein" Erstes Garderegiment zu Fuß nannte. „Semper talis" stand auf den Grenadiermützen der „Langen Kerls", „semper tales" waren wir, und „semper talis" blieb der Geist im Regiment, blieb auch das Band zwischen ihm und mir bis heute. Zu meiner Silbernen Hochzeit und zum Regierungs-Jubiläum erschienen meine Grenadiere, soweit sie noch am Leben waren, vollzählig zum Appell vor dem Neuen Palais, einzelne waren sogar aus Amerika herübergekommen. Die Freude war groß, als wir uns wieder Aug in Auge gegenüberstanden und uns der schönen alten Zeiten erinnern konnten. Mein leider zu früh verstorbener Flügeladjutant Freiherr v. Berg hat eine anschauliche kleine Broschüre über meine Kompagniechefszeit für meine Grenadiere geschrieben, die jedem einzelnen ausgehändigt worden ist.

*

Nach dem Kaisermanöver in Holstein meldete ich mich bei Oberst v. Krosigk zum Dienst beim Garde-Husarenregiment und wurde der 4. Schwadron zugeteilt, die Rittmeister Freiherr Geyr v. Schweppenburg führte. Ich bekam eine Reitklasse zur Ausbildung (2. Klasse A) und nahm an der Offiziersreitstunde teil. Unter der ausgezeichneten Anleitung des Oberst v. Krosigk, der besonders auf dem Gebiet der Pferdedressur ein Meister war, lernte ich die Grundsätze der Reitinstruktion; für einen, der bis dahin so gut wie keine Pferdekenntnis besessen hatte, war dies freilich eine arbeitsreiche und schwierige Aufgabe. Im Frühjahr leitete mich Vizewachtmeister Laue an, korrekt vorm Zuge zu reiten, und dann Oberst v. Krosigk, die 4. Schwadron im Exerzieren zu führen, so daß ich diese am 22. Mai 1882 meinem Großvater auf dem Bornstedter Felde vorstellen konnte. Als Zeichen seiner Zufriedenheit überraschte mich nach Schluß des Vorexerzierens mein Großvater mit der Verleihung der Uniform der Gardehusaren und Stellung à la suite des Regiments.

Das Manöver gewährte mir Einblick in die Wichtigkeit des Aufklärungs- und Meldedienstes der Kavallerie für die übrigen Waffen. Der von Krosigk mit großer Sorgfalt betriebene Melde- und Aufklärungsdienst hatte das Regiment berühmt gemacht, so daß jeder Detachements- oder höhere Führer sich um die Husaren riß. Nach Schluß der Herbstübungen am 30. September 1882, dem Geburtstag meiner Großmutter, erhielt ich die Kabinettsorder mit der Verlängerung meiner Dienstleistung beim Garde-Husarenregiment bis zum 1. April 1883, die später noch einmal bis zum 1. Juli 1883 verlängert wurde. Da ich im Laufe des Winters in die Zivilverwaltung eingeführt werden sollte, worauf ich weiter unten zu sprechen komme, erging von seiten des Militärkabinetts die Instruktion, daß ich der bisherigen Führung der Eskadron enthoben werden sollte. Mein Dienst sollte sich im Winter auf eine Unterweisung in der Regimentsgeschäftsführung, Teilnahme an der Offiziersreitstunde und an einzelnen besonderen Übungen sowie auf Orientierung in der fortschreitenden Ausbildung der Eskadrons und in der Winterdressur erstrecken. Mithin war für ausreichende Beschäftigung im Winter militärisch wie ziviliter gesorgt.

Es war für mich in hohem Maße lehrreich, den vorbildlichen Reiterführer von Krosigk sein Regiment reglementarisch anlernen zu sehen und dann unter seiner Leitung ausbilden zu dürfen. Mit der hohen Pferdedressur, die er in das Regiment hineingebracht hatte, konnte dieses die befohlenen Bewegungen in allen Gangarten, auch den stärksten, in voller Haltung und bester Ordnung ausführen. Das Regiment evolutionierte fehlerlos, ein Musterbeispiel für die ganze preußische Reiterei.

Am 22. Mai 1883 kam der große Tag, an dem ich das Regiment meinem Großvater vorzustellen hatte. Wie klopfte mein Herz, als der Kaiser, von glänzendem Gefolge umgeben – darunter auch der große Reiterführer Prinz Friedrich Karl – sich der rotschimmernden Linie meines Regimentes näherte! An den ersten Parademarsch, der zur vollen Zufriedenheit verlief, schloß sich das Exerzieren an, dessen Verlauf auf eingezeichnetem Plan dem Kaiser vorher eingereicht worden war. Diese Bewegungen waren um so schwieriger, als mein Großvater infolge seines hohen Alters nicht mehr viel reiten konnte und daher um ihn herum exerziert werden mußte. Unter den Evolutionen zeigte ich den Galopp des in Eskadronsfronten abgeschwenkten Regiments in die Flanke eines gedachten Feindes. Als ich auf einem Hügel Posto faßte, um das Einschwenken des Regimentes von dort aus zu befehlen, und die fünf Eskadronsfronten in schönster Ordnung hintereinander angaloppiert kamen, tauchte plötzlich Prinz Friedrich Karl auf und rief mir zu: „Bravo, Wilhelm, das hast du gut gemacht! Wie ein echter Husar!“ Die Besichtigung endete mit einer Attacke auf eine wirkliche im Feuer stehende Batterie mit Bedeckung und mit der Fortführung der genommenen Geschütze unter Zuhilfenahme von Fouragierleinen. Den Abschluß bildete ein Parademarsch in flottem Galopp in Eskadronsfronten. Die Kritik meines Großvaters war außerordentlich wohlwollend, so daß die Garde-Husaren vor Freude strahlten und sogar der eiserne Krosigk weich wurde. An diesem Tage gab es Sekt!

* * *

An dieser Stelle meiner Erinnerungen seien einige Worte gesagt über das Wesen und die Bedeutung von Paraden, Besichtigungen und Ehrenwachen, die oftmals in diesem Buche erwähnt werden. Diese Vorführungen werden jetzt vielfach nur als hübsche militärische Schauspiele einer versunkenen Zeit hingestellt und angefeindet — freilich gerade von jenen Kreisen, die nach Beseitigung des deutschen „Militarismus" selbst dazu übergegangen sind, ihre Anhänger militärisch zu erziehen und die sich in Schaustellungen wie Umzügen nicht genug tun können. Ich habe die Besichtigungen usw. indessen nicht als solche Äußerlichkeiten hier festgehalten, sondern aus einem ganz anderen Grunde. Die Paraden erinnerten nicht nur daran, was der große Soldatenkönig Friedrich Wilhelm I. aus der bespöttelten „Wachtparade" schließlich gemacht hatte und wie seine Nachkommen sie weiter entwickelt hatten, sie waren weit mehr: sie bildeten einen Prüfstein der erreichten Manneszucht, der Fertigkeit des einzelnen Mannes, seine Nerven und Muskeln willensmäßig zu beherrschen, seiner Fähigkeit, den Einzelwillen in einen Gesamtwillen einzuordnen.

Man hat vielfach die Ansicht vertreten, daß die parademäßige Schulung als das Ergebnis eines seelenlosen Drills angesichts der gewaltigen Umwälzung in der Taktik überflüssig geworden sei, und hat diesem sogenannten „Drill" etwas gegenübergestellt, was man als „Erziehung" bezeichnete.

Diese Gegenüberstellung dürfte völlig abwegig sein. Durch Drill allein läßt sich niemals das erzielen, was unsere Paraden zum Ausdruck brachten, daß nämlich ein Wille, ein Kommandowort in der Lage war, Tausende von wehrhaften deutschen Männern zu leiten. Nur auf der Grundlage einer sorgfältigen moralischen und körperlichen Einzelerziehung war ein solches Ergebnis überhaupt denkbar. Meine alten Kameraden werden mir zustimmen, wenn sie sich daran erinnern, welches Maß von „Sichzusammenreißenkönnen" dazu gehörte, nach erheblichen körperlichen Strapazen den Willen aufzubringen, für die den Gefechtsübungen folgenden parademäßigen Vorbeimärsche den erschlafften Geist und die ermatteten Glieder in schärfste Zucht zu nehmen. Das Vollbringen solcher Leistung stärkte das Selbstgefühl, erweckte das Vertrauen zum eigenen Können und erzog damit zum Siegeswillen und Siegesvertrauen.

Die parademäßigen Vorführungen waren also zwar nicht das einzige, aber ein sehr wesentliches Hilfsmittel zur Erzielung und Prüfung der Manneszucht, d. h. der Einordnung des Einzelwillens in und unter einen die Gesamtheit repräsentierenden höheren Willen. Zu meiner Genugtuung erkennen das auch ganz moderne Ausbildungsvorschriften an, die auf Grund der Kriegserfahrung besagen, daß „die Manneszucht gefestigt wird durch Genauigkeit bei der Einübung und Anwendung der Formen, welche die Vorschriften verlangen, daß Ordnung und Zusammenhalt zur zweiten Natur der Truppe werden müsse, daß der Soldat, überzeugt von der Notwendigkeit unbedingten Gehorsams und strammer Zucht, sich freudigen Herzens ihnen fügen und wissen müsse, daß sie eine Wohltat für alle seien".

Die besten Führer im Weltkriege haben mir bestätigt, daß die unerhörten Leistungen unserer Truppen, namentlich bei den großen Operationen in den Jahren 1914 und 1915 nur durch unsere traditionelle Methode einer systematischen Erziehung zur Manneszucht und ihrer dauernden Pflege möglich gewesen sind. Auf dieser Erziehung baute sich im wesentlichen unsere tatsächliche taktische und moralische Überlegenheit sowie das notwendige Bewußtsein von dieser Überlegenheit auf.

Unsere Gegner haben sich diese Erkenntnis zunutze gemacht. Die Japaner als die „Preußen des Ostens" nahmen schon vor dem Kriege unsere Disziplinlehre auf und wandten sie erfolgreich an. Die Franzosen, die vor 1914 über den „Preußischen Drill" spöttelten, wurden durch die Erfahrungen des Jahres 1914 klug und bedienten sich der rücksichtslosesten Methoden, um im Laufe des Krieges das Versäumte nachzuholen und wenigstens formell eine eiserne Manneszucht zu erzwingen. Sie erreichten ihr Ziel gerade zu einem Zeitpunkte, als bei uns von rückwärts die Disziplin gelockert wurde.

In meiner langen militärischen Laufbahn und während meiner Regierungszeit habe ich persönlich oft genug mit Interesse die gespannte Aufmerksamkeit beobachten können, mit der die fremden Souveräne oder ihre Militärattachés unsere Paraden verfolgten. Der hohe Stand unserer Armee, der bei den Paraden zum geschlossensten Ausdruck kam, zeigte ihnen den Wert unserer Freundschaft – und unserer Feindschaft. So wirkte die Armee tätig in der großen Politik mit. Bei den Manövern war es nicht anders, und die Schlußparaden zeigten, daß die Truppe nach dem Gefecht genau so in der Hand der Führer war, wie vor dem Gefecht und während des Gefechts. Auch die andere Art der erwähnten Vorführungen hatte ihre eigene Bedeutung. Wenn z. B. die Fürstlichkeiten, die Chefs von Regimentern waren, ihre Truppe dem Kaiser oder fremden Monarchen vorführten, wie ich das ebenfalls mehrfach schildere, so sollte darin der Stolz des Regimentschefs über seine enge Verbundenheit mit der Truppe zum Ausdruck kommen.

Den tieferen Sinn der geschilderten militärischen Vorführungen muß man sich vor Augen halten, wenn man sich ein Urteil darüber bilden will, welcher Wert ihnen gelegentlich von Fürstenbegegnungen, zu denen vielfach wichtige politische Aussprachen den Anlaß gaben, beizumessen war. Sie übertrafen durch ihre Eindrucksfähigkeit sowohl ihre rein militärische Zweckbestimmtheit als auch ihre Brauchbarkeit zu rein höfischer Repräsentation, waren vielmehr ein wichtiges Aggregat politischer Beeinflussung.

Ganz abgesehen von diesen Zwecken glaube ich aber, daß solche Vorführungen auch rein militärisch, trotz der vollkommen veränderten Kampfführung der Gegenwart, durchaus ihren Wert behalten. Das moderne Gefecht löst den Verband auf. Um so stärker muß die Manneszucht in der Truppe durch Erziehung und dauernde Übung gefestigt werden. Ohne eine parademäßige Schulung läßt sich das nicht erreichen. „Die Vorbedingung für die Brauchbarkeit einer Truppe ist die Manneszucht" – sagt eine ganz moderne Vorschrift. „Sie schafft den festen inneren Zusammenhang und läßt die auflösenden Wirkungen des Kampfes überwinden." Ein weises Wort, dem ich ganz zustimme!

Alles, was die Armee betraf, fand zu meiner Freude in der Vorkriegszeit vollkommenes Verständnis beim deutschen Volke, vom Fürsten bis zum Arbeiter. Der Jubel bei den Paraden war doch ungeheuer – und, was keiner zu bestreiten wagen wird: echt. Die einen dachten an die Zeit, als sie dabei sein konnten, die anderen freuten sich darauf, bald des Königs Rock tragen zu dürfen. Jeder liebte und achtete die Armee der allgemeinen Wehrpflicht, die große Schule des deutschen Volkes. Jeder einzelne wußte, was er ihr verdankte, und die Allgemeinheit wußte, daß nur unter dem Schilde des Soldaten Arbeit und Wohlstand gedeihen, Künste und Wissenschaften gepflegt werden konnten.

Das alles kam in dem Jubel zum Ausdruck, der die Armee bei Paraden, Manövern und anderen Gelegenheiten begrüßte. Sie waren Symbole, nicht leere Äußerlichkeiten.

* * *

Wieviel übrigens dem Ausland, insonderheit unserem westlichen Nachbar, daran lag, hinter die in der deutschen Armee gepflegten

Ausbildungsgrundsätze zu kommen, erhellt aus folgendem mir in Erinnerung gebliebenen Vorkommnis. Bei einem Gefechtsexerzieren der Gardekavalleriedivision um Teltow, das ich als Ordonnanzoffizier im Stabe des Generals à la Suite Graf Alten mitmachte, wurden zwei französische Generalstabsoffiziere festgenommen, die in Zivil widerrechtlich sich unter die Zuschauer gemischt hatten. Ich wurde von Graf Alten zu ihnen gesandt und hatte die Herren darauf aufmerksam zu machen, daß sie ihr Mißgeschick hätten vermeiden können, wenn sie durch ihren Militärattaché offiziell um Erlaubnis zur Teilnahme nachgesucht hätten. Ihren betroffenen Antworten war zu entnehmen – vor allem, als sie von meinem Begleiter erfuhren, wer ihnen die Bestellung überbrachte –, daß sie nicht ohne Wissen und Förderung ihres Militärattachés, den der eine Franzose als seinen „ami" bezeichnete, zu der Übung gekommen waren. Bald darauf traf ich den französischen Militärattaché bei den Kaisermanövern und stellte ihn. Er tat anfänglich ganz unwissend, und erst als ich ihm einen Gruß seines „ami" bestellte und von den näheren Umständen meines Zusammentreffens mit den festgenommenen Generalstabsoffizieren erzählte, verlor er die Fassung und stand da wie ein begossener Pudel.

*

Um dieselbe Zeit fand eine Übung des Regiments unter meinem Kommando gegen die 6. Kürassiere in der Gegend von Lehnin statt. Auch die Prinz Heinrich-Füsiliere und die Reitende Abteilung des Feldartillerieregiments Nr. 3 nahmen daran teil. Die Übung, die vom Divisionskommandeur General Graf Haeseler geleitet wurde, dauerte vom frühen Morgen bis in den späten Nachmittag hinein, bei ganz außergewöhnlicher Hitze; das Biwak wurde in der Nähe von Baumgartenbrück bezogen. Erst am nächsten Tage führte ich das Regiment nach Abschluß der Übung in die Garnison zurück. Dieses für damalige Zeiten ungewöhnliche Unternehmen erregte allgemeine Aufregung in Potsdam und Berlin, „da man im Sommer nur zu exerzieren oder im Detail Felddienst zu üben habe, ein Manövrieren aber unstatthaft sei, das ginge erst im Herbst". Diese Umstände veranlaßten meinen Großvater, den Oberst v. Krosigk zum Vortrag über die Übung zu befehlen. Dieser legte dem Kaiser dar, daß angesichts der Kürze meiner Dienstzeit bei der Kavallerie mir Gelegenheit gegeben werden müßte, das Regiment in unbekanntem Gelände gegen unbekannten Feind verwenden zu lernen. Mein Großvater billigte durchaus die vorgetragenen Gründe, worauf die zahlreichen Kritikaster Krosigks verstummten.

*

Aus der Zeit meines Kommandos zum Garde-Husarenregiment muß ich noch einer Episode Erwähnung tun, die in mehr als einer Beziehung charakteristisch ist.

Im Spätsommer pflegte mein Großvater in Babelsberg zu residieren und dann auch zuweilen den Exerzierübungen auf dem Bornstedter Feld beizuwohnen. In jenem Jahre war zum ersten Male seit Menschengedenken die Zusammenziehung der gesamten Garde-Kavalleriedivision zum Divisionsexerzieren im Gelände befohlen worden. Mein Brigadekommandeur General v. Brozowski hatte infolgedessen, um seine drei Regimenter auf dieses Exerzieren vorzubereiten und die Treffentaktik mit den Kommandeuren durchzuüben, unsere Brigade regimenterweise in eingliedriger Formation formiert und auf diese Weise jedes Regiment in eine eingliedrige Brigade zerlegt. Das ergab zwei Ulanen- und eine Husarenbrigade zu einem Gliede und im ganzen eine eingliedrige Kavalleriedivision. Auf diese Weise führten etatsmäßige und ältere Rittmeister Regimenter und die Premierleutnants Schwadronen, was eine ausgezeichnete Schulung für die Herren war. General v. Brozowski, der seinerzeit das Kavallerie-Exerzierreglement mit bearbeitet hatte, besaß eine kleine schlanke Figur, dunkle Gesichtsfarbe und blitzende schwarze Augen; er war ungemein liebenswürdig und höflich gegen seine Untergebenen

— selbst beim Exerzieren seinen Ordonnanzoffizieren gegenüber, zu denen ich auch gehört habe. Er hatte eine kleine komische Angewohnheit, die uns allen sehr viel Vergnügen bereitete und die darin bestand, daß er, wenn er in Erregung geriet, in den Ruf „Hol mich der Teufel!" auszubrechen pflegte.

Als ich eines Abends wieder wie so häufig nach Babelsberg zu Tisch befohlen war, fragte mich mein Großvater, was wir am Morgen auf dem Bornstedter Felde gemacht hätten. Auf meine Antwort: „Vorbereitende Übungen für das Divisionsexerzieren bei Teltow" mußte ich meinem Großvater die oben geschilderten Übungen auseinandersetzen. Mit steigender Aufmerksamkeit hörte der Kaiser zu, wobei er oft zustimmend mit dem Kopfe nickte. Als ich geendet hatte, erklärte mein Großvater, daß er am nächsten Tage sich das eingliedrige Exerzieren einmal ansehen wolle. Daraufhin erbat ich sofort die Erlaubnis, dem Brigadekommandeur den entsprechenden Befehl überbringen zu dürfen, erhielt sie, sprang in meinen Wagen und fuhr nach der Villa des Generals v. Brozowski. Nach lebhafter Begrüßung fragte dieser, was ich brächte. „Einen Befehl Seiner Majestät!" Der General nahm sofort die Hacken zusammen: „Der lautet?" „Seine Majestät befehlen, daß der Herr General ihm morgen die Brigade in eingliedriger Formation vorexerzieren sollen." Mit dem Schreckensruf: „Hol mich der Teufel!" fiel der General auf den nächsten Stuhl. Nachdem es mir gelungen war, ihn zu beruhigen, da der Allerhöchste Kriegsherr allen vernünftigen Neuerungen volles Verständnis entgegenbrächte, sagte der General: „Ja, Sie haben ganz recht, aber, Königliche Hoheit, der Kommandierende General v. Pape und der Divisionskommandeur Graf Brandenburg, die Gegner von Neuerungen! Hol mich der Teufel!"

Am nächsten Morgen versammelte sich unsere Brigade bei richtigem Kaiserwetter an der „Schanze", Front gegen die Chaussee, in besseren Garnituren. Zunächst erschien eine Anzahl Herren aus Berlin, darunter der Kommandierende General, der Divisionskommandeur, die Brigade- und Regimentskommandeure der Berliner Kavallerieregimenter, ferner eine Anzahl Herren des Gefolges meines Großvaters, alle mit sichtbar erstaunten und fragenden Gesichtern. Bald darauf ertönte das Kommando: „Stillgesessen" und „Achtung". Alles saß wie angegossen auf den Pferden. Wir salutierten, und freundlich grüßend ritt der Kaiser die Front seiner Regimenter ab. Das Exerzieren verlief ganz programmäßig. General v. Brozowski drehte die eingliedrige Division auf dem Bornstedter Felde um den Kaiser herum wie ein Regiment, die aus dem zweiten Gliede gebildeten „Regimenter" ritten genau so sicher in guter Haltung und gutem Tempo, wie die aus dem ersten. Hauptsächlich wurde im Trab evolutioniert, ebenso wurden die Aufmärsche vollführt, die Attacken aber nur angedeutet, nicht ausgeritten. Es ging alles wie am Schnürchen. Bei der Kritik sprach sich mein Großvater sehr anerkennend über das Gesehene aus, lobte die vorzügliche Reiterei, die ausgezeichnete Haltung der Mannschaften, die Exaktheit in den Evolutionen. Dabei hob der Kaiser besonders die Umsicht des Generals v. Brozowski hervor, mit der er seine Unterführer auf das Reiten im großen Verbande vorbereitete, ebenso, daß er die Attacken nur markiert und nicht ausgeritten habe, und reichte zum Schluß dem General glückwünschend die Hand.

Beim Nachhausereiten schloß General v. Brozowski sich dem Garde-Husarenregiment an, und wir beglückwünschten ihn alle von Herzen. Als ich ihn fragte, ob es nun so schlimm gewesen wäre, wie er sich abends zuvor ausgemalt habe, antwortete der General: „Hol mich der Teufel, Königliche Hoheit, es war herrlich! Seine Majestät von einer Gnade! Ich bin noch tief bewegt. Auch Exzellenz v. Pape und Graf Brandenburg haben mir gratuliert, aber der Gesichtsausdruck!! Hol mich der Teufel!"

*

Das Leben im Offizierkorps des Garde-Husarenregiments war von dem gleichen Geist der Kameradschaftlichkeit erfüllt, wie das des Ersten Garderegiments zu Fuß. Natürlich war bei der verhältnismäßig geringen Zahl der Offiziere der Zusammenhalt noch enger und der persönliche Einfluß des Regimentskommandeurs auf jeden einzelnen weit fühlbarer. Oberst v. Krosigk hatte seinem Offizierkorps einen frischen, fröhlichen Reitergeist eingeflößt, auch das Interesse an taktischen und strategischen Fragen zu wecken und zu nähren verstanden. Ich kann wohl sagen, daß trotz seiner Strenge, ja zuweilen Grobheit, wir Gardehusaren mit Stolz und inniger Verehrung zu unserem Regimentskommandeur aufsahen. Solchen Männern, wie ihm und dem Obersten v. Rosenberg, dem Kommandeur der Zietenhusaren, hat es die preußische Kavallerie zu danken, daß ihr Reglement durch wiederholte Umarbeitungen stets auf der Höhe blieb und den Anforderungen der modernen Ausbildung und Kriegführung entsprach – ein gewaltiger Vorteil, den sie vor der Infanterie voraus hatte!

Bei der Behandlung taktischer und strategischer Fragen brachte Oberst v. Krosigk auch oft die im Kreise von Dreilinden, zu dem er gehörte, vom Prinzen Friedrich Karl aufgestellten Grundsätze für die Verwendung der Reiterei zur Sprache, die mehr als einmal zu interessanten Diskussionen Veranlassung gaben und von dem großen Einfluß des Prinzen auf die Entwicklung der preußischen Reiterei Zeugnis ablegten. Auch ich habe einmal einem solchen Abend in Dreilinden beiwohnen dürfen. Einige meist ältere Herren aus den verschiedenen Chargen und Waffen, auch aus der Marine, vom General und Admiral abwärts, besprachen die vom Prinzen zur Erörterung gestellten taktischen und strategischen Fragen, die für die Armee von Wichtigkeit waren, mit allem Freimut. Dabei ereignete sich ein kleiner heiterer Vorfall. Als der Prinz im Laufe der Unterhaltung auf das Artillerieschießverfahren zu sprechen kam, bemerkte der bekannte General

v. Hartmann, der über einen sehr schlagfertigen Witz verfügte, im Hinblick auf die soeben erfolgte Nobilitierung eines Brigadekommandeurs der Gardeartillerie: „Eure Königliche Hoheit, seitdem die preußische Artillerie nur noch von lauter Montmorencys kommandiert wird, trifft sie überhaupt nichts mehr!" Lebhafte Heiterkeit war die Folge dieses Scherzes, der mir als charakteristisch für den in Dreilinden gepflegten Geist in Erinnerung geblieben ist.

*

Am 1. Juli 1883 trat ich zur Dienstleistung beim 1. Garde-Feldartillerieregiment über; sein Kommandeur war Oberst Mauve genannt v. Schmidt. Ich sollte hauptsächlich im Schießen ausgebildet werden und wurde zu diesem Zweck der dritten Reitenden (Rappen-) Batterie des Regiments zugeteilt, die Hauptmann Graf zur Lippe kommandierte. Theoretisch wurde ich durch Major v. Bach in die Geheimnisse des Schießverfahrens eingeweiht, das er meisterhaft beherrschte.

Bald kam der Tag heran, an dem ich die dritte Reitende auf dem Schießplatz bei Tegel im Schießen vorzustellen hatte; sämtliche höheren Instanzen vom Generalinspekteur abwärts hatten sich dazu eingefunden: General v. Voigts-Rhetz, General v. Dresky und Oberst v. Körber. Nach Beendigung des Schießens fand Kritik sämtlicher anwesenden Vorgesetzten, in erster Linie der genannten „Trias", statt. Das Ergebnis war, wie ich feststellen darf, günstig und überraschte allgemein, nicht zum wenigsten mich.

Damit der Scherz auch bei den ernstesten Dingen nicht fehle, ereignete sich bei dieser Gelegenheit folgender heitere Vorfall. Als Verbindung zwischen den Scheiben und dem Standort der Batterie diente die damals neue Erfindung einer Telephonleitung. General v. Voigts-Rhetz, unmutig über das lange Warten, begab sich persönlich ans Telephon, um die vielfachen Anfragen, ob die Scheiben noch nicht fertig aufgestellt seien, durch die seinige zu vermehren. Plötzlich sahen wir ihn den Hörer fallen lassen und gesenkten Hauptes davonreiten, während die das Telephon bedienenden Artilleristen ihre Gesichter zu breitem Grinsen verzogen. Bald kam es heraus, was geschehen war. Seine Exzellenz hatte im Zorn zu laut in das Telephon hineingeschrien, was damals streng verboten war, und hatte daraufhin statt jeder weiteren Orientierung zur Antwort bekommen: „Schafskopp, brüll nicht so!" Dieses Wort machte mit Windeseile die Runde durch die preußische Artillerie.

Im Laufe des Sommers durfte ich auch einmal meinem Vater die Batterie auf dem Kreuzberg vorexerzieren, und auch hier machte sie ihre Sache gut. Ich erinnere mich, daß dabei wieder die schon genannte „Trias" meiner höheren Waffenvorgesetzten zugegen war, ohne daß mein Vater ihre Teilnahme befohlen oder gar gewünscht hätte. Bei Besprechung der am Schluß des Exerzierens gelösten Gefechtsaufgabe verbreitete sich die „Trias" sehr ausführlich über die eigenen Leistungen im Jahre 1870/71, und es schien, als ob bei meinem Vater der Eindruck erweckt werden sollte, die gute Ausbildung der Batterie sei hauptsächlich der Einwirkung dieser Herren zuzuschreiben. Ohne Zweifel gebührte das Verdienst hieran aber dem Regiments- und Abteilungskommandeur Major v. Neubronn sowie dem Hauptmann Graf Lippe. Mein Vater fühlte das sehr wohl, er hörte der langen Kritik ingrimmig zu, schüttelte dann dem Regiments- und Abteilungskommandeur die Hand, belobte die Batterie und ritt, die „Trias" nur kurz salutierend, davon.

Bei den Herbstübungen des Gardekorps führte ich zeitweise die Artillerie eines Detachements, dann auch an einem Tage ein gemischtes Detachement. Ich konnte dabei in einem Verfolgungsgefecht die drei Reitenden Batterien des Regiments in der Karriere bis in die verfolgenden Schützenlinien vorführen und erntete für diese bis dahin selten geübte Verwendung Lob.

Nach Abschluß der Übungen des Gardekorps verabschiedete ich mich mit herzlichem Dank von den mir lieb gewordenen Kameraden und meinen hochgeschätzten Vorgesetzten. Die Beziehungen zum Regiment sind mein ganzes Leben hindurch von gegenseitiger Herzlichkeit und Treue erfüllt gewesen.

*

Für die Zeit des Kaisermanövers beim IV. Armeekorps im Herbst 1883 wurde ich zum Stabe des Generals v. Blumenthal kommandiert; sein Generalstabschef war Oberst v. Holleben. Ich konnte noch am letzten Divisionsmanövertage teilnehmen und die eingehende und klare Kritik des alten Chefs meines Vaters aus zwei Kriegen bewundernd mit anhören. Während des Kaisermanövers wurde ich von Oberst v. Holleben jeden Abend nach Tisch zur Bearbeitung der eingehenden Meldungen und der Befehle für den nächsten Tag mit herangezogen und habe viel bei ihm für die höhere Führung gelernt.

Am letzten Tage wurde mir die Aufgabe zuteil, die an das Korps ergehenden Kabinettsorders, die Beförderungen und Dekorationen brachten, auf dem Manöverfelde zu verteilen. Dabei stieß mir ein heiteres Erlebnis zu. Oberst v. Werder, der spätere Kommandierende General des I. Armeekorps, erwies sich als ein gar aufgeregter Herr, der überall und nirgends war. Ich für meine Person mußte leider das letztere feststellen, als ich ihn mit einem Auftrage allerorten suchte. Keiner der von mir der Reihe nach abgerittenen Bataillone seines Regiments konnte mir seinen Standort angeben. Endlich traf ich ihn auf der Landstraße und versuchte, ihm meinen blauen Brief zu überreichen. Das mißlang. So war ich gezwungen, den mich nicht beachtenden Herrn im Galopp zu begleiten, bis dieser sich unwirsch nach dem ihm unbekannten Husarenoffizier umwandte: Was ich eigentlich von ihm wolle? Wozu ich immer hinter ihm herritte? Ich mache ihm ja sein Pferd scheu! Ich hob den blauen Brief hoch und rief in meiner Verzweiflung: „Herr Oberst, eine Allerhöchste Kabinettsorder!" Nun brachte er sein Pferd so plötzlich zum Stehen, daß er die Bügel verlor und auf dem Halse saß. In dieser wenig militärischen Stellung nahm er durch die Ohren seines Pferdes hindurch die Order mit seiner Beförderung entgegen. Immer noch unwirsch fragte er mich, wer ich eigentlich sei? Ich antwortete stramm militärisch: „Ordonnanzoffizier des Kommandierenden Generals, Prinz Wilhelm von Preußen, der Enkel dessen, von dem ich die Ehre habe, diese Kabinettsorder zu überbringen." Der General war sprachlos vor Erstaunen, doch ehe er sich gesammelt hatte, war ich schon auf und davon.

Nach dem Manöver empfing ich die Allerhöchste Kabinettsorder, die mich mit der Führung des I. Bataillons des Ersten Garderegiments zu Fuß beauftragte.

*

Am 20. Oktober 1883 trat ich beim Ersten Garderegiment zu Fuß die Führung des I. Bataillons an.

Zu derselben Zeit erhielt mein Vater den Befehl, den Besuch des Königs von Spanien, der den Kaisermanövern bei Homburg beigewohnt hatte, zu erwidern. Mein Vater hatte dem Kaiser den Wunsch ausgesprochen, mich mitzunehmen, ohne daß ich davon Kenntnis hatte. Wer beschreibt meinen Schreck, als bei der nächsten Gelegenheit mein Großvater mir sein Mißfallen zum Ausdruck brachte, daß ich „gleich nach Antritt eines so wichtigen Kommandos eine Vergnügungsreise nach Spanien machen wolle"! Ich meldete dies sofort meinem Vater mit der Bitte, von meiner Beteiligung an der Reise abzusehen, zog mir aber dadurch seine Ungnade zu. Ich hielt es trotzdem für meine Pflicht, die Aussichten auf das schöne Spanien mit dem Kasernenhof und dem Exerzierplatz zu vertauschen.

Im Winter 1883/84 stellte mir der Regimentskommandeur Oberst v. Lindequist die Aufgabe, einen Vortrag aus der Kriegsgeschichte des Altertums zu halten. Durch den damals beim Regiment zur Dienstleistung eingezogenen ehemaligen Erzieher meines Bruders Waldemar, Dr. Hans Delbrück, den späteren bekannten Professor und Geschichtschreiber, wurde ich mit den neuen Forschungen über die Fechtart der alten Griechen und Römer, über die Phalangen und die römische Manipeltaktik bekannt. Diese bildeten die Grundlage für meinen Vortrag über die römische Taktik und die Schlacht von Cannä, erläutert durch eigenhändige, unter Delbrücks Anleitung entworfene Zeichnungen. Ich konnte darlegen, daß bis Cannä einschließlich die Römer in der antiken Phalanx, einer ungefügen, unbeholfenen und reservelosen Formation ohne Tiefengliederung, gefochten hatten. Erst die Scipionen teilten die Phalanx durch zwei Schnitte der Länge nach und führten damit die unter eigenen Befehlshabern stehenden, einander folgenden Treffen ein. Mit Hilfe dieser Treffentaktik schlug Scipio Hannibal entscheidend bei Zama. Das von mir behandelte Problem ist später durch die ausgezeichneten Schriften Schlieffens von eminenter Bedeutung geworden.

Im Frühjahr 1884 kam die Zeit, da ich das Bataillon meinem Großvater auf dem Lustgarten vorzustellen hatte; ich konnte es, da die Reservisten eingezogen waren, am 5. Mai in einer Stärke von 180 Mann pro Kompagnie tun. Meine Grenadiere ließen ihren Bataillonsführer nicht im Stich und verschafften uns aus Allerhöchstem Munde das Prädikat „vorzüglich".

Ich legte im Laufe des Sommers einige Übungen mit Biwaks ein (nicht nur „bei Tage") und im Gelände bei Trebbin auch ein Scharfschießen mit kriegsstarken Kompagnien, das infolge der geschickten, kriegsmäßigen Aufstellung der Scheiben durch ein Kommando der Schießschule in Spandau einen äußerst anregenden Verlauf nahm. Bei der großen Herbstparade konnte ich das I. Bataillon, das von den Kameraden scherzend „das erste Bataillon der Christenheit" genannt wurde, vor meinem Großvater vorüberführen. Die darauffolgenden Manöver des Gardekorps stellten mich vor interessante und lohnende Aufgaben, die das Bataillon in der Gefechtstaktik und bei den Schanzarbeiten zeigen konnten.

*

Dann verließ ich die Übungen des Gardekorps, um mich in der Rheinprovinz beim Generalfeldmarschall Graf Moltke als der Manöverleitung zugeteilt zu melden. Da Moltke jedoch unpäßlich geworden war, hatte Graf Waldersee in seiner Vertretung die Leitung übernommen. Mein Vater war Oberschiedsrichter. Auf dem Paradefeld bei Euskirchen stand das Königin Augusta-Garde-Grenadierregiment auf dem rechten Flügel des VIII. Armeekorps, neben dem rechten Flügel des I. Bataillons hielt der Wagen mit meiner Großmutter, rechts neben ihr General v. Loë und General v. Pape. Es war ein tiefbewegender Augenblick, als mein Großvater, gefolgt von meinem Vater und mir, an die Kaiserin, den erlauchten Chef, heransprengte und ihr die Hand küßte. Es sollte das letzte Mal sein, daß sie dem Obersten Kriegsherrn ihr Regiment vorführen konnte.

Während der folgenden Manövertage wurde ich mehrfach von der Leitung zum Stabe des Generals v. Witzendorff (VII. Armeekorps) zur Nachrichtenübermittlung kommandiert. Der General war ein hagerer Mann, lang aufgeschossen, mit Augen, die unter buschigen Augenbrauen feurig hervorblitzten; niemals hatte ihn jemand lächeln sehen. Sein Stab stand stets in ehrerbietiger Entfernung von ihm in tiefem Schweigen da, nur sein Chef durfte sich ihm von Zeit zu Zeit nähern. Als ich einmal von der Überbringung einer Meldung an meinen Vater zu ihm zurückkehrte, traf ich im Vorbeireiten auf die hinter einem Dorf rastende Avantgarde des VII. Armeekorps. An einer Wegekreuzung passierte ich einen ziemlich beleibten General, der eine entfernte Ähnlichkeit mit dem verstorbenen Herzog Ernst von Koburg hatte. Als ich grüßend vorbeireiten wollte, befahl mir der General mit folgender Anrede zu halten: „Junger Mann, wissen Sie nicht, daß, wer von vorn kommt, bei mir, dem General Michelmann, Kommandeur der Avantgarde, zu halten und Meldung zu machen hat?“ – „Ich komme,“ meldete ich, „von dem Oberschiedsrichter, Seiner Kaiserlichen Hoheit dem Kronprinzen, und reite in

Kaisertage in Homburg v. d. Höhe. 1883

Von links nach rechts. 1. Damen: Prinzeß Victoria von Hessen, Herzogin von Connaught, Prinzeß Elisabeth von Hessen, Prinzeß Irene von Hessen, Prinzeß Victoria von Preußen, Kronprinzessin Victoria von Preußen. 2. Herren: Erbgroßherzog von Sachsen-Weimar, König von Serbien, Herzog von Connaught, Kaiser Wilhelm I., Kronprinz von Portugal, Erbgroßherzog von Baden, König von Spanien, Prinz Wilhelm von Preußen, Herzog von Cambridge, Großherzog von Hessen, Großherzog von Sachsen-Weimar, König von Sachsen, Kronprinz Friedrich Wilhelm von Preußen, Prinz von Wales.

Bataillonsexerzieren des 1. Bataillons des 1. Garde=Regiments zu Fuß. 1885

dessen Auftrag zu Exzellenz v. Witzendorff." — „Na, das paßt ja ganz gut, dann nehmen Sie einmal gleich eine Meldung mit!" Als ich nach Empfang der Meldung abreiten wollte, hielt der General mich mit der Bemerkung fest: „Na, na, junger Freund, nicht so hitzig! Erst die Meldung wiederholen! Ich kenne die jungen Herren von der Kavallerie. Die denken nur an den Galopp übers Terrain, hören mit halbem Ohr hin, bringen eine konfuse Meldung an den Vorgesetzten, und dann bekomme i ch eins auf den Kasten." Nachdem ich die Meldung zur Zufriedenheit des Generals wiederholt hatte, wurde ich entlassen und kehrte zu der finsteren Exellenz auf dem Berge zurück.

Als ich dort nach Erledigung meines Auftrages hinzufügte, ich wäre vom General Michelmann beauftragt, an Seine Exellenz eine Meldung zu übermitteln, sah mich General v. Witzendorff von oben bis unten durchbohrend an: „Wie kommt General Michelmann dazu, Eure Königliche Hoheit mit einer Meldung zu beauftragen? Hat er Eure Königliche Hoheit nicht erkannt und gebührend Meldung erstattet?" Ich verneinte, äußerte die Vermutung, der General habe mich wohl für einen Patrouillenreiter gehalten und gab eine ausführliche Schilderung der näheren Umstände meines Zusammentreffens mit ihm. Der Erfolg meiner Meldung war mehr als überraschend, denn der Stab konnte nunmehr auf den Zügen des gestrengen Herrn Kommandierenden ein Mienenspiel beobachten, das unbedingt als etwas einem Lächeln sehr Ähnliches aufzufassen war. Seine Exzellenz hatten geruht, zum ersten Male öffentlich vor seinen Herren zu lächeln! Sehr bald erfuhr ich auch die Ursache der Heiterkeit: General Michelmann war nämlich diejenige Person, auf die alle Anekdoten, die im Korps sich ereigneten, lokalisiert wurden, und nun hatte er ahnungslos eine neue, sogar eine wahre, dazu geliefert! Am Abend wurde der Vorfall an allen Biwakfeuern der Westfalen gebührend belacht.

*

Das Jahr 1885 glich in dienstlicher Beziehung im allgemeinen dem vorhergehenden. Am 2. September 1885 wurde ich unter Enthebung von der Führung des I. Bataillons mit der Führung des Ersten Garderegiments zu Fuß während der Herbstübungen beauftragt. Dies gab mir Gelegenheit, wiederholt mit dem Divisionskommandeur, General v. Schlichting, zu verkehren. Er legte vor allem hohen Wert auf geschickte Geländebenutzung, besonders der Schützen, ohne Rücksicht auf Richtung, die damals immer noch eine gewisse Rolle spielte. Die Übung schloß mit einem Angriff auf die Hakenberge östlich von Berlin, zu dem Exzellenz v. Schlichting das Erste Garderegiment zu Fuß unter meiner Führung aus der Reserve vorziehend einsetzte. Der Sturm wurde ausgeführt und gelang unter den Augen meines Vaters.

*

Während des Kaisermanövers wurde ich zum Stab des Generals v. Obernitz, Kommandierendem General des XIV. Armeekorps, kommandiert. In dem abwechslungsreichen Gelände zwischen Karlsruhe und Ettlingen zeigten sich die Truppen in bester Verfassung. Die von Oberst Edler von der Planitz, dem späteren Generalinspekteur der Kavallerie, kommandierte Kavalleriebrigade zeichnete sich durch schneidige Attacken besonders aus. Auf der Höhe von Ettlingen erhielt ich am 16. September, dem letzten Manövertage, die Allerhöchste Kabinettsorder mit der Ernennung zum Kommandeur des Garde-Husarenregiments unter Beförderung zum Oberst. Planitz war der erste, der mir gratulierte.

Anläßlich meiner persönlichen Meldung im Schloß zu Karlsruhe sagte mir mein Großvater, in der Gardekavallerie würde gespielt, und auch die Garde-Husaren sollten dabei beteiligt sein. Ich hätte die Spielsucht mit aller Energie zu bekämpfen; er mache mich mit meinem Kopfe dafür verantwortlich, daß mein Offizierkorps von diesem Laster befreit werde und zu altpreußischer Solidität und Einfachheit zurückkehre.

Ich begleitete dann meinen Großvater zu den Kaisermanövern des XIII. Armeekorps nach Stuttgart. Sein Kommandierender General war General v. Schachtmeyer, der seine Erfahrungen als passionierter Pirschjäger in der Ausnutzung von Geländedeckungen in weitgehendem Maße auf sein Korps übertragen hatte. Größere Kolonnen traten bei ihm überhaupt nicht in Erscheinung, Kompagniekolonnen wurden geschickt gedeckt geführt, die Schützen waren fast unsichtbar. Mit einem Wort, das Korps war nach allen Regeln moderner Gefechtskunst ausgebildet; es war das erste, das ich in dieser Art fechten sah. Natürlich fehlten dabei für die Laienzuschauer imposante Bilder größerer Infanteriemassen, und ich hörte aus der Umgebung meines Großvaters sehr mißbilligende Urteile über die Manöver. Wie erstaunten aber diese Herren, als mein Großvater bei der Schlußkritik v. Schachtmeyer mit den Worten auszeichnete: sein Korps sei am besten für den Krieg vorgebildet und ein Musterbeispiel für die ganze Armee! Diese Worte beweisen, daß mein Großvater durchaus verstand, mit der Zeit mitzugehen und die Behauptungen in Berlin, „man dürfe Seiner Majestät so etwas nicht zeigen", falsch waren.

*

Nach meiner Rückkehr nach Potsdam meldete ich mich in meiner neuen Eigenschaft als Oberst und Kommandeur des Garde-Husarenregiments beim Kommandierenden General v. Pape. Obwohl Pape streng und sehr gefürchtet war, ist er mir stets ein gerechter, wohlwollender Vorgesetzter und fast väterlicher Berater gewesen. Mein Divisionskommandeur war Generalleutnant v. Winterfeld, mein Brigadekommandeur Generalmajor v. Versen, der frühere Kommandeur des 12. Husarenregiments.

Die Worte meines Großvaters über das Spiel vernahm General v. Pape mit hoher Befriedigung und teilte mir mit, daß die Hauptquelle allen Übels der Union-Klub sei. Der Besuch desselben hätte manchem vielversprechenden jungen Offizier die Uniform, ja das Leben gekostet und mehr als eine Familie ruiniert. Ich solle nur rücksichtslos gegen die Giftbeule vorgehen, ich sei durch die Worte Seiner Majestät gedeckt, und er stände selbstverständlich in jeder Beziehung hinter mir.

Als ich mein Offizierkorps zum ersten Male um mich versammelte, teilte ich ihm auch die ernsten Worte des Kaisers über das Spielen mit, die augenscheinlich ihren Eindruck nicht verfehlten. Nach Orientierung bei den anderen Regimentskommandeuren der Potsdamer Kavallerieregimenter über dieses Thema konnte ich feststellen, daß alle ohne Ausnahme die Ansicht des Kommandierenden Generals teilten, jedoch erklärten – es sei nichts gegen den Union-Klub zu machen, da dieser durch zu hohe Protektion gedeckt sei. Aus dieser Lage, die ich nicht anzuerkennen gewillt war, entstand mein Kampf gegen den Union-Klub, der eine lange Zeitspanne in Anspruch nahm. Er begann damit, daß ich meinen Offizieren rigoros die Mitgliedschaft und Teilnahme am Spiel verbot.

*

Der gesamte Dienst im Garde-Husarenregiment sowohl in der Reitausbildung wie in bezug auf Exerzieren und Felddienst war streng nach den Grundsätzen des Obersten v. Krosigk durchgeführt. Dem Rittmeister v. Dewitz, der die Dressuren der Pferde von Krosigk mit großem Erfolg übernommen hatte und im ganzen Regiment deswegen anerkannt war, übergab ich die Offiziersreitstunde. Dies brachte mich in Konflikt mit meinem Etatsmäßigen, dem Major v. Kleist, der diese für sich verlangte. Ich wies ihn aber mit der Begründung ab, die Offiziersreitstunde werde nicht nach der Charge, sondern der Befähigung als Reitlehrer entsprechend vergeben; ich habe mich auch durch gewisse Quertreibereien nicht beirren lassen. Als ich dann im Laufe des Winters 1885/86 durch Masernerkrankung mehrere Wochen ans Haus gefesselt wurde, änderte der Etatsmäßige in dieser

Zeit verschiedene meiner den inneren Dienst regelnden Anordnungen ab. Da das Verhältnis zu ihm durch diese Feststellung nicht besser wurde, mußte schließlich ein Wechsel in der Besetzung der Stelle eintreten. Der mir von Bonn her bekannte Major v. Moßner wurde Etatsmäßiger und hat mich als solcher vorzüglich unterstützt. Aus der glänzenden Schule des ehemaligen Obersten v. Loë bei den Königs-Husaren hervorgegangen, war v. Moßner ein guter und passionierter Reiter mit den rechten Auffassungen vom Dienst; alles in allem erwies er sich als das Muster eines Etatsmäßigen. Dazu war er eine frische, fröhliche Natur und mit einer guten Dosis von Humor begabt, so daß er in kurzer Zeit sich allgemeiner Beliebtheit im Offizierkorps erfreute. Als ganz junger Offizier hatte er sich im Jahre 1870 bei Bapaume das Eiserne Kreuz I. Klasse geholt, eine für damalige Verhältnisse große Ausnahme. Mit ihm zusammen zu arbeiten war eine wahre Freude.

Unter den Neuerungen im inneren Dienst befand sich auch eine Maßregel, um die jüngeren und die unverheirateten Unteroffiziere des Garde-Husarenregiments aus den Kneipen fernzuhalten. Ich meine den Ausbau der unter Oberst v. Krosigk auf mein Betreiben bereits eingerichteten Unteroffizier-Frühstücksstube zu einem regelrechten Unteroffizierkasino durch Anschaffung von Möbeln, einer kleinen Bibliothek, verschiedener Spiele wie Schach, Dame usw., was bei den Betreffenden große Freude auslöste und starken Besuch zur Folge hatte. Auch die älteren, verheirateten Sergeanten und Wachtmeister kamen gern dorthin. Die Einrichtung übte einen vortrefflichen Einfluß auf die Stärkung des Korpsgeistes unter den Unteroffizieren aus.

Die Verwaltung des Regiments, zumal der mit Garnituren wohlversehenen Kammer, lag in den Händen des bewährten alten Zahlmeisters Haebringer, eines Mannes von nie erlahmendem Pflichteifer und unantastbarer Ehrenhaftigkeit. Er half mir unter anderm, an Stelle der einzelnen schwadronsweisen Weihnachtsbescherungen die große

Regimentsweihnachtsbescherung in der Reitbahn zu organisieren. Diese ist dann während meiner ganzen späteren Regierungszeit beibehalten worden, und ich habe es mir auch als Kaiser nie nehmen lassen, bei ihr anwesend zu sein. Es war ein schöner Anblick, wenn die fünf Schwadronen in offenem Viereck vor ihren mit Geschenken und brennenden Weihnachtsbäumen gezierten Tischen versammelt waren. Die Frauen und Kinder der verheirateten Offiziere und Unteroffiziere wohnten der Feier als Zuschauer bei. Dann stiegen die alten Weihnachtslieder empor, und nach kurzer Ansprache des Regimentskommandeurs brauste ein dreimaliges Hurra auf den Obersten Kriegsherrn durch die Reitbahn. Es war immer ein allgemeiner großer Freudentag für die Mannschaften des Regiments und ein Tag besonderen Stolzes für meinen alten Haebringer.

Bei allen inneren Angelegenheiten des Regiments wurde ich vortrefflich durch den langjährigen Regimentsadjutanten Leutnant v. Stoesser unterstützt. Als schwere Krankheit ihn zum Ausscheiden zwang, trat Leutnant v. Chelius an seine Stelle, der sich schnell zu einem erstklassigen Regimentsadjutanten entwickelte und eine hervorragende Stellung im Offizierkorps sich erwarb. Er war mir eine treue Stütze in allen großen und kleinen Angelegenheiten des Dienstes. Als ich mit ihm und Haebringer gemeinsam die für den Mobilmachungsbefehl für das Offizierkorps vorgesehenen Ausrüstungsgegenstände zu mustern begann, stellte sich heraus, daß außer der vorgeschriebenen Anzahl von kleinen Lederkoffern nichts vorhanden war. Nach Aufstellung von Listen, in denen alle für einen Kavallerieoffizier im Felde nötigen Ausrüstungsstücke aufgezeichnet waren, wurden die Sachen unmittelbar bei den Fabriken eingekauft und auf der Kammer niedergelegt. Bei etwaigem Kriegsausbruch fand jeder Offizier alles bis zum letzten Bleistift vorbereitet und war jeglicher Einkaufssorge überhoben. Ferner erfand der alte Regimentssattler Bernhard eine neue Art von Packtaschen, die nach der Figur des Pferdes geschnitten wurden; diese haben sich sehr bewährt und wurden auch im Königlichen Marstall eingeführt. Unter der Anleitung einer von mir aus älteren Offizieren eingesetzten Kommission konstruierte der alte Bernhard schließlich auch als Ersatz für den entsetzlichen Bocksattel einen neuen Kavalleriesattel. Dieser fand allgemeine Anerkennung und wurde als „Armeesattel" bei der ganzen Kavallerie eingeführt. Im Weltkrieg trug er die deutschen Reiter bis vor Paris und an den Don.

*

Ein aus der Erkrankung an Masern sich entwickelndes Ohrenleiden zwang mich, einige Monate des Sommers 1886 zur Kur in Reichenhall zu verbringen, wodurch ich zu meinem großen Schmerz verhindert war, selbst mein Regiment auszubilden. Von Reichenhall wurde ich, wie ich weiter unten noch ausführlich schildern werde, zu meinem Großvater nach Gastein befohlen und dann nach Brest-Litowsk entsandt. Von dort aus fuhr ich unmittelbar nach Straßburg, um meinem Großvater Bericht zu erstatten und wurde darauf für die Dauer des Kaisermanövers zur Kavalleriedivision des Grafen Haeseler kommandiert. In seinem Stabe erlebte ich die herrlichsten Reitertage, die sich ein Kavallerist nur wünschen kann. Haeselers Feuergeist beseelte auch den letzten Reiter seiner Division. Durch überraschende Umgehungen und überfallartige Attacken gelang es ihm regelmäßig, seinen Gegner zu schlagen. Am letzten Manövertage gelangte er durch einen kühnen Flankenmarsch unter Benutzung vom Gegner unbesetzt gebliebener Brücken in dessen Rücken und eroberte mittels einer glänzenden Attacke die gesamte gegnerische Artillerie, womit er allerdings dem Manöver ein überraschendes Ende bereitete. Mein Vater freute sich selbst am meisten, als er unmittelbar darauf dem Grafen unter Glückwünschen für den gelungenen Handstreich den bereitgehaltenen blauen Brief, der seine Beförderung zum Generalleutnant enthielt, überreichen konnte.

Der folgende Winter wurde mit Kriegsspielen und Vorträgen über theoretische Führerausbildung nutzbringend ausgefüllt.

*

Inzwischen hatte sich die erwähnte Unionklub-Angelegenheit zugespitzt, nachdem ich die Bitte des Präsidenten, des Herzogs von Ratibor, mein Verbot zurückzunehmen, unbedingt abgelehnt hatte. Die betroffenen Kreise schürten infolgedessen überall gegen mich und ließen nichts unversucht. Mein Vater und meine zum Besuch bei meinem Großvater weilende Tante Luise von Baden, die beide völlig meine Auffassung teilten, berichteten mir über zahlreiche Versuche gewisser hoher Kreise, meinen Großvater gegen mich einzunehmen. Es war für mich eine der schmerzlichsten Erfahrungen, daß diese Bemühungen eine Zeitlang nicht ohne Erfolg blieben. Unglücklicherweise hatte mein Großvater sich bestimmen lassen, das Protektorat über den Union-Klub zu übernehmen, und Albedyll, der in dieser Angelegenheit nicht auf meiner Seite stand, wollte sich nicht dazu verstehen, dem Kaiser dessen Niederlegung zu empfehlen. Das komplizierte natürlich die Angelegenheit außerordentlich und bereitete mir schwere Stunden, aber von dem als Recht erkannten Wege konnte und durfte ich nicht abweichen*). Schließlich endete die Sache aber durchaus zur Zufriedenheit.

Eines Tages befahl mich General v. Pape zu sich, und ich erschien ordnungsgemäß im Dienstanzug. Er, gleichfalls im Dienstanzug, eröffnete mir unter einem gewissen Augenzwinkern, daß er den Befehl habe, mich wegen meines Vorgehens in der Union-Klubsache zu „reißen". Darauf verlas er eine an ihn gerichtete Kabinettsorder, die darin gipfelte, er solle mir „anheimstellen", ob es nicht praktischer wäre, mein Verbot der Mitgliedschaft und des Besuchs des Union-Klubs durch mein Offizierkorps zurückzunehmen. Nach

*) Vgl. Anhang Nr. 4.

Verlesung der Order fragte Pape mich, was ich, nachdem er mich befehlsgemäß „gerissen" habe, zu tun gedächte. Meine Antwort lautete: da es mir „anheimgestellt" sei, würde ich mein Verbot weiterhin aufrecht erhalten, bis Seine Majestät der Kaiser mir persönlich die Aufhebung befehle und den dadurch seinerzeit mir in Karlsruhe gegebenen Befehl aufhebe. „Einverstanden", sagte der General und erklärte, daß ich als Regimentskommandeur durchaus das Recht und die Pflicht hätte, jedes Lokal, dessen Besuch ich für bedenklich hielte, zu verbieten, ebenso auch den Union-Klub, und niemand hätte mir in dieser Sache dareinzureden. Mehr konnte ich nicht verlangen; mein Standpunkt hatte sich, wenn auch nicht formell, so doch der Sache nach durchgesetzt. Mein Vater, meine Tante Luise und manch anderer beglückwünschten mich voller Freuden zu diesem Erfolg. Mein Großvater freilich erwähnte die Angelegenheit mir gegenüber nie mehr, und mit Albedyll habe ich mich erst im August 1886 während unseres nächtlichen Gesprächs in Salzburg, auf das ich noch im Zusammenhang zurückkomme, ausgesöhnt. Gleich nach meinem Regierungsantritt erließ ich einen Befehl, der allgemein den Offizieren die Teilnahme an Spiel- und Luxusklubs verbot.

*

Oberst v. Krosigk hatte unter anderem auch großen Wert auf das Fußexerzieren gelegt, sowohl mit Karabinern wie mit dem Säbel, um die Kavallerie für das Gefecht zu Fuß verwendbar zu machen. Dieser Dienstzweig wurde daher mit großem Nachdruck betrieben, und am Ende des Winters exerzierte ich das Regiment zu Fuß ein. Dann erfolgte die Besichtigung durch General v. Pape auf dem Lustgarten. Das Regiment stand in Linie unter präsentiertem Karabiner, während der General die Front abschritt. Es folgten Griffe mit dem Karabiner und dem Säbel, darauf einige Bewegungen in der Marsch- und in der Regimentskolonne mit Karabiner im Arm. Ein Parademarsch in Zügen mit Karabiner im Arm, dann in Eskadronsfronten mit umgehängtem Karabiner und angefaßtem Säbel bildete den Abschluß der Vorstellung, die unverkennbar einen günstigen Eindruck machte. Mit kurzen, kernigen Worten sprach der Kommandierende dem Regiment seine volle Zufriedenheit aus. Zu der Besichtigung hatten sich übrigens als Zuschauer und „Sachverständige" auch viele Kameraden des Ersten Garderegiments zu Fuß eingefunden. Auch sie waren von der Exaktheit der Bewegungen und Griffe überrascht, und ein älterer Stabsoffizier konnte sich nicht enthalten, seine „Kritik" in die Worte zu fassen, bei den Husaren mit ihren knappen Reitstiefeln, eng anliegenden Reithosen und gutsitzenden Pelzen sehe der Parademarsch weit eleganter aus als bei der Infanterie!

*

Im Frühjahr 1887 sollte ich das Regiment auf dem Bornstedter Felde meinem Großvater vorstellen. Da der Kaiser aber an diesem Tage verhindert war, nahm in seinem Auftrage der Kommandierende General v. Pape die Besichtigung ab. Bei der Frühjahrsparade auf dem Lustgarten ruhten die Augen des Allerhöchsten Kriegsherrn zum letzten Male auf dem Garde-Husarenregiment, sein freundliches Kopfnicken drückte seine volle Zufriedenheit aus.

Der Sommer bot verschiedentlich Gelegenheit zu Übungen innerhalb des Regimentes sowie zu einer zweitägigen Alarmbereitschaft, an die sich eine zweitägige Übung im Gelände anschloß. Durch das Entgegenkommen der Infanterieschießschule bei Spandau war es mir möglich, die Gefechtsausbildung mit dem Karabiner durch ein Scharfschießen im Regiment zu erproben. Es gewährte mir hohe Befriedigung, als ich das zum ersten Male wie ein Infanteriebataillon zu einer Scharfschießübung zusammengefaßte Regiment beim Schießen beobachten konnte. Die Instruktion auf dem Schießstand und die eingehende Ausbildung zu Fuß mit dem Karabiner hatten gute Früchte getragen. Denn die später eingereichten Treffresultate bezeichnete die Schießschule als durchaus zufriedenstellend und über den erwarteten Durchschnitt hinausgehend.

*

Im Spätsommer durfte ich meinem Großvater vor Schloß Babelsberg eine von mir aus England beschaffte, auf einer zweirädrigen Protze montierte Kavalleriemitrailleuse vorstellen, die Lord Dundonald erfunden hatte; sie hieß in England „galloping machine gun". Sie wurde von zwei Pferden gezogen, deren eines in der Gabeldeichsel ging; die flach nebeneinanderliegenden zehn Gewehrläufe wurden durch einen horizontal beweglichen Hebel beim Abfeuern gleichzeitig geschwenkt, um Streuung herbeizuführen. Bei den darauffolgenden Manövern hat dies „galloping machine gun", zu welchem Spandau die Platzpatronen lieferte, besonders bei Verteidigung von Stadt- und Dorfeingängen und von Knüppeldammdefileen ausgezeichnete Dienste geleistet. Ich war in der Lage, das Maschinengewehr durch eine abgesessene Schwadron mit Karabinern zu decken, während das ganze übrige Regiment aufgesessen bereitstand, in den durch das Feuer gefesselten Gegner einzuhauen. Auch bei den Divisionsmanövern, mit denen die Übungen des Gardekorps abschlossen, hat das Maschinengewehr seine Schuldigkeit getan.

*

Nach Abschluß der Divisionsmanöver begab ich mich am 12. September auf Befehl meines Großvaters nach Stettin, um für die Zeit des dortigen Kaisermanövers die Führung des Grenadierregiments König Friedrich Wilhelm IV. (1. Pommersches) Nr. 2 zu übernehmen. Ich trug die Uniform des Regiments seit Herbst 1869, als mein Großvater sie mir anläßlich der Parade des II. Armeekorps bei Stargard verliehen hatte; während der Jubiläumsfeier des Regiments im Jahre 1877 hatte ich bereits mit einem Grenadierzug vor meinem Vater defiliert. Nun wurde mir Gelegenheit, dieses schöne

Regiment meinem Großvater bei der letzten Heerschau, die er abhalten sollte, vorführen zu dürfen.

Während der Manövertage konnte ich die gute moderne Ausbildung und Gefechtsdisziplin der pommerschen Grenadiere beobachten, die das Verdienst des Kommandierenden Generals v. Dannenberg waren. Zur schnellen Nachrichtenübermittelung hielt sich der Regimentsadjutant (Leutnant v. Webern) beim Brigadekommandeur auf, während die drei Bataillonsadjutanten beim Regimentskommandeur ritten; die Hauptleute der noch nicht in vorderster Linie eingesetzten Kompagnien hielten sich auf halbem Wege zum Bataillonskommandeur. Diese Einrichtung hatte zur Folge, daß die von oben kommenden Befehle mit großer Schnelligkeit an die Kompagniechefs übermittelt werden konnten, welche diese durch verabredete Winke an ihre von den ältesten Offizieren kommandierten Kompagnien weitergaben. Das Regiment führte alle Bewegungen mit großer Schnelligkeit und lautlos durch. Es hatte also trotz des alten Reglements eine durchaus moderne Gefechtsausbildung, ebenso wie das XIII. Armeekorps!

*

Während meiner Regimentskommandeurzeit habe ich mir neben der praktischen auch die theoretische Führerausbildung meiner Offiziere angelegen sein lassen. Ich war für diese Aufgabe von Anfang meiner Dienstzeit an systematisch vorgebildet worden. Durch General Bronsart v. Schellendorff wurde ich in die Aufgaben eines Truppen-Generalstabsoffiziers im Frieden wie im Kriege eingeführt; so lernte ich auf der Karte Manöver anlegen sowie Truppen unterbringen. General v. Hahnke lehrte mich bei Aufstellung von Befehlen und Abfassen von Meldungen den Gebrauch des knappen militärischen Stils; dabei hielt er mit peinlicher Gewissenhaftigkeit darauf, daß Datum, Journalnummer, Anschrift usw. genau auf den richtigen Platz gesetzt wurden. General Graf Waldersee führte mich in kleinen Privatvorträgen in das Wesen des Generalstabes, seine Bedeutung für das Heer, die einzelnen Fachgebiete, in die Kenntnis der fremden Heere usw. ein. Durch meinen Adjutanten Adolf v. Bülow, der Hauptmann im Generalstab war, erhielt ich in jedem Frühjahr die Schlußprüfungsaufgaben des Großen Generalstabs zugestellt. Ich habe diese von da an bis zum Ausbruch des Weltkrieges ohne Unterbrechung mit gelöst. Auch an den Kriegsspielen des Großen Generalstabs, bei denen die Inspekteure der verschiedenen Spezialwaffen eingehende Vorträge hielten, habe ich regelmäßig teilgenommen.

*

Ehe ich die Schilderung der Ereignisse meiner Regimentskommandeurzeit abschließe, möchte ich noch kurz den Bau des Kasinogebäudes für das Garde-Husarenregiment streifen.

Von allen Kavallerieregimentern in Potsdam war das Garde-Husarenregiment in bezug auf die Kasinoräume für das Offizierkorps am ungünstigsten gestellt. Es besaß nur vier mit zerschlissenen Möbeln eingerichtete kleine Räume im Parterregeschoß der Kaserne. Das Eßzimmer war so unzureichend, daß es, wenn die Verheirateten mitaßen, kaum für das Offizierkorps genügte. Im Sommer herrschte unerträgliche Hitze in den Räumen, und da ein Garten fehlte, gingen die Offiziere meist zu den anderen Kavallerieregimentern, die Gärten mit Kegelbahnen usw. besaßen, um die köstlichen Potsdamer Sommerabende im Freien verbringen zu können. Ein neues Kasino entsprach daher einem wirklichen Bedürfnis, so daß ich mich des Bauprojektes mit allem Nachdruck annahm. Für die Ausführung nahm ich den angesehenen Architekten Hasenheyer in Potsdam, der bereits für meinen Großvater gearbeitet hatte. Nach Überwindung zahlreicher Schwierigkeiten sowie starker Verschwendung von Tinte und Papier konnte im November 1886 auf dem früheren Gardes du Corps-Reitplatz die Grundsteinlegung erfolgen, die zu meiner Freude von meinem Vater persönlich vollzogen wurde. Das Richtfest fand dann sogar unter den Augen des Obersten Kriegsherrn statt, der vom Fenster unseres alten Kasinos aus das von Hasenheyer ausgebrachte dreimalige Hurra der Maurer und Dachzimmerleute entgegennahm. Zum Frühstück hatte ich eine Menge älterer Gardehusaren eingeladen, mit denen mein Großvater nun in der freundlichsten Weise Erinnerungen an die alten Zeiten austauschte.

Für die Inneneinrichtung des Kasinos nahm ich den jungen Baumeister, nachmaligen Oberhofbaurat Ihne, der die Räume geschmackvoll in gotischem Stil gestaltete. Meine Großeltern und Eltern schenkten Wappenfenster, verschiedene andere Fürstlichkeiten, die zum Regiment Beziehungen pflegten, in ihm gestanden hatten oder noch dienten, Einrichtungsgegenstände, Kronleuchter, Teppiche u. a. Sogar der zu Besuch in Berlin weilende Prinz von Wales, der nachmalige König Eduard VII., stiftete für das Hauptversammlungszimmer einen Kamin, auf dem sein Namenszug mit den bekannten drei Federn noch heute prangt. Viele schöne unvergeßliche Stunden voll kameradschaftlichen Frohsinns habe ich dort im Kreise meiner Offiziere zugebracht und manches erinnerungsreiche Alte Herrenfest verlebt.

*

Am 27. Januar 1888 kam der bedeutungsvolle blaue Brief, der mich unter Entbindung vom Kommando des Garde-Husarenregiments an die Spitze der 2. Garde-Infanteriebrigade nach Berlin berief. Schwer war das Scheiden aus Potsdam von dem mir lieb gewordenen Regiment, das mir seine Anhänglichkeit in rührender Weise zum Ausdruck brachte. In meinem militärischen Leben war eine Periode angestrengter, aber auch hochbefriedigender und lohnender Arbeit abgeschlossen. Ich konnte das Regiment mit gutem Gewissen meinem Nachfolger übergeben in dem Gefühl: es ist noch in derselben Verfassung wie unter Oberst v. Krosigk. Daß ich bei meinem Regierungsantritt das Regiment zum Leibregiment erhob, wird hiernach wohl jedermann verstehen.

Als ich mich bei meinem Großvater zum Generalmajor befördert und zum Kommandeur der 2. Garde-Infanteriebrigade ernannt meldete, drückte er mir mit anerkennenden Worten für meine Regimentsführung die Hand und sprach die Hoffnung aus, daß ich mich auch in die größeren Verhältnisse einer Brigade bald einarbeiten werde. Beim Verlassen der Gemächer meines Großvaters nahm mich General v. Albedyll in eine Fensternische beiseite und eröffnete mir, er würde es vollkommen verstehen, wenn mir der Antritt des neuen Kommandos unbequem wäre, da mir eine Wohnung in Berlin nicht zur Verfügung gestellt werden könnte; allein Seine Majestät habe erklärt, daß bei der dauernden Abwesenheit meines erkrankten Vaters er mich in seiner Nähe zu haben wünsche. Als er daraufhin dem Kaiser die 2. Garde-Infanteriebrigade für mich vorgeschlagen habe, habe der Kaiser erstaunt ausgerufen: „Aber Albedyll, bedenken Sie doch, bisher hat der Junge ein Regiment mit etwa zwanzig bis fünfundzwanzig Offizieren kommandiert, nun soll er mit einemmal drei Regimenter mit drei Regimentskommandeuren, drei Offizierkorps und neun Bataillonen befehligen! Das ist ja ganz unmöglich!" Albedyll will darauf geantwortet haben: „Er wird's schon machen!", worauf mein Großvater seinen Vorschlag genehmigt habe.

In meinen neuen Pflichtenkreis suchte ich mich so schnell wie möglich einzuarbeiten. Die drei Regimentskommandeure waren Oberst v. Collas (2. Garderegiment zu Fuß), in früherer Zeit Regimentsadjutant bei General v. Pape, Oberst Freiherr v. Wilczek (4. Garderegiment zu Fuß) und Oberst Blecken v. Schmeling (Garde-Füsilierregiment). Durch häufige Besuche der Offizierkorps der drei Regimenter gewann ich beste kameradschaftliche Fühlung mit ihnen. Kommandeure wie Offiziere haben in der kurzen Zeit, in der ich die Brigade führen konnte, mich in hingebender Weise unterstützt. Ich wohnte den Rekruten- und Kompagniebesichtigungen bei und war späterhin auch während der Ausbildung der Bataillone alle Tage auf dem Kreuzberg. Im Frühjahr konnte ich diese besichtigen, soweit sich der Kommandierende General die Besichtigung nicht vorbehielt. Die Strammheit und Exaktheit beim Exerzieren waren vorbildlich.

*

Kaum sechs Wochen nach meiner Ernennung zum General schloß mein Großvater die müde gewordenen Augen zum ewigen Schlafe. Wie sehr mich dieser Verlust nicht nur als Enkel, sondern auch als Soldat getroffen, kann ich nicht schildern. Von meiner frühesten Jugend an hatte der hohe Herr meine militärische Entwicklung mit unendlicher Liebe und Güte verfolgt. Alles was ich geworden bin, war sein Werk. Nun, da er dahinging, war ich meines Vorbildes und Leiters beraubt.

II.

In einem früheren Kapitel habe ich bereits erzählt, daß ich die nachmalige Kaiserin als Kind in Reinhardsbrunn kennen gelernt und mit ihr gespielt habe. Ich erwähnte auch, daß ihr Vater, Herzog Friedrich von Schleswig-Holstein-Augustenburg, seit langen Jahren mit meinem Vater befreundet war; sie hatten zusammen im Ersten Garderegiment zu Fuß gestanden und, wie ich glaube, wohl auch zusammen in Bonn studiert. Er war ein vornehmer, liebenswürdiger Herr und hatte ungefähr die Art des Großherzogs von Baden. Die Familie war oft bei uns zu Besuch, ich vermerkte in meiner Darstellung den vom Herbst 1878 und trage hier den meinigen in Gotha einige Monate vorher nach. Im April 1879 begab ich mich nach Görlitz zur Auerhahnjagd und benutzte die Gelegenheit, um die herzogliche Familie in dem unweit gelegenen Primkenau aufzusuchen. Bei diesem Besuch wurde mein lange im stillen gehegter Wunsch in mir zum festen Entschluß.

Die Wahl meines Herzens stieß nicht nur auf keinen Widerstand bei meinen Eltern, sondern fand deren vollen Beifall, und es war

Prinz Wilhelm von Preußen mit Gemahlin. 1881

Prinz Wilhelm von Preußen (×) im Kreise der Offiziere des Garde-Husaren-Regiments. 1885

für mich ein unendlich beglückendes Gefühl, in dieser Frage ganz mit ihnen zu harmonieren. So konnte ich darangehen, den ersehnten Bund zu schließen, als ein harter Schicksalsschlag sich der öffentlichen Verkündung desselben in den Weg stellte: am 14. Januar 1880 starb Herzog Friedrich; die Verlobung wurde daher am 14. Februar nur in aller Stille begangen. Erst am 2. Juni hat mein Großvater das Ereignis in Babelsberg verkündigt. Am 27. Februar des folgenden Jahres trat ich mit meiner Braut vor den Altar des Herrn.

Ich war damals als Hauptmann zur Leibkompagnie kommandiert; es ist daher angebracht, des bedeutungsvollen Ereignisses vornehmlich unter diesem Gesichtspunkt zu gedenken. Am Tage vor meiner Hochzeit durfte ich die Kompagnie durch das Brandenburger Tor die Linden entlang nach dem Schloß führen, überall von der Menge, die den Einzug der Prinzessin Auguste Viktoria erwartete, freundlich begrüßt. Im Schloßhof erwiesen wir als Ehrenwache der eintreffenden Prinzessin die Honneurs. Mein seliger Vater, der meine Braut beim Aussteigen aus dem Wagen empfing, reichte ihr den Arm und führte sie an der Front meiner Grenadiere, die wie die Bildsäulen unter präsentiertem Gewehr standen, entlang und stellte sie ihnen als ihre zukünftige Kompagniemutter vor. Am nächsten Tage fand die feierliche Vermählung statt. Ich behielt des Dienstes wegen meine Wohnung im Stadtschloß zu Potsdam zunächst bei, dann siedelten wir in das Marmorpalais über. Im Kreise einer zahlreichen, gesund heranwachsenden Kinderschar erblühte uns das schönste Familienglück.

Was die verewigte Kaiserin mir als Lebensgefährtin und meinem Volke als Landesmutter in vier Jahrzehnten, in guten und bösen Tagen, gewesen ist, steht unauslöschlich in meinem Herzen eingegraben. Die Sprache ist zu arm, um der Dankbarkeit und Verehrung Ausdruck zu geben, die ich der Verewigten schulde. Sie hat wahrlich nach dem Bibelwort getan, was sie konnte, und am Ende ihr Leben dahingegeben um meinetwillen. In der Erinnerung des deutschen Volkes wird ihrem Bilde ein Ehrenplatz geweiht sein neben jener anderen Fürstin meines Hauses, der auch das Unglück ihres Vaterlandes das Herz gebrochen hat. Zu dem Grab in deutscher Erde gehen oft meine Gedanken, das selbst mit einer Blume zu schmücken mir verwehrt ist.

III.

Mein persönlicher Verkehr in den 80er Jahren setzte im Grunde den Umgang mit früheren Freunden und Bekannten fort, so z. B. mit Professor Werder, über den ich ausführlich gesprochen habe. Von einem eignen Kreis, wie man wohl zu sagen pflegt, kann ich nicht sprechen; die großen Anforderungen, die der militärische Dienst an meine Zeit und meine Kräfte stellte, ließen mir auch wenig Freiheit. Gleichwohl sind mir in jenen Jahren einige Männer näher getreten, die hier im Fortgang meiner Jugendgeschichte nicht übergangen werden dürfen. Wenn ich von diesen im folgenden kleine Charakterbilder entwerfe und die Art meiner Beziehungen zu ihnen schildere, so will ich mich bemühen, sie so zu zeichnen, wie ich sie damals gesehen habe, und spätere Erfahrungen nicht in jene Zeit hineinverlegen. Es liegt mir auch fern, Porträts in der Art entwerfen zu wollen, wie es wohl ein Historiker tun würde, der alles schriftliche und gedruckte Material, das ihm erreichbar ist, heranzieht. Solche Quellen lasse ich hier bewußt beiseite und will mich auch bemühen, ihre Kenntnis, soweit sie meine Person betreffen, nicht auf meine Beurteilung abfärben zu lassen.

*

Als ich Graf Philipp Eulenburg-Hertefeld kennen lernte, stand er im diplomatischen Dienst und war der Gesandtschaft in München attachiert. Sein damaliger Vorgesetzter Graf Werthern-Beichlingen machte mich gelegentlich eines Gesprächs über nordische Heldensagen und Atlantis auf ihn aufmerksam; er habe auch große musikalische Begabung und könne seine in nordischem Stil gedichteten und komponierten Balladen ausgezeichnet vortragen. Aus seiner Fähnrichszeit beim Regiment der Gardes du Corps war Eulenburg befreundet u. a. mit dem Oberst v. Kalckstein, General v. Kessel vom Ersten Garderegiment zu Fuß, mit General v. Moltke aus demselben Regiment und mit dem Grafen, späteren Fürsten Richard zu Dohna-Schlobitten vom Regiment der Gardes du Corps, alles Herren, mit denen auch ich in näherem Verkehr stand; sie alle schätzten Eulenburg sehr hoch. Auch Fürst Bismarck hatte den „nordischen Barden Phili" sehr gern, und die Fürstin pflegte seinen Balladen mit großer Andacht zu lauschen.

Als ich im Sommer 1886 mit meiner Frau zur Kur in Reichenhall weilte, war Eulenburg eine Zeitlang bei uns zu Besuch und erfreute uns des Abends durch Klavierspiel und Vorträge seiner Balladen; eine der schönsten, die den Untergang von Atlantis besingt, wurde mein Lieblingsstück. Er war gleich mir ein großer Naturschwärmer, und auf langen Spaziergängen in der schönen Umgebung von Reichenhall haben meine Frau und ich anregende Unterhaltungen über Kunst, Musik und Literatur mit ihm führen können; besonders bewandert zeigte er sich in der italienischen Renaissance. Er war auch mit vielen namhaften Künstlern in München bekannt oder befreundet und wußte interessant aus ihrem Leben und von ihren Arbeiten zu erzählen. Als Diplomat besaß er ein gesundes Urteil über die politischen Aufgaben und Ziele Deutschlands, das mit dem meinen, soweit ich mir ein solches bereits hatte bilden können, weitgehend übereinstimmte. Ausgezeichnet war Eulenburg durch sein Erzählertalent. Er gehörte zu den glücklichen Leuten, denen stets, vornehmlich auf Reisen, etwas Komisches zustößt, und die das auch in geeigneter Form darzustellen verstehen. So erregten seine humorvollen, oft mit feiner Selbstironie gewürzten Schilderungen immer allgemeine

Heiterkeit. Von Reichenhall aus begleitete mich Eulenburg damals auch zu den Festspielen nach Bayreuth, da er ein begeisterter Wagneranhänger und guter Bekannter der Familie Wagner war. Seiner Vermittlung danke ich es, daß ich das Haus und das Grab Wagners besuchen sowie seine Familie kennen lernen konnte. Des Abends lauschten wir gemeinsam den Aufführungen von „Tristan und Isolde" und vor allem des „Parsifal", der einen überwältigenden Eindruck auf mich machte.

Eulenburg brachte mich auch in das Atelier des kurz zuvor verstorbenen Malers v. Piloty, wo ich das prachtvolle, im Auftrage des preußischen Kultusministeriums gemalte Bild „Der sterbende Alexander" in Augenschein nehmen konnte. Bei dieser Gelegenheit erfuhr ich zu meinem Erstaunen, daß, da der Kopf des Königs nicht vollendet war, die Nationalgalerie die Annahme des Bildes zu verweigern beabsichtige, wenn es nicht durch einen anderen Künstler noch „fertiggemalt" werde. Piloty war vor diesem Bilde vom Tode überrascht und so an der Vollendung gehindert worden; es war daher meiner Meinung nach eine Pflicht der Pietät, das im übrigen fertige Bild zu übernehmen, ohne es von einem anderen Künstler „weitermalen" zu lassen. Ich ließ an meinen Vater, der Protektor der Königlichen Museen und Galerien war, eine Meldung abgehen, in der ich den nachhaltigen Eindruck schilderte, den das Bild auf mich gemacht hatte, und bat ihn, sich des Gemäldes anzunehmen. Dem energischen Eingreifen meines Vaters ist denn auch der Besitz dieses schönen Kunstwerkes zuzuschreiben.

Ich verdanke Eulenburg vieles, was Kunst, Wissenschaft und Literatur, auch die Pflege schöner Geselligkeit betrifft. Wenn er in unser Potsdamer Heim trat, war es stets, als flute Sonnenschein in den Alltag. Der Freund, der er mir damals war, ist er Jahrzehnte hindurch in Treue geblieben. Was an den Anklagen verschiedenster Art ist, die gegen ihn erhoben werden, darüber wird dereinst die Geschichte ihr Urteil fällen. Ich meinerseits werde ihm stets ein dankbares Andenken bewahren.

*

Des Generals v. Versen, von dem ich bereits in anderem Zusammenhang kurz gesprochen habe, muß ich an dieser Stelle ausführlicher gedenken. Mein späterer Generaladjutant hatte sich in der preußischen Reiterei einen Namen gemacht als Kommandeur des 12. Husarenregiments, nachdem er sich bereits als Generalstabsoffizier in den Kriegen von 1866 und 1870 bewährt, dazwischen auch einen Feldzug im Auslande mitgemacht hatte. Daraufhin erhielt er die Garde-Kavalleriebrigade, der auch die Gardehusaren angehörten. Klein, schmächtig, eine beinahe zierliche Gestalt, mit einem scharfgeschnittenen, pockennarbigen Gesicht, war er ein verwegener Reiter, den ein wahrer Feuergeist für seine Waffe beseelte. Die Pocken hatte er sich in Südamerika während des Krieges zwischen Brasilien-Argentinien-Uruguay einerseits und Paraguay anderseits geholt; ohne Pflege und unter furchtbaren Strapazen entkam er damals nur mit knapper Not der tödlichen Krankheit wie den Henkern des Präsidenten Lopez. In seinen Äußerungen war er kurz, klar und bestimmt; streng gegen sich selbst, war er auch streng gegen seine Untergebenen und stellte die höchsten Anforderungen an uns. Aber ein jeder von uns wußte, daß, wenn ihm ein Unrecht geschehen war, er sich rückhaltlos für ihn einsetzte. Alles in allem war er ein Edelmann vom Scheitel bis zur Sohle, für den wir alle, Offiziere, Unteroffiziere und Mannschaften, durch das Feuer gingen.

Reiten konnte seine Brigade wie damals keine andere in der Gardekavallerie! Er ließ für das Springen der Schwadronen Hindernisse bauen, die nach den damaligen Begriffen recht schwer waren: einen hohen Kletterwall, einen tiefen Klettergraben, in dem, wenn ihn Regen ausgefüllt hatte, die Pferde bis zum Hals und die Reiter bis zum Gürtel verschwanden, eine ziemlich hohe Mauer sowie eine

Hürde, und alle Hindernisse wurden in Schwadronsfrontbreite angelegt. Sobald wir im Frühjahr auf das Feld hinauskamen und mit Zug- und Eskadronsausbildung begannen, wurden die Pferde erst einzeln, dann glieder- und schließlich eskadronsweise im Rahmen dieser Hindernisse geübt.

Jeden Morgen erschien der General auf dem Felde und machte mit seinen drei Regimentskommandeuren einen zweimaligen 500-Schritt-Galopp um das ganze Bornstedter Feld herum, was von uns „die Rundreise" genannt wurde. Hierbei pflegte er sich eifrig mit uns über dienstliche Angelegenheiten zu unterhalten, „da die Überwindung des Geländes Sache des Pferdes sei und der auf ihm sitzende Reiter seinen Kopf mit anderen Dingen beschäftigen, auch durch Sprechen die Lunge trainieren müsse". Beim Anreiten gegen die Hindernisse verlangte er eine kurze Meldung, wobei die Rechte zu militärischem Gruß an die Mütze geführt werden mußte. Er zwang uns dadurch, beim Sprung die Zügel mit einer Hand zu führen, dem Pferde volle Freiheit zu gewähren statt sie ins Maul zu reißen. Auf diese Weise bewahrte er uns vor dem Schicksal so mancher Kavalleristen, das Rosenberg mir gegenüber einmal in den prägnanten Ausdruck faßte: „Viele Kavalleristen können nur im Schritt, einige noch im Trabe denken, aber im Galopp zu denken ist nur wenigen gegeben." Das letztere hat uns Versen gründlich beigebracht!

Versen war mit einer liebenswürdigen Amerikanerin verheiratet, die ihn in reizender Weise bei der Erfüllung seiner gesellschaftlichen Pflichten unterstützte; gastfreundlich stand ihr Haus allen Offizieren der Brigade offen. In dem von ihm hübsch ausgebauten Souterrain seines Hauses veranstaltete er lustige Brigade-Bierabende, wo alle Chargen bunt durcheinander saßen und bei schäumendem Bier Anekdoten aus ihrem dienstlichen Leben zum besten gaben oder Gespräche über Fragen der Kavallerie führten; diesen Raum nannte der Kamerad kurzweg den „Tunnel". Ein entfernter Vetter Frau v. Versens war der berühmte amerikanische Humorist Mark Twain, den ich einmal bei einer solchen Gelegenheit im Tunnel kennen lernte. Zu unserm Erstaunen sollten wir aber erfahren, daß große Humoristen im persönlichen Leben wenig von ihrem literarischen Charakter erkennen lassen.

General v. Versen hat mir in jenen Jahren sehr nahe gestanden. Im Kampfe gegen den Union-Klub z. B. hat er mich nachhaltig unterstützt und darin Hand in Hand mit dem Kommandierenden General v. Pape gearbeitet. Als das Leiden meines Vaters mit der Aussicht auf den unvermeidlich tragischen Ausgang mich tief bedrückte, hat er mich oft getröstet und mir Mut zugesprochen. Er stand mir auch, als die Entscheidung heranrückte, mit seiner ausgedehnten Personalkenntnis beratend zur Seite, um mir zu helfen, mein späteres Hauptquartier zusammenzustellen. Sein Urteil ist in jeder Beziehung gerechtfertigt worden. Ich habe ihn mein Leben lang hoch verehrt und als treuen Freund und Berater geschätzt.

*

General Graf Waldersee war Generalquartiermeister im Großen Generalstab und damit die rechte Hand des Feldmarschalls v. Moltke, als ich in nähere Beziehungen zu ihm trat. Er war verheiratet mit einer Amerikanerin, einer liebenswürdigen und sympathischen, von tiefer Religiosität erfüllten Frau, die mit meiner Gemahlin befreundet wurde. Ich habe in meinen freien Stunden oft und gern in ihrem Hause geweilt. Daß der General mich in das Wesen des Generalstabs eingeführt hat, habe ich bereits erwähnt. Auch an dem großen Generalstabskriegsspiel, das in den Räumen der Kriegsakademie unter seiner Leitung stattfand, habe ich teilnehmen können, wobei es eine Freude war, seinen glänzenden Besprechungen zu lauschen.

Seine Aufgaben für die Schlußprüfungen des Generalstabs, die ich ebenfalls mit bearbeiten durfte, stellten die Offiziere vor interessante militärische Fragen und führten stets dazu, die Lösung durch den Blick in größere Verhältnisse zu suchen. So hat er z. B. zuerst uns in den Aufgaben darauf hingewiesen, statt der Fußmärsche Eisenbahntransporte zum Vorwerfen oder Verschieben der Truppen zu benutzen. Andererseits zeigte er uns auch, daß ungewöhnliche Entschlüsse zur Erfüllung eines gegebenen höheren Befehls zuweilen durchaus vonnöten sind. Die Relation der Korps- und Divisionsbefehle wurde genau verfolgt und kritisiert. Ich entsinne mich noch des vergnügten Lächelns des Grafen, als er mir von der Lösung eines bayerischen Offiziers erzählte, der die verlangte „sofortige" Verfolgung des Gegners in seinem Korpsbefehl mit der „sofortigen" Heranziehung des Verpflegungstransports begonnen hatte! Bei einem von Waldersee geleiteten Generalstabsritt in der Gegend von Baruth, den ich mitmachte, konnte ich den erstaunlichen Orientierungssinn und das hervorragende Gedächtnis des Generals bewundern. Während wir alle uns nach unseren Karten im Gelände zurechtzufinden suchten, sah man niemals eine in seiner Hand; er hatte sie vor dem Ausreiten so studiert, daß er sich das Gelände unverlierbar fest eingeprägt hatte. Er verlangte bei den Ritten Außerordentliches von uns und schonte weder Roß noch Reiter. Dafür war er abends wiederum der Führer in kameradschaftlicher, fröhlicher Geselligkeit.

Waldersee war ein feiner, weltgewandter und vielseitig gebildeter, geistvoller Mann, dessen Unterhaltung stets ungemein interessant und anregend war und dem ich nicht nur in militärischer Beziehung viel verdanke. Er erwies sich auf allen erdenklichen Gebieten zu Hause, und da er gut englisch und französisch verstand, war ihm auch die Literatur dieser beiden Länder geläufig. Voller Tatenlust und Frische, ausgezeichnet durch Klugheit, schnelle Auffassungsgabe und ein unfehlbares Gedächtnis, war er eine sieghafte Persönlichkeit, der das Glück sich an die Fersen zu heften schien. Ich hielt ihn auch für unbedingt zuverlässig und mir treu ergeben; Worte und Taten schienen jeden Tag von neuem meine Meinung zu bestätigen. Was er des Abends an frommen und anderen Bemerkungen in sein Tagebuch eintrug, konnte ich damals freilich nicht wissen.

*

Den nachmaligen General à la suite v. Chelius lernte ich bei einem Divisionsmanöver der 1. Gardedivision in der Mark kennen. Mein Regimentskommandeur Oberst v. Lindequist, unter dem ich damals das I. Bataillon des Ersten Garderegiments zu Fuß führte, hatte mir eine Einladung seiner Quartierswirte, Herrn und Frau v. Bodenhausen, übermittelt. Bei diesen liebenswürdigen Menschen traf ich unter den Gästen auch Leutnant v. Chelius von den Garde-Husaren. Nach Tisch setzte er sich ans Klavier, und ich wurde zum erstenmal in meinem Leben Zeuge seiner musikalischen Begabung, seines großen technischen Könnens und seines umfangreichen musikalischen Gedächtnisses, vermöge dessen er alle gewünschten Musikwerke sofort ohne Noten spielen konnte. Er komponierte auch, doch waren seine Leistungen auf diesem Gebiet nicht sehr bedeutend; vielleicht lag es daran, daß er zuviel Wagnermotive im Kopf hatte. Denn er war ein begeisterter Wagner-Anhänger und als solcher einer der Begründer des Berlin-Potsdamer Wagner-Vereins, dem auch meine Frau und ich beitraten. Die von ihm in den Räumen der Kriegsakademie für diesen Verein veranstalteten Wagner-Konzerte waren ausgezeichnet. Er besaß eine weitreichende Kenntnis der Theaterwelt und wußte über die namhaften Sänger und Sängerinnen sowie Kapellmeister Bescheid. Er ist viele Abende bei uns als gern gesehener Gast im Hause gewesen und hat uns oftmals durch sein wundervolles Spiel erbaut.

Bei alledem war Chelius ein bescheidener Mann, ein vortrefflicher Offizier und von einem für seine Jahre ungewöhnlich gereiften Charakter, der seinem Auftreten Ernst und Sicherheit verlieh. Dazu kamen unbedingte Zuverlässigkeit und goldene Treue, man konnte auf ihn wie auf einen Felsen bauen. Als bewährter Regiments-Adjutant wurde er mein Freund und ist es, nachdem er später in meine Dienste übergetreten war, durch allen Wandel der Zeiten hindurch unverändert geblieben.

Ganz ausgezeichnet sprach Chelius italienisch, und so war er mir auf meinen italienischen Reisen von unschätzbarem Wert im Verkehr mit den Herren und Damen der Gesellschaft wie mit den italienischen Behörden, den er mit feinem Taktgefühl zu vermitteln verstand. Auch hatte er ein großes Talent zum Vorlesen, und es gewährte meiner Frau, mir und den Reisegefährten, die mit uns an Bord meiner Yacht „Hohenzollern" an Italiens und Siziliens Küsten entlang fuhren, einen hohen Genuß, wenn er uns die herrlichen „Wanderjahre in Italien" von Gregorovius vorlas. Eine große Freude konnte ich dem begeisterten Liebhaber Italiens und gläubigen Katholiken bereiten, als ich ihn dem Generaladjutanten v. Loë für dessen Reise an den Vatikan attachierte und als ich ihn später zum Militärattaché in Rom ernannte; dort erfreute er sich allgemeiner Beliebtheit und hat sich eine vortreffliche Stellung zu schaffen gewußt.

Seine Frau war eine Tochter des Ministers v. Puttkamer. Sie ist 1923 im Königssee verunglückt. Drei Wochen später ist er ihr im Tode gefolgt. Sein Hinscheiden riß eine tiefe Lücke in den Kreis meiner Getreuen, die nie wieder ausgefüllt werden kann.

*

Unter den Offizieren, die in dem von meiner Mutter während des Krieges von 1870 in ihrem Berliner Palais eingerichteten Lazarett lagen, befand sich auch der Premierleutnant v. Kessel vom Ersten Garderegiment zu Fuß; er hatte bei St. Privat einen Schuß in den Arm erhalten. Ich brachte ihm damals oft im Auftrag meiner Mutter Bücher zum Lesen oder übermittelte ihm Bestellungen. Sein freundliches, humorvolles Wesen gewann ihm schon damals unser aller Herzen. Als in späterer Zeit ihn mein Vater zu seinem persönlichen Adjutanten wählte, erwarb er sich in so hohem Maße das

Vertrauen seines Herrn, daß dieser ihn mit der Verwaltung seiner privaten Gelder betraute.

Auf einem anderen Gebiete hat Kessel meinen Eltern vielleicht unschätzbare Dienste geleistet. Die Beziehungen zwischen meinen Eltern und dem Reichskanzler gestalteten sich nicht immer reibungslos. Da nun Kessel ein Vetter des Fürsten und im Hause Bismarck gern gesehen war, so hat er es durch moralischen Mut und feinen Takt trefflich verstanden, Reibungen auszugleichen. Er hat auch in den schweren neunundneunzig Tagen sich nach Kräften bemüht, die nach allen Seiten hin schwierige Situation zu erleichtern.

Als ich im Jahre 1877 zum aktiven Frontdienst beim Ersten Garderegiment zu Fuß eintrat, stand Kessel auch bei der 6. Kompagnie, wo er sich meiner in der kameradschaftlichsten Weise annahm. So gab er mir Anweisungen für den Dienst, besonders für den Verkehr mit den Mannschaften und die Art und Weise zu instruieren; er ging auch das Reglement mit mir durch und orientierte mich schließlich über die Offiziere der 6. Kompagnie und des II. Bataillons sowie über meine Altersgenossen im Offizierkorps. Kessel war eine allseitig beliebte Persönlichkeit und wurde ganz besonders von uns Leutnants als ein „Vertrauensmann" im besten Sinne des Wortes verehrt.

Meine ganze Dienstzeit habe ich mit ihm gemeinsam beim Regiment verbracht und mich oft an seiner unverwüstlichen guten Laune, an seinen Erzählungen aus Krieg und Frieden erfrischen können. Aber auch in der schönen Literatur war er gut bewandert und besaß zudem ein hübsches Zeichentalent, das ihn befähigte, ansprechende Aquarelle von schönen Landschaften und interessanten Gebäuden zu entwerfen.

Nach dem Tode meines Vaters trat Kessel in meine Dienste. Er ist mir sein Leben lang ein treuer Freund und Berater gewesen, bis er im Kriege als Gouverneur von Berlin und Oberkommandierender in den Marken seine Augen schloß. Wäre er am Leben geblieben, so hätte der 9. November wohl einen anderen Verlauf genommen. An diesem Tage hat der treue Mann gefehlt.

*

General v. Hahnke ist der letzte Militär, dessen ich in diesem Zusammenhang zu gedenken habe. Im Kriege 1870/71 war der damalige Major dem Stabe meines Vaters attachiert. Er war es, der von seinem Ordonnanzritt während der Schlacht bei Sedan, bei dem er durch einen Granatsplitter am Kopf verwundet wurde, meinem Vater die Meldung brachte, daß der Ring um das französische Heer geschlossen sei. Diesen Augenblick hat mein Vater durch den bei ihm weilenden Kriegsmaler Bleibtreu auf einem bekannten Bilde festhalten lassen. Man sieht auf ihm Major v. Hahnke, den Kopf mit einem Tuch verbunden, sein Pferd am Zügel, den steilen Hang zur Höhe emporsteigen und, mit der Hand an der Mütze, dem Kronprinzen seine Meldung erstatten. Da mein Vater ihn außerordentlich hoch schätzte, nahm er ihn oft während seiner Anwesenheit in Berlin zu Spaziergängen im Tiergarten mit, währenddessen Heinrich und ich mit seinen drei älteren Jungen folgten. Er war eine markante Erscheinung, hochgewachsen, sehnig, mit scharfgeschnittenem, knochigen Gesicht, schwarzem Haar, schwarzem Schnurrbart, mächtig geschwungenen schwarzen Augenbrauen, unter denen ein paar dunkle Augen glühten. Das Gesicht mit dem bräunlich-olivenfarbenen Ton gab ihm fast das Aussehen eines Südländers.

Hahnke wurde Kommandeur der 1. Garde-Infanteriebrigade in Potsdam und damit mein Vorgesetzter. Zwischen ihm und seiner liebenswürdigen Frau einerseits, die mit ihren zahlreichen Kindern die Kommandantur in Potsdam bewohnten, und uns anderseits, die wir im Stadtschloß gegenüber residierten, entwickelte sich ein angeregter, intimer Verkehr. Unter anderm haben wir auch bald bei uns, bald in der Kommandantur mit verteilten Rollen gelesen, z. B. Zriny, den Prinzen von Homburg, die Wallensteintrilogie, oder es wurden geschichtliche Persönlichkeiten besprochen und beurteilt.

Sehr oft kam General v. Hahnke zu mir, um mich im technischen Detaildienst des Generalstabsoffiziers zu unterrichten, z. B. Abfassungen von Meldungen, Konzipieren im Militärbriefstil, Aufsetzen von Marschunterbringungs- und Operationsbefehlen. Vor allen Dingen lehrte er mich, wie ich bereits betont habe, Prägnanz und Kürze in die Schriftstücke hineinzubringen.

Auch Hahnke entbehrte nicht eines humorvollen Zuges in seinem Wesen. So hatte einmal bei einer der von ihm gestellten hübschen Aufgaben für kleinere Detachementsübungen der Garnison, die sich in der Umgegend von Potsdam abspielten, ein soeben zum Rittmeister im 1. Garde-Ulanenregiment beförderter Offizier, der bis dahin Oberquartiermeister-Adjutant gewesen war, eine beträchtliche Konfusion angerichtet. Bei der Kritik richtete Hahnke an den Delinquenten die Frage, wie er zu seinem Fehler gekommen sei, woraufhin bange Stille eintrat. Als diese schließlich der damalige Kommandeur des 1. Garde-Ulanenregiments, Oberst Graf Schlieffen mit der kurzen Meldung: „War bis jetzt im Generalstab" unterbrach, bemerkte Hahnke trocken: „Ja, dann allerdings, wenn Sie eben aus dem Generalstab kommen, können Sie solche Dinge noch nicht wissen!" Der ganze Zuhörerkreis brach in schallendes Gelächter aus, während Schlieffen mit sarkastischem Lächeln sein Monokel fallen ließ.

Als mein Vater die Augen schloß, kommandierte Hahnke die 2. Garde-Infanteriedivision. Von dieser Stellung aus ernannte ich ihn zu meinem Generaladjutanten und Chef des Militärkabinetts, zu dem er geradezu prädestiniert erschien. Sein kristallener Charakter, sein klarer Blick für alle Ehren- und Standesfragen der Offiziere, sein unbestechliches, gesundes Urteil, in dem sich ebensosehr seine unerbittliche Strenge wie sein gütiges Wohlwollen zu verraten pflegte, bildeten eine Gewähr dafür, daß in seinen Händen das Schicksal des preußischen Offizierkorps gut aufgehoben war. Nächst General v. Kessel ist er mein verehrtester Berater und Freund gewesen, der bei allen, selbst den schwierigsten Fragen jedesmal mit seinem Urteil den Nagel auf den Kopf traf. Ich wünschte dem preußischen Heere noch viele solcher Generale, wie es Hahnke einer war.

*

Einer der Männer, die später zu meinem engeren Kreis gehört haben, ist mir ebenfalls im Laufe der achtziger Jahre näher getreten. Es war Professor Güßfeldt.

Ich lernte den vortrefflichen, kerndeutschen Mann kennen durch meinen ehemaligen Adjutanten Major v. Bülow, den Bruder des späteren Reichskanzlers. Güßfeldt war 1870 als Kriegsfreiwilliger bei den 2. Gardedragonern eingetreten und dort Bülows Kriegskamerad gewesen; bei Mars-la-Tour hatte er sich das Eiserne Kreuz geholt. Später hat er sich durch hervorragende Leistungen als Alpinist sowie als Forscher in Westafrika und in den südamerikanischen Anden einen Namen gemacht und seine Erfahrungen in fesselnden Schriften niedergelegt. Seine persönlichen Schilderungen der Alpenwelt und ihrer Schönheiten, ihrer überwältigenden Größe und ihrer Gefahren, von denen er mir auf gemeinsamen Spaziergängen oder Ritten berichtete, fesselten mich ungemein. Sein gerader, offener Charakter, seine straffe, männliche Energie, seine umfangreichen erdkundlichen Kenntnisse, seine urdeutsche Denkart und schließlich auch seine Anschauungen von dem Schulwesen und der Heranbildung der deutschen Jugend ließen zwischen ihm und mir eine warme Sympathie entstehen, die sich mit den Jahren zu fester Freundschaft auswuchs; sie hat unverändert bis zu Güßfeldts Tode gewährt.

Als ich nach meinem Regierungsantritt ein norwegisches Panorama Berliner Künstler besucht hatte, das von der Höhe des Digermul-Kollens auf den Lofoten Meer und Gebirge in packender Größe zeigte, beschloß ich, dieses großartige Land aufzusuchen. Güßfeldt übernahm es auf meine Aufforderung hin, die Reise vorzubereiten, und hat seine Aufgabe glänzend gelöst. Ich konnte bei der ersten Reise auf dem Digermul-Kollen stehen und das herrliche nordische Rundbild in Natur bewundern, das mich im Gemälde so mächtig bewegt hatte. Von da an ist Güßfeldt mein treuer Begleiter auf allen Nordlandsfahrten gewesen. Auch bei den „Fahrtgesellen", wie meine Begleiter sich scherzhaft nannten, war er sehr beliebt, da ihm eine gute Dosis gesunden Humors zu eigen war. In einem anschaulich geschriebenen Buche hat er die Erlebnisse und Eindrücke unserer Fahrten sowie fesselnde Beschreibungen des herrlichen Nordlandes allgemein zusammengestellt, auch wertvolle Fingerzeige für das deutsche reiselustige Publikum erteilt, dem Norwegen damals noch eine unbekannte Größe war.

Auch in Potsdam und Berlin habe ich Güßfeldt oft bei mir gesehen, und zumal bei den Verhandlungen über die Schulreform manche Anregung von ihm empfangen. Der Verkehr mit Güßfeldt ist für mich stets eine besondere Erquickung und Anregung gewesen, da in den Hauptauffassungen des Lebens unsere Ansichten sich deckten oder ergänzten. Er stand fest auf religiöser Grundlage, war über den Parteistreit erhaben und gab seine Urteile ohne Voreingenommenheit ab; sie waren nichts als der Ausfluß seines gesunden Menschenverstandes und einer abgeklärten Lebensanschauung. Er war, was der Engländer einen „Allround Man" nennt, also das Gegenteil von einem Philister.

Auf meine Anregung trat Güßfeldt als Reserveoffizier in das Leib-Garde-Husarenregiment über und wurde dort bald ein bei allen ungemein beliebter Kamerad, der auch bei Tafel seinen Mann stand und einen guten Trunk nicht verschmähte. Sein im Winter 1919/20 erfolgter Tod hat mich tief geschmerzt, denn in ihm verlor ich einen der ältesten Getreuen, der mir schon aus meiner Prinzenzeit vertraut war und die erste Nordlandreise mitgemacht hatte. Wieviele sind aus dem Kreise der „Fahrtgesellen" mir nun schon vorangegangen! Meinem Freunde Paul Güßfeldt bewahre ich ein tief dankbares Andenken.

IV.

Neben die militärische Ausbildung traten in den achtziger Jahren zur Vorbereitung auf meinen späteren Beruf Unterweisungen in der Zivilverwaltung. Angefangen habe ich gemäß einer Kabinettsorder vom 2. Oktober 1882 im Winter 1882/83 mit der Arbeit bei dem Oberpräsidenten der Provinz Brandenburg v. Achenbach in Potsdam. Ich fand mich vom 11. Oktober ab täglich von 9 bis 11 Uhr morgens oder, wenn der Oberpräsident anderweitig in Anspruch genommen war, nachmittags bei ihm ein. Da ich an Hand der Praxis eine eingehende Übersicht über die verschiedenen Zweige der Staatsverwaltung, ihre Bedeutung, ihre Abgrenzung und Ziele gewinnen sollte, hat mir Achenbach nicht akademische Vorträge gehalten, sondern mich gleich praktisch in die Materie eingeführt. Er pflegte die eingegangenen wichtigeren Sachen täglich mit mir durchzugehen und an die Besprechung des besonderen Falles eine systematische Darstellung der einschlägigen Verhältnisse aus der Vergangenheit bis zum gegenwärtigen Stande anzuschließen. Auf diese fesselnde Weise wurde ich verhältnismäßig schnell in die Staats-, Provinz-, Bezirks- und Gemeindeverhältnisse eingeführt, im besonderen in die Selbstverwaltung, die Steuer- und Wirtschaftsfragen. Wie bereits früher*) ausgeführt, habe ich mir aus dieser Zeit ein lebhaftes Interesse für die wirtschaftliche Seite der inneren Entwicklung des Landes bewahrt. Meliorationen, Kanalbauten, Chaussee-Anlagen, Waldwirtschaft, Hebung aller Arten der Verkehrsverbindungen, Wohnungsverbesserung, Einführung der Maschinen in die Landwirtschaft und deren genossenschaftliche Entwicklung waren Fragen, die mich auch später dauernd

*) Ereignisse und Gestalten S. 27.

Prinzessin Victoria von Schleswig-Holstein-Augustenburg. 1880
Nach einem Gemälde von H. v. Angeli

beschäftigt haben, in ganz besonderem Maße der Wasserbau und die Entwicklung des Eisenbahnnetzes, zumal in dem darin zurückgebliebenen Osten.

Zu meiner Übung mußte ich auch in Besprechungen Vorträge halten, sowie in einem höheren Verwaltungskörper den Vorsitz übernehmen. Im März 1883 wohnte ich einer Sitzung des Provinziallandtages im Ständehause bei. Damit schloß dieser Teil meiner Zivilausbildung vorläufig ab.

* * *

Während der Kaiserzusammenkunft in Gastein im August 1886, auf die ich weiter unten noch ausführlich zurückkomme, erhielt ich einen wichtigen diplomatischen Auftrag. Dieser Vorfall gab dem Fürsten Bismarck Veranlassung, meiner Bitte um Einführung in die Auswärtige Politik zuzustimmen; ich sollte zu diesem Zwecke die Geschäfte und den Dienstbetrieb des Auswärtigen Amtes aus eigener Anschauung kennen lernen. Mein Großvater genehmigte diesen Vorschlag des Reichskanzlers sofort, so daß ich die Arbeit Ende September bei Graf Herbert Bismarck, dem Staatssekretär des Auswärtigen Amtes, aufnehmen konnte. Erst nachträglich, am 17. Dezember, ordnete eine Kabinettsorder im einzelnen meine Tätigkeit im Amte: „. . . . Bezüglich der Art der Informierung des Prinzen Wilhelm bestimme ich, daß derselbe bei ein- oder zweimaligem Besuche in der Woche über die Einrichtung des Amtes, über die Verteilung der Geschäfte unter die Beamten in den einzelnen Abteilungen unterrichtet, sowie durch Vorlage und Erläuterung einzelner Depeschen über den Gang der Politik orientiert werde . . ." In einem Erlaß vom 8. September des nächsten Jahres bestimmte mein Großvater, daß im folgenden Winter meine Unterweisung fortgesetzt werden solle. Über meine Tätigkeit selbst habe ich ebenfalls schon früher*) mich

*) Ereignisse und Gestalten S. 6 ff.

eingehend ausgesprochen; ich kann mich daher hier auf das Wichtigste beschränken.

Ich erhielt ein Zimmer für mich und zum eigenen Studium die Akten über die Entstehung des Dreibundes; einzelne Referenten hielten mir Vortrag über ihre Ressorts, so Geheimrat Raschdau über Handels- und Kolonialpolitik, während Graf Herbert Bismarck mich über diplomatische Vorkommnisse früherer Zeiten, außenpolitische Tagesfragen allgemeiner Natur, sowie über fremde Staatsmänner und Diplomaten, besonders die Botschafter in Berlin unterrichtete. Durch Geheimrat Raschdaus Vorträge wurde ich schon damals auf unsere Abhängigkeit von England aufmerksam, die ihre Ursache vornehmlich darin hatte, daß uns eine Flotte fehlte und Helgoland sich in englischen Händen befand.

Das Auswärtige Amt war durch Graf Herbert, dessen Grobheit gegen seine Beamten mir auffiel, in äußerer Disziplin sehr scharf aufgezogen. Die auswärtige Politik wurde allein vom Fürsten geleitet, der nur mit seinem Sohne Rücksprache zu nehmen pflegte; dieser gab die Befehle des Kanzlers weiter und ließ sie in Instruktionen umredigieren. So war das Auswärtige Amt nur ein Büro des großen Kanzlers; selbständige und verantwortungsfreudig handelnde Männer wurden in ihm, sehr im Gegensatz zum Generalstab unter Moltke, nicht geschult. Im Generalstab wurde nach erprobten und bewährten Grundsätzen und unter Berücksichtigung aller neuzeitlichen Erfahrungen der Nachwuchs sorgfältig ausgebildet und zu selbständigem Denken und Handeln erzogen. Im Auswärtigen Amt hingegen befanden sich nur ausführende Organe eines Willens, die, über die großen Zusammenhänge der ihnen zur Bearbeitung überwiesenen Fragen nicht oder nur unzulänglich unterrichtet, keine selbständige Mitarbeit leisten konnten. Der Fürst lagerte wie ein mächtiger Granitfindling auf einer Wiese; wälzt man ihn fort, so findet man hauptsächlich Gewürm und abgestorbene Wurzeln darunter.

Die Dienstleistung im Auswärtigen Amte brachte mir außer manchem anderen auch den Vorteil, daß mir Gelegenheit gegeben war, dem begeistert verehrten großen Staatsmann, der als eine fast schon in die Heldensage eingegangene Reckengestalt durch die Tage meiner Jugend ging, endlich näherzutreten. Dies erscheint auf den ersten Blick merkwürdig, hat aber seinen Grund darin, daß ich in Potsdam im Dienst stand und nur zu Hoffesten und besonderen Feierlichkeiten in Berlin anwesend war. Diese besuchte aber der Fürst nicht, da er sich im allgemeinen nicht an Geselligkeiten außerhalb seines Hauses beteiligte.

In jener Zeit erhielt ich wiederholt Einladungen zur Frühstückstafel beim Fürsten, an der meistens die Fürstin, ihre Tochter, die Gräfin Rantzau nebst Gemahl, Graf Herbert Bismarck und dann und wann Bekannte oder hervorragende fremde Persönlichkeiten teilnahmen. Unter den Gästen befanden sich z. B. Graf Rosebery, Graf Taufffkirchen aus Bayern, Frau Meister aus Frankfurt, die Mutter des späteren Regierungspräsidenten, sowie der Arzt Professor Dr. Schweninger. Das Essen war reichlich; im allgemeinen gab es Hausmannskost. Die Weine waren vorzüglich und fast ausnahmslos dem Fürsten von Verehrern geschenkt. Der Fürst zeigte sich meist sehr aufgeräumt und erzählte manche lustige Geschichte aus seinem Leben. Nach dem Essen pflegte er sich auf eine Chaiselongue niederzulegen und seine lange Pfeife zu rauchen, die ich ihm öfters habe anstecken dürfen.

Über die Stellung des Fürsten zu der damals aufkeimenden Kolonialbewegung in Deutschland habe ich schon in den „Ereignissen und Gestalten" berichtet, aber ich glaube, noch einmal erwähnen zu müssen, daß der Fürst die Kolonien nur als politische Tauschobjekte betrachtete, die Bewegung meiner Meinung nach unterschätzte und die Bedeutung der Kolonialfrage wohl nicht ganz überschaute. Die deutsche Kaufmannschaft hatte den Nutzen richtig erkannt, der für Deutschland in dem Bezuge von Rohprodukten aus eigenen Kolonien lag; und das

Volk hatte im allgemeinen das instinktiv richtige Gefühl, daß sein Wachstum zu gleicher Zeit auch Ausbreitung erfordere, Ausbreitung ihrerseits aber den Besitz von Kolonien bedinge. Nur so war Auswanderung in fremde Länder unter Aufgabe des eigenen Vaterlandes zu vermeiden. Sowohl der Fürst wie das Volk und die Kaufmannschaft hatten jedoch noch nicht den Schluß gezogen, daß Kolonialbesitz auch eine Flotte erfordert, die imstande ist, dieses Gut vor fremder Raubgier zu schützen.

Einmal gelang es mir, den Fürsten stutzig zu machen; es war, als ich ihm eine Mitteilung meines Bruders berichtete. Als S.M.S. „Prinz Adalbert", auf dem Heinrich damals als Kadett diente, in Ostasien eintraf, fand selbstverständlich ein lebhafter Verkehr mit der dortigen deutschen Kolonie und den Vertretern der deutschen Firmen statt. Wie erstaunten aber mein Bruder und die Offiziere des Schiffs, als ihnen häufig aus deutschen Kreisen die Meinung entgegentrat, sie brauchten keine deutsche Flotte, sie hätten ja dort eine britische Flotte, die ebensogut für ihren Schutz da sei wie für die Briten. Auf diese Erzählung hin wurde der Fürst denn doch sehr ärgerlich und rief, mit der Faust auf den Tisch schlagend: „Dieses undeutsche Wesen muß endlich aufhören!" „Jawohl, Durchlaucht", erlaubte ich mir darauf zu sagen, „es wird aufhören, sobald Eure Durchlaucht uns zu einer deutschen Flotte verhelfen!" Aus dieser Erkenntnis habe ich später die Folgerungen gezogen und mit Hilfe des Admirals v. Tirpitz die deutsche Flotte geschaffen.

Auch zu Graf Herbert Bismarck habe ich gute Beziehungen unterhalten. Uns verband neben den dienstlichen Interessen vor allem die gemeinsame Verehrung für seinen großen Vater. Graf Herberts Arbeitseifer, seine unverwüstliche Arbeitskraft und seine politischen Kenntnisse waren bewundernswert; ohne die Genialität seines Vaters zu besitzen, war er zweifellos dessen begabtester und bedeutendster Schüler. Im persönlichen Verkehr konnte er bei all seiner Grobheit und Rücksichtslosigkeit ein lustiger und unterhaltsamer Gesellschafter sein, der einen Kreis von interessanten Männern, nicht nur aus der Diplomatie, um sich zu sammeln verstand. Aber über eine gewisse Kameradschaftlichkeit, wie sie unter jungen Männern mit gleichen Interessengebieten bei gegenseitigem gutem Willen leicht entsteht, konnte unser Verhältnis nicht hinauskommen; Beziehungen freundschaftlicher Art haben uns nicht verbunden. Das zeigte sich besonders deutlich, als ich ihn nach dem Ausscheiden seines Vaters bat, im Dienste zu bleiben und mir zu helfen, die Tradition in der Politik fortzuführen. Graf Herbert lehnte diese Bitte schroff ab, er sei nur gewöhnt, seinem Vater zu dienen und könne nicht mit der Mappe unter dem Arm bei einem anderen Reichskanzler zum Vortrag antreten. So schieden sich unsere Wege für immer.

*

Das Kommando zum Auswärtigen Amt hatte für mich in bestimmter Richtung eine große Unannehmlichkeit gezeitigt. Denn meine Eltern, die dem Fürsten Bismarck bekanntlich nicht sonderlich freundlich gegenüberstanden, verdachten es dem Sohne, daß er in seine Kreise eintreten wollte. Man kennt den verletzenden Brief, den mein Vater an den Kanzler geschrieben hat, um gegen meine Beschäftigung in seinem Amte Einspruch zu erheben. Er befürchtete wohl Beeinflussung gegen die Eltern, Hyperkonservativismus und wie die Gefahren alle hießen, die von Ohrenbläsern aller Art gegen mich angeführt wurden. Ich habe mich niemals auf diese Dinge, die man mir nachsagte, eingelassen. Aber die Stellung im Elternhaus ist mir durch die Hintertreppenpolitik der Geschichtenträger oft recht erschwert und manchmal peinlich gestaltet worden.

* * *

Am 7. September 1887 überreichte Fürst Bismarck meinem Großvater den Entwurf eines Erlasses, „durch den das Kommando des

Prinzen beim Auswärtigen Amt um ein Jahr verlängert und Seine Königliche Hoheit gleichzeitig in ähnliche Beziehung zunächst zu dem Ministerium der Finanzen gestellt würde, nachdem der Prinz in die Geschäfte der inneren Verwaltung bereits unter Leitung des Oberpräsidenten und Staatsministers Achenbach in Potsdam einen Einblick genommen hat". In dem daraufhin ergangenen Erlaß vom folgenden Tage, der die bereits erwähnte Verlängerung meiner Dienstleistung im Auswärtigen Amt brachte, äußerte der Kaiser den Wunsch, daß ich auch in die Geschäfte des Ministeriums des Innern und der Finanzen eingeführt werde. Fünf Tage später teilte mir das Auswärtige Amt, zu dem ich kommandiert war, mit, daß an das Finanzministerium Mitteilung wegen meiner Beschäftigung dort ergangen, die Benachrichtigung des Innenministers dagegen „einstweilen ausgesetzt" sei. Durch die weitere Entwicklung der Dinge ist leider meine Unterweisung auch im Innenministerium unterblieben; nur den Lehrgang im Finanzministerium habe ich noch erledigt. Am 21. November billigte und genehmigte mein Großvater den ihm für mich vorgelegten Arbeitsplan.

Ich habe im Finanzministerium im Winter 1887/88 ähnlich wie zuvor im Auswärtigen Amt gearbeitet, indem ich wöchentlich mehrmals von Potsdam hinüberfuhr, an den Sitzungen und den Arbeiten einzelner Referenten, besonders bei Exzellenz Meinecke, teilnahm oder mir vom Minister Vortrag halten ließ. Finanzminister Scholz war ein sehr tüchtiger Fachbeamter, der auch mir gegenüber sein Bestes getan hat. Die trockene Materie aber, Finanzen, Steuern, Etat usw., vermochte er mir nicht schmackhaft und interessant zu gestalten. Ich habe mich erst in späteren Jahren mit diesen bedeutsamen Dingen mehr zu befreunden gelernt, als der gewandte Miquel das Ministerium übernahm.

* * *

Um mich über diese Stoffgebiete hinaus politisch für mein hohes Amt vorzubilden, dessen Antritt 1887 bereits verhältnismäßig nahe zu stehen schien, wollte mir Fürst Bismarck in der Art eines Adjutanten einen wissenschaftlich und praktisch entsprechend vorgebildeten Beamten als ständigen Begleiter geben. Zunächst scheiterte der Plan an dem Widerstande meines Großvaters, der bei meinem todkranken Vater nicht den Anschein erwecken wollte, als rechne man mit ihm nicht mehr. Im Januar 1888 nahm Bismarck aber seinen Plan wieder auf und schlug den Unterstaatssekretär Herrfurth im Innenministerium, einen außergewöhnlich tüchtigen und in allen staatswissenschaftlichen Fragen überaus gut bewanderten Fachmann für die gedachte Stellung vor. Um ihn aber, wie das beabsichtigt war, dauernd um mich zu haben, war er doch zu alt; die für engeres Zusammensein nötige gegenseitige Sympathie hätte sich kaum eingestellt. Fürst Bismarck konnte nicht umhin, meine Bedenken gelten zu lassen und kam nun auf die Idee, die geplante Stellung in zwei Teile zu zerlegen. Eine Persönlichkeit sollte, wie er mir erklärte, mir über staatswissenschaftliche Fragen gewissermaßen Kolleg lesen, die andere, notwendig jüngere Persönlichkeit sollte als Ziviladjutant in meiner Umgebung und zu meiner ständigen Verfügung sein als, wie der Fürst sich ausdrückte, „lebendes Lexikon" *).

In dieser Form wurde der Plan auch verwirklicht und mit dem ersten Posten Geheimrat Professor Gneist, mit dem zweiten der Regierungsrat v. Brandenstein aus Magdeburg betraut. Die schicksalsvolle Wendung des nächsten Monats sowie meine eigene fast völlige Inanspruchnahme durch den militärischen Dienst haben aber diese Einrichtung nicht mehr so fruchtbar werden lassen, wie man es für normale Zeiten hätte erwarten können.

---

*) Vgl. Anhang Nr. 5.

V.

In den Jahren meiner Jugend spielte sich jener unselige Streit ab, den man gewohnt ist, unter dem Schlagwort Kulturkampf zusammenzufassen. Heute ist gar kein Zweifel mehr möglich, daß dieser Kampf ein schweres Verhängnis für die geistige Einheit Deutschlands war, vor allem nachwirkend durch die Erstarkung der Zentrumspartei. Denn das Zentrum, ursprünglich aus einer klerikal-partikularistischen Opposition gegen die Reichsgründung entstanden, vereinigte auf Grund dieser Tendenz politisch, sozial und konfessionell so verschiedenartige Elemente in sich, wie z. B. die Polen, Elsässer und die protestantischen Welfen, daß der Partei anfänglich kaum eine längere Lebensdauer zugesprochen werden konnte; erst durch den Kulturkampf ist sie fest zusammengeschlossen worden. Als Vertreterin der klerikalen „Märtyrer" im Kampfe gegen Bismarcks „Diokletianische Christenverfolgung" gewann sie ihren übermächtigen Einfluß auf die katholischen Wählermassen und blieb zum Schaden unseres Vaterlandes auch bestehen, als sie nach Abbruch des Kulturkampfes ihre Existenzberechtigung verloren hatte. Die Partei, als konfessionelle Fraktion in einer politischen Versammlung ein europäisches Unikum, wurde gewissermaßen zum Selbstzweck. Von einer ausländischen Macht, dem Papste, geistig abhängig, hat die Zentrumsführerschaft nie die innere Abneigung gegen das protestantische Kaisertum verleugnen, nie zu einer rückhaltlosen freudigen Bejahung des Reichsgedankens sich aufschwingen können. Bei dem Fehlen eines einheitlichen staatspolitischen Programms nahm das Verhalten dieser konfessionellen Partei gegenüber allen politisch grundsätzlichen Fragen, allen nationalen Lebensnotwendigkeiten sehr bald den Charakter einer ausgesprochenen Opportunitäts- und Augenblickspolitik an und hat ihn bis auf den heutigen Tag behalten.

Nichts liegt mir ferner, als den Millionen deutscher Zentrumswähler die Liebe zum Vaterlande abzusprechen. Ich habe jedoch aus zahlreichen trüben Erfahrungen die Überzeugung gewonnen, daß der aufrichtige katholische Idealismus, der in diesen Wählermassen lebt, mißbraucht worden ist von einer Führerschaft, deren politische Betätigung keineswegs dem wahren Wollen ihrer Anhänger entsprach. Daß dies möglich war und noch ist, erklärt sich aber aus dem verhängnisvollen Eindruck, den der Kulturkampf in den Seelen der deutschen Katholiken hinterlassen hat. Von dieser Erinnerung zehrt das Zentrum noch heute, aus ihr zieht es noch heute seine Kraft. So müssen noch spätere Generationen dafür leiden, daß der Staat der Bismarckschen Ära sich einstmals im Kampf mit dem Papsttum versucht hat.

Den Abbruch des Kulturkampfes habe ich seinerzeit freudig begrüßt und im Geiste der Toleranz, die mir Hinzpeters Erziehung und die Tradition meines Hauses zu eigen gemacht hatten, nach Kräften zur Versöhnung und Beilegung des Streites beigetragen. Eine Reihe prachtvoller katholischer Männer war mir vergönnt kennen zu lernen.

In erster Linie habe ich hier meines Oheims, des Kardinals Gustav Hohenlohe, jüngeren Bruders des damaligen Pariser Botschafters und späteren Reichskanzlers, zu gedenken. Er war ein liebenswürdiger, feiner Mann, konfessionell sehr frei, ganz positiv zum deutschen Staate eingestellt und auch durchaus bereit, die Vertretung Deutschlands beim Vatikan zu übernehmen; in seinem Arbeitszimmer hing sogar ein Bild Bismarcks mit dessen eigenhändiger Unterschrift! Das Zentrum, vornehmlich Windthorst, haßten ihn daher entsprechend. In Rom, wo er lebte, hatte er sich eine gute Stellung gemacht, besonders unter Pius IX., den er auf seiner Flucht nach Gaëta begleitet hatte. Ich habe mich mit dem geistvollen, etwas schwärmerisch weichen Manne ausgezeichnet gestanden. Ich kannte ihn schon von meiner Kindheit her, da er oft meine Eltern besuchte, die ihn sehr gern hatten; meine Mutter duzte sich mit ihm. Ich habe mit ihm in ziemlich regem Briefwechsel gestanden und bin von ihm gut über die kirchlichen und politischen Strömungen in Rom unterrichtet worden. Als ich nach meinem Regierungsantritt den ersten Besuch in der Ewigen Stadt machte, hat er mir wertvolle Informationen gegeben, die des klugen Schlözers Instruktionen vortrefflich ergänzten.

Unter den tüchtigen und einsichtsvollen Katholiken, mit denen ich mich aussprechen konnte, nenne ich weiter noch Kardinal Schönborn, den Fürstbischof von Prag, und den prächtigen Kardinal Kopp, dessen einfache, gediegene und echt deutsche Natur mich im höchsten Maße anzog. Sodann Andreas Thiel, den Bischof von Ermland, der sehr alt geworden ist und vier Königen gedient hat; ich habe ihn von Cadinen aus noch oft besucht. Gut verstanden habe ich mich auch mit dem jungen, frischen und energischen Propst Scheuffgen in Trier; oft haben wir uns offen und rückhaltlos ausgesprochen. Er war ein humorvoller, jovialer Herr von lebhaftem Geist, dazu ein – ausgezeichneter Weinkenner! Später hat er mich oft in Urville besucht und ist dabei gelegentlich mit meiner Familie photographiert worden. Wohl daraus ist die Fama entstanden, er sei – Beichtvater meiner verewigten Frau gewesen!

Zum 90. Geburtstage meines Großvaters kam unter anderen Würdenträgern auch der einflußreiche Kardinal Galimberti im Auftrage Papst Leos XIII. nach Berlin; er war damals stellvertretender Staatssekretär. Als Sekretär der Kongregation für außerordentliche geistliche Angelegenheiten, in der auch die kirchenpolitischen Verhandlungen mit Preußen bearbeitet wurden, hatte er, persönlich ein großer Verehrer des Fürsten Bismarck, sein Möglichstes getan, um die Versöhnung zwischen Rom und Berlin herbeizuführen. Bei seinem Besuch hat seine eindrucksvolle Persönlichkeit mit den südländisch blitzenden Augen mir und allen andern hervorragend gefallen; was er sagte, zeugte von großer Klugheit und Überlegenheit.

Das waren alles Männer, die eine ganz andere Staatsgesinnung besaßen als die führenden Kreise in unserem Zentrum. Diese zeigten sich in den Zeiten, von denen ich eben gesprochen habe, als der Kulturkampf abgebaut und die Versöhnung zwischen der Kurie und dem preußischen Staate vollendet wurde, völlig intransigent und wirklich päpstlicher als der Papst. Man konnte damals oft die Frage hören, ob Windthorst oder Leo XIII. Papst sei, und es erleben, daß die Frage zugunsten des ersteren beantwortet wurde. Mir persönlich war es damals eine Freude und Genugtuung, daß Männer wie Kopp und andere katholische Würdenträger mich mehrfach aufsuchten und mit rückhaltloser Offenheit mir ihr Vertrauen schenkten. Es ist mir, wie ich meinem Onkel Hohenlohe einmal stolz mitteilen konnte, auch verschiedene Male möglich gewesen, die Wünsche dieser Männer weiterzugeben und erfolgreich für ihre Erfüllung zu sorgen. So ist es zu meiner wahrhaften Freude meiner bescheidenen Kraft vergönnt gewesen, zu einem kleinen Teile an dem friedlichen Abschluß des verhängnisvollen Streites mitzuwirken.

VI.

England und meine dortigen Verwandten habe ich in diesen Jahren ebenso oft, wenn nicht häufiger, besucht als in den Tagen meiner Kindheit. Einmal bin ich auch mit meinen Eltern zusammen auf einige Tage Gast des Prinzen von Wales in Marlborough House in London gewesen. Mein Oheim war ein äußerst liebenswürdiger Gastgeber, und die Prinzessin von Wales, damals eine große Schönheit, stand ihm in der reizendsten Weise zur Seite. Ich benutzte den Aufenthalt, um die Galerien, Museen und Sammlungen in London, wie das British Museum, die National Gallery, die Wallace Collection aufzusuchen, mich an den Kunstschätzen zu erfreuen und zu bilden. Auch einige Malerateliers habe ich besichtigt, vor allem das Atelier Alma-Tademas, der den Adel und die harmonische Schönheit der griechischen Antike trefflich wiederzugeben verstand. Nebenbei sei erwähnt, daß die damaligen drei Hauptvertreter der britischen Malerei der Friese Alma-Tadema, der Bayer Herkomer und der Franzose Sir John Millais waren. Auch die schöne Umgegend Londons konnte ich bewundern, wenn ich Richmond, Hampton Court, Kewgarden und die großen Treibhausanlagen von Mr. Veitch besichtigte.

*

Bei einem meiner Besuche in London nahm ich Gelegenheit, dem großen englischen Staatsmann und Premierminister Lord Beaconsfield (Disraeli) meine Aufwartung im Foreign Office zu machen. Er war ein sehr hoch aufgeschossener, breitschulteriger Mann mit auffallend langen Beinen. Sein Gesicht war farblos, aschfahl, fast wächsern, sein Haar pechschwarz und gelockt, ein kleines Spitzbärtchen zierte das Kinn, über dem ein schmaler Mund wie ein feiner Messerschnitt im Gesicht stand. Seine Augen waren schwer zu erkennen, da er beim Hören wie beim Sprechen seinen Partner niemals direkt ansah. Ein bestimmter Ausdruck dieses maskengleichen Antlitzes war nicht wahrnehmbar, als Gesamteindruck blieb jedoch: klug und kalt berechnend. Im übrigen verfügte er über sehr gewandte, ich möchte fast sagen geschmeidige Umgangsformen. Bald darauf konnte ich ihn in Windsor in seinem Verkehr mit meiner Großmutter beobachten, der er bekanntlich den Titel „Kaiserin von Indien" errungen hatte. Da die Königin stets leise zu sprechen pflegte und verhältnismäßig klein war, mußte sich der riesige Mann so tief zu ihr herabbeugen, daß sein Körper fast im rechten Winkel zu stehen kam. Hierbei legte er eine Unterwürfigkeit seiner Königin gegenüber an den Tag, die keinen angenehmen Eindruck machte. Mich wunderte es sehr, daß der Premier in so hoher Gunst bei meiner Großmutter stand, da mir bekannt war, daß die Königin gerades, offenes Auftreten liebte und jeder Art zur Schau getragener Unterwürfigkeit abhold war. Die unbestreitbar großen Verdienste Disraelis mußte sie aber so hoch angeschlagen haben, daß es ihr möglich war, über solche Eigenschaften hinwegzusehen.

*

In hohem Maße anregend war es stets für mich, das ungemein lebhafte Interesse der Engländer am Sport, um den man sich damals in Deutschland noch gar nicht bekümmerte, zu beobachten. Recht bezeichnend waren in dieser Beziehung meine Erlebnisse bei einem großen sportlichen Ereignis, dem berühmten Kricket-Match zwischen Eton und Harrow, das sich neben der Oxford- und Cambridge-Regatta zu einem englischen Nationalfest entwickelt hatte. Die Anteilnahme der Zuschauer war außerordentlich stark. Alle Anwesenden trugen – die Herren im Knopfloch, die Damen an den Hüten – Schleifen mit dem Hellblau der einen oder dem Dunkelblau der anderen Partei. Eine lebhafte alte Dame, die hinter mir auf einem Stuhl stand, bemerkte mein Interesse für das Spiel und zugleich, daß ich ein Fremder war. Sie lud mich ein, einen neben ihr stehenden leeren Stuhl zu besteigen und belehrte mich mit erstaunlicher Sachkenntnis über die beteiligten Personen und die einzelnen Phasen des Spiels. Plötzlich fiel ihr auf, daß ich kein Band, weder ein hell- noch ein dunkelblaues, in meinem Knopfloch hatte, und sie half diesem Mangel dadurch ab, daß sie kurz entschlossen ein Stück ihres Hutbandes abschnitt und mir ins Knopfloch praktizierte. Als ich sie fragte, welche Partei diese Farbe führe, antwortete sie: „Eton of course! Now you look a full-blown gentleman, young man. Before, you were only half one*)!" Ich bedankte mich höflich und nahm schließlich herzlichen Abschied von meiner „Wohltäterin".

* * *

*) „Eton natürlich! Jetzt sehen Sie erst wie ein ganzer Gentleman aus, junger Mann! Vorher waren Sie nur ein halber!"

Im Oktober/November 1880 weilte ich gleichzeitig mit meiner Braut in Cumberland Lodge, Windsor Park, bei meinem Onkel und meiner Tante Christian von Holstein. Dieser Besuch war durch Vermittlung meiner Mutter eigens so eingerichtet worden, damit wir Gelegenheit bekämen, uns auszusprechen und uns näher kennen zu lernen. Von Cumberland Lodge aus waren wir mehrfach allein oder im Verein mit meinem Onkel und meiner Tante Christian als Gäste meiner Großmutter in Windsor Castle. Zu meiner innigen Freude übertrug die Königin ihre Liebe und Freundlichkeit zu mir auch auf meine Braut, mit deren Mutter sie übrigens befreundet war. Dies gute Verhältnis zwischen den beiden hohen Frauen hat bis zum Tode der Königin unverändert angedauert.

Ein Theaterbesuch, den ich damals mit meiner Braut machte, ist mir wegen des großen Schauspielers Sir Henry Irving, den wir sahen, unvergeßlich geblieben. Das Stück hieß „The Corsican Brothers" und handelte von Zwillingsbrüdern, deren einer in Paris im Duell fällt und seinen Tod durch seine Erscheinung dem Bruder in Korsika anzeigt, worauf letzterer nach Paris fährt und des Bruders Tod an seinem Gegner rächt. Sir Henry Irving spielte beide Rollen mit vollendeter Meisterschaft und hielt sein Publikum bis zum Schluß in höchster Spannung. Es war eine schauspielerische Leistung, die mir einen nachhaltigen Eindruck gemacht hat.

*

Die meisten Erlebnisse meines damaligen Besuchs in England sind, soweit sie erwähnenswert sind, militärischer oder maritimer Natur. So besuchte ich einmal unter Führung meines Oheims, des Herzogs von Connaught, das Lager von Aldershot. Ich nahm am Abendessen des Offizierkorps der 60th Rifles teil, wobei die Herren alle außerordentlich freundlich und entgegenkommend zu mir waren, so daß ich mich in ihrem Kreise sehr wohl gefühlt habe. Die Haltung des Offizierkorps war von größter Musterhaftigkeit; diese zeigte sich auch in der Unterhaltung, die stets in gedämpftem Ton geführt wurde. Einen tiefen Eindruck machte es auf mich, als am Schluß der Mahlzeit sich alle Anwesenden erhoben, der Regimentskommandeur das Wohl der Königin mit den Worten: „Her Majesty the Queen!“ ausbrachte, und alle Herren, ein jeder für sich, wiederholten: „The Queen!“; die meisten setzten dem noch hinzu: „God bless her!“, und dann leerten wir in feierlicher Stille die Gläser. So gedachte in würdiger und eindrucksvoller Weise am Schluß des Tages der britische Offizier seines Herrschers.

Ein anderer Oheim von mir, der General Prinz Eduard von Weimar, lud mich auf einen Tag zu Besuch nach Portsmouth ein, wo er garnisonierte. Ich verbrachte in seinem gastlichen Hause angenehme Stunden, die durch Besuche von Kasernen und militärischen Anlagen sowie der Werft unterbrochen wurden. Auf letzterer habe ich unter anderen Schiffsneubauten auch die Panzerschiffe „Inflexible“ und „Dreadnought“ besichtigt*). Die „Inflexible“, ein sogenanntes Zitadellschiff mit 11400 Tonnen Wasserverdrängung, damals das stärkste Panzerschiff der britischen Flotte, wurde später unter dem Kommando des Kapitäns Fisher, des nachmaligen berühmten Admirals, der Mittelmeerflotte zugeteilt. Auch das die Reede verteidigende, auf der äußersten Spitze einer langen Sandbank aus schweren Granitquadern erbaute Spitfort habe ich damals in Augenschein genommen.

*

Ein andermal bot sich mir die Möglichkeit, ein Bataillon der Scots Guards, das unter dem Kommando des Obersten Moncrieff in Windsor in Garnison stand und die zahlreichen Wachen in dem ausgedehnten Windsor Castle besetzen mußte, zu besuchen. Das Kasernement der Mannschaften war sehr einfach, man kann sagen, spartanisch, in den Stuben herrschte musterhafte Ordnung und pein-

*) Vgl. Anhang Nr. 6.

liche Sauberkeit. Über dem Kopfende eines jeden Bettes waren auf einem Regal mehrere Röcke, sorgfältig zusammengefaltet, niedergelegt. Auf meine Frage, wieviel Garnituren für jeden Mann vorhanden seien, erhielt ich zunächst keine Auskunft, da es das Wort „Garnitur" im englischen Militäridiom nicht gibt. Schließlich bekam ich heraus, daß jeder Mann alle zwei Jahre einen neuen Rock bekam, der ihm persönlich angemessen wurde. Die ausrangierten Röcke wurden Eigentum der Leute, die sie außer Dienst weitertrugen oder auch verkaufen konnten. Kammern mit Garnituren und Reservestücken wie bei uns gab es damals nicht. Das rote Tuch der Uniform war von ausgezeichneter Qualität und der Sitz jeden Rocks, da genau nach Maß gearbeitet, wie angegossen, wozu der schlanke, fast hüftenlose Körperbau der Briten das Seine beitrug. Ich bin der Meinung, daß die englische Vorkriegsarmee in ihren schönen Friedensuniformen die bestgekleidete der Welt war.

Ich wurde auch eingeladen, die Kaserne, die von einem Teil der First Lifeguards belegt war, zu besuchen und Reitabteilungen derselben zu besichtigen. Die ausgesucht schönen und großen Leute boten auf ihren Rappen ein treffliches reiterliches Bild. Die gesamte Reitdressur des Regiments lag in der Hand eines sogenannten „Ridingmasters", die Leutnants hatten mit der Dressur nichts zu tun. Die Ridingmasters waren besonders zur Pferdedressur veranlagte, aus den unteren Chargen hervorgegangene Leute, die es nicht selten bis zum Kapitän (Rittmeister) brachten, ohne aus dem betreffenden Regiment selbst stammen zu müssen. Der von mir bei den First Lifeguards gesehene Ridingmaster war ein schon angegrauter Herr und trug Ulanenuniform. Den Schluß der Besichtigung bildete eine von den Mannschaften im Paradeanzug mit angefaßter indischer Bambuslanze gerittene Quadrille nach der Musik, „musical ride" genannt, die ohne Kommando fehlerlos ausgeführt wurde. Übrigens hatte schon damals das Polospiel derart überhand genommen, daß mir ein

Schwadronschef seufzend erklärte, es sei sehr schwer, die jungen Herren dazu anzuhalten, eine erhebliche Summe an ein tüchtiges Chargenpferd für den Frontgebrauch zu wenden, da sie fast alles Geld in ihre Polo-Ponys steckten, von denen die meisten ungefähr ein halbes Dutzend hätten.

*

Sehr oft bin ich sowohl bei der Königin wie auch anderswo dem Vetter meiner Großmutter, Herzog Georg von Cambridge, begegnet, der mich ebenfalls immer ganz verwandtschaftlich behandelt hat. Ich blickte mit Ehrfurcht zu der imposanten Gestalt des Herzogs empor, der schon im Krimkrieg mitgekämpft hatte und jetzt Oberkommandierender des englischen Heeres war. Er hegte eine warme Verehrung für meinen Großvater, der seinerseits ihm in treuer Freundschaft zugetan war und seine militärischen Anlagen sehr hoch einschätzte. Der Herzog war von Natur außerordentlich heftig, und wenn ihm die Galle überlief, bediente er sich stets sehr starker Ausdrücke, meinte es aber weder so, noch wußte er die Tragweite seiner Worte zu erkennen. Zahllos waren die Anekdoten, die darüber in der Armee im Umlauf waren; hier eine zur Probe. Bei einem Manöver in Aldershot war dem Herzog das laute Schimpfen der Offiziere aufgefallen. Um dieses Betragen zu rügen, versammelte er am Schluß der Übung die Offiziere um sich und fuhr sie zornsprühend an: „I heard a lot of swearing going on. I won't have this d—ed swearing anymore. Who, the devil, gentlemen, ever heard me swear?*)"

* * *

Im Mai 1887 erhielt ich von meinem Großvater den Befehl, ihn bei dem 50jährigen Krönungsjubiläum der Königin Victoria

---

*) „Ich habe fürchterlich viel fluchen gehört. Ich will dies verdammte Fluchen nicht mehr haben! Wer zum Teufel, meine Herren, hat mich schon einmal fluchen gehört?"

am 21. Juni in London zu vertreten, da mein erkrankter Vater der Schonung bedurfte und deshalb nur inoffiziell an den Feierlichkeiten teilnehmen konnte. Neben meinem persönlichen Adjutanten, dem Freiherrn v. Bissing, wurden mir Generalleutnant v. Hahnke und Oberstleutnant v. Kessel attachiert.

Mit Genehmigung meines Großvaters schiffte ich mich an Bord des Flottillenfahrzeugs „Blitz" der Torpedobootsflottille unter dem damaligen Kapitän z. S. Tirpitz ein; die nach England mitgehende erste Division der Flottille kommandierte mein Bruder Heinrich als Chef. Wir liefen bei schönstem Wetter nachts über die Nordsee und erreichten am frühen Morgen das englische Festland. Ein herrlicher Sommertag brach an, als wir die Küste entlang auf die Themsemündung zu dampften.

Bei Lowestoft nahmen wir einen englischen Themselotsen; er war ein prächtiger jovialer Mann, der über alle Schiffahrtsverhältnisse bereitwillig Auskunft gab. Das Meer war sehr belebt, wir passierten außer zahlreichen Fischerfahrzeugen vornehmlich leere Kohlendampfer, die Kurs nach Newcastle hatten. Bekanntlich muß das Handelsschiff, wenn es einem Kriegsschiff begegnet, seine Nationalflagge setzen und grüßen. Als eine Anzahl jener Kohlendampfer es versäumte, ihre Flagge zu zeigen, brach unser über diese Nichtachtung sehr erboster Lotse, mit der Faust nach den Dampfern drohend, in zornige Worte aus. Dagegen erfreute ihn unsere im Kielwasser des „Blitz" in bester Marschformation folgende Torpedobootsdivision ungemein, und er gab seinem Erstaunen darüber, daß so kleine Schiffe es wagten, über die Nordsee zu fahren, unverhohlen Ausdruck, wobei er sich in Worten der Bewunderung nicht genugtun konnte. Es war in der Tat das erstemal, daß eine Torpedobootsdivision in geschlossenem Verbande die Nordsee überquert hatte; man war damals noch der Meinung, daß Torpedoboote wohl zur Küstenverteidigung, nicht aber auf der hohen See gebraucht werden könnten. Als wir später voneinander Abschied nahmen, schüttelte mir der brave Lotse kräftig die Hand und sagte voller Herzlichkeit: „I am proud to have piloted the eldest grandson of my beloved Queen to Gravesend to take part in the Jubily festivities of his grandmother*).“

Die Fahrt die Themse hinauf war bei dem starken Schiffsverkehr höchst abwechslungsreich und fesselnd. Wir ankerten bei Gravesend, während die von Kapitän Tirpitz entlassene Torpedobootsdivision schon vorher nach Sheerneß gelaufen war und dort kameradschaftliche Aufnahme durch die englischen Marinebehörden, insbesondere den Stationschef, gefunden hatte. Später erzählte mir mein Bruder, daß auch das Erstaunen der Seeoffiziere in Sheerneß über die Leistung der Torpedobootsdivision groß gewesen sei. Nach einigen Stunden Wartens in Gravesend schiffte ich mich aus, um in Begleitung von Sir Howard Elphinstone als Ehrendienst im Extrazug nach London zu fahren. In Spencer House, das uns während der Festlichkeiten als Wohnung zur Verfügung gestellt worden war, traf ich mit meiner Frau zusammen, die mit unserem ältesten Sohne über Vlissingen gereist war. Der kleine Prinz Wilhelm war der einzige Urenkel der Königin, der bei ihrem Jubiläum anwesend war.

*

Der englische Hof hatte fast drei Jahrzehnte lang infolge der seit dem Tode des Prince-Consort von der Königin geübten völligen Zurückgezogenheit keine Feste mehr veranstaltet. Die Beamten waren daher für die vielseitigen Aufgaben des Regierungsjubiläums nicht recht vorgeschult, und Mißverständnisse und kleine Reibungen, die durch unvorhergesehene Änderungen hervorgerufen wurden, unvermeidlich. Daß es so kommen werde, prophezeite uns bereits der zu meiner Frau kommandierte Generaladjutant der Königin, General McNeill.

---

*) „Ich bin stolz darauf, den ältesten Enkel meiner geliebten Königin zur Teilnahme an den Jubiläumsfeierlichkeiten seiner Großmutter nach Gravesend gelotst zu haben.“

Er war ein mit schlagfertigem Witz begabter Schotte, der allen Dingen die komische Seite abzugewinnen verstand, aber niemals ein Wort mehr als nötig sprach. Als wir am ersten Abend nach unserer Ankunft im Rauchzimmer behaglich versammelt waren und die bevorstehenden festlichen Ereignisse besprachen, holte General v. Hahnke ein für die Festlichkeiten gedrucktes Buch mit Instruktionen hervor und begann den Abschnitt für den nächsten Tag zu studieren. Als General McNeill dies bemerkte, klopfte er ihm auf die Schulter und sagte dazu: „My dear Hankey, if you intend to go by this book, you will always be wrong, for everything will either be changed or has already been changed."*)

McNeills Voraussagen haben sich zu einem nicht geringen Teil bewahrheitet. Z. B. war uns für das Bankett nach dem großen Hofball die Zeichnung für die Sitzordnung an ovalen Tischen auf die Zimmer gelegt worden. Als ich aber auf dem Hofball im Gespräch mit einem der Zeremonienmeister Lord Mount Edgecumbe, einem Freund meiner Mutter, der eine ihrer Brautjungfern geheiratet hatte, zufällig die Sitzordnung erwähnte, kündigte er mir an, daß statt der ovalen Tische ein offenes Viereck vorgesehen sei. Ein hinzukommender jüngerer Zeremonienmeister griff das Thema auf und fragte mich, ob ich etwas von Mathematik verstünde. Als ich das kühn bejahte, bemerkte er freundlich: „Dann rechnen Sie sich einmal aus, wohin Sie bei der Verwandlung von x ovalen Tischen in ein offenes Viereck zu sitzen kommen!" Das Ergebnis meiner mathematischen Berechnungen beförderte mich an die Seite der dunkelhäutigen Schwester des Königs Kala Kaua von Hawai; sie unterhielt sich mit mir angelegentlich in gutem Englisch, vornehmlich über den Besuch ihres Bruders bei uns in Potsdam. Indes vermochten

*) „Mein lieber Hahnke, wenn Sie die Absicht haben, sich nach diesem Buch zu richten, so werden Sie stets fehlgehen. Denn alles wird entweder geändert werden oder ist bereits geändert worden!"

die kleinen Zwischenfälle den Gesamteindruck dieser einzigartigen Jubiläumsfeier nicht zu stören.

Bei der stattlichen Zahl der geladenen Fürstlichkeiten, die sämtlich im Schloß der Königin unterzubringen unmöglich war, mußte die Gastfreundschaft des britischen Hofstaates ausgiebig in Anspruch genommen werden. So wurden meine Gemahlin und ich zunächst bei Lord Cadogan untergebracht. Unter seinen weiteren Gästen befand sich eine äußerst interessante, lebhafte und anregende Dame, die einmal meine Tischnachbarin wurde. Es war Lady Maria Ailesbury, die in ihrer Jugend noch die Krönung meiner Großmutter miterlebt hatte. Als ich, mit 28 Jahren der Jüngste aus der Gesellschaft, bestimmt wurde, sie, die Älteste, zu Tisch zu führen, war allgemeines Erstaunen. Bei der Tafel erwies sich diese Anordnung entgegen der Erwartung als für mich höchst ergötzlich, und ich wurde gleich meinem Schwager, dem Erbprinzen von Meiningen, der der Lady zur Rechten saß, von ihrer geistvollen, mit kleinen Bosheiten gepfefferten Unterhaltung in höchstem Grade gefesselt. In sprühendem Durcheinander schilderte sie uns höfische und gesellschaftliche Ereignisse aus der Regierungszeit meiner Großmutter, wobei sie derart treffende und witzige Charakteristiken entwarf, daß wir aus dem Lachen nicht herauskamen. Der Erfolg war, daß die gesamte Tischgesellschaft ihre eigene Konversation einstellte, mit neidischen Blicken nach uns hinüberschaute und an den Konfidenzen der Lady Ailesbury teilzunehmen versuchte.

Ein anderes Mal waren wir bei Mr. Goschen zu Tisch, der später einer der hervorragendsten Marineminister Englands wurde. Er stammte aus dem bekannten Verlagshause Göschen in Leipzig, das er häufig zu besuchen pflegte; er sprach daher ebenso wie seine Kinder fließend Deutsch und bediente sich den Herren und Damen unseres Gefolges gegenüber aus Höflichkeit dieser Sprache. Unter seinen Tischgästen traf ich Lord Lytton (Bulwer), einen Sohn des berühmten Verfassers der „Letzten Tage von Pompeji", die ich einst mit heller Begeisterung gelesen hatte. Auch der Herzog von Manchester war anwesend, der als Schwager von General v. Alten ein stets gern gesehener Gast am Berliner Hofe war; ich hatte ihn zum ersten Male bei der von meinem Vater kommandierten Parade des II. Armeekorps 1869 bei Stargard gesehen. Noch oft habe ich dankbar an diesen anregenden Abend unter dem gastfreien Dache Mr. Goschens zurückdenken müssen.

*

Gewaltig war der Eindruck am Jubiläumstage, als die Königin in offenem Wagen, eskortiert von der Gardekavallerie und einer Ehrenwache indischer Reiter, durch die in einen Fahnenwald verwandelten, mit Girlanden und Teppichen über und über geschmückten Straßen Londons von Buckingham Palace nach Westminster Abbey fuhr. Brausender, nicht endenwollender Jubel ihrer aus ganz England und aus allen Teilen des großen britischen Weltreichs zusammengeströmten Untertanen grüßte die Königin. Vor ihrem Wagen ritten wir, ihre Söhne, ihre Enkel, die Gatten von Enkelinnen und ihre Schwiegersöhne, im ganzen 32 Fürsten. Besonders die hohe Gestalt meines Vaters in seiner Pasewalker Kürassieruniform zog aller Blicke auf sich, „ein wahrer Kriegsgott anzuschauen". Es sollte das letztemal sein, daß ich ihn hoch zu Roß sah! Tief ergreifend war der Gottesdienst in der wundervollen Westminster Abbey, bei dem der ganze Pomp der anglikanischen Kirche entfaltet wurde. Am Schluß der Feierlichkeit huldigten wir alle der Königin, indem wir einzeln zum Handkuß herantraten, den sie mit herzlicher Umarmung erwiderte. Dieser Tag gab uns allen einen überwältigenden Eindruck von der Macht und Ausdehnung des Britischen Imperiums.

Meine Großmutter ließ in der Folge ein großes Bild von der Feier in Westminster Abbey malen und schenkte mir später einen danach angefertigten schönen Stich; ich habe ihn unter Glas und

Rahmen im Treppenhaus meiner „Hohenzollern" aufhängen lassen, wo er die Freude aller englischen Besucher erregte.

*

Als meine Gemahlin und ich uns am Schluß der Feierlichkeiten bei der Königin verabschiedeten, überraschte sie uns damit, daß sie uns ihre Dampfyacht für die Überfahrt nach Vlissingen zur Verfügung stellte. Der englische Ehrendienst begleitete uns nach Port Victoria, wo wir uns einschifften. Der Abschied bot General McNeill noch einmal Gelegenheit, eine Probe seines Humors zu geben. Als die Oberhofmeisterin meiner Frau, Gräfin Brockdorff, den General im Hinblick auf die Nachtfahrt sehr besorgt fragte, ob das Schiff auch seetüchtig sei, erwiderte er prompt: „Not in the least, ma'am, she has no watertight compartments. If you have a collision, down you go like a bandbox! No time for crying ‚Help'!"*) Die arme Gräfin Brockdorff soll infolgedessen die ganze Nacht über kein Auge zugetan haben.

VII.

Aus meinen früheren Darlegungen geht bereits zur Genüge hervor, daß ich eine besondere Passion für die Marine hatte. Sie entstammte wohl nicht zum geringsten Teil meinem von mütterlicher Seite herrührenden englischen Blut. Mehrfache Besuche in Seebädern, wie z. B. in Wyk auf Föhr, in Norderney und in Scheveningen, trugen neben den Besuchen in England zur Belebung dieser Vorliebe bei. Ich habe darüber in den Kapiteln über meine Kindheit und Jugend an den betreffenden Stellen ausführlich gesprochen.

In späteren Jahren habe ich mich mehrfach bemüht, sowohl im Ersten Garderegiment zu Fuß wie bei den Garde-Husaren das Inter-

*) „Nicht im geringsten, Madame! Es hat keine wasserdichten Schotten! Wenn Sie einen Zusammenstoß haben, gehen Sie unter wie eine Putzschachtel, bevor Sie Hilfe rufen können!"

esse für die Kaiserliche Marine durch Vorträge zu wecken und zu entwickeln. So habe ich z. B. über Schiffstypen, über die Geschwaderübungen, an denen ich fast alljährlich teilnahm, über die Flotteninspizierung meines Vaters 1880, über die Flottenschau in Spithead, der ich im Juni 1887 beigewohnt habe, sowie auch einmal über Seeminen und Fischtorpedos gesprochen; diese Waffe begann damals die Aufmerksamkeit auf sich zu lenken. Selbstverständlich war die Wirkungsmöglichkeit meiner Bemühungen an sich nur beschränkt, auch der „Widerstand der stumpfen Welt" so schnell und so leicht nicht zu besiegen. Erst später war es mir beschieden, mit der Kraft „jenes Glaubens, der sich, stets erhöhter, bald kühn hervordrängt, bald geduldig schmiegt", mein Volk zur Tat mit fortzureißen.

*

Im Juli 1881 wurde meinem Großvater der bevorstehende Besuch der britischen Reserveflotte unter dem Kommando meines Oheims, des Herzogs von Edinburgh, angezeigt. Kiel wurde zum Ankerplatz bestimmt, und ich erhielt von meinem Großvater den Auftrag, in seiner Vertretung den Herzog zu empfangen und zu bewirten. Voller Freude reiste ich nach Kiel und wurde dort in der liebenswürdigsten Weise von Heinrich im Schloß aufgenommen, wo er inzwischen sein Quartier aufgeschlagen hatte.

Auf der Kieler Förde im Außenhafen lagen nach meiner Erinnerung „Preußen", „Friedrich der Große", „Friedrich Karl" und „Kronprinz" vor Anker. Am nächsten Vormittag lief das aus noch vollgetakelten Panzerschiffen bestehende englische Reservegeschwader unter Führung des Herzogs von Edinburgh in Kiellinie ein und machte an den Bojen fest; das Flaggschiff „Hercules" kam gerade dem Schloß gegenüber zu liegen.

Nach Austausch der Salute und offiziellen Begrüßungen von seiten der Marinebehörden fuhr ich an Bord des „Hercules" und bewillkommnete dort namens meines Großvaters meinen Oheim. Im Anschluß daran forderte der Herzog mich zu einem Rundgang durch sein Flaggschiff auf, ein verbessertes und verlängertes Modell unserer Kaiserklasse, das von Kapitän Heneage, seinem Flaggkapitän und Stabschef, kommandiert wurde. Dann fuhr ich die stattliche Reihe der englischen Schiffe entlang, um sie mir näher anzusehen. Die Typen waren sehr verschieden. Am längsten und schönsten war das Linienschiff „Warrior", das erste und älteste gepanzerte Kriegsschiff der britischen Marine. Die Namen der übrigen Schiffe des Geschwaders waren „Hercules" (Flaggschiff), „Hector", „Valiant", „Defence", „Repulse", „Penelope" und „Lord Warden". Einige waren noch als Zwei- oder Dreidecker gebaut und später durch „Rasieren" der oberen Batterien und Auflegen von Platten auf die Schiffsseiten zu Panzerschiffen umgewandelt worden. Der Gesamteindruck des Geschwaders war aber großartig und sehr ansprechend, da sämtliche Schiffe vollgetakelt waren. Mit Wohlgefallen ruhte das Auge des Beschauers auf den himmelhohen Masten und den gewaltigen Rahen.

Der Herzog von Edinburgh hatte außer seinem Flaggschiff eine hübsch eingerichtete Dampfyacht „Lively" zur Verfügung, die neben dem „Hercules" verankert war; sie wurde von Commander Le Strange kommandiert. An Bord der Yacht befand sich als Gast der berühmte englische Operettenkomponist Sir Arthur Sullivan, dessen reizende Stücke „H. M. S. Pinafore" und besonders der „Mikado" über alle Bühnen gegangen sind. Nach den kleinen Privatdiners, die Heinrich und ich bei unserem Onkel an Bord seiner Yacht einnahmen, pflegte Sullivan sich häufig ans Klavier zu setzen und uns aus seinen Kompositionen vorzuspielen.

Am Abend gaben Heinrich und ich unserem Oheim und seinen Kommandanten im Auftrage unseres Großvaters ein Bankett, bei dem Heinrich und der Herzog Trinksprüche wechselten. Nach Tisch machte der Herzog mich mit seinen Kommandanten näher bekannt, unter denen sich auch ein riesengroßer Herr mit blaurotem Gesicht und einer in allen Farben schillernden Pontacnase befand. Der Unglückliche hatte es auf der Herfahrt, wie mein Oheim mir erzählte, fertig bekommen, am hellen lichten Tage sein Schiff bei dem damals noch englischen Helgoland auf eine Sandbank zu setzen, was ihm einen gründlichen Rüffel des Herzogs eingetragen hatte. Dieser Herr leistete sich im Laufe des Gesprächs einen ebenso guten wie unfreiwilligen Witz. Er erzählte nämlich, sie seien außerhalb Kiels einer deutschen Fregatte begegnet und fragte beiläufig, wie sie wohl geheißen habe. Auf die Antwort „Blücher" erwiderte der Captain nach längerer Überlegung: „Oh, I suppose you mean Bluker! That is the name of the celebrated fieldmarshall, isn't it?" – „Yes."*) – Zunächst Pause. Und dann: „Well, I suppose the fine old warrior is dead now?!"**) Es war wirklich schwer, diese einfache Frage in salonfähiger Form zu beantworten!

Der Verkehr zwischen den deutschen und britischen Offizieren war in jeder Beziehung herzlich und kameradschaftlich; das kam besonders bei einem gelungenen Gartenfest in Bellevue zum Ausdruck. Nicht anders war das Verhältnis zwischen den Mannschaften. Man sah die britischen Matrosen, die der „Naval Reserve" angehörten und daher bereits älteren Jahrgangs waren, mit ihren deutschen Kameraden vergnügt zu Fuß und zu Wagen umherstreifen. Zu heiteren Zwischenfällen kam es immer, wenn solche Gruppen deutschen oder englischen Seeoffizieren begegneten und unsere Matrosen sich vom Arm der englischen Kameraden lösten, um Front zu machen. Da diese Art der Ehrenbezeugung in England unbekannt ist, pflegte dann gewöhnlich aus den Reihen der britischen Kameraden die erstaunte Frage zu kommen: „Hallo, Jack, why do you heave to?" („Hallo, Jack, warum drehst du bei?")

---

*) „Oh, Sie meinen vermutlich Bluker (engl. Aussprache für Blücher)! So heißt doch der berühmte Feldmarschall, nicht wahr?" – „Jawohl!"

**) „Schön! Soviel ich weiß, ist dieser prächtige alte Held doch wohl bereits tot?!"

Da dem Stationschef von Kiel, dem hochverdienten Admiral Batsch, von seiner eigenen Dienstzeit in der englischen Marine her das Verhalten der englischen Mannschaften auf Landurlaub nur zu wohl bekannt war, hatte er die Hafenwache reichlich mit Stroh versehen lassen. Auf die daraus gefertigten Lagerstätten wurden die aus den Kneipen gebrachten „Leichen" schiffsweise geordnet niedergelegt, um dann stündlich von den bereitgehaltenen Dampfbarkassen auf ihre Schiffe gebracht zu werden; so waren diese der Sorge für ihre auf Urlaub gegangenen Mannschaften enthoben. Das britische Geschwader begrüßte diese Neuerung, die die Engländer bisher in keinem anderen Hafen der Welt erfahren hatten, und die von deutscher Voraussicht und Gründlichkeit zeugte, mit anerkennendem Danke. Eine Anzahl Mannschaften kehrte übrigens von ihren Ausflügen nicht wieder, sondern benutzte die Gelegenheit zur Desertion.

Ich selbst hatte unfreiwillig Gelegenheit, mich von dem Treiben der englischen Matrosen zu überzeugen. Am Abend vor dem Auslaufen des Geschwaders bevölkerten nämlich die von ihrem letzten Abschied heimkehrenden Urlauber in reichlich angeheitertem Zustand und so zahlreich die Landungsstege, daß der Herzog es für notwendig hielt, uns mit seinem Adjutanten Commander Le Strange persönlich an Land zu bringen. Wir stiegen an der „Schloßbrücke" aus, und der Herzog sah sich genötigt, uns persönlich durch die lärmende Masse hindurchzugeleiten, was unter dem Schutze seiner Admiralsuniform auch gelang. Trotzdem kamen wir mehrmals in Gefahr, von den schwankenden Gestalten ins Wasser gedrängt zu werden.

Nach fünf- oder sechstägigem Aufenthalt, der in jeder Beziehung harmonisch verlief, lichteten unsere englischen Gäste wieder die Anker. Am Morgen der Abfahrt schiffte ich mich auf der „Grille" ein, um mit vier weiteren Schiffen dem britischen Geschwader das Geleit bis ins offene Meer zu geben, während Heinrich an Bord des „Hercules“ mit nach England hinüberfuhr. Auf der „Grille“ befand sich mit seinem Flaggleutnant der Geschwaderchef Admiral v. Wickede, der in seiner Jugend unter Tegetthoff die Schlacht bei Lissa mitgemacht hatte. Die „Grille“ lief den vier deutschen Geleitschiffen voraus, und vor der Kieler Bucht erwarteten wir in Kiellinie, die „Grille“ an Backbord querab vom Flaggschiff „Friedrich Karl“, das an der Spitze stand, unsere Gäste. Bald darauf führte der Herzog sein Geschwader in Kiellinie aus der Förde heraus und formierte Doppelkolonne an Backbord von uns, jede Kolonne zu vier Schiffen querab voneinander. Beide Geschwader dampften nun nebeneinander her, wobei der Herzog verschiedene Schwenkungen und Wendungen machen ließ. Zum Schluß führte er uns das Manöver vor, das in der britischen Flotte „Gridiron“ genannt wurde. Die beiden Kolonnen drehten nach innen aufeinander zu, dampften durcheinander durch und stellten dann durch Wendung auf den alten Kurs die Doppelkolonne wieder her; für den Laien könnte man dieses Manöver am besten mit der Française oder dem Kontertanz vergleichen. Nach dem Abschiedssalut des deutschen Geschwaders schwenkte Admiral v. Wickede auf Gegenkurs, indem er seine Schiffe an der Steuerbordkolonne des britischen Geschwaders entlang führte. Unsere Mannschaften enterten auf, und während das Signal „Leben Sie wohl, glückliche Reise“ von unseren Schiffen wehte, brausten zu den ebenfalls aufgeenterten britischen Kameraden drei Hurras hinüber, die von diesen kräftig erwidert wurden.

Bald darauf bemerkten wir, daß das Schlußschiff des britischen Geschwaders achteraus sackte, d. h. seine Position nicht innehalten konnte, und Signale gab; die Maschine mußte eine Havarie haben. Mit Blitzesschnelle bedeckte das Schiff sich mit einer großen Masse Segelleinwand, und das Schiff fuhr nun unter Segel weiter. Es war das letzte Panzerschiff, das ich unter vollen Segeln gesehen habe.

*

Im Jahre 1884 lud mich der neue Marineminister, General v. Caprivi, ein, an den Übungen der Flotte bei Zoppot teilzunehmen. Mein Großvater bewilligte mir Urlaub, und ich erhielt die Erlaubnis, an Bord des in Kiel als Wachtschiff liegenden Panzerkreuzers „Hansa" (Kapitän zur See Becks) nach Zoppot zu fahren. Die Überfahrt war außerordentlich stürmisch, die „Hansa" schlingerte lebhaft, und ich hatte daher eine böse Nacht zu überstehen. Caprivi kam bei Hela an Bord, und wir fuhren nun die Linie der in der Bucht von Zoppot verankerten Schiffe entlang, die das gesamte in Dienst befindliche Material bis zu den Schulschiffsbriggs hinunter darstellten. Auch einige der ersten Torpedobootsmodelle waren dabei vertreten, ebenso die Küstenverteidigungskanonenboote der „Brummer"-Klasse mit je einem schweren Geschütz. Das Ganze stand unter dem Kommando des Admirals Graf Monts, der seine Flagge auf S.M.S. „Baden" gesetzt hatte. Beim Essen, das General v. Caprivi auf dem Flaggschiff gab, traf ich den Flügeladjutanten meines Großvaters, Oberstleutnant v. Plessen, der von seinem alten Bekannten, Kapitän zur See Tirpitz, zu der Flottenschau eingeladen war, um dem Kaiser Bericht zu erstatten. Es fanden Inspizierungen von Schiffen teils unter Segel, teils unter Dampf statt, sowie Gefechtsübungen und eine große Landungsübung bei Odingen, bei der die Ersten Leibhusaren aus Danzig den Feind abgaben.

Tirpitz, dem damals das Torpedowesen unterstand, hatte ein Gefechtsbild ausgearbeitet, das das Herankommen von Torpedobooten unter dem Schutz des Rauches der feuernden Schiffe darstellen sollte. S.M.S. „Hansa" war als Zielobjekt ausersehen, die Übung sollte „geheim" sein. Caprivi, Plessen und wir anderen Zuschauer befanden uns an Bord der „Grille" und harrten gespannt der Dinge, die da kommen sollten. Die Erwartung wurde noch dadurch erhöht, daß neben dem großen Schauspiel sich ein kleineres, aber nicht weniger interessantes abrollen sollte. Durch die Geheimpolizei war nämlich gemeldet worden, der Konsul einer fremden Macht in Danzig habe die Absicht, bei den Übungen zu spionieren. Daher waren alle Patrouillenboote auf diesen Herrn besonders aufmerksam gemacht worden, als dessen Kennzeichen ein hoher grauer Zylinder angegeben war. Endlich begann die „Hansa" mit donnernden Breitseiten sich in dichten Pulverdampf zu hüllen, während im Kanal von Neufahrwasser die Rauchwolken der herannahenden Torpedoboote sichtbar wurden. Die Spannung wuchs. Da plötzlich rief Tirpitz, indem er nach achtern zeigte: „Da ist der Kerl!" Alle Augen fuhren herum, und wahrhaftig, nicht weit vom Heck der „Grille" entfernt, war ein Ruderboot zu sehen, in dem ein älterer Herr mit einem hohen grauen Zylinder saß. Sofort erging das Kommando: „Pinassen gleich das Boot an die „Grille" heranschleppen!" Wie die Habichte stürzten sich mehrere Dampfpinassen auf das Ruderboot, legten neben ihm an und begannen lebhafte Unterhandlungen mit den Insassen. Aber vergeblich erwarteten wir, daß der Spion als Beute eingebracht wurde, denn wenige Minuten später kehrten die Pinassen ohne das Fahrzeug und ohne den „Kerl" zurück. Ein Kadett, der die eine Pinasse kommandiert hatte, überreichte dem gleich uns allen sehr befremdeten Kapitän Tirpitz nichts als einen Zettel. Da entspannten sich plötzlich dessen Züge, und der höchst unerwartete Ausruf „Mein Vater!" machte der allgemeinen Aufregung ein Ende. Kein Spion, kein Konsul und kein „Kerl", sondern Tirpitz' eigener Vater war der Herr im grauen Zylinder! Den Zettel, den er in der Hand hielt, hatte er persönlich mit seiner Namensunterschrift als Passierschein ausgestellt!

Inzwischen hatten die Torpedoboote die „Hansa" „supponiert torpediert".

*

Im Jahre 1884 wurde endlich ein alter Wunsch erfüllt, den mir die Liebe zur See und zur Marine eingegeben hatte: Seebilder malen zu lernen. Der junge Maler Karl Saltzmann, ein Berliner

Kind, hatte die Aufmerksamkeit meiner Mutter durch sein prachtvolles Bild, das die Einfahrt des Kolberger Hafens im Sturm darstellte, auf sich gelenkt; sie bewirkte dessen Ankauf durch meinen Großvater, der es in seinen Gemächern im Schloß zu Wiesbaden aufhängen ließ. Als mein Bruder seine zweijährige Weltreise an Bord S.M.S. „Prinz Adalbert" antrat, veranlaßte meine Mutter, daß Saltzmann ihn begleitete. Er brachte auch reiches Material an Skizzen, Zeichnungen und Bildern mit zurück und malte das eindrucksvolle Bild von S.M.S. „Prinz Adalbert" in dem schweren Taifun, der dem Schiff fast den Untergang gebracht hätte. Zu Beginn meiner Regierungszeit fand es seinen Platz im Sternensaal des Berliner Schlosses. Nach der Rückkehr meines Bruders von seiner zweiten größeren Seereise an Bord S.M.S. „Olga" 1884 wohnte er eine Zeitlang in der Villa Liegnitz zu Potsdam, wo er Malunterricht bei Saltzmann nahm. Diese Gelegenheit ließ ich mir nicht entgehen, sondern nahm schnell entschlossen an dem Unterricht mit meinem Bruder teil. Ich habe es wahrlich nicht bereut.

Was ich von Saltzmann lernte, waren in erster Linie die Hauptgrundsätze, nach denen der Maler die Natur betrachten muß, die Kenntnis der Stelle, an die im allgemeinen der Horizont hinzulegen ist, der Übergang von den kräftigen Tönen des Vordergrundes zu den zarteren in der Nähe des Horizontes usw. Ferner erklärte er uns den „Bau", gewissermaßen die „Konstruktion" einer Welle im großen wie auch ihre Einzelheiten, und gewöhnte uns daran, die Wasserfläche auf ihre Beeinflussung durch den Wind zu studieren. Dazu trat die Unterweisung in den Gesetzen der Farbenmischung und der Farbengebung. Da ich ja nicht die Absicht hatte, ein ausübender Künstler zu werden, so benutzte ich den Unterricht bei Saltzmann vor allem dazu, um einen Einblick in die von einem Landschafter zu lösenden Aufgaben und ihre Schwierigkeiten zu gewinnen und die Anwendung der technischen Hilfsmittel kennen zu lernen. Indem ich mich so beschränkte, habe ich dem Unterricht wohl den für meine Verhältnisse größtmöglichen Nutzen abgewonnen.

Die Malstunden waren um so anregender, als der Künstler bei allen Anweisungen seinem köstlichen Berliner Humor die Zügel schießen ließ und dadurch den an sich schon höchst interessanten Unterricht noch schmackhafter machte. Auf den späteren alljährlichen Sommerreisen nach dem Norden war Saltzmann mir ein stets treuer, lustiger Begleiter, der die gesamte Reisegesellschaft durch seine Scherze zu unterhalten wußte, ohne dank seines ungemein liebenswürdigen und feinen Herzenstaktes jemals verletzend zu wirken.

In seiner Kunst besaß Saltzmann das seltene Talent, mit großer Schnelligkeit in Öl nach der Natur zu skizzieren, genau so, wie andere in Aquarell; aber trotz seines raschen Malens erwiesen sich diese Skizzen als bereits sehr gut im Detail durchgeführt. Ich habe auf einer Nordlandfahrt einmal eines Abends von 9 bis 11 Uhr auf dem Heck meiner Yacht neben ihm gesessen und die Gewandtheit bewundern können, mit der er den Fjord, in dem wir ankerten, mit seinen ihn umgebenden gewaltigen Bergen in zwei Stunden in Öl auf die Leinwand warf; es war eigentlich schon ein fertiges Bild, obwohl er es als Skizze bezeichnete. Das nach dieser von mir bestellte große Ölbild ließ ich in einem Zimmer des Berliner Schlosses aufhängen.

*

Im Februar 1885 erteilte mir mein Großvater den ehrenvollen Auftrag, ihn bei dem Stapellauf einer Korvette in Kiel zu vertreten und diese in seinem Namen nach seiner Schwester, der verwitweten Großherzogin von Mecklenburg-Schwerin „Alexandrine“ zu taufen.

*

Im Juni 1887 fand die Grundsteinlegung zum Kaiser-Wilhelm-Kanal durch meinen Großvater bei Holtenau statt. Ich war schon

Taufe des ältesten Sohnes des Prinzenpaares Wilhelm von Preußen. 1883
Nach einem Gemälde von A. v. Werner

am Tage vor der Feier zu meinem Bruder gefahren und konnte in Kiel die letzten Vorbereitungen, die Stadt und Marine zum würdigen Empfang des Kaisers trafen, mitansehen. Die Schiffe lagen an den Bojen, Dampfbarkassen fuhren geschäftig hin und her, Tribünen umgaben den Festplatz, Kiel und Holtenau hatten sich in einen Wald von Flaggen gehüllt. Da die Admiralität die Kosten für die Indienststellung der eigens für Repräsentationszwecke erbauten Yacht „Hohenzollern" nicht verantworten zu können glaubte, hatte sie den Radaviso „Pommerania" für den Kaiser herrichten lassen.

Am folgenden Tage traf mein Großvater bei schönstem Wetter in Kiel ein. Auf dem Platz vor dem Bahnhof begrüßte ihn das Offizierkorps der Marine mit drei donnernden Hurras. Den Ehrendienst versah der Flügeladjutant des Kaisers und gleichzeitige Hofmarschall meines Bruders, Kapitän z. S. Frhr. v. Seckendorff; er war der erste Seeoffizier, der die Schnüre meines Großvaters getragen hat. Auf dem Festplatz in Holtenau hielt mein Großvater eine seiner packenden Reden, die tiefen Eindruck auf die Anwesenden machte. Am Schluß der Feier schiffte der Kaiser sich mit uns und seinem Gefolge an Bord der „Pommerania" ein. Von der Torpedobootsdivision meines Bruders geleitet, dampfte sie langsam die im Hafen vor Anker liegenden Schiffe entlang, die über die Toppen geflaggt hatten, salutierten und, soweit sie noch Takelage besaßen, die Mannschaften auf den Rahen stehen hatten. Die Hurras der Mannschaften wurden an Land von dem zahlreich versammelten Publikum stürmisch aufgenommen. Alles befand sich in gehobener Stimmung.

Für mich sollte der Tag noch eine besonders große Freude bringen. Bei der Abfahrt auf dem Bahnhof war ich bereits mit den Herren Seiner Majestät in ihr Abteil gestiegen und hatte mich an das Fenster gestellt. Als mein Großvater sich von meinem Bruder verabschiedete, schien es mir, als ob dieser ihm noch etwas vortrug. Plötzlich richtete mein Großvater sein Auge auf mich, sah mich freundlich an, nickte, als Heinrich fertig war, zustimmend mit dem Kopf und winkte mich heraus. Als ich salutierend vor ihm stand, sagte der Kaiser zu mir: Heinrich hätte ihm soeben gemeldet, ich hätte ein so großes Interesse und Verständnis für die Marine, daß das zwischen ihr und mir bestehende Band auch äußerlich erkennbar sein müsse. Nach den schönen Eindrücken des heutigen Tages sei er besonders gern bereit, diesen Wunsch zu erfüllen, den ich gewiß auch in meinem Innern hegte. Daher stellte er mich hiermit à la suite des I. Seebataillons! Ich war von Freude und Überraschung völlig überwältigt! Heinrich fiel mir um den Hals und drückte mich dergestalt an seine Brust, daß mir fast der Atem ausging, und die zur Verabschiedung anwesenden höheren Seeoffiziere, die die Worte meines Großvaters vernommen hatten, reichten mir voller Freude die Hand.

Nachdem ich noch einmal mit bewegten Worten meinem Großvater meinen Dank ausgesprochen hatte, zog ich mich wieder in das Abteil zurück, in dem die Generaladjutanten mit dem Kriegsminister General Bronsart v. Schellendorff Platz genommen hatten. Auf die Frage Generals v. Albedyll, was sich denn so Erfreuliches auf dem Bahnhof abgespielt habe, meldete ich ihm die empfangene Auszeichnung, worauf er mir mit herzlichem Glückwunsch die Hand schüttelte. Auch seine Kollegen gratulierten mir aufs wärmste. Nur General v. Bronsart las in einem Aktenstück, ohne sich um den Vorgang zu bekümmern. Als ich auch ihm meine Meldung machte, sah er mich über den Kneifer hinweg an und sagte nur mit kühler Gleichgültigkeit: „So! Na, Sie sollen sich ja für dergleichen Dinge interessieren," und setzte seine Lektüre fort.

General v. Bronsart gehörte zu der Gruppe älterer preußischer Generale, denen das Verständnis für die Fragen der Seegeltung und einer starken Marine durchaus abging. Sie betrachteten diese als ein Anhängsel der Armee und das für sie ausgegebene Geld als der Armee widerrechtlich entzogen. Diese Einstellung war mir an sich nicht fremd. Aber angesichts seiner eben so kraß bewiesenen Interesselosigkeit für die Marine konnte ich es mir doch nicht versagen, den Kriegsminister darauf hinzuweisen, daß die Marine die ebenbürtige Schwesterwaffe der Armee sei und die Ehre der deutschen Flagge im Auslande vertrete; es wäre, sagte ich, meines Erachtens durchaus an der Zeit, daß auch die Armee ein Interesse an „dergleichen Dingen" nähme. Sprach's und verließ das Abteil.

An dem mangelnden Verständnis der Armee für die Marine trug vielleicht auch die eigenartige Entwicklung des Offizierkorps der alten preußischen Marine schuld. Dieses war im Vergleich zu der Armee besonders dadurch zurückgeblieben, daß die Kommandanten der Schiffe großenteils aus der Handelsmarine übernommene Schiffskapitäne waren („Stürkes", = Steuerleute, genannt). Diese verstanden alles, was zur Navigation, zum Segelmanöver und zur Seemannschaft gehörte, vortrefflich, konnten aber nur wenig von dem wissen, was von einem Offizier und einem Offizierkorps gefordert werden mußte. Sie waren daher selten in der Lage, Seeoffiziere auszubilden oder Offizierkorps zu leiten. Bei der Vergrößerung der alten preußischen Marine fehlte es vollkommen an einem Marineoffizierkorps; die wenigen auf eigenen Antrag in die englische Marine abkommandierten preußischen Offiziere, wie z. B. Admiral Graf Waldersee, vermochten daran nichts zu ändern. Es wäre zweifellos richtiger gewesen, nach dem Vorbild der alten britischen Marine, die auf jedem größeren Kriegsschiff einen für das Seemännische verantwortlichen „sailingmaster" hatte, die „Stürkes" als solche mit Verantwortung für Navigation usw. auf die Schiffe zu kommandieren, während man als Kommandanten schneidige ältere Kavallerieoffiziere, für die Artillerie Artillerieoffiziere und für inneren Dienst, Disziplin und Drill Infanterieoffiziere hätte nehmen müssen. Auf diese Weise hätte schnell ein homogenes, in sich straff gegliedertes Seeoffizierkorps geschaffen werden können, das zudem eine innige Wechselwirkung mit der Armee gepflegt hätte. Dann wäre auch eine Auffassung wie die des Generals Bronsart v. Schellendorff kaum möglich gewesen.

*

Im Juni desselben Jahres habe ich die Marine-Infanterieuniform in England bei dem Krönungsjubiläum meiner Großmutter, bei der Flottenschau auf der Reede von Spithead und bei einem großen Empfang der Stadt London tragen können. Im September erwies mein Großvater meiner Frau die Ehre, daß sie die in Kiel vom Stapel laufende Korvette auf ihren Namen „Prinzeß Wilhelm" taufen durfte.

VIII.

Dem Geiste des Bündnisses zwischen Deutschland und Österreich-Ungarn entsprechend, waren sich auch die jüngeren Mitglieder der Häuser Hohenzollern und Habsburg nähergetreten. Mit dem Kronprinzen Rudolf war ich, wie geschildert, seinerzeit anläßlich der Wiener Weltausstellung bekannt geworden und hatte seitdem mit ihm gute Kameradschaft zu unterhalten gesucht. Er war eine anregende, kluge und in ihrer frischen Lebhaftigkeit fesselnde Natur, voll sprudelnden Humors, freilich auch nicht ohne eine recht beträchtliche satirische Ader. Wir waren beide große Naturfreunde und auch der Jagdleidenschaft ergeben; Rudolf war zudem ein kenntnisreicher Zoologe, speziell Ornithologe. Zu meinem Leidwesen mußte ich aber im Laufe der Jahre bemerken, daß er es mit der Religion nicht eben ernst nahm, und es war mir schmerzlich, wenn mein Kamerad auch über die Kirche und Geistlichkeit wie über den schlichten Glauben des Landvolks die Lauge seines spöttelnden Witzes ausgoß. Auch andere Charakterschwächen konnten mir nicht verborgen bleiben, und so kam es, daß mein ursprüngliches Vertrauen schwand und daß wir mit der Zeit mehr und mehr auseinander gerieten. Hinzu trat, daß ich allmählich erkennen mußte, wie wenig der Kronprinz innerlich dem neuen Deutschen Reiche und dem Zweibunde geneigt war; vor allem die Idee des Preußentums war ihm in der Seele verhaßt. Aus allen diesen Gründen wurden unsere Beziehungen kühler und schließlich auf beiden Seiten lediglich unter dem Gesichtspunkt politischer Notwendigkeiten gepflegt.

Mein Verhältnis zu Kaiser Franz Josef ist dagegen immer außerordentlich eng und herzlich gewesen. Ich darf wohl sagen, daß ich vom Kaiser fast wie sein eigener Sohn behandelt wurde; ich wiederum blickte vom ersten Tage unserer Bekanntschaft an zu dem Verbündeten meines Großvaters und Vaters mit der Verehrung und Liebe auf, welche die ehrwürdige Persönlichkeit eines solchen Greises der Jugend abfordern muß. Der alte Kaiser war für mich ein leuchtendes Vorbild in der Ergebung und Glaubensfestigkeit, mit der er alle schweren Schicksalsschläge trug, und in seinem geradezu sprichwörtlichen Pflichtgefühl, mit dem er rastlos für das Wohl seiner Völker arbeitete. Die Art meiner Beziehungen zu Kaiser Franz Josef ist keinem Wandel unterworfen gewesen. Ich habe den edlen Herrscher in Ehrfurcht stets als meinen väterlichen Freund angesehen, und es bestand zwischen uns über alle Zeiten hinweg ein inniges Verhältnis gegenseitigen Vertrauens, das bis zur Stunde gewährt hat, da er sein Haupt im Tode neigte.

Kaiser Franz Josef, der auch Pate meines ältesten Sohnes war, zeichnete von Anfang an meine Frau mit besonderer Liebenswürdigkeit aus, die die ganze Ritterlichkeit seines vornehmen Wesens zur Geltung brachte. Als mein Sohn großjährig wurde, ließ der hohe Pate es sich nicht nehmen, persönlich zu erscheinen, um seine Glückwünsche zu überbringen. Als ein rührender Zug sei erwähnt, daß, als beim Mittagsmahl meine Frau dem Kaiser das „Du" antrug, das bisher noch nicht gebraucht worden war, der hohe Herr mir sogleich von dieser „Ehrung", wie er es nannte, Kenntnis gab. Es muß dem des einzigen Sohnes und seiner Gattin beraubten Kaiser hoch angerechnet werden, daß er sich zu diesem Besuch verstanden hatte, wo ihn das Bild der von einer Schar blühender Kinder umgebenen glücklichen Eltern nur um so schmerzlicher an seinen herben Verlust erinnern mußte.

Auch bei einem anderen kleinen Vorfall offenbarte sich die rührende Güte und feine politesse de cœur des ritterlichen alten Herrn. Ich hatte mit meiner Gemahlin und meiner Tochter Viktoria Luise in Schönbrunn den Kaiser besucht und ließ die damals im Backfischalter stehende Prinzessin mit dem alten Herrn an der Station zurück. Als der Zug sich in Bewegung setzte, sahen wir gerührt, wie der Kaiser der Prinzessin eine Verbeugung machte und sie, indem er ihr galant den Arm bot, zu seinem Wagen führte.

Bemerkenswert ist, daß Kaiser Franz Josef polyglott war und die Idiome seiner Völker beherrschte. Während eines Manövers, zu dem mich der Kaiser eingeladen hatte, stand ich einmal mit ihm auf einer Anhöhe, um den Gang des Gefechtes zu beobachten. Da bemerkte der Kaiser eine Manöverordonnanz, die anscheinend die Leitung suchte und ratlos umherritt. Sofort befahl er einem seiner Flügeladjutanten, den Mann zu dirigieren, worauf sich zwischen den beiden ein längeres Hin und Her entspann. Schließlich dauerte das dem Kaiser zu lange, und er sagte zu mir: „Schau, die können sich halt nicht verständigen; der Ulan ist Galizier und die Landessprache versteht der Adjutant nicht. Da muß i amol selbst nachschauen, sonst kommt die Meldung nimmer an die Leitung. Du verzeihst wohl einen Augenblick." Gesagt, getan! Der Kaiser voltigierte mit jugendlicher Leichtigkeit in den Sattel und sprengte auf seinem prachtvollen englischen Vollblutfuchs im Fluge über die das Terrain durchziehenden Gräben. Nach zwei Minuten bereits war der Mann unterwegs, wobei er, die Meldung hochhaltend, von Zeit zu Zeit ausrief: „Manöveroberleitnant!" – es sollte heißen Manöveroberleitung. Mit vergnügtem Augenzwinkern kehrte der Kaiser zu mir zurück und bemerkte beim Absitzen: „Es ist halt doch gut, wenn man die Sprachen seiner Völker reden kann." Mir aber und meinen Herren gab dieser Vorgang doch einiges zu denken für den Ernstfall.

Kaiser Franz Josef ist in seinem Leben durch so viel Leid hindurchgegangen, wie wenige Menschen. Als jener verabscheuungswürdige Mordanschlag die schöne Kaiserin Elisabeth dahinraffte, eilte ich sofort nach Wien und stand dem hohen Herrn tröstend zur Seite Niemals werde ich den herzergreifenden Anblick vergessen, als der gebeugte Witwer nach einem kalten zeremoniellen Gottesdienst hinter dem Sarge seiner einst so gefeierten und vergötterten Gemahlin aus der Kapelle in die Kapuzinergruft hinabstieg.

Die anmutige Kaiserin, die einst der Gegenstand meiner jugendlichen Schwärmerei gewesen war, war nun dahin. Ich selbst habe der Kaiserin nicht näher gestanden, ich weiß aber sowohl von meinem Großvater wie von meiner Mutter, die sie beide gut kannten, daß die allgemeine Vorstellung von ihr nicht der Wirklichkeit entsprach. Beide erklärten sie für eine bedeutende Frau, der tiefes Gemüt und eine große Seele zu eigen waren, und bedauerten es sehr, daß sie in ihrem eigenen Lande fast allgemein verkannt wurde. Meine Mutter war der Ansicht, daß der Kaiserin in ihrer Jugend schwere Enttäuschungen von seiten der österreichischen Gesellschaft bereitet worden seien. Wenn die Österreicher von ihr sagten, daß sie unnahbar und unsichtbar sei, so hätte das wahrscheinlich daran gelegen, daß die Kaiserin keinen Gefallen an der oberflächlichen und vergnügungssüchtigen Gesellschaft habe finden können. Mein Großvater hat oft seine Bewunderung für den klaren Verstand und das sichere Urteil der hohen Frau geäußert und sie sehr verehrt. Als Beweis für ihre Charakterstärke mag das Wort gelten, das sie sprach, als ihr die Nachricht vom Tode ihres Rudolf gebracht wurde: „Niemand anders als ich darf das dem Kaiser sagen, ich werde es ihm mitteilen!"

Nach dem erschütternden Ereignis hat sich die Kaiserin immer mehr von der Welt zurückgezogen. Im Garten des Achilleions auf

Korfu findet sich eine verschwiegene stille Ecke, wo sie eine Büste Rudolfs aufstellen ließ, die von elektrischen Lampen beleuchtet werden konnte. Dort hat die unglückliche Fürstin oft nächtelang weinend gesessen. Ihr Schicksal war zu schwer, als daß man ihr aus der Abgeschlossenheit, in die sie sich begab, einen Vorwurf machen dürfte.

Alle diese Gedanken bewegten mich, als ich neben dem trauernden Gemahl an der Bahre der edlen Frau stand. Sie war Kaiser Franz Josef sehr viel mehr gewesen, als die dem Schein nach urteilende Welt ahnt, und wäre gewiß, wenn sie am Leben geblieben wäre, ihm eine treue Stütze in den schweren Stürmen der späteren Zeit geworden. Aber das Schicksal wollte es anders, und indem es Leid auf Leid auf den edlen alten Mann häufte, ersparte es ihm nichts an persönlichem Schmerz, und an politischen Enttäuschungen nur die, daß es ihn den Untergang seines Reiches nicht mehr erleben ließ.

Und nunmehr kehre ich zu den Ereignissen meiner Jugendzeit zurück, über die ich, hingerissen von den übermächtig gewordenen Erinnerungen, einige Male bereits hinausgegangen bin.

* * *

Im Mai 1881 wurde ich mit meiner Frau zur Hochzeit des Kronprinzen Rudolf eingeladen. Unser Quartier war ein reizendes kleines Rokokoschlößchen im Garten von Schönbrunn, das „Kaiserstöckl" genannt. Beim Empfang überraschte mich Kaiser Franz Josef mit der Ankündigung, daß er mich à la suite des Regiments meines Großvaters, des Königlich Ungarischen Infanterieregiments Nr. 34 „König von Preußen" („Preußeninfanterie") gestellt habe, eine Ehrung, über die ich mich sehr gefreut habe.

Beide Majestäten hatten sich in den acht Jahren, seit ich sie nicht gesehen, nur wenig verändert. Wenn er auch etwas grauer geworden war, hatte der Kaiser sich doch seine jugendliche Figur und Elastizität bewahrt, und die Kaiserin sah immer noch wunderschön und majestätisch aus. Die Festlichkeiten verliefen genau nach Programm und mit einer geradezu peinlichen Pünktlichkeit, auf die der Kaiser ungeheuer scharf hielt. Kronprinz Rudolf hatte uns darauf aufmerksam gemacht, daß der Kaiser grundsätzlich fünfzehn bis zwanzig Minuten vor der festgesetzten Zeit zu erscheinen pflege; die Folge davon sei, daß sich die Kaiserliche Familie bereits eine halbe Stunde vor Tisch versammle. Wir haben natürlich diesen Wink genau befolgt, was bei dem ersten Essen den Kaiser zu dem Scherz veranlaßte: Wir als Gäste brauchten diese „Unsitte" nicht mitzumachen; er habe meine Frau abholen wollen. Späterhin erfuhr ich aber, daß er seiner Umgebung mit dem Ausdruck der Anerkennung erklärt habe, das Prinzenpaar Wilhelm sei sehr pünktlich. Der gleichzeitig zur Hochzeit in Wien anwesende Prinz von Wales konnte sich an diese Pünktlichkeit nicht gewöhnen und ging infolgedessen eines gleichen Lobes verlustig.

Die kaiserliche Küche war gut, aber schwer. Eine gewisse Berühmtheit hatte das Lieblingsgericht des Kaisers, der Rinderschmorbraten, erlangt. Die Tafel war stets mit prächtigen goldenen Aufsätzen und Kübeln versehen, in denen die erlesensten Blumen, meistens Orchideen aus den Treibhäusern in Schönbrunn, zu farbenfrohen Gruppen zusammengestellt waren. Der Kaiser war ein großer Blumenfreund und liebte besonders Orchideen in allen Spielarten. Nichts machte ihm mehr Freude, als wenn man den Blumenschmuck seiner Tafel lobte, was man in der Tat mit gutem Gewissen tun konnte.

Auf der deutschen Botschaft und in österreichischen Häusern hatten wir häufig Gelegenheit, führende Persönlichkeiten aus der Wiener Gesellschaft kennen zu lernen: die Damen meist stattliche Erscheinungen, oft von großer Schönheit, strahlend im Glanze reichen Familienschmucks, die Herren schlank und gut gewachsen in eleganten Zivilkleidern oder Uniformen, alle ausnahmslos von der gewinnenden österreichischen Liebenswürdigkeit und Urbanität, die den Fremden sehr schnell bestrickt. Im gastlichen Hause des Erzherzogs Karl Ludwig und seiner schönen Gemahlin lernte ich auch den Erzherzog Franz Ferdinand kennen, mit dem ich mein Leben lang bis zu seinem tragischen Ende eng befreundet blieb. Karl Ludwig war der liebenswürdigste Gastgeber und verstand es, sich in fesselnder Weise über die mannigfaltigsten Themata zu unterhalten.

*

Als das Königlich Ungarische Infanterieregiment Nr. 34, dem in der österreichisch-ungarischen Armee gebräuchlichen Turnus entsprechend, auf einige Zeit nach Wien in Garnison verlegt wurde, erhielt ich von Kaiser Franz Josef eine Einladung, der Frühjahrsparade auf der Schmelz beizuwohnen; mein Großvater gewährte gern seine Erlaubnis für den nötigen Urlaub. Besonders erfreut war meine Großmutter, die Kaiserin Augusta, die in dem Besuch eine willkommene Gelegenheit zur Festigung und Vertiefung des Bündnisses zwischen Deutschland und Österreich-Ungarn wie der Beziehungen zwischen den Häusern Hohenzollern und Habsburg erblickte. Die Parade bot ein glänzendes militärisches Schauspiel und verschaffte mir die Gelegenheit, Kaiser Franz Josef das stolze Regiment meines Großvaters zum ersten Male vorzuführen. Im Weltkrieg hat das Regiment seinen alten Ruhm bewährt, und bei der Erstürmung der Grodek-Stellung vor Lemberg konnte ich hinter seiner Front den Regimentskommandeur bei Janow zur Meldung empfangen. Wenige Tage darauf vollführte es eine wichtige Waffentat, indem es durch die Erstürmung der stark befestigten Felskuppen der Zlota Gora die Befreiung Lembergs herbeiführen half. Das Regiment selbst habe ich später in der Nähe des Schlosses Podhorce südwestlich von Brody inspizieren und zu seinen Leistungen beglückwünschen können.

Nicht minder herzlich waren meine Beziehungen zu meinem ungarischen Husarenregiment Nr. 7, dessen Chef Prinz Friedrich Karl gewesen war. Kaiser Franz Josef verlieh es mir, als er die Meldung von meiner Ernennung zum Kommandeur des Garde-

Husarenregiments erhalten hatte. Die „Chefs" der österreichisch-ungarischen Regimenter waren, anders als in der deutschen und russischen Armee, „Oberst-Inhaber" des betreffenden Regiments; sie trugen Oberstenuniform ohne die Abzeichen ihrer höheren Chargen. Der Oberst-Inhaber war und blieb Oberst. Erst lange nach meinem Regierungsantritt erwies mir Kaiser Franz Josef die besondere, bis dahin wohl nicht verliehene Auszeichnung der Ernennung zum k. und k. österreichischen und ungarischen Feldmarschall mit der Berechtigung zum Tragen der betreffenden Regimentsuniformen.

Auch meinem Husarenregiment wurde die Aufgabe zuteil, entsprechend dem oben erwähnten Turnus, einige Jahre in Wien in Garnison zu stehen, und so konnte ich dasselbe ebenfalls bei einer Frühjahrsparade auf der Schmelz seinem erlauchten Kriegsherrn vorführen. Ich nahm die Gelegenheit wahr, um das Regiment in seinem Kasernement zu besuchen und mir verschiedene Dressurabteilungen anzusehen. Der Sitz der Leute war sicher und leicht, man sah ihnen an, daß sie einem Reitervolk angehörten. Das Pferdematerial war sehr ansprechend, das richtige Husarenpferd; das Springen war vortrefflich zu nennen, auch das Voltigieren am galoppierenden Pferde wurde gewandt ausgeführt. Ein Parademarsch bildete den Schluß der Besichtigung, wobei die zusammengestellten Trompeter der Schwadronen eine anfeuernde Fanfare, die „Aspern-Wagram-Fanfare", bliesen, die als Auszeichnung für Tapferkeit in den beiden Schlachten seinerzeit dem Regiment verliehen worden war.

Von den Leistungen meines ungarischen 7. Husarenregiments im Weltkrieg gibt eine sehr hübsche illustrierte Regimentsgeschichte Kunde, von der mir vor einigen Jahren eine durch eine Regimentsdame gefertigte Abschrift überreicht wurde. Es war mir leider nicht vergönnt, das Regiment im Felde zu begrüßen und es zu seinen Taten zu beglückwünschen.

*

In diesem Zusammenhange möchte ich eines Umstandes Erwähnung tun, der an und für sich zwar geringfügig ist, seiner Entstehung nach mir jedoch recht bezeichnend erscheint. Es war mir nämlich einmal aufgefallen, daß die zu meinem Empfang auf einem Bahnhof aufgestellte Ehrenwache nicht präsentierte, sondern mit über die rechte Schulter gehängtem Gewehr dastand; diese Tragweise ersetzte bei der österreichisch-ungarischen Armee unser „Gewehr über". Als ich gelegentlich der weiter unten erwähnten Gemsjagd dem Grafen von Meran, der großes Interesse für militärische Fragen hatte, meine Beobachtung mitteilte, erwiderte er folgendes. Die Armee habe über die Tragweise des über die Schulter gehängten Gewehrs ungünstig berichtet, da es, zumal bei Leuten mit abfallenden Schultern, die Neigung habe, über den Arm hinabzurutschen oder die Leute auf der Schulter drücke. Daraufhin wurden aus Tuch gearbeitete, mit der Kragenfarbe des Regiments versehene Schulterwülste aufgesetzt. Dies erleichterte zwar den Mannschaften das Tragen des Gewehrs, erschwerte aber den Präsentiergriff, der durch Vorschleudern des Gewehrs am Riemen zu erfolgen hatte. Erneute Eingaben aus der Armee erfolgten, die auf diese Schwierigkeiten hinwiesen. Statt nun einfach zu befehlen, es wird das „Gewehr über" getragen und vom „Gewehr über" präsentiert, machte man es anders: man schaffte das Präsentieren ab. Und so, rief der Graf verzweifelt aus, sei die k. und k. österreichisch-ungarische Infanterietruppe die einzige in der Welt, die nicht einmal mehr vor ihrem Obersten Kriegsherrn, dem Kaiser und König, präsentiere, sondern ihm genau dasselbe Honneur erweise wie dem Korporal!

* * *

Im Mai 1883 weilte ich mit meiner Frau zu Besuch bei den kronprinzlichen Herrschaften in Wien und danach als ihre Gäste auf dem Hradschin in Prag. Dort führte mir Kronprinz Rudolf die von ihm kommandierte Division in Parade vor, die sehr gut ausfiel. Rittmeister Graf St. Quentin exerzierte nachher eine Schwadron Savoyen-Dragoner vor uns. Die Leute saßen vortrefflich auf ihren Pferden und ritten festgeschlossen hinter ihren Zugführern und ihrem Schwadronschef her, der die Eskadron ohne Signale nur nach Winken führte. Bei der Attacke wurden die Säbel in Augenhöhe mit dem Korb vor dem Gesicht, die Schneide nach unten, so gehalten, daß der Mann über seine Klinge den Gegner anvisieren konnte. Diese Auslage schien mir praktischer als die unsere, da der Stich im Gefecht immer wirkungsvoller ist als der Hieb.

* * *

Ich erhielt mehrfach von Kaiser Franz Josef Einladungen zu den Herbstjagden im Gebirge, in Mürzsteg und in Eisenerz, wo der Kaiser einen kleinen Kreis weidgerechter Verwandten und Bekannten um sich versammelte. Darunter befanden sich der König von Sachsen, Prinz Leopold von Bayern, der Großherzog von Toskana, der die Schuß- und Streckenlisten führen mußte, der Oberstallmeister Prinz Taxis, der im Kriege ein Auge verloren hatte, der Obersthofmeister Prinz Konstantin Hohenlohe und der schon erwähnte geistsprühende und frohsinnige Graf von Meran, mit dem ich mich sehr angefreundet habe; ab und zu kam auch Kronprinz Rudolf zu diesen Jagden. Man fuhr mit dem Sonderzug über die schöne Semmeringbahn nach Mürzsteg, das sehr einfach, aber behaglich eingerichtet war. Alle trugen die steierische Tracht, auf der Reise und im Hause mit langen Beinkleidern, auf der Jagd mit kurzen „Gamsledernen", dazu den berühmten grünen Hut mit dem Gamsbart; die nötigen Nagelschuhe lieferte ein bekannter Schuster aus dem Gebirge.

Es wurde meist um 7 Uhr abends gegessen, darauf bei Tisch geraucht, wobei der türkische Tschibuk sehr beliebt war, und dann begab sich der Kaiser um ½9 Uhr zur Ruhe, während wir Gäste noch ein Stündchen plauderten. Das Frühstück fand meist gegen 5 Uhr morgens statt, zuweilen aber auch schon um 3 Uhr. Das bedeutete bei der Pünktlichkeit des Kaisers Versammlung 20 Minuten vorher, was den Älteren unter uns zuweilen etwas schmerzlich war. Dann fuhr man zu Wagen in das Revier, wo Prinz Leopold von Bayern und der Großherzog von Toskana Ponys bestiegen, wir anderen aber bei Laternenschein den mehrstündigen Anstieg zu Fuß machten. Gegen Tagesanbruch war man auf den Ständen, die bald auf freier Bergeshöhe, bald im Walde an Bachbetten angelegt waren. Die Treiben dauerten ungefähr fünf bis sechs Stunden, das Wild erschien an den Ständen erst in der zweiten Hälfte dieser Zeit. Der Anlauf war ganz verschieden, da auf der Gebirgsjagd der bei zweifelhaftem Wetter sehr wechselnde Wind eine große Rolle spielt.

Eines Tages wies mir der Kaiser einen für ihn bestimmten Stand an, da ich tags zuvor keinen Anlauf gehabt hatte. Ich war darüber sehr erfreut, mußte aber dafür eine recht schwierige Kletterpartie mit in Kauf nehmen, an deren Schluß ich gar erst mittels einer Leiter meinen Stand erreichen konnte. Dicker Nebel behinderte jede Aussicht. Kaum hatte ich mich dort eingerichtet, so sank ich auch schon, in einen warmen Pelzrock gehüllt und eine Pelzdecke über den Knien, völlig erschöpft in Schlaf. Als mein Büchsenspanner Rolfing mich weckte, war der Nebel verschwunden, und nun sah ich ein prachtvolles Panorama vor mir. Aber zu meiner nicht geringen Überraschung entdeckte ich gleichzeitig, daß ich auf einer Felsplattform saß, die, von der Hauptwand ins Tal vorspringend, höchstens zehn Quadratmeter groß sein mochte. So still, wie auf dem Felsen, habe ich in meinem Leben nicht gesessen! Der Wind war gut, der Anlauf entsprechend günstig, die Gemsen wechselten verhältnismäßig nahe an, vor oder über mir vorbei, und es gewährte mir Freude, ihr Verhalten genau beobachten zu können. Eine Geiß zog mit ihrem

Kitz über meine Felsplattform unmittelbar vor meinen Knien vorbei, so daß ich das Kitz mit meiner Hand hätte berühren können, und dann verschwanden beide über die Felskante, scheinbar in die Luft springend. Ich befürchtete, bald ihren Aufschlag unten auf dem Berghang zu hören, sah sie aber nach einigen Minuten auf einem schmalen Grat wohlbehalten an der gegenüberliegenden Felswand weiterklettern. Es gelang mir, eine Anzahl Gemsböcke zu strecken.

Am Schluß der Jagd stieg ich über meine Leiter wieder herunter und traf am Fuße der Felswand mit dem von seinem Stand zurückkehrenden Kaiser zusammen. Als ich ihm meine Strecke meldete, beglückwünschte er mich voller Freude und schlug mir vor, da die anderen Schützen noch nicht zur Stelle waren, ihn ins Tal hinab zu begleiten und mit ihm gemeinsam nach Hause zu fahren. Ich nahm selbstverständlich dankend an und folgte dem hohen Herrn auf dem schmalen zu Tal führenden Pfad, ohne zu ahnen, was mir bevorstand. Denn bald begann der Kaiser, der ein von Jugend auf geübter Bergsteiger war, seinen Bergstock seitwärts einsetzend, mit großen Sprüngen den beschleunigten Abstieg, was ich bei nur einem leistungsfähigen Arm nicht nachmachen konnte. Ich mußte infolgedessen im Trabe dem hohen Herrn folgen, um ihn im Auge zu behalten und landete eine Weile nach ihm in vollkommener Auflösung an seinem Wagen, worauf der Kaiser nur mitleidvoll sagte: „Es hat dich wohl a bisserl echauffiert?" Ihm selbst sah man keine Spur einer Anstrengung an.

Bei diesen Jagden merkte man, welch große Freude Kaiser Franz Josef das edle Weidwerk in der herrlichen Gebirgsnatur bereitete und wie es ihm half, auf kurze Zeit seine mannigfachen Sorgen zu vergessen. Er war aufgeräumt und heiter und freute sich über alles, was an der Tafelrunde, oft in schönstem Jägerlatein, zum besten gegeben wurde; oftmals teilte er auch aus seinem eigenen Schatz einiges mit. So erzählte der Kaiser gelegentlich von einem seiner Jagdgäste, dem Grafen Würm, daß dieser ihm abends auf der Strecke seine zwei Hirsche gezeigt und gemeldet habe, er habe sie mit einem „coup double“ (Doublette) erlegt. Nachher aber habe sich aus den Meldungen des Jagdleiters ergeben, daß, wie der Kaiser sich ausdrückte, der „coup“ morgens früh um 8 Uhr oben auf dem Berge gefallen, während der „double“ nachmittags um 3 Uhr ganz unten im Tale erfolgt sei. Sehr niedliche Zwischenfälle traten auch ein, wenn der Großherzog von Toskana, nachdem er vorher durch den Rapport des Jagdleiters unterrichtet war, für die bei Seiner Majestät einzureichenden Schußlisten die Meldungen der Jagdgäste über die Schußzahl und die Zahl des erlegten Wildes anforderte. Die zuweilen romanhaften Schilderungen der Schützen ließen sich oft nur schwer mit den Meldungen des Jagdleiters in Einklang bringen. Die daraus entstehenden Konflikte wurden stets die Quelle großer Heiterkeit, angegebene Fehlschüsse von dem Großherzog durchweg mit dem Vermerk „Probeschüsse auf ein Stück Wild“ notiert.

Die Jagden wurden geleitet von einem Revierbeamten, dem sogenannten „Jagdleiter“, und den Förstern des betreffenden Reviers; höhere Jagdbehörden, wie Oberjägermeister und Jägermeister, traten nicht in Erscheinung. Der Jagdleiter bestimmte selbständig über die Stände und den Abschuß des Wildes.

Eine große Rolle bei der vom Kaiser selbst genehmigten Verteilung der Stände spielte sein treuer alter Kammerdiener Kundrat, der von den Jagdgästen mit äußerstem Respekt und großer Höflichkeit behandelt wurde – hing doch von ihm fast des Jägers Schicksal ab! Ich stand einmal hinter dem Kaiser auf dem Flur, als Kundrat die Anweisung eines bestimmten Standes für einen hohen Jagdgast vorschlug, und wurde Zeuge, wie der Kaiser in gemacht komischer Entrüstung den Vorschlag ablehnte und dabei in die Worte ausbrach: „O, fallt mir gar im Traum net ein, auf dem Stand schießt er überhaupt nix!“

* * *

Im Herbst des Jahres 1885 besuchte ich mit meiner Frau das Kronprinzenpaar Rudolf in Budapest anläßlich der ungarischen Landesausstellung. Aus den Fenstern der hochgelegenen Hofburg genossen wir zunächst einmal den unvergeßlich schönen Blick über Budapest, dessen an den Ufern der Donau hingestreckte Front großen Eindruck auf mich machte. In den Straßen herrschte reges Leben und Treiben, und wo wir bei unseren Spaziergängen oder -fahrten erkannt wurden, wurden uns freundliche Ovationen seitens der heißblütigen Ungarn und Ungarinnen dargebracht. In der Landesausstellung, die geschickt und übersichtlich angeordnet war, fand ich die Abteilung für Forsten und Jagd, in der erstaunlich starke Geweihe ausgestellt waren, besonders anregend und reichhaltig. Ein zahlreiches Publikum pflegte uns zu begleiten und an unserer Bewunderung des Gebotenen sich zu erfreuen. In der Geweihausstellung trafen wir unversehens mit dem Grafen Andrassy zusammen; es war für mich eine besondere Freude, die Bekanntschaft dieses Mitbegründers des Bündnisses zwischen Österreich-Ungarn und Deutschland zu machen. Andrassy war ein Vollblutungar, kohlschwarz, eine Locke hing ihm in die Stirn; er machte den Eindruck eines Mannes, der genau wußte, was er wollte. Während unserer Unterhaltung staute sich das Publikum immer mehr, so daß der ebenfalls anwesende Prinz von Wales Mühe hatte, hinauszukommen. Plötzlich brachte jemand aus dem uns umdrängenden Publikum ein Eljen auf den deutschen Bundesgenossen und den Begründer des Bundes, den Grafen Andrassy, aus. Eljenrufe durchbrausten die Halle, während ich dem großen Staatsmann herzlich die Hand schüttelte. Nach dem entschwindenden Prinzen von Wales deutend, flüsterte mir Andrassy zu: „Das wird er nicht gern gehört haben! Ihm gefällt der Dreibund nicht. Europa wird einmal unruhigen Zeiten entgegengehen, kommt er ans Ruder!"

Auch das Theater haben wir in Budapest besucht. Ehe wir in die Loge traten, machte uns Kronprinz Rudolf mit dem Brauch des

Publikums bekannt, den Fürstlichkeiten, die die Loge betraten, eine Ovation darzubringen; diese müßte mit Front gegen das Publikum regungslos entgegengenommen werden. Und so geschah's, laute Eljenrufe begrüßten uns. Es wurde ein ungarisches Schauspiel der Gegenwart aufgeführt, in welchem eine bei den Budapestern sehr populäre schöne Schauspielerin namens Blahané, die vortrefflich sang, auftrat. Sie brachte im Laufe des Stücks ein wunderhübsches, in Ungarn viel gesungenes Volkslied „Mädchen von Köröfch" zum Vortrag. Dies sollte eine Huldigung für den Kronprinzen sein, dessen Lieblingslied es war und das er oft vor sich hin pfiff oder sang. Das Publikum war begeistert, und der donnernde Beifall der Zuschauer veranlaßte die Blahané zu mehrfacher Wiederholung. Es war interessant, die leicht entzündbare Begeisterungsfähigkeit des intelligenten ungarischen Volkes zu beobachten, dessen auf heißer Vaterlandsliebe begründeter Nationalstolz es zu den höchsten Leistungen befähigt. Ich stand unter dem Eindruck, daß es bei richtigem Verständnis für seine Eigenart und Eingehen auf seine Ziele nicht schwer zu leiten sein müsse.

In späteren Jahren habe ich mehrfach diese Frage mit meinem und meines Vaterlandes treuestem ausländischen Freunde, dem Botschafter von Szögyéni, besprochen. Er gab mir darin völlig recht, bemerkte aber einschränkend, der westliche Parlamentarismus sei für die Ungarn ein absoluter Verderb. Er habe auch dem großen Andrassy viel Verdruß bereitet und ihm das Leben schwer gemacht. Man müsse sich eben klar sein, daß die mannigfachen, dem Nichtungarn oftmals völlig unverständlichen parlamentarischen Ereignisse, wie plötzliche Ministerkrisen, Lärmszenen u. a., auf die alten, noch aus dem Mittelalter herstammenden Rivalitäten der führenden ungarischen Magnatenfamilien zurückzuführen seien, die an Stelle des Turniers oder der Privatfehde vergangener Jahrhunderte den Kampf nunmehr in die Arena des Parlaments verlegt hätten. Hierbei sei die Rolle der ungarischen Frauen nicht zu unterschätzen, die durch ihr leidenschaftliches

Temperament den Kampf oft verschärften und die Zwietracht vertieften. Leider habe man von Wien aus sich zu wenig um die Ungarn bekümmert; nur Kaiserin Elisabeth habe die Ungarn verstanden und sei infolgedessen von ihnen auf Händen getragen worden.

Als Beispiel für das mangelnde Verständnis und Entgegenkommen für ungarische Wünsche möge folgendes dienen. Szögyéni klagte mir eines Tages über die zunehmende Reizbarkeit seiner Landsleute wegen der dauernden Ablehnung ihrer Wünsche betreffend eigner ungarischer Fahnen für die ungarische Armee und die Honveds, wie sie schon einmal zur Zeit der Kaiserin Maria Theresia bestanden hatten. Er fragte mich, ob nicht eine Parallele zu ziehen sei mit den von mir an die deutschen Bundeskontingente neu verliehenen Fahnen. Ich bejahte das mit dem Bemerken, die Landesherren seien gebeten worden, Zeichnungen ihrer früheren Fahnen einzureichen, und wenn solche nicht vorhanden waren, seien ihnen Entwürfe vorgelegt worden, in denen die Landeswappen oder die der fürstlichen Häuser, die Landesfarben und die Monogramme der regierenden Herren Berücksichtigung gefunden hätten. Man könne meines Erachtens seitens des Königs von Ungarn den ungarischen Truppen gleiches gewähren, ohne Österreich zu nahe zu treten. Späterhin mußte mir der Botschafter zu seiner Betrübnis mitteilen, daß alle Vorstellungen und Bemühungen in dieser Angelegenheit vollkommen ergebnislos ausgefallen seien.

IX.

Es war nach allem, was ich früher gesagt habe, selbstverständlich, daß ich in der Atmosphäre der traditionellen freundschaftlichen und verwandtschaftlichen Beziehungen aufwuchs, die zwischen unserem und dem russischen Kaiserhause seit den Befreiungskriegen bestanden. In meiner Kindheit kam es oft vor, daß Kaiser Alexander II. auf der Durchreise durch Berlin auch im Neuen Palais weilte, wo ihm in dem dortigen hübschen kleinen Theater eine Vorstellung dargeboten wurde; auch ich durfte sie mitunter besuchen. Als der Zar dann zur Drei-Kaiser-Zusammenkunft in Berlin war, verlieh er mir, wie ich bereits berichtete, die Uniform des St. Petersburger Grenadierregiments Friedrich Wilhelm III.; auch die freundschaftlich-teilnehmenden Worte, die er beim Gedenken an die Verluste der Garde 1870 an meinen Vater richtete, habe ich erwähnt. Um so niederschmetternder wirkte dann nach einigen Jahren die Schreckensnachricht von der Ermordung des Zaren. Wir begaben uns mit unseren Eltern auf die am Abend eingetroffene Trauerkunde hin sofort zu meinem Großvater. Der Kaiser war auf das tiefste erschüttert und keines Wortes fähig, währenddem er still vor sich hin weinte.

* * *

Im Jahre 1884 erhielt ich von meinem Großvater den Befehl, mich zur Teilnahme an der Großjährigkeitsfeier des damaligen Thronfolgers, des späteren Zaren Nikolaus II., nach Petersburg zu begeben und ihm den Schwarzen Adlerorden zu überreichen. Die Instruktion meines Großvaters und des Fürsten Bismarck für diese Reise habe ich schon in meinem früheren Buche erwähnt*). Außer Hofmarschall v. Liebenau sowie meinen persönlichen Adjutanten Major v. Krosigk und Hauptmann v. Bülow begleitete mich General Graf Waldersee; am Abend des 15. Mai verließ ich Berlin. An der Grenze bei Wirballen wurde ich von einer Dragonerschwadron, die die Ehrenwache stellte, empfangen, sowie von dem zum Ehrendienst kommandierten Generalmajor à la suite Grafen Lambsdorff, der sich in der freundlichsten Weise meiner und meines Gefolges auf der langen Fahrt annahm. In Gatschina stiegen der Botschafter Generalleutnant v. Schweinitz und Graf Herbert Bismarck, damals Legationsrat an der Petersburger Botschaft, sowie Generalleutnant v. Werder, der der Person des Zaren attachiert war, in meinen Wagen; sie orien-

*) Ereignisse und Gestalten S. 10.

tierten mich über die Zarenfamilie und über die bevorstehenden Festlichkeiten. Auf dem Bahnhof in Petersburg, wo ich am Nachmittag des 17. Mai ankam, war der übliche Empfang, auch sämtliche Großfürsten waren erschienen, und Großfürst Wladimir hieß mich im Auftrag des Zaren willkommen. Er brachte mich bei Schlackerwetter und Regen (Rasputiza) nach dem Winterpalais, wo ich von den Majestäten empfangen wurde. Ich benutzte die Gelegenheit, um dem Zaren sogleich einen Brief meines Großvaters zu überreichen.

Als ein Zeichen besonders zarter Aufmerksamkeit seitens des Zaren empfand ich es, daß er mir zu meinem Aufenthalt das Quartier genau unter demjenigen hatte anweisen lassen, in welchem mein Großvater gewohnt hatte, wenn er Petersburg besuchte. Der Blick aus den Fenstern fiel auf den großen Platz vor dem Winterpalais, die Admiralität sowie auf ein Stück Newakai. Auf dem Platz war, durch eine hohe Umzäunung gegen Blicke Neugieriger geschützt, auf Befehl Alexanders III. ein Garten angelegt worden, in dem sich die Kaiserliche Familie ungestört ergehen konnte. Die Zimmer waren wohnlich im Geschmack der dreißiger Jahre eingerichtet, nur die starke Heizung mit heißer Luft verursachte Unbehagen, da die Fenster, die vom Winter her noch verklebt waren, mit Ausnahme eines kleinen Scheibchens nicht geöffnet werden konnten. Ein alter dänischer Kammerdiener der Zarin, der deutsch und russisch konnte, hat vortrefflich für mich gesorgt. Die Verpflegung, vor allem was Tee und Gebäck sowie Suppen und Fischspeisen der rein russischen Küche betraf, war ausgezeichnet.

Bei den Festlichkeiten fiel es mir leicht, mit der Kaiserlichen Familie bekannter zu werden, da alle mir mit der sprichwörtlichen russischen Liebenswürdigkeit und Ritterlichkeit entgegenkamen. Die männlichen Mitglieder der Familie boten einen imposanten Anblick, da sie meist das durchschnittliche Größenmaß überschritten; sie alle aber wurden von der gewaltigen, robusten Gestalt Zar Alexanders III.

weit überragt. Während der Großfürst Wladimir dunkelblond war, sah sein Bruder, Großfürst Alexei, der Großadmiral, in seiner hellblonden Manneschönheit wie ein germanischer Heerführer aus alter Zeit aus. Besonders freundlich und liebenswürdig erwies sich Großfürst Michael Nikolajewitsch, Schwager des Großherzogs von Baden und Großvater der Kronprinzessin Cecilie, ebenfalls eine stolze, ritterliche Erscheinung. Neben ihrem übergroßen Gemahl bot die Zarin das Bild einer gar zierlichen und liebreizenden Erscheinung. Die Großfürstin Alexandra, Gemahlin des Großfürsten Konstantin, nahm sich mit ihrem hohen schlanken Wuchs und ihrer stolzen Haltung sehr stattlich aus; ihr immer noch schönes Antlitz war von schneeweißem Haar umrahmt. Sie war sehr gütig zu mir, einmal wohl deshalb, weil sie eine Lieblingskusine meines Vaters war, dann aber auch in Erinnerung daran, daß ich im Winter 1869/70 mit ihrem früh verstorbenen Sohn in Cannes gespielt hatte. Die Großfürstin Wladimir war eine matronenhafte Erscheinung von großer Schönheit. Auch die Gemahlin des Großfürsten Michael, Schwester meines Oheims, des Großherzogs von Baden, hatte sich ihre Jugendfrische bewahrt. Die drei letztgenannten Damen haben sich meiner liebevoll angenommen; so unterrichteten sie mich über die Gepflogenheiten und Gebräuche des Hofes, über die Besuche, die ich machen mußte usw. Eine große Zahl von jüngeren Großfürsten trug zur Belebung des Familienbildes durch ihr jugendlich fröhliches Wesen bei. Ein heiterer Zug kam bei den gewöhnlichen Familiendiners dadurch in die Gesellschaft, daß die Zarin beim Betreten des Versammlungszimmers den die Hacken sporenklirrend zusammenschlagenden jüngeren Großfürsten den üblichen Gruß der Vorgesetzten an die Soldaten zurief, der von ihnen wie nach der Vorschrift unisono beantwortet wurde.

*

Am Morgen nach meiner Ankunft besuchte ich zunächst die Peter-Paulsfestung, wo ich auf dem Marmorsarkophag Zar Alexanders II.

einen Kranz niederlegte. Die Kirche war mit zahlreichen Trophäen aus vergangenen Kriegen ausgeschmückt. Mein besonderes Interesse erregte das kleine Holzhaus aus Zaandam in Holland, in welchem Peter der Große während seiner Schiffbauarbeiten gewohnt hatte. Nach meiner Rückkehr in das Winterpalais hatte ich die Ehre, in Gegenwart des Zaren und der ganzen Kaiserlichen Familie dem Cäsarewitsch die Insignien des Hohen Ordens vom Schwarzen Adler mit einem Allerhöchsten Handschreiben zu überreichen, worauf mir der Zar für den Kaiser mit herzlichen Dankesworten Grüße übermittelte.

Die dann folgende Feier der Großjährigkeitserklärung des jungen Cäsarewitsch Nikolai trug einen vorwiegend militärischen Charakter. Die großen Säle des Winterpalais, die ich mit dem Zaren vor dem Beginn der Feier durchschreiten mußte, waren angefüllt mit Deputationen auserlesener Mannschaften der Petersburger Garderegimenter; sie boten mit ihren Fahnen und Standarten einen prachtvollen Anblick für ein Soldatenauge. Nachdem ich mich in aller Schnelligkeit in russische Uniform geworfen hatte und in das Versammlungszimmer zurückgekehrt war, teilte mir der Zar zu meiner großen Überraschung mit, daß er mich zum Chef des Wiborgschen Infanterieregiments Nr. 85 ernannt habe. Eine Abordnung desselben, die auf Befehl des Zaren aus ihrer Garnison Nowgorod nach Petersburg hereingekommen war, meldete sich am anderen Tage bei mir. Nachdem ich dem Zaren für die Auszeichnung gedankt hatte, begannen die Feierlichkeiten.

In der Schloßkapelle, die ich im Zuge der Majestäten und Fürstlichkeiten an der Seite der Königin Olga von Griechenland betrat, fanden wir eine stattliche Versammlung von Generälen, Staats- und Hofwürdenträgern sowie Damen des Hofes vor; letztere waren gleich der Zarin und den Großfürstinnen in großer Toilette mit dem kleidsamen russischen Kopfputz, dem Kokoschnik, erschienen und ließen einen geradezu märchenhaften Schmuck sehen.

Bei der langen kirchlichen Zeremonie, die von dem würdevollen Metropoliten von Nowgorod und St. Petersburg sowie den Mitgliedern des Heiligen Synod und der hohen Geistlichkeit in ihren überaus prunkvollen Gewändern, von dem eindrucksvollen russischen Chorgesang begleitet, zelebriert wurde, stand der kleine Thronfolger, ein damals sehr zarter Knabe von 14 Jahren, in seiner lichtblauen Uniform allein vor dem Altar. Mit lauter Stimme verlas er dann den Eid, dem Zaren und dem Vaterlande die Treue zu halten und die gesetzliche Thronfolgeordnung zu wahren, indessen tiefe Bewegung alle Anwesenden ergriff. Dann wurden von der hohen Geistlichkeit Gebete gesprochen, das Tedeum erklang, die Glocken fingen an zu läuten, und 301 Kanonenschüsse donnerten ihren Gruß in die feierliche Handlung. Nachdem noch das „ad multos annos" verkündet war und die Mitglieder des Heiligen Synod den Majestäten und dem Cäsarewitsch ihre Glückwünsche ausgesprochen hatten, begab sich die ganze Versammlung in geschlossenem Zuge in den St. Georgssaal, wo die Fahnen und Standarten der militärischen Abordnungen vor dem Thron versammelt waren. Der Cäsarewitsch nahm an einem kleinen Altar Aufstellung.

Nun trat eine Abordnung großer bärtiger Leibgarde-Kosaken vor und senkte die uralte reichbestickte Standarte vor dem Thronfolger, ihrem nunmehrigen Hetman. Dieser ergriff einen Zipfel derselben und sprach in sichtlicher Bewegung, aber mit klarer Sprache, die ihm vorgesprochene Formel des Fahneneides nach. Der Augenblick war von tiefem Eindruck auf die Zuschauer. Man sah viele der Anwesenden weinen, dem alten eisgrauen Standartenträger tropfte das helle Wasser in seinen langen Bart. Als dann am Schlusse der Zeremonie das Elternpaar in tiefer Rührung seinen Sohn umarmte, malte sich allgemeine Ergriffenheit auf den Gesichtern der Anwesenden. Mancher von den alten Getreuen mag ein stilles Gebet zum Himmel emporgesandt haben, daß Gott dem künftigen Zaren gnädig zur Seite stehen möge.

Am Tage nach der Großjährigkeitserklärung fand auf dem Platz vor dem Winterpalais die sogenannte „Rekruten-Verteilung" durch den Zaren statt. Dieser Vorgang bot die beste Gelegenheit, einen Überblick über das für die Garde bestimmte Soldatenmaterial zu gewinnen. Die Rekruten der Infanterie standen regimenterweise geordnet im ersten Treffen, dahinter die der Kavallerie, im dritten die der Artillerie. Anwesend waren die direkten Vorgesetzten, die General-Inspekteure und sämtliche Großfürsten sowie das Kaiserliche Gefolge. Der Gesamteindruck, den die Mannschaften auf mich machten, war hervorragend; es waren alles ausgesuchte Leute. Merkwürdig sahen die Rekruten des Grenadierregiments Paul aus, die alle Stupsnasen haben mußten. Die Rekruten der Chevalier-Garde und der Garde à cheval andererseits waren besonders schön gewachsene Leute, bei denen mir das fast gänzliche Fehlen der Hüften auffiel; die weißen Koller saßen auf ihren schlanken Körpern wie angegossen.

Als wir uns zur Verteilung auf den Platz begaben, machte der Zar mir gegenüber die scherzhafte Bemerkung, ich solle wohl aufpassen, welch ein heftiger Kampf zwischen dem Regiment Preobrashensk, dem russischen Ersten Garderegiment, und der Gardeequipage der Flotte entbrennen werde, da jede Truppe die schönsten Leute haben wolle; dabei habe er zuweilen als Schiedsrichter eine schwere Rolle. Und in der Tat, ich wurde bald Zeuge eines solchen Kampfes. Ein wie eine Tanne gewachsener Mann, der bereits im Rocke des Regiments Preobrashensk steckte, wurde vom Kommandeur der Gardeequipage beansprucht, während der Kommandeur des Regiments seinerseits sich weigerte, ihn herauszugeben. Zur Unterstützung sprangen schließlich auf der einen Seite der Divisionskommandeur und der Kommandierende General ein, während auf der anderen Seite der Marineminister und Großadmiral Großfürst Alexei sich für die Gardeequipage einsetzten. Die Entscheidung, die der Zar zu treffen hatte, fiel schließlich zugunsten des Regiments Preobrashensk aus, zur sichtlichen Freude des Regimentskommandeurs und des Feldwebels der Leibkompagnie des Regiments, für die der betreffende Soldat bestimmt war. Dieser Feldwebel war ein Gigant mit riesigem Bart und mächtigem Brustkasten, ein paar gutmütige hellblaue Augen strahlten aus seinem Gesicht, und eine Ordensschnalle nannte er sein eigen, die von einer Schulter bis zur anderen reichte. Er war ein besonderer Liebling des Kaiserhauses und hat mehrfach Gelegenheit gehabt, bei Deputationen, die nach Berlin kamen, meinem Großvater vorgestellt zu werden. Ich schüttelte ihm zu seiner Eroberung glückwünschend die Hand, wobei die meinige bis zum halben Unterarm in seiner „Pranke" verschwand. Dabei grinste er vergnügt und stieß in gebrochenem Deutsch heraus: „Soldat, nicht Matrose, Soldat besser!" Ich habe später, als er einmal mit einer Deputation in Berlin war, mit ihm ein gerührtes Wiedersehen gefeiert, wobei er mir strahlend versicherte: „Rekrut gutes Soldat geworden, schon Untjerafizjer (Unteroffizier)."

Nach der Rekrutenbesichtigung begab ich mich zum Zaren, um mich in der mir verliehenen Uniform des Wiborg-Regiments vorzustellen. Der Kaiser, der von Natur aus mißtrauisch und verschlossen war, hatte zu mir Vertrauen gefaßt und behandelte mich in der Unterredung ungemein freundlich und offenherzig. Ich benutzte die Gelegenheit, um den Auftrag meines Großvaters, den Zaren wegen der Angelegenheit mit dem Fürsten von Bulgarien zu beruhigen – ich komme darauf noch zurück – und ihn für die Fortdauer der „entente à trois" mit Österreich-Ungarn zu gewinnen. Gegen die Donaumonarchie zeigte der Zar sich in höchstem Maße eingenommen, und es bedurfte eines großen Aufwandes an Gründen, um ihn von der Notwendigkeit des Dreikaiserbündnisses zu überzeugen. Auftragsgemäß habe ich besonders mit der auf die Mentalität des Zaren berechneten Begründung gearbeitet, daß die drei Kaiserreiche gemeinsam gegen die Anarchie kämpfen müßten oder, wie ich es mit einem vom Fürsten Bismarck gebrauchten Symbol ausdrückte: die drei Kaiserreiche müßten als dreiseitige Bastion gegen die heranstürmenden Wellen der Anarchie und liberalisierenden Demokratie zusammenstehen. Wie später aus den Mitteilungen Herbert Bismarcks*) und dann auch aus seinen und unseres Botschafters Berichten**) hervorging, sind meine Bemühungen keineswegs vergeblich geblieben; mein Großvater berief sich ausdrücklich auf diesen Erfolg, als es sich zwei Jahre später darum handelte, den Zaren in Brest-Litowsk zu begrüßen***). Zum Schluß der Audienz ging der Kaiser in seiner Freundlichkeit sogar so weit, mir das Du anzubieten. Eine Unterredung, die ich nachmittags mit dem Außenminister Giers hatte, bewegte sich politisch in den gleichen Bahnen wie am Vormittag, und ich glaube annehmen zu können, daß auch sie nicht ohne Nutzen für die deutsch-russischen Beziehungen gewesen ist†).

*

Am 20. Mai besuchte ich den Kriegshafen Kronstadt, wo mich Großfürst Alexei umherführte und mir auch die auf den Werften im Bau befindlichen Schiffe zeigte††). Am nächsten Tage machte ich das Regimentsfest des Leibgarde-Kürassierregiments der Kaiserin in Gatschina mit, am 22. Mai wohnte ich vormittags einer Parade der Feuerwehr bei und besichtigte darauf eine Batterie der Gardeartillerie. Nachmittags empfing ich die Botschafter von Frankreich und Österreich-Ungarn, sowie den dänischen Gesandten. Damit war mein offizielles Programm erledigt. Die freibleibende Zeit benutzte ich zu Besuchen der großen Kathedralen, des Alexander-Newskij-Klosters, der Eremitage, des Hofstallmuseums und anderer Sehens-

*) Vgl. Anhang Nr. 11.

**) Vgl. Die Große Politik der Europäischen Kabinette 1871—1914 Bd. 3, Nr. 631—634. Ich gebe diese Berichte zur Ergänzung meiner eigenen im Anhang Nr. 13—16 bei.

***) Ebenda Bd. 5, Nr. 984 Anmerkung.

†) Vgl. meine Berichte Anhang Nr. 7—16, ferner Nr. 14—17.

††) Vgl. Anhang Nr. 9.

würdigkeiten. In dem Alexander-Newskijkloster, einem hochberühmten Wallfahrtsort, der die Gebeine des Heiligen, nach dem er genannt ist, und vieler anderer berühmter Persönlichkeiten birgt, stand ich auch vor dem Grabstein des gewaltigen Heerführers Suworow, auf dem nur die kurzen, aber bedeutungsvollen Worte zu lesen waren: „Hier liegt Suworow."

*

Es war manchmal reichlich spät, bis ich den üblichen Tagesbericht an meinen Großvater niederschreiben konnte, aber es gewährte mir doch große Freude, ihm über die Vorgänge zu berichten, von denen ich wußte, daß er sie mit lebhafter Teilnahme verfolgte. Ich freute mich auch, wenn ich ihm Grüße alter Bekannter übermitteln konnte, an die er mir Empfehlungen mitgegeben hatte, wie z. B. der Frau v. Rohrbeck, die bei seiner Schwester Charlotte, der Kaiserin von Rußland, Kammerfrau gewesen und jetzt Verwalterin des Kronschmucks war. Die freundliche alte Dame wurde ganz gerührt, als ich ihr meines Großvaters Grüße ausrichtete. Zum andern war es eine uralte Hofdame, Bartenieff mit Namen, die ebenfalls im Dienste seiner Schwester gestanden hatte. Sie übertrug ihre Anhänglichkeit auch auf mich, und als ich nach meiner Thronbesteigung zum ersten Male in Peterhof weilte, ließ sie sich mit ihren 90 Jahren noch in einem Lehnstuhl, von Kissen aufrecht gehalten, ans Fenster rollen, um mir einen Gruß zuzuwinken. Der Zar machte mich selbst auf sie aufmerksam, indem er mir beim Vorbeifahren zurief: „Voilà la chère Mademoiselle Bartenieff, qui espère d'attrapper un regard de ta part!"*)

*

Am Abend des 22. Mai verließ ich Petersburg und reiste nach Moskau ab, das zu besichtigen der Zar mich in der Unterredung

*) „Da ist die teure Mademoiselle Bartenieff, die einen Blick von dir zu erhaschen hofft!"

am 19. aufgefordert hatte. Gegen alle Erwartung ehrte mich der Zar noch dadurch in hohem Maße, daß er mich in seinem offenen Wagen vom Anitschkoff-Palais zum Bahnhof geleitete, wozu er preußische Uniform angelegt hatte. Diese Auszeichnung machte allgemein um so größeren Eindruck, als der Zar sonst selbst bei Souveränen schwer zu diesem Höflichkeitsakte zu bewegen war. Auf dem Bahnhof hatten sich alle Großfürsten und die Deputation des 85. Wiborgschen Regiments eingefunden, um sich von mir zu verabschieden.

Ich konnte von Petersburg in dem Bewußtsein scheiden, meine Sendung nach besten Kräften erfüllt zu haben.

*

Am Morgen des 23. Mai kam ich in Moskau an. Nach dem üblichen Empfang auf dem Bahnhof fuhr ich nach dem Kreml, wo der Zar mir ein Quartier hatte bereitstellen lassen. Dort wurde ich von dem Generalgouverneur und Krönungsmarschall Fürst Dolgorukoff empfangen, während der Präsident des Moskauer Hofkontors Graf Orloff-Dawydoff und seine Gemahlin sich meiner auf das entgegenkommendste annahmen und für mich sorgten.

Der berühmte Kreml ist kein Schloß, sondern eine Stadt für sich. Er besteht aus Palästen, Kathedralen, Klöstern, Kapellen, Kasernen und Verwaltungsgebäuden, wird umschlossen von der weltbekannten alten Mauer mit ihren gespaltenen Zinnen, und flankiert von einer Anzahl verschiedenförmiger Türme. Bei meinem Rundgang durch den Hauptpalast besuchte ich zunächst die Räume, die bei den Krönungsfeierlichkeiten benutzt wurden und die, zum Teil in byzantinischem Stil mit Goldmosaik gehalten, einen ungemein prächtigen Eindruck machten; der Einfluß des Orients war bereits unverkennbar. Daran schloß sich ein Rundgang durch die „Ordenssäle", die so genannt wurden, weil jeder russische Orden einen Saal hatte, dessen Wände und Möbel mit Stoff von der Farbe des Ordensbandes bezogen waren, während die Decken die Ordenssterne und Anhänger in großem

Ausmaß in Metall zeigten. Am schönsten wirkten der Andreassaal, ganz in lichtblauem Atlas, und der Katharinensaal, in purpurrotem Atlas mit Silbereinfassung gehalten. Der größte von allen war der Georgssaal in weißem Marmor, auf dessen Wänden die Namen aller Georgsritter in Gold eingemeißelt waren. Ich fand unter ihnen die Namen mancher preußischen Heerführer aus den Befreiungskriegen, Erinnerungen an glorreiche Zeiten der Waffenbrüderschaft mit dem russischen Heere, auch den des Prinzen Friedrich Karl, meines Vaters und meines Großvaters. Auf dieser Wanderung bekam ich ferner im oberen Stock frühmittelalterlich eingerichtete Wohnungen aus der Zeit der Großfürsten und Zaren von Moskau zu Gesicht, deren Fenster, von zierlich gedrehten Säulen getragen, mit verschiedenfarbiger Majolika bekleidet waren. Von ihnen aus genoß man einen prachtvollen Rundblick über die ganze Stadt Moskau mit ihren zahllosen goldenen, grünen und blauen Kuppeln, die von vergoldeten Kreuzen mit herabhängenden, ebenfalls vergoldeten Ketten gekrönt wurden. Im gleißenden Sonnenlicht fürwahr ein märchenhafter Anblick, der einzig in seiner Art war!

Ich machte unter Führung des Fürsten Dolgorukoff einige Rundfahrten zum Besuch bemerkenswerter Gebäude und Kirchen wie auch des alten Spitals und Altenheims der deutschen Kolonie. Unter anderem sah ich die von Iwan dem Schrecklichen gebaute Wassilij-Blashinny-Kathedrale, deren Kuppeln teils pinienzapfenförmig, teils ananasartig gestaltet und, wie die gesamte übrige Kirche, in bunten Farben gehalten waren. Dieses Bauwerk soll den Zaren Iwan so erfreut haben, daß er nach einer Legende, die freilich auch von zahlreichen anderen Fürsten berichtet wird, dem Baumeister die Augen ausstechen ließ, damit er einen solchen Wunderbau nicht zum zweiten Male errichten könne.

Auch die gewaltige, damals gerade in der Fertigstellung begriffene Gedächtniskirche für die Befreiungskriege auf einem großen freien

Platz außerhalb der Stadt habe ich besucht. Ihre marmorgetäfelten Umgänge waren mit Inschriften geschmückt, die Kabinettsorders des Zaren, Berichte über die Hauptschlachten, ordres de bataille der beteiligten Truppen und die Namen der Gefallenen nannten, ein eindrucksvolles Denkmal für eine große Zeit, zu dessen Bau auch Deutschland und Österreich beigesteuert hatten. Auch auf die Sperlingsberge führte mich der Fürst, wo ich im Anblick Moskaus des Augenblicks gedachte, da Napoleon I. zum ersten Male seine Augen auf der ersehnten Stadt hatte ruhen lassen.

Schließlich habe ich auch die Krönungskirche besucht und die Kathedrale, in der die Särge der früheren Moskauer Zaren reihenweise nebeneinander standen, alle in roten Samt gehüllt, nicht unten in der Gruft, sondern in der Kirche selbst. Als ich die Reihe der Särge langsam entlangschritt, hielt mich bei einem von ihnen Fürst Dolgorukoff, der mich führte, fest und flüsterte mir ins Ohr: „Iwan!" Iwan der Schreckliche! Erschütterung ging durch meine Seele, als ich am Sarge dieses wilden, gewaltigen Fürsten stand. In tiefer Stille verließen wir den eindrucksvollen Raum.

Auf Wunsch des Zaren besichtigte ich in der großen Manege von Moskau, dem größten Exerzierhaus der Welt, Infanterietruppenteile der Garnison. Das Exerzierhaus machte in seinen Riesenausmaßen trotz seiner nüchternen Einfachheit einen überwältigenden Eindruck. Große Kachelöfen wechselten in Nischen ab mit Kapellen für den Militärgottesdienst, dem auf diese Weise die Truppe am Sonntag in großer Zahl beiwohnen konnte. Unter Kommando des Generals à la suite Ellis standen dort im ersten Treffen vier Bataillone des Grenadierregiments „Friedrich Wilhelm IV., König von Preußen" *), in Bataillonskolonne nebeneinander, dahinter, ebenfalls in Kolonnen, acht zusammengesetzte Bataillone aus Regimentern des

*) Ich habe dem Regiment noch kurz vor dem Kriege zu seinem Jubiläum ein Porträt des Königs geschenkt.

Grenadierkorps in Moskau. An der Tür empfing mich der Kommandant der Moskauer Militärbezirke General Graf Brevern de la Gardie. Auf seinen Wunsch rief ich den Truppen den üblichen Gruß zu, der von den zwölf Bataillonen unisono erwidert wurde und dem ein dreifaches Hurra folgte. Die Haltung der Bataillone unter präsentiertem Gewehr war ebenso wie der Parademarsch gut, das Marschtempo flott und etwas schneller als bei uns.

Bei dem darauffolgenden Frühstück für die höheren Vorgesetzten im Kreml lernte ich einen Teil der bereits ziemlich bejahrten Generäle kennen. Manche von ihnen waren in jüngeren Jahren in Berlin gewesen und sprachen anerkennend von unserer Armee sowie ihren alten Beziehungen zur russischen von den Befreiungskriegen her. So fragte mich z. B. der General Graf Brevern eingehend über Berlin und Potsdam aus, wo er seinerzeit gewesen war. Als er mich nach vielen Persönlichkeiten des Hofes, der Gesellschaft und der Garde befragte, von denen ich nur durch Hörensagen etwas vernommen hatte, wurde ich stutzig und stellte an den General die Frage, wann er denn zuletzt in Berlin gewesen sei, worauf er mir antwortete: „Anno 1854!" Unter den Generälen befand sich auch ein liebenswürdiger älterer Herr, der mir, soweit ich mich erinnere, als Oberst Kisslinski vom Grenadierregiment Generalfeldmarschall Graf Barclay de Tolly vorgestellt wurde, der ebenfalls von vielen preußischen Erinnerungen zu erzählen wußte. Ich hatte die Empfindung, daß bei diesen Herren der älteren Generation die Traditionen der preußisch-russischen Waffenbrüderschaft noch lebendig waren und gerne aufgefrischt wurden.

Den Abschluß meines Moskauer Aufenthalts bildete ein Abschiedsessen am 25. Mai, das mir Fürst Dolgorukoff gab, und zu dem das Stadtoberhaupt von Moskau sowie die Generalität geladen waren. Küche und Keller des Fürsten waren berühmt, und beide rechtfertigten ihren Ruf an diesem Abend. Schon die Sakußka (Vor-

Prinz Wilhelm von Preußen auf der Bärenjagd in Rußland. 1886
Nach einem Gemälde von J. Falat

Prinz Wilhelm von Preußen (×) bei seinem Besuch in Brest-Litowsk. September 1886

tisch) bot eine solche Fülle auserlesener Delikatessen und Liköre, daß sie für preußische Verhältnisse vollauf genügt hätte, den Hunger zu stillen. Das Menu wies weit über ein Dutzend Gänge auf, zu denen der liebenswürdige Wirt „freundlichst nötigte". Die Dauer des Essens betrug über zwei Stunden, und die alten Herren wurden allmählich jovial und angeregt. Am Schluß des Diners brachte Fürst Dolgorukoff drei Hurras auf den Zaren und, in Erinnerung an die alten preußisch-russischen Traditionen, auf meinen Großvater aus. Nach Tisch wurde in einem Nebensaal geraucht, während Zigeuner und Zigeunerinnen mit glockenreinen Stimmen in kunstvoll abgestimmtem Chor russische Volkslieder sangen.

Um Mitternacht brachte mich der Fürst nach dem Bahnhof, wo sich das Offizierkorps des Grenadierregiments Friedrich Wilhelm IV. zum Abschied eingefunden hatte; auch viele der Tischgäste hatten es sich nicht nehmen lassen mitzukommen. Nach herzlicher Verabschiedung von meinem liebenswürdigen Gastgeber stieg ich in den mir vom Zaren zur Verfügung gestellten Sonderzug, der unter Hurrarufen die Halle verließ. Am 28. Mai traf ich wieder in Berlin ein.

* * *

Mein nächster Besuch auf russischem Boden fand 1886 statt. Im Februar dieses Jahres lud mich der Generaladjutant meines Großvaters, Fürst Anton Radziwill, zur Bärenjagd auf seine russischen Besitzungen ein. Nachdem mein Großvater mir den erbetenen Urlaub bewilligt hatte, wurde am 12. Februar die Reise über Warschau nach Nieswiecz, dem uralten Schlosse der Fürsten Radziwill im Gouvernement Minsk, angetreten. Mein Adjutant, Major v. Krosigk, begleitete mich. Einige Stationen vor Warschau kam der vom Fürsten Bismarck hochgeschätzte Generalkonsul Baron v. Rechenberg in unseren Wagen und erzählte uns einiges über Warschauer Verhältnisse. Auf der Station Baranowitschi, von der damals gerüchtweise verlautete, sie solle ein großer Eisenbahnknotenpunkt werden, verließen wir den Zug und bestiegen die Reiseschlitten. Diese sahen von außen wie auf Kufen gesetzte Oberteile von Kaleschen aus, innen waren sie geräumig und mit Bärenfellen ausgeschlagen, in die man sich je nach Wahl mehr sitzend oder liegend einhüllte, so daß man unter dem heruntergezogenen Verdeck wohlgeborgen war.

Die Fahrt ging durch öde und trostlose, metertief mit Schnee bedeckte Gegend, auf einem Wege, der nach unseren Begriffen nichts als eine aus nebeneinanderliegenden Gleisen bestehende Trift und als Straße nur durch die zu beiden Seiten stehenden Birken markiert war. Diese Birkenalleen, die die Zarin Katharina in ganz Rußland hatte anlegen und durch Androhung der Todesstrafe vor dem Abholzen schützen lassen, waren sehr nützlich, da die von Schnee bedeckte Landschaft bei Dunkelheit dem Fahrenden keinerlei Orientierungspunkte bietet.

Auf dem Hofe des gewaltigen, von Erdbastionen umgebenen Schlosses Nieswiecz empfingen mich der Kommandeur und das Offizierkorps des im Ort garnisonierenden Dragonerregiments, dessen Chef der Landgraf von Hessen war. Bei einem Rundgang durch das Schloß zeigte mir der Fürst eine große Galerie von Porträts seiner Vorfahren: die Herren waren von martialischem Aussehen, hielten fast alle einen goldenen Streitkolben in der Hand und waren zumeist in langen, pelzbesetzten Gewändern dargestellt. Ich konnte mich der Bemerkung nicht enthalten, daß ich diese Bilder nicht eben als künstlerisch übermäßig hochstehend anzusehen vermöchte. Darauf fing der joviale Fürst an laut zu lachen, indem er sagte, er teile durchaus mein Urteil und wolle mir die Geschichte der Bilder erzählen. Sein Oheim, der Generalleutnant Leo Radziwill, habe sich einstmals einen Maler aus Frankreich verschrieben, um die stark in Verfall geratenen Bilder wieder herzustellen. Nachdem dieser eingetroffen war, führte Radziwill den Künstler in den Saal und nannte die ihm zugedachte Aufgabe. Da erbleichte der Künstler und rief verzweifelt aus: „Monseigneur, je crains un malentendu, une confusion, car je ne suis point portraitiste, mais un peintre d'animaux*)", worauf der Schloßbesitzer ihm unbeirrt erwiderte: „Mon cher, cela ne fait rien du tout. Ces gens là, regardez les bien, étaient tous plus ou moins des animaux**)."

In einem Raum zu ebener Erde lag eine Reihe von bronzenen Kanonenrohren aus der Zeit Johann Sobieskis, die die merkwürdigsten Formen aufwiesen, die ich je bei Kanonen gesehen habe. Die meisten waren in Form von korinthischen oder ionischen Säulen gegossen, denen sogar das Kapitell nicht fehlte; andere hatten die Form von Baumstämmen, denen die Äste abgeschlagen waren. Ich sagte dem Fürsten, daß die Rohre nicht nur einen hohen Bronzewert besäßen, sondern auch Erzeugnisse einer hochstehenden Gießereikunst darstellten, wie sie in dieser Anzahl kaum ein Artilleriemuseum besitzen werde; es sei bedauerlich, daß sie unbeachtet in dem Gewölbe lagerten. Als der Fürst darauf bemerkte, er wisse nicht, was er mit den Rohren anfangen solle, machte ich ihm den Vorschlag, sie aufrecht, mit den Mündungen nach oben, als Träger für das Dach eines Häuschens auf dem großen, ziemlich schmucklosen Hofe aufzustellen. Späterhin erzählte mir der Fürst gelegentlich, daß er diesen Vorschlag ausgeführt und der Hof dadurch wesentlich gewonnen habe.

Am Mittag wurde die Schlittenreise nach dem Gut Radziwillmonte (bei Kilez), das zu der großen Herrschaft gehörte, fortgesetzt. Einmal kreuzten wir eine große, breite Straße, auf der, was mir auffiel, keine Schlittengleise zu sehen waren. Wie der Fürst mir später erklärte, war das die berühmte Heerstraße, die Kaiser Nikolaus I.

*) „Monseigneur, ich fürchte, es ist ein Mißverständnis geschehen, eine Konfusion: ich bin gar kein Porträtmaler, sondern Tiermaler!"

**) „Mein Lieber, das schadet nicht im geringsten. Diese Herrschaften waren, sehen Sie sie nur gut an, alle mehr oder weniger Viecher."

einstmals mit dem Lineal als direkte Verbindungslinie zwischen Moskau und Warschau nach der Karte gezogen hatte; sie berührte wenig Städte und fast gar keine Dörfer, so daß sie kaum benutzt wurde.

In der kleinen Stadt Kilez wurde eine Futterpause für die Pferde eingelegt. Da das Wetter herrlich war, minus 5 Grad bei strahlendem Sonnenschein, war die gesamte Bevölkerung des Ortes auf den Beinen und umstand neugierig, doch ohne zudringlich zu sein, unseren Schlitten, dessen Verdeck zurückgeschlagen war. Die Männer trugen den üblichen großen russischen Bauernpelz; ihre faltigen, von großen blonden Bärten umrahmten Gesichter mit den hellblauen Augen erinnerten in gewisser Beziehung an Dürersche Apostelköpfe. Die Frauen waren durchweg kräftig und gut gebaut, am Oberkörper nur mit einem Hemde bekleidet, das die Arme frei ließ und bis zum Gürtel offen stand. Dieser hielt einen Rock zusammen, der etwa bis auf die halbe Wade reichte; Schuhe und Strümpfe waren anscheinend unbekannte Luxusgegenstände. Als der Fürst den Leuten sagte, wer ich sei, nahmen die Bauern, sich tief verneigend, ihre Mützen ab. Die Frauen, soweit sie Kinder auf den Armen oder an der Brust hatten, traten an den Schlitten heran und reichten mir die Kleinen, damit ich sie streichle. Im Hintergrunde vergnügte sich indessen die Dorfjugend mit Herabrutschen von Schneehügeln, wobei ich manch kleines Geschöpf sah, das nur mit einem Hemdchen bekleidet war und das Rutschen mit dem blanken Körper besorgte, so wie unsere Kinder es im Sommer auf den Sandhügeln an der See tun. Als ich mein Erstaunen über diesen Grad von Abhärtung aussprach, erwiderte der Fürst: „Alles Schwache, was dieses Leben nicht verträgt, geht ein. Wer durchkommt, ist derart abgehärtet, daß er alles vertragen kann."

Abends trafen wir in Radziwillmonte ein, wo uns ein behaglich gewärmtes Quartier aufnahm. Erst am Nachmittag des nächsten

Tages erreichten wir das Jagdhaus Deniskowicz in den Pripjetsümpfen. Eine kleine Jagdgesellschaft, bestehend aus einem General à la suite, dessen Name mir entfallen ist, Prinz Matthias Radziwill, Kammerherrn des Zaren, und Prinz Wilhelm Radziwill, Bruder des Fürsten, begrüßte uns dort. Deniskowicz war ein von Buschwald umgebenes, einfaches Blockhaus mit schlicht, aber behaglich eingerichteten Zimmern. Ich hatte ein Schlafzimmer für mich, während die übrigen Gäste einen größeren gemeinsamen Raum bewohnten; der „Salon" des Hauses war zu gleicher Zeit Eßzimmer. Ein hünenhafter Oberförster, aus Oberschlesien gebürtig, Biernatzki mit Namen, meldete dem Fürsten die Bestätigung mehrerer Bärenlager, was zu den schönsten Hoffnungen berechtigte. Dann stellte mir der Fürst den Generaldirektor seiner Besitzungen, Herrn Ablamowitsch, und seine polnische Jägerei vor, die unter Biernatzki das Bärentreiben zu führen hatte. Die Leute sahen intelligent und weidmännisch aus und machten einen guten Eindruck.

Am nächsten Morgen stiegen wir bei herrlichem Wetter in unsere Schlitten, von denen jeder nur eine Person aufnehmen konnte. Sie bestanden aus Waschkörben, die mit Stroh angefüllt, mit einem Sitzbänkchen versehen und dann auf Kufen gesetzt waren. Der Kutscher saß seinem Fahrgast fast auf den Knien und lenkte ein kleines galizisches Pferdchen, an dessen Hals eine Glocke hing. Man saß also dicht über dem Schnee, über den man hinglitt, und riskierte nichts für den Fall des Umwerfens. Kam das hie und da einmal vor, so machten die Kutscher gar kein Aufhebens von der Sache, richteten Insassen und Korb wieder auf, klopften den Schnee ab und trösteten mit dem bei allen widrigen Vorkommnissen üblichen russischen Wort: „Nitschewo" (schadet nichts).

Am Sammelplatz wurden wir mit der Meldung, daß der Bär fest sei, von Biernatzki und der Jägerei empfangen. Diese trug kleidsame graue, pelzgefütterte Joppen, schwarze Pelzkappen, lange Strümpfe mit hohen Pelzstiefeln, und war ausgerüstet mit Büchse und Hirschfänger, dazu mit großen, mit Mundstücken versehenen Büffelhörnern, die beim Lockerwerden des Bären das „Bärensignal" geben sollten. Das Revier, in dem der Bär in einem großen Windbruch bestätigt war, war von etwa 400 bis 500 Treibern umstellt, die so dicht standen, daß sie sich gegenseitig die Hand reichen konnten. Sie nahmen sich buntfarbig und höchst originell aus, Pelze und Kappen in allen Farben und Formen waren zu sehen. Teilweise waren die Leute mit großen Beilen in der Hand erschienen, teilweise auch mit Schußwaffen aus allen Jahrhunderten, darunter sogar einigen, die einst den Schweden Karls XII. abgenommen worden waren.

Wir trennten uns nun, um auf unsere Stände zu gehen, und Herr Ablamowitsch stellte mich an eine uralte, mächtige Kiefer; bei dieser war seinerzeit im Herbst nach dem ersten Schneefall der Wechsel des Bären in sein Winterlager bestätigt worden, den er meistens beim Gestörtwerden zum Herauswechseln wieder anzunehmen pflegt. Ich erhielt die Instruktion, den Bären möglichst nahe herankommen zu lassen und nur dann zu feuern, wenn das Ziel ganz frei sei und kein Zweig die Kugel ablenken könne. Rechts von mir, etwa 50 Schritt entfernt, postierte sich Herr Ablamowitsch, während unmittelbar an meiner linken Seite ein hünenhafter, alter Bärenjäger zu stehen kam, der mit seinen Riesenfäusten meine stärkste Saufeder umkrallte. Dicht hinter mir stand mein treuer Büchsenspanner Rollfing mit einer Reserve-Doppelbüchse, während ich die erste selbst schußbereit in Händen hielt. Hinter Rollfing wiederum postierte sich der brave Gendarmeriewachtmeister mit einer weiteren Reservebüchse und den Patronen, weiter rückwärts noch ein Hauptmann der Gendarmerie mit einigen Gendarmen als Hauptreserve für den Großkampf.

Da ich gewohnt war, stets allein von einem Förster geführt, mit Rollfing auf die Pirsch zu gehen, erschien mir dieses Aufgebot bewaffneter Macht gegen einen Bären etwas reichlich, aber Herr

Ablamowitsch sagte, ein angeschossener Bär sei unberechenbar und nähme dann alles an, was ihm zu Gesicht käme. Daher dürfe ich, selbst wenn das Tier zusammenbreche, mit Schießen nicht eher aufhören, bis es regungslos sei. Aus demselben Grunde hatte er mir auch empfohlen, auf alle Fälle einen Revolver für den Nahkampf umzuschnallen. Mein Schußfeld gewährte geradeaus ungefähr 150 Schritt Sicht; ein Windbruch hatte einige gewaltige Kiefern durcheinander geworfen, was dem Ausblick einen malerischen Abschluß gab.

Die Jägerei hatte sich inzwischen zu den bereitgehaltenen Hunden begeben, um mit einigen kleinen Spürhunden erst das Lager des Bären aufzufinden, während die großen Bracken, die „Packer", bei seinem Erscheinen auf ihn losgelassen werden sollten, um ihn dann so lange vor sich herzujagen, bis er an die Schützenlinie käme. Plötzlich wurde die tiefe Stille des schönen, sonnigen Tages durch ein geheulartiges Tuten der Hörner unterbrochen, in das sich wütendes Hundegebell mischte. Alle Nerven spannten sich. Der Bärenjäger mit der Saufeder links von mir nickte zufrieden mit dem Kopf und deutete nach der Gegend des Dickichts, wo der Bär locker gemacht worden war. Sobald die Bracken den Bären an die Treibwehr brachten, erhob diese – wohl auch aus Angst – lautes Geschrei und knallte Abwehrschüsse in die Luft, so daß der Bär wieder in den Trieb hineingescheucht wurde.

Plötzlich erstarrte mein links neben mir stehender Bärenjäger wie zu einer Salzsäule, seine Augen funkelten schräg links vorwärts, und mit seinem tiefen Baß flüsterte er mir zu: „Medwjed!" (der Bär), während Rollfing mir zuflüsterte: „Bär kommt von schräg links, etwa 120 Schritt entfernt." Ich ging in Anschlag. Gleich darauf hörte man Keuchen und Prusten, und im nächsten Augenblick sah man eine große, runde, dunkle Pelzkugel oder einen muffartigen Gegenstand durch den Schnee rollen, vor sich her wie Schiffe in schneller Fahrt eine Art Bugwelle aus Schnee treibend.

Sobald der Bär von dem Windbruch freikam, feuerte ich, etwa einen Meter vor den allerdings nicht zu erkennenden Kopf haltend. Zu meinem größten Erstaunen roulierte der Bär, ohne ein Zeichen zu machen, genau wie ein Hase. Schwergetroffen versuchte er sich mit den Vorderpranken noch weiterzuschleppen, bis er, mit ihnen über eine gefallene Kiefer hinüberhängend, liegen blieb. Starker Schweiß strömte in den Schnee und zeigte, daß der Schuß tödlich war. Da der Bär den Kopf noch hoch hatte, gab ich ihm zwei weitere Schuß, worauf meine „bewaffnete Macht" sich auch ihrerseits für verpflichtet hielt, das Feuer zu eröffnen. Nachdem dies mit einiger Schwierigkeit wieder zum Schweigen gebracht worden war, winkte mir mein Bärenjäger, heranzugehen, und schritt mit gefällter Saufeder voraus. Ich folgte mit schußbereitem Revolver. Aber der Bär war bereits verendet. Der erste Schuß hatte das Rückgrat schwer verletzt, die beiden anderen hatten das Herz durchbohrt. Die Freude war allgemein, und Glückwünsche regneten von allen Seiten auf mich herab. Stolz fuhr ich nach Hause, und setzte Frau, Eltern und Großvater vom Erlegen meines ersten Bären in Kenntnis. Natürlich wurde das Ereignis am Abend bei der Tafel gebührend gefeiert.

Ich schoß in den nächsten Tagen noch zwei Bären, von denen einer unter schwierigen Umständen gestreckt wurde. Er kam über eine freie Schneefläche auf den Baum am Waldrand zu, an dem ich stand, inmitten einer wildkläffenden Meute, von der einige Hunde sich an seinem Hals dicht hinter den Gehören festgebissen hatten. Es war nicht zu unterscheiden, was Bär und was Hund war. Da die Hunde sehr wertvoll sind und der halb durch den Schnee verdeckte Kopf des Bären nicht zu erkennen war, wagte ich keinen Schuß, und es kam der ganze Knäul bis auf zwanzig Schritt heran. Als der Bär mich äugte, drehte er blitzschnell um und gab mir so Gelegenheit, ihm von rückwärts auf einen von Hunden nicht besetzten Platz den tödlichen Schuß zu versetzen, unter dem er gleich zusammenbrach. Es kostete viel Mühe, die wild auf den verwundeten Bären zufahrenden Packer und Rüden von ihm abzurufen, damit das Fell nicht beschädigt wurde. Er lag abgeschritten 35 Fuß von meinem Stand. Diesmal hatte die „bewaffnete Macht" nicht eingegriffen. Eines der erlegten Tiere war übrigens eine Bärin, die zwei Junge hinterließ. Nach russischem Brauch muß derjenige, welcher eine Bärin schießt, für die Jungen sorgen. Ich habe daher die beiden kleinen Bären mitgenommen und im Schloß zu Potsdam aufziehen lassen, wo sie noch viele Jahre meinen Kindern Vergnügen und sich selbst den Spaß bereiteten, alle erreichbaren Knöpfe abzuknabbern!

Mein Büchsenspanner Rollfing erzählte mir viel von dem, was er im Dorfe gesehen hatte, auch von den primitiven Blockhäusern: dort hausten die Menschen mit den kleineren Haustieren und dem Geflügel in einem Raum zusammen, in dem es fast an jeder Einrichtung fehlte. Es sei bemerkenswert, daß vielfach bei den Bauern in den Häusern außer den üblichen Heiligenbildern Buntdrucke hingen, die Alexander I., Nikolaus I., Friedrich Wilhelm III. und meinen Großvater darstellten – also hier im Jahre 1886 in den fernen Pripjetsümpfen noch Erinnerungen an die Befreiungskriege und die Heilige Allianz! Ich habe selbst ein solches Haus besucht und mich von der Tatsache überzeugen können.

Noch ein anderer Vorfall zeigte Erinnerungen an das einstige enge Verhältnis zwischen Rußland und Preußen. Eines Spätnachmittags beobachtete ich mehrfaches aufgeregtes Kommen und Gehen der Herren Ablamowitsch und Biernatzki, die recht verstört aussahen und mit dem Fürsten Anton wiederholte Besprechungen hatten; auch bei Tisch schienen mir der Fürst und Ablamowitsch nachdenklich zu sein. Erst am Abend des nächsten Jagdtages nach Erlegung des dritten Bären klärte mich der Fürst auf. Die Treiber erhielten außer ihrem gewöhnlichen Treiberlohn für jeden Bären einen Extrazuschuß. Da nun bereits vier gestreckt waren, hatten sie eine erhebliche

Einnahme zu verzeichnen und infolgedessen zu verstehen gegeben, sie würden am nächsten Tage nicht treiben, sondern erst einmal ihren Verdienst in Wodka umsetzen. Alle Überredungsversuche hatten keinen Erfolg. Schließlich wurde der Fürst gebeten, selbst mit den Leuten zu sprechen. Das geschah. Da auch er auf Widerstand gestoßen sei, hätte er, wie er sich ausdrückte, zu seinem „letzten Mittel" gegriffen und den Treibern folgendes auseinandergesetzt: Sein Jagdgast sei der Enkel des Königs Wilhelm I. von Preußen, des Schwagers ihres früheren Zaren Nikolaus I. Was würde der König wohl dazu sagen, wenn er von seinem Enkel auf die Frage, wieviel Bären er geschossen habe, die Antwort erhielte, er hätte noch mehr Bären schießen können, aber die Treiber hätten sich geweigert zu treiben. Das würde eine ewige Schande für sie sein. Darauf seien die Leute zu kurzer Besprechung zusammengetreten und hätten beschlossen, am nächsten Tage doch zu treiben. Noch in der Nacht seien Skiläufer (die dortigen Bauern laufen alle Ski) in die Dörfer der Umgegend geschickt worden, und statt der verlangten 500 seien 800 Treiber zur Stelle gewesen. Ich bat den Fürsten, den blonden Riesen meinen Dank für ihr gutes Treiben auszusprechen, ich würde es meinem Großvater berichten.

Wir reisten am 21. Februar in derselben Weise und auf gleichem Wege wieder zurück, begleitet von meinen beiden kleinen Bären. Zu Haus mußte ich natürlich viel von meinen Abenteuern erzählen. Meinen Großvater interessierte ganz besonders meine Schilderung der Bärenjagd und der Vorfall mit den Treibern; denn er freute sich immer, wenn die guten, alten Erinnerungen der deutsch-russischen Freundschaft wachgehalten wurden.

*

Der Fortgang meiner Erinnerungen an Rußland erheischt es, daß ich, wiewohl ungern, an dieser Stelle auf die leidige Battenbergaffäre eingehe. Ich will das aus naheliegenden Gründen nur so weit und so ausführlich tun, als es im Interesse des Verständnisses nötig ist.

Am 22. April 1879 wählte die bulgarische Nationalversammlung in Tirnowo den ihr von Zar Alexander II. vorgeschlagenen Kandidaten Prinz Alexander von Battenberg, Sohn des Prinzen Alexander von Hessen und Neffen des Zaren, zu ihrem Fürsten. Er war preußischer Offizier, hatte den russisch-türkischen Krieg von 1877/78 im russischen Hauptquartier mitgemacht und war dann zu den Gardes du Corps versetzt worden. Hier war er Sekondeleutnant, als ihn die Nachricht von seiner Erwählung traf. Mein Großvater beförderte ihn noch schnell, und als Stabsoffizier machte er die Frühjahrsparade in Potsdam mit, bevor er in sein neues Land fuhr. Mit seinen 22 Jahren war er ein ungemein schöner und sympathischer Mann von großer, stattlicher Figur.

Das anfänglich gute Verhältnis zwischen dem Zaren und dem jungen Fürsten erhielt einen unheilbaren Bruch, als in Bulgarien und Ostrumelien die Bestrebungen auf Vereinigung beider Gebiete immer stärker wurden. Da Fürst Alexander sich ihnen unmöglich entgegenstellen konnte, faßten die Russen den Plan, ihn abzusetzen und das Land unmittelbar unter ihre Herrschaft zu bringen; der Berliner Kongreß hatte es ihnen nur als Einflußzone zugewiesen. Angesichts dieser zutage tretenden Tendenzen entledigte sich Fürst Alexander im September 1883 der russischen Generale und Minister – in erster Linie Kaulbars' –, mit denen er bisher regiert hatte. Die bulgarisch-ostrumelischen Bestrebungen hatten schließlich den Erfolg, daß am 18. September 1885, freilich ohne Zutun des Fürsten, die Vereinigung Rumeliens mit Bulgarien proklamiert wurde. Rußland glaubte das unter keinen Umständen billigen zu können, und so verstärkte sich die starke Spannung zwischen dem Zarenreiche und dem jungen Staate, den es nur als seinen Vasall betrachtete, noch mehr. Darüber hinaus drohten europäische Verwicklungen zu entstehen, als König Milan von Serbien angesichts des von Bulgarien gewonnenen Gebietszuwachses Kompensationen forderte und den Krieg gegen Bulgarien eröffnete. Entgegen Bismarcks Wunsch wurde er von Österreich-Ungarn, das seit Juli 1881 im Bundesverhältnis zu Serbien stand, nicht zurückgehalten. Der Zar ließ nun seinen abtrünnigen Neffen aus der russischen Rangliste streichen, die Serben erlitten die schwere Niederlage bei Slivnitza und wurden vor der Vernichtung nur durch das Dazwischentreten Österreich-Ungarns gerettet. Dadurch wurde Rußland auf den Plan gerufen, und es entstand eine starke österreichisch-russische Kriegsgefahr, die lange Zeit sehr bedrohliche Formen annahm; ein Krieg zwischen Rußland einerseits und Österreich-Ungarn sowie dem mit der Donaumonarchie verbündeten Deutschen Reiche anderseits, von dem Frankreich selbstverständlich nicht fern geblieben wäre, schien unvermeidlich. Da nun Fürst Alexander erkennen mußte, daß eine Aussöhnung mit dem Zar außerhalb des Erreichbaren lag, wandte er sich von Rußland ab und der Türkei zu. So kam im April 1886 die Union zwischen Bulgarien und Ostrumelien zustande, da der Sultan das Generalgouvernement Ostrumelien an den Fürsten verlieh, freilich nur auf fünf Jahre und ohne Nennung seines Namens.

Rußland setzte nun alle Hebel in Bewegung, um seinen verlorenen Einfluß in Bulgarien wieder zu gewinnen und Fürst Alexander zu beseitigen. Russische Agenten durchzogen das Land und hetzten gegen den Fürsten. So kam es schließlich in der Nacht vom 20. zum 21. August 1886 zu einer Meuterei bulgarischer Truppenteile und zu einem Anschlag auf den Fürsten. Dieser wurde im Bett überfallen und auf russisches Gebiet entführt; doch gelang es ihm von dort aus, nach Galizien zu entkommen.

Schon acht Tage später konnte Alexander, für den sich alle Garnisonen erklärten und den eine provisorische Regentschaft abermals zum Fürsten proklamierte, unter dem Jubel des Volkes nach Sofia zurückkehren. In diesem Augenblick beging er den schweren Fehler, daß er, um wieder gute Beziehungen zu Rußland herzustellen, sich bereit erklärte, seine Krone in die Hände des russischen Herrschers zurückzugeben, da dieser sie ihm gegeben hätte. Diese Spekulation war in jeder Beziehung verfehlt. Der Zar antwortete, daß er die Rückkehr Alexanders nicht billige, und dieser verließ das Land für immer, nachdem er die Regentschaft Stambulow übertragen hatte.

Soweit die historischen Vorgänge. Ich habe im Anschluß daran nur noch kurz zu schildern, inwiefern diese an unseren Hof und in unsere Familie hineinspielten.

Fürst Alexander war zuerst im Juni 1882 und dann ein Jahr später wieder im Juni in Berlin gewesen. Bei dieser Gelegenheit faßte meine Schwester Viktoria zu dem schönen Manne eine tiefe Neigung, die von diesem offenbar erwidert wurde. Dieses Eheprojekt wurde nun auf Jahre hinaus die Quelle heftiger Differenzen innerhalb der Familie und auf dem Gebiet der hohen Politik. Die Kronprinzessin und mit ihr Königin Victoria, deren Tochter Beatrix den jüngsten Bruder Fürst Alexanders heiratete, sowie der Prinz von Wales, ebenso meine Schwester Charlotte setzten sich für die Heirat ein, während der Kaiser und die Kaiserin sie auf Fürst Bismarcks Vorstellungen hin unbedingt ablehnten, da sie uns in Konflikt mit Rußland gebracht hätte. Zwischen beiden widerstreitenden Parteien hatte mein Vater einen schweren Stand, der wie immer gern der Stimme seines edlen Herzens gefolgt wäre.

Ich habe gleich meinen Großeltern Bismarcks Standpunkt mit Entschiedenheit vertreten und anders gerichtete Tendenzen mit allen Kräften bekämpft. Daß dadurch mein Verhältnis zu meiner Mutter schwer getrübt worden ist, hat mich tief geschmerzt, und auch das persönliche Schicksal meiner Schwester ist mir sehr nahe gegangen. Da aber das Wohl des Vaterlandes auf dem Spiele stand, hatten alle persönlichen Wünsche zu schweigen.

Die Angelegenheit endigte zunächst damit, daß mein Großvater dem Fürsten in einer Audienz im Mai 1884 erklärte, er hätte kein Interesse an Bulgarien, und Fürst Bismarck ihm rundheraus sagte, daß, solange er Reichskanzler sei, diese Ehe nicht geschlossen werden würde. Im März des nächsten Jahres richtete dann mein Großvater einen scharfen Brief an den Fürsten, in dem er sich energisch gegen die Heirat aussprach, woraufhin Alexander an meinen Großvater einen Verzichtbrief schrieb. Zu Lebzeiten meines Großvaters ist dann das Projekt nicht mehr an die Oberfläche gekommen.

Diese Ausführungen waren notwendig, um die deutsch-russischen Beziehungen der achtziger Jahre verständlich zu machen. Bereits bei meiner ersten Mission nach Rußland hatte ich von der Angelegenheit zu sprechen, und auch bei der zweiten im September 1886, zu der ich nun komme, ist die Rede davon gewesen.

* * *

Im Sommer des Jahres 1886 gebrauchte ich wegen meines Ohrenleidens eine zweimonatige Kur in Reichenhall. Hier erhielt ich Anfang August von meinem Großvater den Befehl, mich bei ihm in Gastein einzufinden, um ihm bei der für den 8. und 9. geplanten Zusammenkunft mit Kaiser Franz Josef zur Verfügung zu stehen.

Ich traf bei meinem Großvater, dem es gesundheitlich nicht sehr gut ging, einige Tage vor dem angegebenen Termin ein und hatte auf diese Weise einmal Gelegenheit, das Gasteiner Leben mit anzusehen. Die bemerkenswerteste Persönlichkeit unter den Badegästen war Kaiserin Elisabeth, die ebenfalls eine Kur gebrauchte; sie besuchte meinen Großvater häufig, um sich mit ihm auszusprechen. Außer zahlreichen Mitgliedern des österreichisch-ungarischen Adels waren viele Norddeutsche anwesend, darunter Fürst und Fürstin Bismarck, Graf Herbert Bismarck, General Graf Waldersee, unser Wiener Botschafter Prinz Reuß, der Militärattaché Graf Wedel, Staatsminister v. Boetticher und Frau, der alte Graf zu Dohna-Schlobitten mit seinem Sohne Richard, dem späteren Fürsten, und andere mehr. Daß die beiden Kabinettschefs meines Großvaters, sein Leibarzt sowie Lehndorff und Radziwill, die Generaladjutanten, und Perponcher, der Hofmarschall, zugegen waren, versteht sich von selbst. Mittags und abends waren stets einige deutsche und ausländische Gäste zu meinem Großvater geladen, mit denen er in der liebenswürdigsten Weise und ganz zwanglos verkehrte. Nachmittags begleitete ich die Herren seiner Umgebung zu einem kleinen oberhalb Gasteins gelegenen Bauernwirtschaftshaus „Zur schwarzen Lies'l", wo die tägliche Kegelpartie geschoben wurde.

Kaiser Franz Josef, der in Begleitung seines Zeremonienmeisters und Adjutanten Prinz Konstantin Hohenlohe kam, wurde bei seiner Ankunft am 8. August mittags von uns allen feierlich empfangen; das Wiedersehen der beiden hohen Herren war äußerst herzlich. Abends kam der österreichisch-ungarische Außenminister Graf Kálnoky mit seinem Sekretär Baron Ahrenthal nach. Zwischen den Monarchen und ihren verantwortlichen Staatsmännern fanden an diesem und dem folgenden Tage politische Besprechungen statt, die in erster Linie die durch den Aufstand in Rumelien geschaffene bedrohliche Lage betrafen. Bismarck hat, soviel ich weiß, in Gastein versucht, Österreich-Ungarn militärisch und wirtschaftlich enger und fester an Deutschland zu binden, ist damit aber jedenfalls nicht durchgedrungen. Da der Fürst nach der russischen Enttäuschung über den Berliner Kongreß und nach dem Anschwellen der panslawistischen Welle in Rußland ständig die Gefahr eines russisch-französischen Bündnisses besorgte, seine Pläne bezüglich Österreich-Ungarns aber, wie ich annehme, gescheitert waren, wird er beschlossen haben, Rußland wieder näher an Deutschland heranzuziehen und dazu dem Zaren freie Hand auf dem Balkan und an den Meerengen zuzusichern. So dürfte es zu meiner Mission gekommen sein, die ich bereits in meinem früheren Buche*) kurz gestreift habe;

*) Ereignisse und Gestalten S. 12.

nach außen hin sollte dabei vornehmlich der Fortbestand des Dreikaiserbündnisses manifestiert werden.

Nach Abschluß der politischen Erörterungen am 9. August befahl mein Großvater mich zu sich und eröffnete mir seine Absicht, mich zum Zaren zu entsenden. Ich bekam einen heftigen Schreck, da mein Vater hierbei übergangen werden sollte, und erlaubte mir, das in aller Ehrfurcht anzudeuten. Ich erhielt darauf zur Antwort, Fürst Bismarck sei entschieden gegen eine Sendung meines Vaters, der antirussisch und proenglisch, auch ein Freund des Prinzen von Battenberg sei, den der Zar hasse. Darauf sandte mich mein Großvater zum Fürsten Bismarck.

Das war ein schwerer Gang für mich! Ich sagte mir, daß mein Vater auf das tiefste gekränkt sein würde und annehmen müßte, ich hätte durch eine Intrige mich an seine Stelle zu setzen versucht. Ich faßte daher den Entschluß, den Fürsten zu bitten, von meiner Person Abstand zu nehmen und sich an meinen Vater zu wenden. Der Kanzler aber schnitt alle meine Einwände mit dem Hinweis ab, daß der Kaiser den Befehl erteilt habe und ich zu gehorchen hätte. Die Verantwortung für diesen Schritt trage formell Seine Majestät, moralisch er, der Fürst; ich selbst sei, auch meinem Vater gegenüber, ohne jede Verantwortung. So mußte ich wohl oder übel den heiklen Auftrag übernehmen.

Am nächsten Mittag erfolgte die Abreise meines Großvaters über Salzburg nach Potsdam; auf der ersten Strecke begleitete ich ihn. Reiseanzug war: schwarzer Überrock und Zylinder – bei fürchterlich heißer Hochsommertemperatur! Zur Verabschiedung hatten sich Kaiser Franz Josef und eine große Anzahl deutscher und österreichischer Gäste auf der Freitreppe des Hotels in Gastein versammelt. Es war das letztemal, daß sich die beiden Kaiser begegneten.

Die Wagenfahrt ging in glühendem Sonnenbrand auf staubiger Straße nach Lend hinunter. Mein Großvater schlief bald ein. Da-

Parademarsch des Grenadier=Regiments Pernau (Friedrich Wilhelm IV.) in der „Manege"
zu Moskau im Mai 1884
Es kommandiert General und General à la suite des Zaren Alexander III. Ellis,
neben dem Prinzen Wilhelm von Preußen (×) stehend

Vorbeimarsch der 2. Garde=Infanterie=Brigade vor ihrem Brigadekommandeur,
dem Prinzen Wilhelm von Preußen (×). 1888

her reichte mir sein Leibjäger einen aufgespannten Schirm, den ich dann während der ganzen Fahrt über den Schlafenden hielt. Beim Einsteigen in die Eisenbahn schlug uns furchtbare Hitze entgegen, da der Zug tagelang in der brennenden Sonne gestanden hatte. Auf dem Bahnhof in Salzburg wurde meinem Großvater das Aussteigen bereits recht schwer; er hatte trotzdem für jeden der erschienenen österreichischen höheren Beamten und die österreichischen Damen, die ihm Blumen überreichten, ein gütiges Wort. In dem Hotel gegenüber dem Bahnhof mußte eine recht steile Treppe erstiegen werden, wobei auf Leutholds Wink ein Leibjäger den Kaiser stützte. Sehr zum Kummer des besorgten Arztes überreichte die Hofschauspielerin Frau Kahle-Keßler meinem Großvater noch einen Blumenstrauß, was diesen zu einer Konversation veranlaßte, während ihn zahlreiche Hotelgäste umdrängten. Schließlich standen auf dem obersten Treppenabsatz auch noch die Großherzogin Sophie von Sachsen-Weimar und deren Tochter, Prinzeß Marie Reuß, mit denen sich mein Großvater wiederum noch ein Weilchen unterhielt, bis Leuthold ihn endlich mit dem Leibjäger in sein Schlafzimmer brachte. Während wir noch besorgt im Vorzimmer warteten, erschien Leuthold ernsten Gesichts wieder mit der Meldung, mein Großvater habe einen schweren Ohnmachtsanfall erlitten.

Unsere Stimmung war, wie begreiflich, sehr gedrückt. Da die Erholung des Kaisers sehr langsame Fortschritte machte, beschlossen General v. Albedyll und ich, die Nacht über Wache zu halten. Wir nahmen auf einer Bank am Rande der Anlagen, dem Fenster meines Großvaters gegenüber Platz, und haben dort bei herrlichem Mondschein den größten Teil der lauen Sommernacht zugebracht. Wir haben lange Gespräche miteinander geführt und vieles aus der Vergangenheit an unserem geistigen Auge vorüberziehen lassen, wobei wir uns gründlich aussprachen; in diesen Stunden haben wir auch unsere Differenz im Unionklub-Kampf beglichen und uns wieder ausgesöhnt.

Albedyll gab zu, daß mein Standpunkt seinerzeit richtig gewesen wäre, er hätte mir darin Unrecht getan. Ich drückte dem General still die Hand, und so schwand die monatelang zwischen uns bestehende Entfremdung, während wir nach dem Fenster des Kaisers emporsahen, um den unsere Herzen bange Sorge trugen.

Glücklicherweise erholte sich mein Großvater im Laufe des nächsten Tages so weit, daß er abends die Reise fortsetzen konnte. Ich selbst fuhr zunächst wieder nach Reichenhall zurück. Von dort aus begab ich mich am 19. August mit Philipp Eulenburg und dem Herzogspaar Karl Theodor in Bayern nach Bayreuth, weilte in „Wahnfried", legte an Wagners Grab einen Kranz nieder und besuchte, wie bereits erwähnt, die Bühnenweihespiele.

Nach Potsdam zurückgekehrt, übernahm ich wieder meinen militärischen Dienst. Ein Besuch im Neuen Palais bestätigte meine Befürchtungen nur allzu sehr. Mein Vater war auf das tiefste empört und zeigte sich schwer gekränkt. Der mir übertragene politische Auftrag hat mir, wie ich vorausgesehen, bittere Stunden im Elternhause eingetragen.

*

Während mein Großvater und Vater zu den Kaisermanövern im Elsaß abreisten, begab ich mich am Abend des 8. September zur Ausführung meiner in Gastein beschlossenen Sendung nach Brest-Litowsk, wo der Zar einer großen Festungsübung beiwohnte. In meiner Begleitung befanden sich mein Hofmarschall v. Liebenau sowie meine beiden persönlichen Adjutanten Major v. Krosigk und Hauptmann v. Pfuel. Nach kurzer Fahrtunterbrechung in Warschau, wo ich von dem Fürsten Tschakowskoi und dem General v. Werder empfangen wurde, traf ich am 10. September abends 8 Uhr in Brest-Litowsk bei starker Hitze ein. Auf dem Bahnhof wurde ich von dem Kaiser, dem Großfürst-Thronfolger sowie den Großfürsten Georg, Wladimir, Nikolaus dem Älteren und Michael Nikolajewitsch empfangen. Die

Fahrt vom Bahnhof ging durch undurchdringlichen Staub nach der 5 bis 6 km entfernten Zitadelle, wo reges militärisches Leben herrschte. Die Zarin begrüßte mich, ebenso wie schon der Zar, im Gedenken an meine Petersburger Sendung zwei Jahre zuvor mit größter Liebenswürdigkeit. Während meiner Anwesenheit wurden mir der Generaladjutant Fürst Tschakowskoi und der Flügeladjutant Fürst Bielosselsky attachiert.

Nach dem Diner ging eine große Armierungsnachtübung vor sich, zu der für die Kaiserliche Familie eine Tribüne mit Zeltüberdachung auf dem Hauptwall aufgebaut war. Nachdem der Befehl zum Beginn der Armierung ausgegeben und an alle Außenforts weitergeleitet war, begann in den unter uns liegenden Batterien bei elektrischer Beleuchtung ein emsiges Arbeiten, Bettungsstrecken und Einbringen der schweren Geschütze (15 und 21 cm). Es fiel dabei kein Kommando, und keine Instruktion war zu hören. Einem Ameisenhaufen gleich arbeiteten Artilleristen, Pioniere und Festungsinfanteristen an ihrer Aufgabe, so daß bereits innerhalb einer halben Stunde die schweren Geschütze geladen und feuerbereit in Stellung standen. Gleich darauf stieg zischend eine Rakete zum nächtlichen Himmel empor als Signal zum Salut der Festung für den Zaren. Im selben Augenblick krachte aus den unter uns liegenden Batterien eine Salve, die von den übrigen Batterien der Zitadelle aufgenommen wurde. Der Luftdruck war so stark, daß wir ihn als erhebliche Erschütterung bemerkten. Nach Schluß des Saluts brachen alle an der Ubung beteiligten Truppenteile in donnernde Hurrarufe auf den Zaren aus.

Im Laufe des nächsten Vormittags wurden mir die gewaltigen Proviant- und Munitionsmagazine, ferner auch die militärische Brieftaubenstation der Festung gezeigt. In den ersteren wurde das gewöhnliche Kommißbrot als Zwieback gebacken aufbewahrt, damit es auf diese Weise länger lagern könne. Nachmittags fand ein

Besuch zu Wagen bei den in einem großen Lager zusammengezogenen Truppen statt. Auf dem Wege dorthin wurden die Majestäten von den mit Befestigungsarbeiten beschäftigten Mannschaften, die Salz und Brot überreichten, mit großem Jubel begrüßt. Bei der Abfahrt liefen Hunderte von Offizieren, die Mützen schwenkend und Hurra rufend, hinter dem Wagen her, was das Zarenpaar sichtlich erfreute. Von dem Nachmittagstee, der im Kreise der engeren Kaiserlichen Familie eingenommen wurde, ist mir noch in Erinnerung, daß es der großen Hitze wegen saure Milch gab. Da sie ein Gericht war, das Professor v. Leyden dem Zaren als Mittel gegen Arteriosklerose verordnet hatte, genoß Kaiser Alexander sie in Mengen, die anderen Sterblichen zweifellos Unzuträglichkeiten bereitet hätten. Abends fand zu Ehren des Namenstages des Zaren ein großer Zapfenstreich statt, währenddessen sämtliche Festungsgeschütze donnerten.

In der Zwischenzeit fand ich Gelegenheit, bei Unterhaltungen unter vier Augen dem Zaren meinen Auftrag auszurichten. Seine schließliche Antwort lautete: Wenn er Stambul haben wolle, werde er es sich nehmen, wann es ihm gefalle; der Erlaubnis oder Zustimmung des Fürsten Bismarck bedürfe er dazu nicht. Doch erklärte er, an dem Dreikaiserbündnis festhalten und damit den europäischen Frieden weiterhin wahren zu wollen, trug mir auch herzliche Grüße an meinen Großvater auf; überhaupt zeigte er sich persönlich sehr freundlich. Die politischen Beobachtungen sowie die allgemeine Stimmung gegenüber Deutschland habe ich schon in meinem ersten Buche niedergelegt. Ich verließ Brest-Litowsk mit zwei Antworten auf Fürst Bismarcks Angebot, einer des Zaren: „Ich brauche des Fürsten Erlaubnis nicht", und der der Festung: „Wir sind bereit!" Welch ein Umschwung gegen die Stimmung in Moskau im Jahre 1884!

Am Morgen des 12. September begleiteten der Zar, die Zarin, der Thronfolger sowie die Großfürsten Georg und Wladimir mich zum Bahnhof, wo sie sich in der herzlichsten Weise von mir verabschiedeten*). Fürst Tschakowskoi und Fürst Bielosselsky gaben mir bis Warschau das Geleite. Ich fuhr von Rußland aus sogleich nach Straßburg und meldete mich am Abend des 14. September im Statthalterpalais bei meinem Großvater, der gerade einen Huldigungszug elsässischer Bauern und Bäuerinnen entgegennahm. Als ich ihm unter vier Augen meine Meldung gemacht hatte, meinte der Kaiser, nachdenklich vor sich hinschauend, daß sich doch in Rußland vieles geändert zu haben scheine. Auch mein Vater empfing mich zu meiner frohen Überraschung freundlich und ließ sich einige Tage später ausführlich über den Brester Besuch berichten. Als ich geendet hatte, umarmte er mich, und alles war wieder gut.

*

Trotz aller Bemühungen Bismarcks wurde das Verhältnis Rußlands zu Deutschland zusehends schlechter. Es hatte nichts genutzt, daß Deutschland sich in der bulgarischen Krise mit allen Kräften zurückgehalten, Österreich-Ungarn sehr enttäuscht, ja sogar dem Zaren auf dem Balkan und an den Meerengen freie Hand angeboten hatte. Die Saat des Berliner Kongresses ging auf, die russische Mißstimmung wandte sich je länger je mehr gegen den „ehrlichen Makler".

Bereits wenige Monate nach meinem Besuch in Brest-Litowsk, der unzweideutig eine Entspannung der deutsch-russischen Beziehungen gebracht hatte, kamen neue Beschwerden Rußlands, es würde in seiner Balkanpolitik nicht genügend von Deutschland unterstützt, das lediglich auf Österreich-Ungarn Rücksicht nähme. Immer mehr machte man sich in Rußland mit dem Gedanken eines Krieges gegen Österreich-Ungarn und Deutschland vertraut. 1887 war geradezu ein Höhepunkt der panslawistischen Hetze. Der französische Revanche-apostel Déroulède wurde in Petersburg mit ungeheurem Beifall gefeiert und in Nischni-Nowgorod auffallend warm empfangen. Russische Generäle und Großfürsten hielten andererseits in Frankreich

*) Vgl. auch Anhang Nr. 17.

Hetzreden gegen Deutschland; so spielte Großfürst Nikolaus, als er auf einem französischen Dampfer einen Trinkspruch ausbrachte, unverhüllt auf einen baldigen russisch-französischen Krieg gegen Deutschland an. Nicht dem Buchstaben nach, aber tatsächlich war die russisch-französische Allianz bereits geschlossen. Rußland konzentrierte infolge der Vorgänge in Bulgarien große Truppenmassen an der österreichischen und preußischen Grenze. Weiter erließ der Zar einen gegen Deutschland gerichteten Ukas, durch den allen Fremden, d. h. Deutschen, verboten wurde, in Rußland Grundbesitz zu erwerben; Fürst Bismarck antwortete mit der zweifellos recht verhängnisvollen Maßnahme, daß er der Reichsbank die Beleihung russischer Papiere verbot, womit er Rußland den deutschen Geldmarkt verschloß und es in die Arme Frankreichs trieb. Die Atmosphäre war so mit Spannung geladen, daß die Gewehre eigentlich jeden Augenblick losgehen konnten.

Und diese Situation war eingetreten, obwohl Bismarck nach dem endgültigen Scheitern des seit 1881 bestehenden Dreikaiserbündnisses im Juni 1887 den nachmals so berühmt gewordenen Rückversicherungsvertrag mit dem Zaren geschlossen hatte! Nie und nimmer hätte dessen Vorhandensein an sich einen Krieg zwischen Rußland und Deutschland verhindert oder, wäre im damaligen Augenblick ein Krieg mit Frankreich ausgebrochen, uns die russische Neutralität gesichert. Es steht für mich außer Zweifel, daß der Vertrag in vielen Beziehungen überschätzt worden ist, und daß er nicht mehr als eine Aushilfe im verwickelten Spiel des großen Kanzlers mit den fünf Kugeln bedeutet hat.

Der Zar war damals auch persönlich in hohem Maße gegen Deutschland, von dem er sich hinters Licht geführt glaubte, gereizt und verärgert. Die Ursache waren die sogenannten Bulgarischen Fälschungen. Als Nachfolger des im September 1886 endgültig abgedankten Prinzen Alexander von Battenberg hatten die Bulgaren nämlich im Juli 1887 gegen den Einspruch Rußlands, das einen russischen General als Regenten in Sofia haben wollte, den Prinzen Ferdinand von Koburg zum Fürsten gewählt. Wieder von dem Bestreben geleitet, Rußland nicht vor den Kopf zu stoßen, hatte Deutschland den Fürsten nicht anerkannt. Nun waren dem Zaren gefälschte Briefe in die Hände gespielt worden, aus denen hervorging, daß Bismarck insgeheim doch die Koburgische Kanditatur gefördert und dem Prinzen für die Zukunft den deutschen Beistand zugesichert hatte.

In dieser hochgespannten Situation kam Zar Alexander III. mit Gemahlin und Thronfolger auf der Rückreise von Dänemark im November nach Berlin.

Ich fuhr dem russischen Kaiserpaar bis Wittenberge entgegen, während der offizielle Empfang in Berlin auf dem Lehrter Bahnhof stattfand. Die Stimmung zwischen den russischen Majestäten und meinen Angehörigen war nicht die beste, die allgemeine politische Spannung zwischen beiden Ländern übertrug sich auch auf das persönliche Verhältnis. Bezeichnend ist auch, daß der Zar es ablehnte, im Schloß Wohnung zu nehmen, sondern wie sonst in der Russischen Botschaft abstieg.

Hier hatte Bismarck am Nachmittag eine längere Unterredung mit Kaiser Alexander und klärte ihn mit Leichtigkeit über die Natur der Bulgarischen Fälschungen auf. Der Zar äußerte sich nachher auch sehr befriedigt über die Beseitigung des Mißverständnisses, aber lange angehalten hat die freundliche Stimmung nicht.

Von diesem Zarenbesuch ist noch des Zwischenfalls Erwähnung zu tun, der sich bei der Tafel ereignete. Fürst Bismarck war nämlich durch die Tischordnung nicht, wie üblich, als Reichskanzler dem Zaren gegenüber, sondern auf die sogenannte „Blutseite", d. h. seinem fürstlichen Range entsprechend auf die Seite der Fürstlichkeiten gesetzt worden, wo der Zar ihn nicht sehen konnte. Bismarck war über diese Anordnung sehr erregt, und in der Tat kann man nicht wissen, ob es nicht gut gewesen wäre, wenn Bismarck die Möglichkeit gehabt hätte, mit dem Zaren bei Tisch zu sprechen.

*

Einen dauernden Erfolg hat, wie gesagt, die Aufklärung des Zaren durch Bismarck und die Entspannung zwischen Rußland und Deutschland nicht gehabt. Die panslawistische Flut stieg höher und höher, das Revanchegeschrei wurde immer lauter, und die Gerüchte von einer bereits abgeschlossenen Allianz zwischen Rußland und Frankreich verdichteten sich immer mehr. Dazu konnten starke russische Truppenverschiebungen an die polnisch-preußische Grenze festgestellt werden.

Mitte Dezember befahl mein Großvater den Feldmarschall Moltke zum Vortrag über den Zweifrontenkrieg, der uns allem Anschein nach bevorstand. Außer dem Grafen Waldersee, der damals Generalquartiermeister war, sowie dem General v. Albedyll und dem Kriegsminister Bronsart v. Schellendorff mußte auch ich dem Vortrage beiwohnen. Mein Großvater sprach zunächst viel von dem traditionellen Verhältnis zwischen Rußland und Deutschland, wobei die Erinnerungen an seine Jugendzeit und die guten Beziehungen zu seinem ermordeten Neffen, dem Zaren Alexander II., in ihm übermächtig wurden. Nachdem Moltke einen meisterhaften Vortrag gehalten hatte, genehmigte der Kaiser den Entschluß, Truppen nach dem Osten zu verschieben und vor allem den Ausbau des vernachlässigten Bahnnetzes im Osten zu fördern. Die letzteren Maßnahmen erforderten geraume Zeit und Mittel, zumal die großen neuen Weichsel- und Nogat-Eisenbahnbrücken militärischerseits gegen starken Widerstand des Ministeriums für öffentliche Arbeiten durchgesetzt werden mußten. Da die Behörde die Eisenbahnen lediglich aus wirtschaftlichen und finanziellen Gesichtspunkten beurteilte, so waren ihr andere, vornehmlich auf militärische Wünsche gegründete Ausgaben wenig sympathisch. Vollständig sind die von Kaiser Wilhelm befohlenen Maßnahmen erst im Laufe der Regierung seines Enkels ausgeführt worden, erst unter ihm hat der Osten den dringend erforderlichen Aufschluß durch Bahnen erhalten. Ein Vergleich der ostpreußischen Eisenbahnlinien von 1888 mit den Eisenbahnkarten vom Jahre 1913 ist in dieser Hinsicht lehrreich. Es besteht kein Zweifel, daß mit dem alten Netz ein großer Teil des Ostens im Jahre 1914 verloren gewesen wäre.

*

Da die Drohungen von russischer Seite unvermindert fortdauerten, entschloß sich Fürst Bismarck, diesen ein Paroli zu bieten: Am 3. Februar 1888 wurde als lautes Warnungssignal der Bündnisvertrag vom Jahre 1879 zwischen Österreich-Ungarn und Deutschland in dem deutschen „Reichsanzeiger" und der „Wiener Abendpost" veröffentlicht. Drei Tage später hielt der Fürst im Reichstag jene gewaltige Rede, in der er das deutsch-russische Verhältnis historisch beleuchtete und mit den unsterblichen Worten schloß: „Wir Deutschen fürchten Gott, aber sonst nichts in der Welt!"

Der Eindruck dieser Rede, die ich mit meiner Frau auf der Tribüne mit anhörte, war ungeheuer, die Begeisterung allgemein im Hause. Auch jenseits der schwarz-weiß-roten Grenzpfähle wurde die Rede verstanden.

Sie zeigt aber mit aller Deutlichkeit, in welcher Richtung sich das deutsch-russische Verhältnis am Ende der Regierungszeit meines Großvaters entwickelt hatte.

X.

Die tragischen Ereignisse des Jahres 1888 warfen ihre Schatten bereits auf das vorhergehende Jahr. Des Kronprinzen unheilbare Krankheit begann.

Im Januar 1887 machte sich bei meinem Vater andauernde Heiserkeit störend bemerkbar, die er zunächst als Folge einer seiner häufigen Erkältungen ansah; erst als sie nicht weichen wollte, wurde er bedenklich. Anfang März übernahm der Geheime Medizinalrat Professor Gerhardt in Berlin die Behandlung der Krankheit, die er als eine polypöse Verdickung des Stimmbandrandes diagnostizierte. Nun begannen für meinen armen Vater tägliche Quälereien, da Geheimrat Gerhardt versuchte, mit Hilfe von Glühdraht und Kneifzange die Geschwulst zu beseitigen. Anläßlich des 90. Geburtstagsfestes meines Großvaters, das meinem Vater viele Repräsentationspflichten auferlegte, wurden diese Operationen auf acht Tage ausgesetzt, dann wieder zehn Tage lang vorgenommen. Am 13. April fuhr mein Vater nach Ems, um dort eine Kur zu versuchen. Als er am 15. Mai zurückkehrte, mußte Gerhardt feststellen, daß diese nichts geholfen hatte und die Geschwulst bedeutend gewachsen war.

Nunmehr beantragten Geheimrat Gerhardt und Generalarzt Dr. Wegner, der Leibarzt meines Vaters, die Heranziehung eines Chirurgen, als den man Geheimrat v. Bergmann in Berlin wählte. Es fand darauf eine Konsultation statt, bei der v. Bergmann und Gerhardt bereits den Verdacht auf Krebs aussprachen und ersterer den äußeren Kehlkopfschnitt vorschlug. Alle drei Ärzte aber beantragten, einen namhaften Laryngologen hinzuzuziehen, um eine Bestätigung der Diagnose zu gewinnen. Von den drei ausländischen Spezialärzten, die in Vorschlag kamen, einigte man sich einstimmig auf den von Dr. Wegner vorgeschlagenen englischen Laryngologen Dr. Morell Mackenzie. Einige Tage später fand eine neue Konsultation statt, an der außer den schon genannten Ärzten sowie Dr. v. Lauer und Dr. Schrader auf Befehl meines Großvaters auch der Berliner Professor Tobold teilnahm. Da auch Tobold die Krankheit als Krebs bezeichnete, wurde von den Ärzten die operative Entfernung des kranken Stimmbandstückes – nicht die völlige Herausnahme des Kehlkopfes – beschlossen. Als einzige nachteilige Folge der Operation, die man angesichts des schweren Leidens mit in Kauf nehmen mußte, stellten die Ärzte Rauheit und Heiserkeit der Stimme in Aussicht. Mein

Vater gab seine Einwilligung, auch meine Mutter stimmte zu, und so wurde auch mit ihrer tätigen Unterstützung, wie ich betone, die Operation für den Vormittag des 21. Mai im Neuen Palais vorbereitet.

Bekanntlich ist der Krebs eine heimtückische Krankheit, die den Kranken oft schon lange Zeit verzehrt, ehe sie festgestellt wird, und wenn das geschieht, ist es in der Regel zu spät. Anders dagegen bei Erkrankungen, die die Brust oder den Hals befallen; diese werden oft rechtzeitig erkannt und auch mit gutem Erfolg operiert. So war der Fall meines Vaters keineswegs als hoffnungslos anzusehen. Gerhardt hat in dem später aufgesetzten amtlichen Bericht erklärt: «Keine Statistik kann die ganze Wahrscheinlichkeit dauernd günstigen Erfolges voll wiedergeben, die in diesem Falle bestand. Denn in keinem Falle war die Krankheit so früh, ich möchte sagen, im Keime erkannt. Die Konstitution des hohen Herrn war die denkbar kräftigste. Alle Hilfsmittel standen zu Gebote.» Und Bergmann gab folgendes Urteil ab: «Die Operation, die wir vorschlugen, war nicht gefährlicher als eine gewöhnliche Tracheotomie (Luftröhrenschnitt), der ohnehin bei unserer Diagnose der Kronprinz doch dereinst ganz bestimmt verfallen mußte. Wir schlugen also nicht mehr vor, als was für ihn nun einmal unvermeidlich war.»

Es war von den verhängnisvollsten Folgen, daß am Abend vor der angesetzten Operation der Engländer Mackenzie entscheidend eingreifen konnte. In der alsbald nach seiner Ankunft vorgenommenen Untersuchung erklärte er, daß es sich nicht um Krebs handle, sondern um eine polypöse oder fibromatöse Geschwulst, die durch eine von ihm vorzuschreibende Kur ohne Operation in sechs bis acht Wochen zu beheben sei; der Kronprinz müsse sich nur „wie jeder andere Sterbliche" zur Behandlung in seine Klinik begeben. Die Herstellung der Stimme meines Vaters, „so, daß er ein Armeekorps bei der Revue anreden könne", stellte er als vollständig sicher hin. Gegen die von den deutschen Ärzten geplante Operation erhob er entschieden Einspruch.

Konnte man es meinem kranken Vater und meiner Mutter, die um das Leben des Gemahls zitterte, verdenken, daß sie angesichts so bestimmter Erklärungen eines angesehenen Facharztes diesem Glauben und Vertrauen schenkten und sich für die gefahrlose Methode entschieden? Sollte diese doch sogar mehr erreichen als die Operation, die ja dauernde Heiserkeit mit sich brachte! Eine andere Frage ist es, ob der Engländer seine Diagnose wirklich in gutem Glauben gestellt hat. Nach meiner Überzeugung ist es nicht der Fall gewesen. Nicht nur, daß er eine laryngologische Autorität war, der man eine solche Fehldiagnose wohl kaum zutrauen kann, auch die Eile, mit der er nicht nur auf Geld, sondern auch auf den englischen Adel aus war, ohne erst den Erfolg seiner Behandlung abzuwarten, spricht gegen ihn. Entscheidend aber dürfte sein, daß er nach dem Tode meines Vaters auf der Rückreise nach England eingestand, daß er die Krebsdiagnose nur deshalb nicht kundgegeben habe, damit der arme Kronprinz nicht für regierungsunfähig erklärt würde!

Wenn man bedenkt, daß ohne das Dazwischentreten des englischen Arztes mein Vater menschlicher Voraussicht nach wohl gerettet worden wäre, so wird man verstehen, daß ich dieser Vogel-Strauß-Politik bei jeder Gelegenheit heftigsten Widerstand entgegenstellte. Daß meine Mutter sich von der Autorität des Engländers nicht loslösen konnte, auch als die Dinge sich für alle andern schon zu völliger Klarheit entwickelt hatten, hat mein Verhältnis zu ihr auf das schwerste beeinträchtigt. Es hat keinen Zweck, über diese Dinge, die gierig an das Licht gezerrt, meist aber in bestimmter Tendenz verzerrt worden sind, den Schleier des Vergessens breiten zu wollen.

Durch Mackenzies Verschulden wurde auch noch der zweite entscheidende Fehler gemacht: Der Engländer empfahl meinem Vater eine Reise nach der Insel Wight, deren mildes Klima die Heilung von

Kehlkopfkrankheiten fördere, während die deutschen Ärzte dem entgegenhielten, daß das Klima auf Kehlkopfgeschwülste, ganz gleich ob gut- oder bösartig, keinen Einfluß ausübe. So ging mein armer Vater auf die langen Reisen, von denen er erst als todwunder Kaiser zurückkehren sollte, und die Krankheit konnte ungestört ihren verhängnisvollen Verlauf nehmen. Die ärztliche Behandlung durch Mackenzie und seinen Vertreter während dieser Zeit änderte daran nichts. Wie ich bereits erwähnte, nahm mein Vater im Juni 1887 an den Jubiläumsfeierlichkeiten in London teil und erregte dort die stürmische Begeisterung des Publikums; es ahnte nicht, daß er nur noch im Flüstertone, kaum vernehmlich, zu sprechen vermochte.

Selbstverständlich konnte weder die „Kur" auf der Insel Wight noch im schottischen Gebirge, das mein Vater Anfang August aufsuchte, der Krankheit Einhalt tun. Als der Erfolg ausblieb, die Wucherungen zunahmen und das Befinden sich verschlechterte, wußte Mackenzie nichts anderes, als seinen Patienten von Land zu Land, von Ort zu Ort zu jagen. In den Hochlanden war die Herbstluft zu kalt – so mußte mein Vater Anfang September nach Toblach ins Pustertal. Dieser Ort erwies sich infolge seiner hohen Lage nicht als geeignet, daher Ende September Aufbruch nach Venedig. Als auch die Lagunenstadt keine Besserung brachte, ging es Anfang Oktober nach Baveno am Lago Maggiore, bis schließlich Anfang November mit San Remo die letzte Station erreicht war. Von da ab versagte die Stimme völlig. Währenddessen aber verstand es Mackenzie, in der ganzen Zeit von seinem Erscheinen in Berlin ab, die Presse, nicht nur die englische, sondern auch gewisse Teile der Berliner Presse, für sich einzufangen. Ständig wurde in die Welt posaunt, daß er des Kronprinzen Lebensretter sei, indem er ihn vor der „lebensgefährlichen" Operation bewahrt habe; die deutschen Ärzte dagegen verstünden nichts. Angeblich war mit seiner Hilfe der Kronprinz auf dem Wege völliger Heilung.

In Baveno begingen wir am 18. Oktober meines Vaters letzten Geburtstag; alle Kinder außer meiner Schwester Charlotte waren zu diesem Tage hinübergefahren und erfreuten den Vater durch Klavierspielen, Singen, die Aufführung von kleinen Theaterstücken und Scharaden. Die Villa, in der meine Eltern Aufenthalt genommen hatten, lag in einem schönen großen Park voll südlicher Vegetation mit dem zauberhaften Blick auf den See.

Ich fand meinen Vater verhältnismäßig frisch aussehend und bei guter Stimmung. Aber den verhängnisvollen Optimismus meiner Eltern über seinen Zustand vermochte ich nicht zu teilen, habe jedoch als Erfolg meiner Vorstellungen bei meiner Mutter nur ihre schwere Verstimmung gegen mich zu verzeichnen gehabt. In ihrer rührenden Fürsorge für meinen Vater wollte sie sich und ihm, überzeugt von den Versprechungen Mackenzies, alle Zweifel an der einmal als richtig erkannten Behandlung fernhalten. Es waren wahrlich schwere Zeiten, nicht zum wenigsten für mich.

*

Kaum war mein Vater in San Remo eingetroffen, als ein alarmierendes Telegramm Mackenzies in Berlin einlief: es hätten sich plötzlich bedenkliche Symptome gezeigt, und er erachte die Zuziehung weiterer Ärzte als erforderlich. Wenn Mackenzie sich so äußerte, mußte es bedrohlich stehen.

Mein Entschluß war sofort gefaßt. Ich bat meinen Großvater um Erlaubnis, nach San Remo fahren zu dürfen, um endlich Klarheit zu schaffen; sowohl der Kaiser wie auch Fürst Bismarck billigten mein Vorhaben. Mein Großvater gab mir den Befehl, eine offizielle Äußerung der Ärzte herbeizuführen und deshalb den bekannten Laryngologen Sanitätsrat Dr. Moritz Schmidt aus Frankfurt a. M. mitzunehmen. Diesen sollte ich mit einem Bericht an ihn, den Kaiser, über die abzuhaltende Konsultation der Ärzte beauftragen. Außer Dr. Schmidt wurden noch, wie von Mackenzie beantragt, der bedeutende Kehlkopfarzt Professor Schrötter aus Wien und der Privatdozent Dr. Krause aus Berlin entsandt.

Als ich am Abend des 9. November die wundervoll am Mittelmeer, inmitten eines Olivenhaines gelegene Villa Zirio betrat, erregte meine Ankunft wenig Freude bei meiner Mutter. Sie fürchtete wohl, daß nun das Kartenhaus, auf das sie ihre Lebenshoffnung gesetzt hatte, zusammenbrechen könnte. Unten an der Treppe stehend, mußte ich ihre Vorhaltungen über mich ergehen lassen und ihre entschiedene Weigerung vernehmen, mich zum Vater zu lassen; ich sollte sofort nach Rom weiterfahren. Es war nämlich seltsamerweise die Meinung aufgekommen, ich sei nach Rom entsandt, um dem König den Schwarzen Adlerorden zu überbringen. Der Zustand des Vaters sei in keiner Weise besorgniserregend, meinte meine Mutter; aber der steinerne, gegen Baveno völlig veränderte Ausdruck ihres Gesichts — das Zeichen des harten Kampfes ihres eisernen Willens mit der zunehmenden Sorge — bot keine Bestätigung dessen, was ihr Mund sprach, und es fiel mir wie Zentnerlast auf das Herz. Da hörte ich oben auf der Treppe ein Geräusch, sah hinauf und erblickte meinen Vater, der mir entgegenlächelte. Ich stürzte die Treppe hinauf, und mit unendlicher Rührung hielten wir uns umfangen, indes er in leiser Flüstersprache seiner Freude über meinen Besuch Ausdruck gab. In den nun folgenden schweren Tagen sind wir uns beide innerlich sehr nahe gekommen.

Die Villa Zirio lag am Hang des Berges oberhalb der großen Rivierastraße, nur unvollkommen verdeckt durch eine Mauer, durch Olivenbäume und Palmen; der Garten war im Verhältnis zum Park von Baveno nur klein. Ich bekam zwei Zimmer im Hotel Victoria zugewiesen, das unmittelbar an der Landstraße lag, der Villa schräg gegenüber; Terrasse und Garten befanden sich nach der See zu. Das Hotel war ziemlich voll, eine große Zahl Reporter aus aller Herren Länder machte sich mit ihrer zudringlichen Neugier und Schnüffelei höchst unliebsam bemerkbar. In der Mehrzahl waren es Mackenzies Kreaturen!

Ich mußte nun Sorge tragen, den Befehl des Kaisers auszuführen. Nachdem die Ärzte eine erste Untersuchung vorgenommen hatten, berief ich sie zu einer vorläufigen und dann zu einer endgültigen Beratung zusammen. Ich machte sie darauf aufmerksam, daß ihre Urteile offizielle Bedeutung haben sollten und daher zu Protokoll genommen werden müßten; dann forderte ich sie der Reihe nach – dem Alter entsprechend – auf, ihr Urteil abzugeben. Als erster sprach Mackenzie, und zu meinem nicht geringen Erstaunen erklärte er unumwunden, daß mein Vater an Kehlkopfkrebs litte und in 18 Monaten tot sei. Die anderen Ärzte schlossen sich diesem einfachen Votum an und erklärten auch die völlige Entfernung des Kehlkopfes jetzt als zweifelhaft für den Ausgang, so daß die Entscheidung dem Kronprinzen überlassen werden müsse; nur Dr. Krause verklausulierte sein Urteil erheblich. Darauf stellte ich die Frage, wie lange wohl das Übel schon vorhanden sei, um sich jetzt als in so hohem Grade entwickelt zu zeigen, und erhielt die Antwort: mindestens sechs Monate. Ich glaubte, Mackenzie würde vor Scham vergehen, aber sein Gesicht, das ich genau beobachtete, zeigte nicht die geringste Bewegung.

Nachdem der Spruch der Ärzte zu Protokoll genommen war, erhielt Professor Schrötter von seinen Kollegen den Auftrag, meinem Vater über das Ergebnis ihrer Besprechungen Bericht zu erstatten. Wir Kinder waren bei dieser furchtbaren Eröffnung nicht zugegen, es wäre über unsere Kraft gegangen; nur meine Mutter stand dem geliebten Gatten in dieser schweren Stunde zur Seite. Mein Vater nahm sein Todesurteil – denn das war es – gleich einem Helden entgegen, aufrecht, fest den Ärzten ins Auge schauend. Dann dankte er ihnen in voller Ruhe für die Mühe, die sie sich seinetwegen gemacht hätten. Die vorgeschlagene Operation lehnte er bei dem ihm

Fritz, ich, Dr. Hovell, Gf Radolinski, Mossy, Sophie, Vicky,
Gfn Brühl, Heinrich, Capitän v. Seckendorff, Dr. Schrader
Mlle. de Perpigna - Mlle. Bujard, Gf. Seckendorff, H. v. Rabe.

Kronprinz Friedrich Wilhelm (späterer Kaiser Friedrich III.) vor der Villa Zirio in San Remo. 1888
Namensunterschriften von der Hand der Kaiserin Friedrich

Trauung des Prinzenpaares Heinrich von Preußen am 24. Mai 1888

Kaiserin Friedrich — Kaiserin Augusta — Kronprinz Wilhelm von Preußen (späterer Kaiser Wilhelm II.)

Kaiser Friedrich III. — Prinzessin Elisabeth von Hessen

dargelegten zweifelhaften Ausgang durch eine schriftliche Erklärung ab. Unser lieber Oberstabsarzt Schrader, der schon 1869 als Leibarzt mit in Cannes gewesen war, brach, überwältigt von soviel Tragik und Seelengröße, in krampfhaftes Schluchzen aus. Als wir Kinder dann nach dem Fortgang der Ärzte, im Tiefsten erschüttert, zum Vater kamen und, unserer nicht mehr mächtig, in Tränen zerflossen, da war er es, der uns mit der stillen Heiterkeit seiner Seele zu trösten und aufzurichten suchte.*) In sein Tagebuch aber trug er am Abend dieses schicksalsschweren Tages ein: «Somit werde ich wohl mein Haus bestellen müssen.»

Meine arme Mutter zeigte sich bewunderungswürdig gefaßt. Nur auf einem Spaziergang mit ihr auf der staubigen Rivierastraße, von Neugierigen verfolgt und umspäht, erlebte ich es, daß auf einen Augenblick ihre mit aller Energie aufrecht erhaltene Fassung zusammenbrach. Fest an meinen Arm geklammert, gewann sie erst nach geraumer Zeit ihre Selbstbeherrschung wieder.

Rührend war auch die Sorgfalt, mit der die Kammerdiener Schulze und Vieke ihren kranken Herrn pflegten. Beide traten nach seinem Tode in meinen Dienst, und ich verlor diese treuen Männer erst im Laufe meines Aufenthalts in Holland durch den Tod. Ihr Andenken bleibt unvergessen.

*

Als ich auf der Heimreise in Basel eintraf, trat plötzlich Roggenbach, der in großer Sorge um meinen Vater war, in mein Eisenbahnabteil. Von Anfang an hatte gerade Roggenbach einen sehr klaren Blick für den Zustand meines Vaters gezeigt und sich von dem englischen Scharlatan nichts vormachen lassen. So nutzte es mir denn auch nichts, als ich jetzt seine Frage nach dem Krankheitsbilde meines Vaters mit der in San Remo vereinbarten Formel zurückhaltend beantwortete; unter Tränen sagte er, er wisse doch, woran

*) Vgl. Anhang Nr. 18.

er sei. Lange sprach er dann mit mir über die schwierige Lage, in die unser Vaterland gerate: der Kaiser 90 Jahre alt und damals sehr leidend, der Thronerbe hoffnungslos dem Tode entgegensiechend. Wie die Dinge nun einmal lägen, müßte ich ihnen fest ins Auge sehen und mich bereit halten, die Last der Regierung in absehbarer Zeit auf mich zu nehmen. Wir sprachen dann besonders über das Verhältnis des Kaisers zu den Bundesfürsten, das beim Übergang der Krone auf einen verhältnismäßig noch jungen Erben leicht zu Schwierigkeiten führen könne. Roggenbach riet mir, ich solle bereits jetzt eine Proklamation an die Bundesfürsten für den Fall der Regierungsübernahme durch mich vorbereiten, in der ich meine und ihre Stellung sowie das Verhältnis beider zueinander präzisieren solle; wenn plötzlich die Ereignisse einträten, sei es zu spät. Bekanntlich hat die Ausführung dieser Anregung mir das Mißfallen Fürst Bismarcks zugezogen, dem ich loyalerweise meinen Entwurf zugeschickt hatte.

*

Nachdem das offizielle Verdikt Klarheit über den Zustand meines armen Vaters geschaffen hatte, erachtete es Fürst Bismarck für notwendig, angesichts der offensichtlich zunehmenden Hinfälligkeit des greisen Kaisers, die sich in häufigen Schwächeanfällen äußerte, mir dessen Stellvertretung zu übertragen. Besonders das Militärkabinett drängte darauf, den Kaiser von den zahlreichen Unterschriften zu entlasten, damit die Geschäfte nicht aufgehalten würden. Mein Großvater unterzeichnete die Order am 17. November; sie hatte folgenden Wortlaut:

»In Anbetracht der Wechselfälle meiner Gesundheit, welche mich vorübergehend zur Enthaltung von Geschäften nötigen, und in Betracht der Krankheit meines Sohnes, des Kronprinzen, beauftrage ich Eure Königliche Hoheit in allen Fällen, wo ich eine Vertretung in den laufenden Regierungsgeschäften und namentlich in der Unterzeichnung von Orders zu bedürfen glauben werde, mit dieser Vertretung, ohne daß es für die einzelnen Fälle einer jedesmaligen, besonderen Order bedarf.

Berlin, 17. November 1887.

Wilhelm. v. Bismarck.

An den Prinzen Wilhelm, Königliche Hoheit.»

Wie man sieht, hatte diese Stellvertretung nur untergeordnete Bedeutung, sie sollte für die wichtigen Geschäfte nur in den besonderen Fällen der Behinderung des Kaisers eintreten; im übrigen war sie auf die Unterzeichnung der Erlasse des Zivil- und des Militärkabinetts, also von Offizierspatenten, Beamtenernennungen und Formalien beschränkt, immer unter der Überschrift: „Auf Allerhöchsten Befehl." Irgend ein Einfluß auf die Staatsgeschäfte war mir damit nicht eingeräumt worden. Die Stellvertretung mußte auch im Falle des Hinscheidens des Kaisers sofort erlöschen, da dann automatisch die Regierungsgewalt auf den Kronprinzen überging. Eine Änderung der Thronfolge ist durch diese Order also weder eingeleitet noch ist eine solche überhaupt erörtert worden.

Als mir am folgenden Tage die Stellvertretungsorder mitgeteilt wurde, die übrigens gleichzeitig an allen deutschen Höfen notifiziert, aber erst am 8. März 1888 veröffentlicht worden ist, erfuhr ich, daß weder das Staatsministerium noch mein Vater vorher von dem Schritt verständigt worden waren. Ich begab mich daher alsbald zum Kanzler und bat, daß meinem Vater Mitteilung gemacht würde. Fürst Bismarck gab dann in meinem Beisein den Befehl, diese offizielle Mitteilung zu machen, und versprach mir auch, persönlich zu schreiben. Zu Hause schrieb ich dann noch selbst an meinen Vater und äußerte besonders den Wunsch, daß die Order nie zur Anwendung kommen möge. Den Brief gab ich meinem Bruder Heinrich mit, der in jenen Tagen sich gerade wieder nach San Remo begab.

Diese Stellvertretungsorder gefährdete aber von neuem das erst kürzlich so herzlich gewordene Verhältnis zu meinem Vater. Denn mein Vater hatte kaum angefangen, meinen Brief zu lesen, als er in höchste Erregung geriet und in bittere Klagen gegen den Kanzler und mich ausbrach, da ihm nicht einmal offizielle Mitteilung gemacht worden sei. Als mein Bruder unserem Vater vorhielt, er müsse doch das Schreiben Fürst Bismarcks erhalten haben, stellte sich heraus, daß dieses ihm aus Gründen der Schonung bisher vorenthalten war. Die Angelegenheit klärte sich nun zwar auf, hinterließ aber bei meinem Vater, der durch seine Krankheit naturgemäß sich in einem gereizten Zustande befand, eine Verstimmung, die sich in keinem Verhältnis zu der Bedeutung der Ursache befand. Durch solche Mißverständnisse sind mir oft genug Unannehmlichkeiten in meinem Elternhause erwachsen.

XI.

Noch im gleichen Monat, der mir schon so viele seelische Erschütterungen gebracht hatte, sollte eine gut gemeinte Aktion, die als ein Werk der Nächstenliebe gedacht war, mir neue Kümmernis bereiten. Wie ich schon berichtet habe, stand die tief religiöse Gräfin Waldersee meiner Gemahlin sehr nahe. Im Verfolg ihrer vielfachen charitativen Bestrebungen nahm sie Gelegenheit, auch meine Frau zu veranlassen, sich der leiblichen und seelischen Not der Berliner Vorstadtgemeinden anzunehmen und die regsame Berliner „Stadtmission" zu unterstützen.

Um das Interesse für die Bestrebungen der Stadtmission auch in der zumeist ahnungslosen Gesellschaft zu wecken und zu beleben, wurde Ende November 1887 vor einem Kreis von Eingeladenen, unter denen sich Angehörige aller politischen Parteien befanden, in den Räumen des Grafen Waldersee eine Sitzung anberaumt. Der bekannte Hofprediger Stöcker gab bei dieser Gelegenheit auf Grund seiner Erfahrungen aus der Stadtmission eine niederschmetternde Schilderung von der Not in den Berliner Vorstädten, während ich selbst mich mit einigen Worten für die Pflege des christlichsozialen Geistes einsetzte. Aus dieser Sitzung machte die mir übelwollende Presse die sogenannte „Waldersee-Versammlung" und überhäufte sowohl den Grafen wie vor allem meine Frau und mich mit maßlosen Verdächtigungen, Verleumdungen und Angriffen. Schmerzlich war es mir, daß Fürst Bismarck sich in diesem Falle, der mit Politik nichts zu tun hatte, auf die Seite meiner Gegner stellte. Der Briefwechsel, den ich deswegen mit dem Kanzler geführt habe, ist inzwischen bekannt geworden. Alsbald nach seiner Rückkehr nach Berlin hat dann auch die Aussöhnung stattgefunden; eine „Verstimmung", wie Fürst Bismarck anzunehmen schien, hat weder dieser Vorgang noch der betreffs der geplanten Proklamation an die Bundesfürsten bei mir zurückgelassen.

Allen Gegenbestrebungen und Quertreibereien zum Trotz wurden die Mittel für die Stadtmission aufgebracht, so daß den Armen Berlins ausgiebig geholfen werden konnte. Und aus der Unterstützung der Stadtmission ging die Gründung des „Evangelisch-kirchlichen Hilfsvereins" hervor, der unter der Leitung des trefflichen Oberhofmeisters Freiherrn v. Mirbach Unvergängliches auf dem Gebiet des Kirchen- und Kapellenbaues geleistet hat. Nicht sowohl der äußere Erfolg unserer guten Sache, als vor allem die zahlreichen rührenden Dankesbriefe aus Arbeiterkreisen waren uns ein schöner Lohn für die erlittenen Kränkungen.

XII.

Die Tage des großen Kaisers neigten sich dem Ende zu.

In weiter Ferne schien die Zeit zu liegen, da er auf der Jagd beim Fürsten Stolberg in Wernigerode noch eine große Strecke gemacht, außerordentlich angeregt und unterhaltsam gewesen war — und doch war das erst im verflossenen Oktober gewesen! Die Schwächeanfälle häuften sich mehr und mehr, und die Ärzte urteilten, daß das Leben des nun fast 91jährigen alten Herrn wohl in kurzem einmal verlöschen würde. Zwei Ereignisse sollten ihm noch seinen Abend verdüstern.

Das eine war der hoffnungslose Zustand des Kronprinzen. Am 9. Februar hatte nun doch der Luftröhrenschnitt gemacht werden müssen, um den Kranken vor dem Ersticken zu schützen, und seitdem trug er eine silberne Kanüle in der Luftröhre. Oft verlangte der Kaiser weinend nach dem Sohn und nach dem Erben seiner Krone — aber der war fern. Aus San Remo kamen immer beunruhigendere Nachrichten, und viele fürchteten schon, der deutsche Kronprinz würde außerhalb des Heimatbodens hinscheiden. In dieser Situation erteilte mir mein Großvater Ende Februar den Befehl, nach San Remo zu fahren und die möglichst schnelle Rückkehr meines Vaters nach Deutschland zu veranlassen.

Da traf ihn noch das zweite traurige Ereignis. Am 23. Februar starb plötzlich der Sohn der Großherzogin Luise, Prinz Ludwig von Baden. Diesen Enkelsohn, einen prachtvollen frischen jungen Mann und strammen Soldaten, der mit meinem Bruder Heinrich eng befreundet war, hatte der Kaiser sehr in sein Herz geschlossen. So mußte sein Tod in der Blüte der Jugend ihn tief erschüttern.

Ich erhielt nun Befehl, zunächst zu den Beisetzungsfeierlichkeiten nach Karlsruhe zu fahren, um den Kaiser zu vertreten, und von dort aus ungesäumt nach San Remo weiterzureisen, um den erwähnten Auftrag auszuführen. Am 2. März traf ich wieder in der Villa Zirio ein.

Der Anblick meines Vaters war herzzerreißend. Die hohe Siegfriedgestalt zeigte in ihrer starken Abmagerung und der gelben Gesichtsfarbe unverkennbar den schnellen Fortschritt der Krankheit; fortwährend plagte ihn Hustenreiz, und über die Lippen kam kein Wort, sein Mund war bereits für immer verstummt. Schnell hingeworfene Notizen auf kleinen Zetteln mußten die Sprache ersetzen, soweit das nicht durch Gesten und Mimik geschehen konnte. Aber mit großer Selbstüberwindung, ja mit stiller Heiterkeit trug er sein furchtbares Schicksal. Erschütternd war auch zu erleben, mit welcher Hingebung und Liebe meine Mutter den kranken Gemahl pflegte, und wie sie um nichts in der Welt sich bereit finden lassen wollte, an die furchtbare Wahrheit zu glauben. Es war ihr unfaßbar, daß unheilbarer Krebs das Leben ihres herrlichen Mannes zerstören sollte. Mackenzie war noch immer der große Mann, der ihr Vertrauen besaß, und neben dem die pessimistischen deutschen Ärzte nicht aufkommen konnten. Von der Krebsdiagnose, die er im November selbst anerkannt hatte, war er inzwischen leichtfertig wieder abgegangen und hatte meine Mutter mit neuem Optimismus erfüllt. Zudem trat unter ihrer treuen Pflege gerade in den Tagen meiner Anwesenheit eine Besserung ein. Vormittags konnte der Kranke im Garten oder auf dem Balkon sitzen und die wärmende Sonne des Südens genießen, oft auch auf dem Balkon die Fremden, die sich in Scharen einfanden, voll Dank für ihre Teilnahme begrüßen.

So hätte also sehr wohl eine Übersiedelung nach Deutschland stattfinden können, um den Wunsch des Kaisers zu erfüllen, wenn nicht in der Heimat der Winter außergewöhnlich kalt und stürmisch gewesen wäre. Daher sollte erst der Eintritt wärmerer Witterung abgewartet werden, und ich reiste ab, ohne meinen Auftrag ausgeführt zu haben. Mit Geheimrat v. Bergmann, der ebenfalls in den nächsten Tagen nach Deutschland zurückkehren wollte, konnte ich nur vereinbaren, daß er Mackenzie das Versprechen abnehme, meinen Vater im Falle der Verschlimmerung nach Hause zu bringen. Außerdem sollte sein Assistent Dr. Bramann, der seinerzeit den Luftröhrenschnitt gemacht hatte, täglich an Leuthold chiffrierte Telegramme über den Zustand meines Vaters schicken. Mehr konnte ich nicht tun.

Tief bedrückt und hoffnungslos reiste ich nach Berlin zurück.

* * *

Als ich am 7. März in Berlin eintraf, zählten die Ärzte das Leben meines geliebten Großvaters nur noch nach Stunden, schon setzte der Puls wiederholt aus. Unbeschreiblich ist, mit welchen Gefühlen ich an das Sterbebett trat, nachdem ich soeben ein anderes verlassen hatte! Sofort als der Kaiser meiner ansichtig wurde, fragte er nach San Remo, und ich konnte ihm für einige Momente davon berichten, was selbstverständlich in der schonendsten Form geschah.

Noch zwei Tage flackerte das Lebenslicht des alten Kaisers. Alle seine Getreuen waren um ihn, in erster Linie Kaiserin Augusta, die, in ihren Rollstuhl gelehnt, nicht von seinem Bett wich, sowie die Großherzogin Luise, die soeben erst den Sohn verloren hatte. Noch konnte mein Großvater wiederholt mit mir sprechen, meist über militärische Dinge; vor allem beschäftigte ihn die Frühjahrsparade, und er gab mir für die Aufstellung der Truppen genaue Anordnungen. Das letzte, was er, wohl im Glauben, meinen Vater vor sich zu haben, zu mir sprach, betraf Deutschlands Verhältnis zu Österreich-Ungarn und Rußland, das er wieder im Lichte vergangener Zeiten sah: ich solle an der Allianz mit Österreich festhalten, aber die Freundschaft mit Rußland hegen und pflegen. Dann stiegen in seinen Todesphantasien Bilder aus der Jugendzeit, aus dem Familienleben mit der Königin Luise, seiner Mutter, und aus den Freiheitskriegen auf. Und dann neigte er sein Haupt zum ewigen Schlummer.

Die Erinnerung an das Sterben des großen Kaisers ist mir ein heiliges und unantastbares Vermächtnis.

*

Die neunundneunzig Tage

Nur mit innerem Widerstreben ergreife ich die Feder, um die kurze Regierungszeit meines Vaters zu schildern. Sie war so voll Leid und Schmerz, aber auch von Kabalen und Intrigen erfüllt, daß mich die Erinnerung daran noch heute gleich einem furchtbaren Alp bedrückt. Doch sei nun gesagt, was im Rahmen dieses Buches gesagt werden muß.

I.

In tiefer Trauer um meinen geliebten Großvater stehend, hatte ich dennoch keine Muße, meinem Schmerz nachgeben zu können. Denn da mein Vater in der Fremde weilte, fiel die Last der mit dem Regierungswechsel verbundenen Maßnahmen, sowie der Anordnungen für die Aufbahrung und Beisetzungsfeierlichkeiten, denen oft die telegraphische Befragung meines Vaters vorangehen mußte, auf meine Schultern.

Die nächste Aufgabe war, festzustellen, auf welchen Namen die Truppen vereidigt werden sollten. Auf die Anfrage erfolgte aus San Remo die Anweisung: Seine Majestät wolle den Namen Friedrich IV. annehmen. Fürst Bismarck erklärte dies mit aller Entschiedenheit für unmöglich, da das 1871 gegründete Deutsche Reich nichts mit dem alten Römischen Reich Deutscher Nation zu tun habe. Als König von Preußen sei Seine Majestät Friedrich III. und führe, da der König von Preußen zugleich Deutscher Kaiser sei, folgerichtig als solcher denselben Namen. Albedyll und ich stimmten dem uneingeschränkt zu, und ein entsprechendes Telegramm wurde sofort nach San Remo gesandt. Der in ihm enthaltene Vorschlag wurde denn auch mit Hilfe meiner Mutter, die sich nachdrücklich für diese Lösung einsetzte, von meinem Vater angenommen.

Ich wurde mit dem Stabe des Gardekorps und der 1. Gardedivision im Exerzierhaus in der Karlstraße zusammen mit dem 2. Garderegiment zu Fuß vereidigt. Ich kam neben General v. Schlichting, meinem Divisionskommandeur, zu stehen. Vor uns hielten die umflorten Fahnen des Regiments, die diesem in so manchem siegreichen Kampfe unter meinem Großvater vorangeweht waren. Es war ein tief ergreifender Augenblick, als wir mit erhobenen Schwurhänden die Formel des geheiligten Fahneneides sprachen, worauf drei Hurras auf Kaiser Friedrich III. ausgebracht wurden. Die Bewegung war so allgemein, daß vielen der Offiziere und Mannschaften das Wasser in den Augen stand. Auch ich konnte vor innerer Bewegung meine Tränen nicht zurückhalten.

II.

Es wurden nun die Vorbereitungen für die Übersiedelung meines Vaters von San Remo nach dem Schloß Charlottenburg getroffen, das, staubfrei, ruhig und von einem Park umgeben, besser für den Aufenthalt des kranken Kaisers geeignet erschien als sein Palais oder das Schloß inmitten Berlins. Alles wurde so warm und wohnlich eingerichtet wie nur möglich. Das Wiedersehen mit meinem Vater am Abend des 11. März auf dem Bahnhof Charlottenburg war tief erschütternd. Er umarmte mich mit einem unbeschreiblichen Ausdruck in seinen Augen, den ich nie vergessen werde. Sein Zustand war so schlecht, daß er nicht einmal an der Beisetzung seines Vaters teilnehmen konnte. Weinend stand er an einem der nach der Gartenseite hinausgehenden Fenster des Charlottenburger Schlosses, als der Trauerzug am Nachmittag des froststarrenden 16. März den alten Kaiser auf seiner letzten Fahrt zum Mausoleum geleitete.

*

Bald nach seiner Ankunft hielt mein Vater eine Kronratssitzung ab, bei der die Minister vereidigt wurden. Die Herren waren durch das furchtbar veränderte Aussehen des Kaisers, den sie länger als ein Jahr nicht gesehen hatten, tief erschüttert. Da mein Vater nicht mehr sprechen konnte, stellte er Fragen und erteilte Befehle auf kleinen Zetteln, Fragen wurden mit Kopfnicken oder -schütteln beantwortet; seine geistige Frische war ungebrochen und völlig die alte. Mir ist aus jener Sitzung noch in Erinnerung, daß Finanzminister Scholz über die Prägung neuer Münzen mit dem Bildnis des nunmehrigen Kaisers Vortrag hielt, und daß mein Vater auf die Mitteilung von Scholz, die Ausprägung würde ungefähr zwei Monate dauern, eine Bewegung mit den Händen machte, die deutlich sagte: das erlebe ich nicht mehr! Seine Ahnung hat ihn nicht getrogen, und ich habe es nach seinem Tode für einen Akt der Pietät gehalten, möglichst viele Münzen mit dem Bildnis meines Vaters herstellen zu lassen.

*

Am ersten Sonntag, an dem wir Kinder zum Gottesdienst in der Schloßkapelle nach Charlottenburg kamen, zeigte mir mein Vater die in seinem Vorzimmer aufgestellten Grundrisse und Pläne für den von ihm geplanten Neubau des Domes zu Berlin. Der Geheime Baurat Raschdorff hatte, wie mein Vater mir mitteilte, diese Entwürfe in jahrelanger Arbeit nach vielen Konferenzen mit ihm und meiner Mutter fertiggestellt. Meine Eltern hätten auf ihren italienischen Reisen ständig alle Kuppelbauten studiert, die vorliegenden Pläne seien das Ergebnis dieser Studien. Er selbst werde die Fertigstellung nicht mehr erleben und lege mir deshalb die Pflicht auf, wenn er nicht mehr sei, die Ausführung des Dombaus als sein Vermächtnis durchzuführen.

*

In Anbetracht des schwer leidenden Zustandes meines Vaters erhielt ich von neuem eine Stellvertretungsorder für die Unterschriften der minder wichtigen laufenden Angelegenheiten. Indessen flackerte des kranken Kaisers Lebenskraft noch einmal auf. Am 28. März konnte er seinen ersten Ausgang im Garten machen, am 29. sogar eine Fahrt in den Grunewald unternehmen. Am 30. März und 1. April machte mein Vater Fahrten nach Berlin, wobei die Bewohner seiner Hauptstadt ihn mit begeistertem Jubel empfingen und mit Blumen überschütteten. Die Hoffnungen, die diese Ausfahrt in Berlin erweckte, sollten aber nur allzu trügerisch sein.

III.

Leider war die Gesellschaft von Korrespondenten aus San Remo ebenfalls nachgekommen und hatte es verstanden, unter dem Schutze Mackenzies sich bis in das Ärztezimmer des Schlosses hineinzudrängen. Diesen Herren war es zu verdanken, wenn nicht nur gegen die deutschen Ärzte, insbesondere Bergmann, eine schamlose Hetzkampagne betrieben wurde, sondern auch in einem gewissen Teil der Berliner Presse sowie in englischen und französischen Blättern ein Verleumdungs- und Hetzfeldzug gegen mich begann, der in seiner Gemeinheit beispiellos zu nennen war. (Später habe ich freilich in dieser Beziehung noch mehr erleben müssen.) Wiederholte Vorschläge, diesen Verleumdungen in der Presse entgegenzutreten, wies ich ab; ich wollte eher meinem Vater zuliebe das Unrecht still dulden, als ihn zu allem Leid auch noch mit einem öffentlichen Skandal quälen.

Mit diesen Presseangriffen hing aber noch etwas anderes zusammen, das mir weit schmerzlicher war. Ich konnte nämlich sehr bald beobachten, daß man meinen Besuchen bei meinem Vater Schwierigkeiten in den Weg zu legen begann, sie abzukürzen, ja sogar unter fadenscheinigen Vorwänden sie zu verhindern suchte. Ich hatte das Gefühl, daß eine unsichtbare Mauer zwischen meinem Vater und mir aufzurichten versucht wurde. Dann erfuhr ich, daß Späher aufgestellt waren, die rechtzeitig meine Ankunft im Schlosse meldeten, worauf ich entweder nur von meiner Mutter empfangen oder bereits an der Haustür mit dem Bemerken begrüßt wurde, der Kaiser schlafe und Ihre Majestät sei spazieren gegangen. Es war klar, ich sollte meinen Vater nicht ohne Zeugen sprechen. Als es mir endlich einmal mit Hilfe von Kammerdiener Schulze gelang, durch eine Hintertreppe unbemerkt in das Schlafzimmer meines Vaters zu gelangen, zeigte er sich sehr erfreut und ließ sich von mir viel erzählen, vor allem über meine Brigade. Als er mir zu verstehen gab, ich solle ihn doch öfter besuchen, er sähe mich so selten, und ich ihm darauf antwortete, ich sei schon öfters dagewesen, aber nicht vorgelassen worden, war er höchst erstaunt und bezeichnete diese Absperrung als unsinnig; ich sei ihm jederzeit willkommen. Bei einem zweiten Besuch bemerkte ich, daß uns aus dem weiter rückwärts liegenden Ärztezimmer verschiedene mir unbekannte Gesichter beobachteten, was mich veranlaßte, die Tür zu schließen. Vor Verlassen des Schlosses gab ich gegenüber den Herren Seiner Majestät meiner Entrüstung über dieses Treiben scharf Ausdruck, erhielt aber die Antwort, man sei nicht in der Lage, sich dieser von Mackenzie protegierten Journalisten zu entledigen. Sogar am Sterbetage meines Vaters, kaum daß er die Augen geschlossen hatte, fand ich im Sterbezimmer einen Wiener Journalisten, den Mackenzie hineingeführt hatte; er ist dann schneller hinaus- als vorher hineingekommen.

*

Am 16. April erhielt ich von dem in Berlin wohnenden Flügeladjutanten meines Vaters, Oberst v. Kessel, die Meldung, ein Reitknecht aus Charlottenburg sei soeben bei ihm eingetroffen mit der Meldung, es sei Lebensgefahr bei meinem Vater eingetreten. Ich ließ sofort meinen schnellsten Vollblüter satteln und jagte nach Charlottenburg hinaus. Mein Erscheinen schien sehr zu überraschen und wurde von meinen Geschwistern sichtlich mit Dankbarkeit begrüßt.

Mehrere Tage lang war der Zustand des Kaisers hoffnungslos, die Ärzte glaubten das Ende nahe. Doch ging die Gefahr vorüber, und mein Vater erholte sich wieder.

IV.

Am 24. April traf Königin Victoria von England mit ihrer Tochter Beatrix und ihrem Schwiegersohn Prinz Heinrich von Battenberg in Charlottenburg ein. Sie wurde von meinen Geschwistern und mir im Auftrage meines Vaters empfangen und nach dem Schlosse geleitet, wo sie von meiner Mutter in tiefer Bewegung begrüßt wurde. Die Königin wurde in dem östlichen Seitenpavillon des Schlosses untergebracht, dessen Räume meine Mutter mit den kostbarsten Möbeln und Stoffen in friderizianischem Rokoko kunstsinnig hatte ausstatten lassen. Zum Abendessen wurden verschiedene hervorragende Persönlichkeiten aus Berlin zur Vorstellung bei der Königin eingeladen, an ihrer Spitze Fürst Bismarck.

Da meine Großmutter den Wunsch geäußert hatte, von den Truppen der preußischen Garde etwas zu sehen, so befahl mein Vater, daß das 4. Garde-Regiment zu Fuß von meiner Brigade und das Regiment der Gardes du Corps aus Potsdam zur Parade vor meiner Großmutter auf dem Charlottenburger Exerzierplatz zu erscheinen hätten; mir gab er den Auftrag, das Kommando zu übernehmen. Königin Victoria kam mit meiner Mutter im Vierspänner heraus; ich kommandierte das Präsentieren und begleitete dann den Wagen meiner Großmutter die Front der beiden Regimenter entlang. Die Parademärsche fanden den ungeteilten Beifall der Königin; neben ihr haltend, konnte ich an ihrem Gesichtsausdruck erkennen, wie stark das militärische Bild sie fesselte. Am Schluß der Parade sprach sie mir ihre Freude aus, daß mein Vater mich, ihren Enkel, dazu ausersehen habe, ihr die schönen Regimenter vorzuführen. Es seien die ersten preußischen Truppen, die sie seit ihrem Besuch in Koblenz als junge Königin wiedersähe.

Letzte Truppenschau Kaiser Friedrichs III. im Schloßpark zu Charlottenburg. 29. Mai 1888
(× Prinz Wilhelm von Preußen als Brigadekommandeur)
Nach einem Gemälde von C. Koch

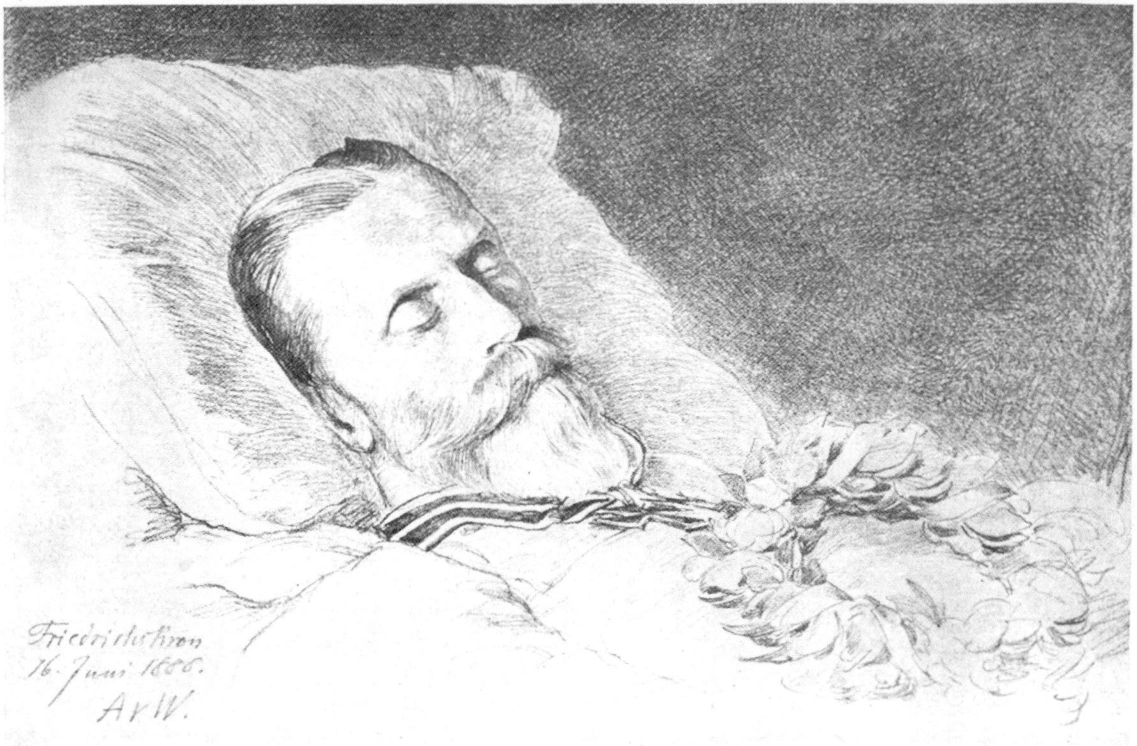

Kaiser Friedrich III. auf dem Sterbebett
Nach einer Zeichnung von A. von Werner

V.

Anfang Mai erholte sich der Kaiser noch einmal. Noch einmal konnte er nach seinem lieben Berlin fahren und die Huldigungen der Bevölkerung entgegennehmen, dann aber ging es unaufhaltsam bergab. Als am 24. Mai in der Kapelle des Charlottenburger Schlosses die Trauung meines Bruders Heinrich mit Prinzessin Irene von Hessen-Darmstadt stattfand, war die Feier, an der auch der Prinz von Wales teilnahm, ganz beherrscht von der tiefen Wehmut, die das furchtbar verfallene Aussehen meines Vaters bei allen Anwesenden auslöste. Er ließ es sich trotzdem nicht nehmen, beim Ringwechsel sich, auf seinen Stock gestützt, reckenhaft aufzurichten, mußte dann aber sich sogleich aus der Kapelle entfernen. Ich habe nie wieder eine Hochzeit wie diese mitgemacht, auf der statt der Freude alle Herzen Trauer erfüllte.

*

Trotz der sich verschlechternden Gesundheit lag mein Vater seinen Herrscherpflichten mit dem ihm innewohnenden großen Pflichtgefühl eifrig ob. Täglich arbeitete er, wiewohl unter Schmerzen, mehrere Stunden lang mit Fürst Bismarck und den beiden Kabinettschefs. Für die Kaiserliche Marine wollte er eine neue Uniformierung einführen; er beauftragte daher meinen Bruder Heinrich mit der Ausarbeitung der betreffenden Vorschläge und befahl mich zu dem Schlußvortrag, bei dem die Modelle der neuen Uniformen vorgelegt und von ihm genehmigt wurden. Ich habe sie nach meiner Thronbesteigung zur Einführung gebracht. Für die Armee ernannte mein Vater eine Kommission zur Ausarbeitung eines neuen Exerzierreglements und einer neuen Felddienstordnung, die den Wegfall des dritten Gliedes, die Einführung der Kompagniekolonne zu drei Zügen als Grundlage, die Abschaffung der Lineartaktik und der Bewegungen in der Bataillonskolonne, statt dessen die Vermehrung der Gefechtsübungen und die erhöhte Ausbildung im zerstreuten Gefecht gebracht hat. Nach diesen Grundsätzen habe ich im Frühjahr 1888 meine Brigade als erste Truppe in der Armee ausgebildet.

Auch schaffte mein Vater, wie ich schon früher erwähnte, das bisher übliche Frühjahrsexerzieren im Regiment und in der Brigade ab. Auf meine besondere Bitte, zu der ich durch eine Petition meiner Brigade bewogen war, erhielt ich von meinem Vater die Genehmigung, die Brigade statt dessen im Gefecht ausbilden zu dürfen. Mein persönlicher Adjutant, Major Freiherr v. Bissing, der oft mit der Führung des markierten Feindes beauftragt wurde, hatte volle Freiheit des Handelns, verfügte über eine Flaggenbrigade mit dem nötigen Führerpersonal und war ermächtigt, durch unerwartete Maßnahmen sowohl mir wie den einzelnen Regimentskommandeuren Gelegenheit zu raschen Entschlüssen zu geben. Er hat diese Aufgabe glänzend durchgeführt und zuweilen fast kritische Situationen herbeizuführen gewußt, die aber von den selbständig handelnden Kommandeuren ausgezeichnet pariert wurden. Ich erlebte zu meiner Freude, daß auch sie trotz des alten Reglements das Gefecht durchaus nach modernen Grundsätzen zu führen verstanden.

Als ich am Abend vor dem letzten Gefechtsexerzieren mit den Offizieren meiner Brigade bei einem Glase Bier saß, erhielt ich einen Brief aus Charlottenburg. Ich bekam einen heftigen Schreck, da ich Schlimmes befürchten mußte; eisiges Schweigen legte sich auf die Versammlung. Aber wer beschreibt meine Freude, als ich meinen Offizieren den Befehl meines Vaters vorlesen konnte: die Brigade habe nach Abschluß des Gefechtsexerzierens auf dem Nachhausemarsch vor ihm im Park von Charlottenburg vorbeizudefilieren! Ich hatte mich also in dem Glauben nicht geirrt, daß meinem Vater diese Truppenschau Freude machen würde – er hatte meinen Vorschlag vom Vormittag angenommen!*) Drei Hurras auf Kaiser Friedrich III. waren die Antwort.

*) Vgl. Anhang Nr. 19.

Am nächsten Tage, es war der 29. Mai, fand ein lebhaftes Gefecht auf dem Tegeler Schießplatz statt, das durch einen geschickten Flankenangriff des Garde-Füsilierregiments entschieden wurde. Nach Abbruch der Übungen wurde den Mannschaften der drei Regimenter meiner 2. Garde-Infanterie-Brigade mitgeteilt, daß ihnen die Ehre bevorstehe, vor ihrem Allerhöchsten Kriegsherrn vorbeizumarschieren, worüber die Freude groß war. Jubelnd und singend wurde die Strecke vom Tegeler Schießplatz nach dem Park von Charlottenburg zurückgelegt. Innerhalb des Parktores ließ ich, entsprechend dem besonderen Befehl des Kaisers, Kompagniekolonnen formieren, dann wurde mit schlagenden Tambours und spielenden Regimentsmusiken die Gartenfassade des Charlottenburger Schlosses entlang der Parademarsch ausgeführt. Mein Vater saß während des Vorbeimarsches in voller Uniform, den Helm auf dem Haupte, den Körper mit aller Gewalt in straffe Haltung gezwungen, in seinem offenen Wagen: ich selbst hielt am Wagenschlag schräg hinter ihm. Es war ein unvergeßlicher, alle Teilnehmer tief ergreifender Vorgang, denn dieser Vorbeimarsch meiner Brigade sollte, wie allen eine bange Ahnung sagte, die einzige Heerschau meines armen Vaters sein. Als die Regimenter vorbeidefiliert waren, drückte er mir in tiefer Bewegung weinend die Hand, zeigte nur immer auf sein Herz und überreichte mir einen Zettel, auf dem geschrieben stand: „Das sind nun meine Truppen", und einen anderen: „Zufrieden, und eine große Freude empfunden."

Als ich dann die bereits mir voraus auf dem Marsche nach Berlin befindlichen Bataillone entlangsprengte, fand ich sie in tiefes Schweigen gehüllt, das wie eine Lähmung auf ihnen lag. Das in ihrer Erinnerung lebende Bild der mannhaften Schönheit meines Vaters stand in furchtbarem Gegensatz zu dem, was sie soeben erblickt hatten. Erst weit im Tiergarten befindlich vermochten sie den Bann von sich abzuschütteln. Die Stelle, an der der

Wagen meines Vaters gehalten hat, bezeichnet jetzt eine von der 2. Garde-Infanterie-Brigade gestiftete Vase nach einem Entwurf von Ihne.

Zu dem letzten Dienst, den ich meinem Vater vor seinem Tode noch erweisen konnte, gab mir seine Übersiedelung von Charlottenburg nach Potsdam Gelegenheit. Da mein Vater heftig drängte, nach seinem geliebten Potsdam und dem ihm so teuren Neuen Palais hinauszukommen, wo er „geboren sei und auch sterben wolle", fanden mehrfache Beratungen zwischen den Ärzten, dem Generaladjutanten v. Winterfeld, dem Oberhofmarschall Fürst Radolin und mir statt. Die Ärzte erklärten einen Eisenbahntransport für zu gefahrvoll, eine Wagenfahrt auf staubiger Chaussee wollten sie auch nicht riskieren, so daß die Verlegenheit groß war. Ich freute mich, eine befriedigende Lösung dieser Schwierigkeiten vorschlagen zu können. Die Dampfyacht der Königlichen Familie, „Alexandria", die an der „Matrosenstation" im Sommer zu liegen pflegte, war ein aus dem Ende der 40er oder Anfang der 50er Jahre stammender Raddampfer gewesen, eins der ältesten Dampfschiffe Europas. Als mein Großvater seinerzeit die Meldung erhielt, daß ein Ersatz für dieses Schiff notwendig sei, hatte er mir den Auftrag erteilt, eine neue Dampfyacht entwerfen zu lassen. Diese neue „Alexandria" war gerade nach Absolvierung ihrer Probefahrt in den Dienst gestellt und lag jetzt an der „Matrosenstation". Da das Schiff sehr niedrig über Wasser lag, war keine Treppe notwendig, man konnte zu ebener Erde an Bord gehen. Der große, an Deck liegende Salon mit bequemen Sofas und Stühlen, die mit weißem Kattun überzogen waren, gewährte jede für den Kranken erforderliche Bequemlichkeit, während die breiten Fenster, die je nach Bedarf geöffnet oder geschlossen werden konnten, einen weiten Ausblick boten. Die Herren stimmten meinem Vorschlag zu, und ich ließ die Yacht durch den Spandauer Kanal nach Charlottenburg kommen, wo sie am Schloßpark anlegte.

Noch einmal suchte mein Vater am Abend des 31. Mai das stille Mausoleum im Charlottenburger Park auf, um Abschied von der Ruhestätte des Vaters und der Großeltern zu nehmen, dann schiffte er sich am nächsten Tage auf der „Alexandria" ein, die er damit einweihte. Meine Mutter und wir Geschwister begleiteten ihn. Es war rührend zu sehen, welche Freude ihm das schmucke Schiff mit dem hellen freundlichen Raum und die schöne Wasserfahrt bereiteten. So lange an das Krankenzimmer gefesselt, konnte er sich an den vom Sonnenschein übergossenen Havelufern, die uns so lieb und vertraut waren, nicht satt sehen. Beim Passieren der Pfaueninsel, die er so innig in sein Herz geschlossen hatte, und auf der wir so unendlich oft als Kinder und später auch als Erwachsene mit ihm im trauten Familienkreise geweilt hatten, überkam ihn tiefe Wehmut. Langsam winkte er mit der Hand hinüber, und eine Träne stahl sich aus seinem Auge – er nahm Abschied von der lieblichen Insel und all den schönen Erinnerungen, die sich an sie knüpften. Dieser Anblick war so ergreifend, daß ich die Kommandobrücke aufsuchen mußte, um die mich übermannende Rührung zu verbergen. Ich stellte mich neben den Schiffsführer, Kapitän Velten, dem es nicht anders als mir ging. Er hielt das Steuerrad fest in der Hand, starr vor sich in die Ferne blickend, die Zähne fest zusammengebissen, während die Tränen in seinen mächtigen rötlichen Seemannsbart hinabrannen.

Im Neuen Palais bezog mein Vater die zu ebener Erde liegenden Räume, die früher für meinen Großvater anläßlich seines Besuches des Schrippenfestes vorbehalten waren, und die ich nachher während meiner ganzen Regierungszeit bewohnt habe. Bei dem herrlichen Wetter konnten alle Türen offen stehen, und mein Vater war in der Lage, jeden Augenblick ins Freie zu treten, um sich an dem Anblick des geliebten Parks von Sanssouci, der im herrlichsten Blütenschmuck prangte, zu erfreuen. Er war nun an der Stätte seiner Sehnsucht.

VI.

Bald nach der Übersiedlung in das Neue Palais erfolgte ziemlich überraschend die Entlassung des Staatsministers von Puttkamer. Sie löste in der politischen Welt rechts Erbitterung, links Freude, allgemein große Erregung aus. Zahllos waren die umherschwirrenden Gerüchte und Kombinationen, die sich schließlich dahin verdichteten, meine Mutter sei schuld an diesem Ereignis. Auf Grund meiner Kenntnis über die Vorgänge, die sich hinter den Kulissen abgespielt hatten, kann ich erklären, daß diese Annahme falsch ist. Nicht meine Mutter hat „hinter dem Rücken des Fürsten Bismarck", wie es hieß, durch ihre Intrigen den Abgang Puttkamers herbeigeführt, sondern im Gegenteil hat der Kanzler in der Hoffnung, die von ihm geargwöhnten Widerstände meiner Mutter zu überwinden und ihre Zuneigung zu gewinnen, den ihr nicht genehmen Minister fallen lassen. Meine Mutter hat sehr unter diesen Gerüchten gelitten und mir ans Herz gelegt, bei geeigneter Gelegenheit es Puttkamer wissen zu lassen, daß sie nichts mit seinem Abgang zu tun gehabt habe.

*

Mehrmals kam der Justizminister Friedberg zum Besuch nach dem Neuen Palais heraus. Er war, wie ich bereits geschildert habe, ein langjähriger, intimer Freund und Berater meiner Eltern, dem ich oft in ihrem Hause begegnet bin, und den ich sehr verehren und schätzen gelernt habe. Er besaß unser aller vollstes Vertrauen, da er eine durch und durch vornehm denkende, edle Natur war. Auf einem Spaziergang, den ich mit ihm auf der Terrasse des Neuen Palais unternahm, machte er mich darauf aufmerksam, daß mir im Falle des Ablebens meines Vaters ein inhaltsschweres Schriftstück vorgelegt werden würde, das ich reiflich überdenken möge. Ich will hier gleich vorweg bemerken, um was es sich handelte. Es war ein versiegeltes Schreiben König Friedrich Wilhelms IV., auf dessen Umschlag sich das Siegel und der Lesevermerk meines Großvaters und meines Vaters befanden. In dem Schreiben forderte der König seine Nachfolger auf, die ihm durch die Revolution von 1848 abgezwungene Verfassung außer Kraft zu setzen und die alte Regierungsform wieder herzustellen, da diese die einzige sei, mit der man in Preußen regieren könne.

Als Friedberg mir das Dokument nach meiner Thronbesteigung überreichte, war mir sofort klar: kam dieses Blatt in die Hände eines unerfahrenen Thronfolgers, so konnte es das größte Unheil anrichten. Ich zerriß daher kurzerhand den Brief und verbrannte ihn in meinem Kamin. Auf das Kuvert schrieb ich, mit meinem Siegel und dem Datum des Tages darunter: „Inhalt gelesen und vernichtet." Das Kuvert ging in die Akten zurück.

VII.

Nun kamen des schmerzgeprüften Kaisers letzte Leidenstage.

Am 13. Juni traf König Oskar von Schweden zum Besuch bei meinem Vater ein. Die beiden hohen Herren waren seit langer Zeit befreundet, daher hatte der König den Wunsch ausgesprochen, meinem Vater noch einmal die Hand zu drücken. Mein Vater empfing ihn sitzend, ganz hinfällig, in einem nach der Gartenseite des Neuen Palais hinaus liegenden Zimmer; er trug seinen alten Interimsrock, an dem die oberen Knöpfe offen standen. Aber schon nach wenigen Minuten kam der König zu mir auf die Terrasse heraus, seelisch so erschüttert, daß er lange Zeit keines Wortes fähig war. Zu tief hatte ihn der herzzerreißende Anblick der einst so stolzen Gestalt ergriffen.

Am Morgen des folgenden Tages meldeten mir Dr. Schrader und der hinzugezogene Generalarzt Professor Bardeleben, die Möglichkeit der Ernährung meines Vaters sei abgeschnitten, da die flüssige Nahrung, die er zu sich nehme, neben der Kanüle wieder herausliefe, das Innere des Halses sei völlig zerstört. Als ich zu meinem Vater gelassen wurde, fand ich ihn bereits in der Agonie. Ich blieb daher den Abend im Hause und schlug mein Quartier in einem Gastzimmer nicht weit von der Wohnung meines Vaters auf.

Am frühen Morgen des 15. weckte mich meine Schwester Viktoria, ich solle schnell hinüberkommen, es ginge zu Ende. Ich fand meinen Vater völlig erschöpft, von starken Hustenanfällen erschüttert und dem Tode nahe; meine Mutter und meine Geschwister waren bereits um ihn versammelt. Um dem Sterbenden Erleichterung zu schaffen, wurde er hoch aufgerichtet, so daß er fast saß. Bald nach meinem Kommen schrieb er mit zitternder Hand, kaum leserlich, auf einen Zettel: «Victoria, ich und die Kinder» –: er wollte seiner Genugtuung Ausdruck geben, daß alle seine Lieben um ihn waren. Es waren seine letzten Worte.

Aber erst nach mehreren Stunden kam die Erlösung. Noch einmal blickte er uns mit seinen gütigen blauen Augen fest und liebevoll an, dann sank er langsam in die Kissen zurück. Durch die geöffneten großen Fenstertüren schmetterten die Stimmen der Vögel herein, der berauschende Duft der Blüten aus den von ihm mit unendlicher Liebe gepflegten Gärten durchwogte das Zimmer, auf sein edles, leidgefurchtes und abgemagertes Antlitz fielen die Strahlen der hellen Junisonne.

Still und ohne Todeskampf hauchte der Sieger von Königgrätz und Wörth, des neuen Deutschen Reiches zweiter Kaiser, seine edle Seele aus.

* * *

Anhang

Nr. 1.
(Zu Seite 55.)

Prinz Wilhelm an Kaiser Wilhelm I.*)

Januar 1871.

Lieber Großpapa!

Es sind in dieser Zeit so viele wunderbare Dinge passiert, und so viele große Ereignisse vorgefallen, daß ich meine, Dir wohl einen Brief schreiben zu dürfen; besonders um Dir dafür zu danken, daß Du so gnädig gewesen, an mich zu denken und mir zu meinem Geburtstage zu gratulieren. So gratuliere ich Dir denn auch von Herzen und mit Ehrfurcht dazu, daß Du Deutscher Kaiser geworden bist, und ich hoffe, daß Du diese Würde noch lange Jahre bekleiden wirst. Ich jubelte vor Freude, als ich hörte, daß es so gekommen war. Man hatte mir erzählt, wie der König von Bayern Dir den Antrag gemacht, wie die übrigen Fürsten ihm beigestimmt hätten, und wie Du dann zuletzt die Krone angenommen hättest. Es scheint nun ein großes Glück, daß Du Deutscher Kaiser geworden bist, denn jetzt sind alle kleinen deutschen Fürsten zu einem einzigen großen und mächtigen Staate verbunden. Jetzt ist endlich die kaiserlose Zeit vorbei und das deutsche Reich einig. – Du kannst Dir leicht denken, wie ich mich freue, zu einem Geschlecht zu gehören, welches sich an die Spitze des deutschen Reiches emporgeschwungen hat, und wie stolz ich bin, einen solchen Papa und einen solchen Großpapa zu haben.

Lebe wohl, lieber Großpapa, Gottes Schutz möge wie bisher auf Dir ruhen; ich hoffe, bald Dich ruhmgekrönt hier als Deutschen Kaiser begrüßen zu können.

Nr. 2.
(Zu Seite 94.)

Prinz Wilhelm an Kaiser Wilhelm I.

[Scheveningen 1874.]

Mein lieber Großpapa!

Da ich dachte, daß es Dir eine Freude machen würde, wenn ich Dir das militärische Erlebnis des gestrigen Tages schilderte, so habe ich meine Feder ergriffen, um dasselbe zu tun.

---

*) Nach einer Abschrift von der Hand Hinzpeters. Schlußformel und Unterschrift fehlen.

Als wir nach glücklicher Reise im Haag incognito angelangt waren (wir sind unter dem Namen der Grafen von Bergh gereist), bestiegen wir unsere Wagen, um nach dem eine halbe Stunde entfernten Scheveningen zu fahren. Wie wir die dorthin führende Straße an einem Kanal herabfuhren, erblickten wir auf dessen anderer Seite einen großen, von herrlichen Bäumen umsäumten Rasenplatz. Auf diesem Platze, Maliebaan genannt, sahen wir Truppen stehen, deren Paradeanzug in der Mittagssonne glitzerte. Um den höchst seltenen Anblick einer holländischen Parade nur nicht zu verpassen, läßt General von Gottberg anhalten. Wir springen heraus, gehen über die Kanalbrücke und wollen eben uns unter die Zuschauer stellen, als wir plötzlich Rossegetrampel hinter uns hören. Wie wir uns umdrehen, sehen wir einen General mit seiner Suite die Straße daherreiten. Wir machen schnell Platz und konnten nun uns den General genauer betrachten. Seine Uniform bestand aus einem kurzen, mit goldenen Husaren-Schnüren verzierten schwarzen Rock, grauen Beinkleidern, die so weit geschnitten waren, daß sie wie ein Paar Säcke saßen, und einer Husaren-Pelzmütze. Sobald der General – Michelhof war sein Name – näher herankam, ertönte über den Platz ein Signalhorn, welches von den Tambours mit einem Wirbel beantwortet wurde. Wir hatten nun Zeit, die ganze Truppenaufstellung zu sehen.

Diese nahm die drei Seiten eines offenen Karrees ein, dessen Öffnung gegen uns gerichtet war. Auf dem rechten Flügel, also links von uns aus gesehen, standen 4 Bataillone Infanterie, 2 Bataillone Garde-Grenadiere und 2 Bataillone Jäger, jedes Bataillon zu 5 Kompagnien. Uns gegenüber standen 2 Batterien 6-Pfünder zu 6 mit 6 Pferden bespannten Geschützen; auf der letzten Seite 4 Schwadronen Husaren. Sobald General Michelhof auf den Platz gekommen, sprach er erst mit einigen Offizieren, während die Truppen im Rühren blieben. Endlich ritt er auf die Infanterie zu, um die Front hinunter zu reiten. Nun standen sie still und faßten zwar das Gewehr an, aber von Präsentieren war keine Rede; das Musikkorps der Grenadiere spielte einen hübschen Marsch, das der Jäger blieb stumm. Bei der Kavallerie und Artillerie standen die Schwadron-Chefs und Batterie-Kommandeure ihren Fronten gegenüber, während der General mitten zwischen hindurchritt. Sowie er fertig war, sprengte er um den Flügel der Kavallerie herum und besichtigte diese sowie die anderen Truppen von hinten. Je nachdem er vorbei war, schwenkte die Kavallerie ab, was leidlich gut ausfiel. Die 4 Bataillone marschierten nun mit Gewehr über in Kolonne heran, schwenkten dann auf den Hacken und nahmen dicht vor uns Aufstellung so, daß sie nochmals eine Schwenkung zu machen hatten, um geradeaus bei dem General vorbeizukommen. Wie sie herankamen und das Kommando „Halt" erfolgte, wurde es einen Moment ein wenig unordentlich, denn einige Leute blieben zu früh stehen, andere liefen vor, und so mußten sie sich zuerst einrichten. Endlich kam das Kommando zum Parademarsch mit Gewehr über. Die vereinte

Musik der Grenadiere und Jäger marschierte voran und machte dem General gegenüber Front, die Infanterie marschierte in Kompagniefront mit 4 Halbzügen vorbei. Die Schwenkung ging so ziemlich, aber das Antreten zum Marsch war wieder recht unordentlich. Einige traten mit dem rechten, andere mit dem linken Fuß an, die Leutnants, die bei uns die Züge schließen, marschierten auf dem rechten Flügel derselben. Die Uniform der Grenadiere war: blaue Beinkleider, ein blauer Waffenrock mit zwei Knopfreihen, rotem Kragen und Gardelitzen, Tschako mit weißen, wollnen Kordons, krummem Seitengewehr, Hinterladergewehr mit Bajonnett, die Patronentasche hinten; auf dem Tornister in Wachsleinewand der Mantel aufgeschnallt. Nach den Grenadieren kamen die Jäger, dunkelgrün von oben bis unten, an den Beinkleidern eine gelbe Biese, gelbe Litzen und Aufschläge; ebenso wie die Grenadiere bewaffnet. Die Offiziere hatten, bei den Jägern sowohl wie bei den Grenadieren, orange-wollene Schärpen und kleine Büsche von Hahnenfedern an den Tschakos, und alle Mannschaften weiße Handschuhe. Die Flügelkompagnien führten Kompagniefahnen, bei den Grenadieren blau und rot, bei den Jägern grün und gelb. Nach den Jägern kamen die Husaren, die blaue Attilas mit roten Schnüren und Pelzmützen mit weißen Kordons hatten. Ihre Pferde waren klein, aber kräftig und gedrungen. Während ihres und der Artillerie Vorbeimarsch spielte die Musik der Grenadiere und Jäger ruhig weiter, ihre acht Trompeter leiteten den Parademarsch bloß ein, was einen sehr sonderbaren Eindruck machte. Die Geschütze der Artillerie sind kurze 6-Pfünder-Vorderlader, deren 6 Züge sich so scharf markierten, daß die Mündung nicht rund, sondern wie ein Sechseck aussah. Die Geschütze wurden von 6 Pferden gezogen, die Mannschaften auf den Handpferden und den Protzen aufgesessen. Die ganze Parade machte einen sehr bunten Eindruck; die Uniformen erinnerten mich lebhaft an die Bilder, die ich von der Parade bei Kalisch gesehen habe.

Ich muß jetzt aufhören, lieber Großpapa, und mit meinen besten Wünschen für Dein Wohlsein bleibe ich

Dein
treuer und gehorsamer Enkel
Wilhelm.

Nr. 3.

(Zu Seite 95.)

Glaubensbekenntnis des Prinzen Wilhelm.

Vorgelesen vor versammelter Gemeinde
am 1. September 1874.

Lob, Preis und Dank erfüllen meine Seele in dieser feierlichen Stunde für alle Liebe und Treue, für alle Gnade und Barmherzigkeit, die Gott, mein himmlischer Vater, mir in meinem bisherigen Leben hat zuteil werden lassen. – Der mir das Leben gegeben, es mir erhalten und vor allen Gefahren behütet; wie reich, wie überreich hat er mich gesegnet mit irdischen und geistigen Segnungen, wie seine treue Liebe mir kund werden lassen, wie vor allem darin seine Gnade mir offenbart, daß er mich hat unterweisen lassen von frühester Jugend an in den heilsamen Lehren seines Sohnes, so daß ich nun diese feierliche Stunde, nach der meine Seele sich gesehnt, begehen kann, um Ihm, meinem himmlischen Vater, und Ihm, dem Sohne, meinem Herrn und Heiland, das Gelübde der Treue darzubringen und zu bestätigen, daß ich in meinem Taufbunde verharren will bis an mein Ende. – Ja! in dieser Stunde voll Lob und Dank ist meine Seele zu heiligen Gelübden, brünstigen Gebeten bereit! Und so gelobe ich denn vor Gott, dem Allwissenden, als der in mein innerstes Herz sehen kann, und vor dieser ganzen christlichen Versammlung Ihm, den ich durch Jesum Christum erkannt als den allmächtigen und allweisen Schöpfer, Erhalter und Regierer der Welt, als den heiligen und gerechten Lenker und Leiter der Geschicke der Menschheit wie jedes Einzelnen, aber auch als den liebenden, barmherzigen und gnädigen Vater, der uns in Christo zu seinen Kindern annimmt und unser Gebet hört und erhört, – Ihm will ich in kindlichem Glauben ergeben bleiben mein Leben lang, auf Ihn hoffen, auf Ihn vertrauen, daß Er in allen schweren Aufgaben des späteren Lebens, sowie unter allen Leiden, auch mir mit Seiner Hilfe und Seinem Troste werde nahe sein – Ihm will ich wie heute so immer wieder danken, für Seine Gnade, die Er mir in Christo hat offenbar werden lassen, an welchen ich glaube als den eingeborenen Sohn Gottes, meinen Heiland, der mich von allen Sünden erlöst und mir das ewige Leben erworben hat durch seinen bittren Tod am Kreuze. Es soll mein eifrigstes Bemühen sein, mit Ihm und durch Ihn mit Gott in steter Gemeinschaft zu bleiben, die Kraft zur Heiligung vom Heiligen Geist mir täglich zu erbitten, und das durch die Taufe in mir geborene geistige Leben durch das Altar-Sakrament zu nähren und zu befestigen, um so zu immer klarerer Erkenntnis des göttlichen Wesens zu gelangen, und zu immer vollkommenerer Erfüllung seines heiligen Willens zu erstarken. Ja! mein Glaube an Gott und meinen Herrn und Heiland soll sich vor allem in der Erfüllung der heiligen Gebote betätigen, vornehmlich des Gebotes, das Christus selbst mich als das größte hat kennen lehren. – All mein Loben und Danken und Geloben gipfelt heute in dem Gelöbnis: Ihn, der mich also geliebet, will ich wieder lieben von ganzem Herzen, von ganzer Seele, von allen Kräften und von ganzem Gemüte, und diese meine Gottesliebe soll sich bewähren in der Liebe zum Nächsten. – In kindlicher Liebe will ich den Meinen ergeben bleiben, den teuren Großeltern und Eltern, in freudigem und willigem Gehorsam ihnen untertan sein und ihnen auf jede Weise wohl zu gefallen suchen. – In treuer Liebe will ich mit meinen Geschwistern und Verwandten verbunden bleiben; liebevolle Teilnahme für ihr Wohlergehen soll stets mein Herz bewegen. Aber sodann soll es auch mein eifrigstes Bemühen sein, das Gebot der Gottes- und Nächstenliebe in den weiteren Kreisen des Lebens zu erfüllen. – Berufen zu einem Bürger des Reiches Gottes will ich dieses Reich, das Reich der Liebe, der Wahrheit, der Heiligkeit, der Gerechtigkeit, der Freude und des Friedens aus allen Kräften fördern helfen, dazu auf alle leibliche wie geistige Not meiner Brüder mein Auge gerichtet haben; dazu wehren allem gottwidrigen Wesen, allem Unlauteren und Unwahren; dazu pflegen alles Göttliche und sittlich Gute, alles, was zur Bildung des Geistes und Herzens dienen kann; dazu endlich fördern helfen alle segensreichen Institutionen des Gemeinwesens, vornehmlich den Bau der christlichen Kirche. – Ich weiß, hohe und schwere Aufgaben warten meiner in meinem zukünftigen Leben; auch bin ich mir bewußt, daß Gott einst Rechenschaft von mir fordern wird, ob und wie ich meinen Christenberuf erfüllt habe; doch der Gedanke daran soll mich nicht mutlos machen; wohl aber will ich ihn mir zur Bewahrung vor jedem Hochmut dienen lassen, vornehmlich aber jetzt zur ernsten Mahnung, treu und gewissenhaft die Zeit meiner Jugend zur Ausbildung der mir von Gott verliehenen Gaben und Kräfte zu benutzen, treu im Gehorsam gegen meine Lehrer, immer gerichtet den Blick auf Gott und Christus. Seinem Vorbilde will ich nachfolgen, Seiner Liebe, Heiligkeit und Wahrheit nachstreben, und dazu den Vater bitten um Seinen Heiligen Geist. Ja, das walte Gott, daß ich also wandeln möge als ein Christ, und daß, so ich in meinen heiligen Entschließungen sollte wankend werden, die Erinnerung an diese Stunde mich immer werde darin stärken. Das walte Gott, daß ich im Glauben an meinen Heiland und Erlöser freudig von hinnen scheiden könne in der Hoffnung auf ein ewiges seliges Leben! Amen.

Nr. 4.

(Zu Seite 216.)

Prinz Wilhelm an Kaiserin Augusta.

Reichenhall 27. VI. 1886.

Liebe Großmama!

Endlich bin ich imstande, im Gefühl der wiederkehrenden Kraft und Gesundheit Dir, – wie ich bisher nur telegraphisch gekonnt – auch brieflich meinen herzlichsten Dank für Deine liebende Sorge und Dein warmes Mitgefühl zu Füßen zu legen. Es war eine sehr schwere Prüfung für mich; weniger das Leiden selbst als die daraus folgende gänzliche Enthaltung von aller leistungsfähigen, fördernden Arbeit, zu der mich mein eben erlangter Posten berufen. Doppelt schwer, da meine Passion für den Dienst so heiß, und da zugleich mir die Möglichkeit geraubt ward, vor Großpapa persönlich zu zeigen, ob ich das mir anvertraute Amt auszufüllen imstande sei. Um so mehr vermißte ich diese Möglichkeit, da es mir sehr viel darauf ankam zu beweisen, daß ich etwas Ordentliches zu leisten imstande sei. Ich habe die Heimat, offen gestanden, unzufrieden, um nicht zu sagen tief verletzt und gekränkt verlassen! Mein Kampf gegen das Laster, die Schwelgerei, das Spiel, Wetten usw. bei unserer Jugend ist von einzelnen hochstehenden, bei Großpapa einflußreichen Herren mißgünstig beleuchtet, ja sogar falsch gedeutet worden, und hat man heimlich versucht, mich bei Großpapa anzuschwärzen, um ihn gegen mich einzunehmen – unser gegenseitiges Verhältnis hat schon manchen geärgert. – Es scheint dies in Etwas gelungen zu sein, obgleich ich aus seiner Güte gegen mich beim Abschied zu sehen meinte, daß es nur sehr gering gewesen sein kann. Aber ich kann es doch nicht unterlassen, Dir dieses Faktum zu erzählen, um Dir zu zeigen, wie schwer mir auch militärisch das Leben gemacht wird. Ich habe genugsam in das Tun und Treiben unserer sog. „guten Gesellschaft", auch „Jeunesse dorée" geblickt, um nicht Abscheu und Ekel vor denselben zu haben, weshalb ich mir als Oberst und Leiter eines Offizierkorps vom ersten Augenblick an zum Ziel genommen, demselben einen Geist der christlichen Zucht, Sittlichkeit und Einfachheit einzuimpfen. Aber durch die Maßnahmen und das energische Auftreten erregte ich – neben dem mir von allen Teilen des Reichs aus Armee- und Provinzkreisen zuströmenden Dank – seitens der sich getroffen fühlenden Personen Ärger, der sie veranlaßte, auf nicht offenen Wegen durch oben angedeutete Persönlichkeiten gegen mich zu agitieren und Großpapa mit hinein und zwar gegen mich zu engagieren. Die Phasen des wechselvollen Winters und Frühjahrs durchzugehen ist hier nicht die Zeit, – Tante Luise und Onkel Fritz haben sie zum Teil mit durchlebt und mich mit Zuspruch gestärkt und könnten Dir viel sagen – doch gelangen die Machinationen nur zum Teil und erreichten nur das, daß mir der Kampf gegen die Unlauterkeit erheblich erschwert wurde, da ihm in geschickter Weise bei Großpapa eine falsche Deutung gegeben [wurde]. Ich habe manche Kränkung und manchen versteckt angebrachten Stich ohne Murren hinnehmen müssen um der Sache willen; ja selbst das Wohlwollen und Einverständnis wie die Billigung meines Vaters dabei vermochte mich nicht zu schützen! Soweit ist der Standpunkt derer, die um Großpapa sind, herabgesunken, daß sie wegen ihrer eigenen persönlichen Pläne und Wünsche sich nicht entblöden, nicht nur gegen den eigenen Enkel, der ein altpreußisches, echt christlich deutsches Offizierkorps heranzubilden bemüht ist, zu intrigieren und ihm Aufenthalt zu bereiten, sondern sogar es wagen, den Großpapa persönlich gegen ihn einzunehmen durch Verleumdung! Es ist sehr schmerzlich, das herauszufinden, für mich, von dem Du wohl die einzige bist, die weiß, was ich zu Hause zu erdulden gehabt, weil ich fest und unerschütterlich treu zu Großpapa und Dir gestanden; und wie ich Tag und Nacht sauer gearbeitet, seitdem ich im Dienst bin (9 Jahre), um Großpapa Freude zu machen und ihm seine Wünsche an den Augen ablesend womöglich im voraus zu erfüllen! Das ist die schwerste Prüfung!

Uns geht es ganz gut hier! Wir leben ganz still, noch unter dem Eindruck der furchtbaren Schicksale des armen verstorbenen Königs! Mit vielen Wünschen für Deine Besserung küsse ich Deine Hand als

Dein
treugehorsamster Enkel
Wilhelm.

Nr. 5.

(Zu Seite 247.)

Prinz Wilhelm an Kaiser Wilhelm I.

Berlin, 22. II. 1888.

Lieber Großpapa!

Mit untertänigstem Dank beeile ich mich Deinen soeben erhaltenen Brief zu beantworten. Bei dem Diner des Grafen Herbert Bismarck habe ich den Herrn Herrfurth gesehn und gesprochen. Ich kam dabei zu der Überzeugung, daß derselbe für die – mir für ihn genannte Stellung eines Ziviladjutanten – zu alt sei. Dies Bedenken erfuhr der Kanzler durch Graf Herbert und kam auf Gneist nach langem Suchen. Der Fürst teilte mir bei meinem vorgestrigen Besuch mit, er hege dieselbe Ansicht wie ich von Herrfurth und habe daher die Stellung sozusagen zerlegt. Eine Persönlichkeit solle mir gewissermaßen Kolleg lesen über allerhand Staatsrechtliches, daß derselbe mehr als Professor anzusehen sei, und dies solle Gneist sein. Die andere Person solle zu meiner Verfügung und zu näherem Umgang sein als lebendes Lexikon, dieselbe müsse jüngeren Alters sein, das sei H. v. Brandenstein. Letzterer ist, soviel ich weiß, der Sohn des verstorbenen Chefs des Ingenieurkorps, Vorgängers von Gen. v. Stiehle; er ist nach jeder Richtung außerordentlich empfohlen von Vorgesetzten und Kollegen. Er ist bereits mit 30 Jahren Ober-Präsidialrat!

Über Gneist hat mich der Fürst völlig orientiert und auch betont, wie er jetzt loyal und durch und durch gouvernemental ist; was er in einer energischen Rede zur Verteidigung der Krone und ihrer Rechte gegen den Reichstag besonders bewiesen hat. Ich bin daher überzeugt, wenn Du befehlen wolltest, daß der Fürst mit Gneist persönlich über seine Aufgabe spricht und ihm einige Richtungspunkte angibt, letzterer gewiß nur so handeln und reden wird wie Du es haben willst. Denn Bescheid weiß er bei uns wie in allen anderen Ländern wie kein anderer und trägt, wie ich höre, sehr gut vor. Ich bin daher mit der Wahl der beiden Herren völlig einverstanden.

Indem ich ganz gehorsamst dafür danke, daß Du Dich so freundlich um meine Ausbildung kümmerst, bleibe ich

Dein
treugehorsamster Enkel
Wilhelm.

Nr. 6.

(Zu Seite 255.)

Prinz Wilhelm an Kaiser Wilhelm I.

Cumberland Lodge, Windsor Park, 13. XI. 1880.

Mein lieber Großpapa!

Da ich glaubte, daß es Dir vielleicht Freude machen würde, wenn ich Dir einiges mitteilte von dem, was mir von militärischen und nautischen Sachen zu sehen gegönnt war, so erlaube ich mir, Dir zwei kurze Berichte zu Füßen zu legen, welche nur das erzählen sollen, was ich gesehen habe. Soweit ein unerfahrener junger Mann ein Urteil haben darf, habe ich mir ein solches erlaubt.

Dein
Dich innigst liebender Enkel
Wilhelm.

Cumberland Lodge, den 14. November 1880.

Bericht

über den Besuch der Forts und Docks in Portsmouth am 12. November 1880.

1. Die Besichtigung des „Spitforts".

Am 12. November morgens fuhr ich mit dem Prinzen Eduard von Weimar, Höchstkommandierender der Truppen in Portsmouth, auf einem kleinen Dampfschiff nach dem „Spitfort" hinaus. Der Name „Spit" kommt von der langen Sandbank, welche vom Lande sich schräg vor der Einfahrt in den Hafen erstreckt, und auf deren äußerster Spitze das ebengenannte Fort erbaut ist. Letzteres ist das kleinste von 4 Forts, welche weit im Meere liegend, in der Form eines unregelmäßigen Vierecks den Raum, welcher zwischen der Isle of Wight und Portsmouth sich erstreckt, nach Osten abschließen. Die ungefähre Lage ist auf vorstehendem Plan angegeben*). Die Forts können sich von allen Seiten gegenseitig unterstützen und stehen auf ihren Flügeln mit sehr starken Landbatterien in Verbindung. Das Fahrwasser für sämtliche Schiffe, die den Hafen ansteuern, führt, wie punktiert ist, zwischen den Forts — also im wirksamsten Kreuzfeuer — hindurch auf 60 Schritt etwa am Spitfort vorbei.

Das Spitfort ist wie die drei anderen rund, aus schweren grauen Granitquadern erbaut; nach der Seeseite — nach Osten — ist es jedoch stark gepanzert. Die Geschütze stehen rings herum in einem bombenfest kasemattierten Raum von ziemlicher Höhe, der sehr hell und gut ventiliert ist. Das

*) Die beigegebenen Zeichnungen sind hier fortgelassen.

Spitfort führt 16 Geschütze im ganzen, die sämtlich Armstrong Vorlader sind, auf Rahmenlafetten mit Glyzerinbremse, und feuern durch Scharten. Nach der Landseite feuern sieben 9ton-Geschütze; nach der Seeseite neun 38ton-Geschütze, letztere dürften wohl unseren 28 cm-Küstengeschützen ziemlich entsprechen. Eines von den letzteren ließ ich mir vorexerzieren.

Ungefähr 10 Mann gehörten zur Bedienung. Zunächst wurde ein eisernes Gestell, welches ungefähr die Zeichnung wiedergeben soll, quer vor den unteren Teil der Scharte gehängt; dieses sollte den Wischer unterstützen während des Ladens und Auswischens. Sodann wurde der rechts vom Geschütz an der Decke hängende 25--30 Fuß lange Wischer herabgeholt und zwei in der Scharte vor der Mündung sitzenden Leuten gegeben. Der Wischer hing nun einige Momente mit fast seiner ganzen Länge zur Scharte hinaus, während er eingesetzt ward. Nun stießen die beiden in der Scharte sitzenden Nummern den Wischer in das Geschütz, unterstützt von den links von demselben stehenden Nummern, welche an einem am Stielende des Wischers befestigten starken Bindfaden (zuweilen aus Draht) mitzogen. Nun ward der Wischer wieder herausgezogen, hing wieder einige Sekunden aus der Scharte über dem Gestell und ward dann hereingeholt. Hierauf wurden zwei große Flanellrollen, welche die genaue Form der wirklichen Pulverladung hatten, den beiden Nummern in der Scharte hinaufgegeben, welche dieselben einsetzten. Diese Rollen wurden dann durch eine Stange, die fast ebenso lang als der Wischer war und mit der genau ebenso wie mit ersterem verfahren wird, in den (Ladungs-) Pulverraum hinuntergeführt. Ebenso wurde das Geschoß eingesetzt und bis auf die Ladung geführt. Die einzige Schwierigkeit, welche auch eine Stockung mit sich führte, war die, das Geschoß bis vor die Mündung zu heben. Es wurde auf einem kleinen Karren herangebracht, der ähnlich der nebenstehenden Zeichnung ist; in die an demselben befindlichen Ösen wurde ein Flaschenzug eingehängt und das Ende, an dem gezogen werden soll, in eine kleine Rolle an der linken vorderen Ecke der Lafette eingeführt. Aber dieses ist gerade die Schwierigkeit. Denn, da das schwere Geschoß einen starken Zug nach unten auf den Flaschenzug ausübt, so nimmt es die Kraft der sämtlichen Nummern der linken Seite des Geschützes in Anspruch, um den Gegendruck zu bewerkstelligen, während einer von ihnen, so schnell es eben geht, das mittelstarke Tau durch die Rolle oder Haken zu scheeren versucht, was ihm ein paarmal mißlang. Endlich war das Geschoß in der Höhe der Mündung und wurde nun sorgfältig zwischen Schartenwand und Geschützmündung hindurchgeführt, eingesetzt – mit der Spitze nach vorn – und hineingeführt, bis es auf die Rollen hörbar aufstieß. Nachdem die Stange entfernt und die beiden Nummern aus der Scharte wieder hereingesprungen waren, war das Laden beendet. Nun bestieg der Geschützkommandeur einen kleinen Tritt hinter dem Geschütz und nahm seine Seitenrichtung, welche durch ein unter der Lafette befindliches Zahnrad, das auf einem in den Boden gemauerten halbkreisförmigen Zahnbogen lief, leicht reguliert wurde, indem an jeder Seite der Lafette je 2 Nummern mit Kurbeln arbeiteten. Darauf stellte der Geschützkommandeur sein Ziel fest ein, und so war das Geschütz zum Schuß bereit. Das Laden hatte 3 Minuten beansprucht, das Zielen und Einrichten eine Minute. Nachdem das Geschütz schußfertig gemacht war, wurden von beiden Seiten schwere Vorhänge aus 2 Zoll dickem Hanftaugeflecht vor die Scharte geschoben, so daß nur noch die Mündung des ausgerannten Geschützes frei blieb. Diese Vorhänge heißen „Mantelets" und sollen das Hereinziehen des Rauches nach dem Schuß verhindern. Ausgerannt wird das Geschütz, indem es hinten durch hydraulischen Druck etwas gehoben wird und dann auf dem nach vorn geneigten Rahmen herabläuft. Eingerannt wird das Geschütz durch den eigenen Rücklauf, der schon durch das Ansteigen des Rahmens, hauptsächlich aber durch den Widerstand des Glyzerins in dem unter dem Geschützrohr befindlichen Stempel, gehemmt wird.

Das Entladen bot ziemlich dasselbe Bild wie das Laden, nur daß die beiden Nummern in der Scharte sich mit den Füßen gegen die Mündung stemmen mußten und buchstäblich fast auf dem Rücken lagen, um das kolossal schwere Geschoß wieder herauszubekommen. Ich stieg nun auf das Dach. An der inneren Seite des nach allen Richtungen hin abfallenden, glacisartig gewölbten Daches lief ringsherum in Brusthöhe gedeckt ein eiserner Balkon. Auf diesem soll der Kommandeur des Forts sowie mehrere Offiziere stehen und über die Brüstung hinwegschauend das Feuer der untenstehenden Geschütze leiten. Zu diesem Zweck sind an den verschiedenen Hauptstandplätzen in der Mauer Sprachrohre angebracht, welche direkt mit dem betreffenden Geschütze – resp. dessen Kommandeur – in Verbindung stehen. Auf dem Dache selbst sind in verschiedener Ölfarbe gerade Linien gezeichnet, welche genau mit der Visierlinie des unten stehenden Geschützes korrespondieren; diese Linien sind genau auf die Hauptzielpunkte eingestellt, welche schon vorhanden sind. Nebenstehende Zeichnung soll dieses ungefähr wiedergeben.

Wenn man im ganzen noch einen Rückblick auf die vorhergegangene Beschreibung wirft, so wird man sich, glaube ich, doch wohl sagen, daß trotz aller Vorteile, die das Vorderladersystem haben mag (für den, der mit demselben aufgewachsen und eingeübt ist), es hier sehr starke Schattenseiten zeigt, ja sogar vielleicht als unpraktisch bezeichnet werden muß. Wenn z. B. im Moment des Ladens, wo der Wischer so weit außen hängt, eine Granate oder nur ein größeres Sprengstück derselben in die Scharte träfe, so würden nicht nur die beiden dort sitzenden Nummern getötet, sondern aller Wahrscheinlichkeit nach der Wischer auch zerschmettert werden, und dadurch der Gebrauch des Geschützes auf mehrere Minuten unmöglich gemacht werden! Oder wenn im Moment, in dem das Geschoß mit dem Flaschenzuge vor die Mündung gehoben wird, ein Sprengstück das eine Tau desselben zerrisse, so würde das

Geschoß herabstürzen, die beiden Nummern zerschmettern und – im Fall es eine Granate wäre – auf dem Boden explodierend Tod und Verderben um sich verbreiten.

Die sämtlichen mich begleitenden Artillerieoffiziere, welche ich auf ihr Gewissen hin fragte, ob sie für die Einführung von Hinterladern seien oder nicht, antworteten mir, sie seien dafür!

Die anderen Forts, welche um uns herum im Wasser lagen, sind größer als das Spitfort, sind ringsum gepanzert und führen in 2 Etagen zwischen 30–50 Geschütze.

2. Besichtigung der „Inflexible" und „Dreadnought".

Vom Spitfort aus fuhren wir in den Hafen zurück und landeten an der Werft, an welcher für gewöhnlich die indischen Truppentransportschiffe liegen. Jetzt war nur ein kleineres Transportschiff da, welches eben vom Kapland mit Invaliden heimkehrend angelangt war. Wir stiegen in einen Eisenbahnwagen und fuhren rasch, von einer Werftlokomotive gezogen, nach dem großen Bassin, in welchem die „Inflexible" und „Dreadnought", – wörtlich übersetzt: die „Unbeugsame" und „Furchtlose" – fast ganz fertig lagen. An Bord der „Inflexible" erwartete uns der alte Mr. Robinson, der einen großen Teil der jetzt schwimmenden englischen Panzerschiffe erbaut hat.

Das Panzerschiff „Inflexible" ist das augenblicklich stärkste Panzerschiff der britischen Flotte, am 24. Februar 1874 begonnen, lief es am 26. April 1876 vom Stapel. Seine Hauptdimensionen sind folgende:

Länge zwischen Perpendikeln	97,54 m
Größte Breite.	22,87 „
Verhältnis der Länge zur Breite . . .	4:26
Tiefe im Raume	7,45 „
Tiefgang vorne	7,14 „
Tiefgang achtern	7,75 „
Deplacement	11 406 t
Eingebauchte Fläche des Hauptspantes .	156,40 qm

Man kann dieses Schiff das erste der sogenannten „Zitadellschiffe" nennen, d. h. ein Schiffskörper, der bis auf 1,96 m vollkommen unter Wasser schwimmt, hat oben ein gewölbtes, gepanzertes, gegen schräg auftreffende Schüsse geschütztes Deck. Unten befinden sich sämtliche Kessel, Steuerapparate und Maschinen, deren das Schiff 40 aufweist, darunter 2 elektrische. Oben auf der Mitte des Decks in dieser Citadelle stehen die beiden Türme, der vordere auf Backbord (links), der hintere auf Steuerbord (rechts), nicht in der Kiellinie wie sonst bei den gewöhnlichen Turmschiffen. Nebenstehende Zeichnung gibt die Seitenansicht. Die Panzerwand der Citadelle besteht aus:

1. Einer Panzerplatte	. . . .	305	mm
2. Teakholzunterlage	. . . .	275	„
3. Einer Panzerplatte	. . . .	305	„
4. Teakholzunterlage	. . . .	152	„
5. Je 2 Eisenblechen von	. . . . . je	25	„

Vor und achter (hinter) der Zitadelle sind 2 Deckhäuser, die sehr hoch, hell und gut ventiliert sind, in diesen sind die Offiziere und Mannschaften untergebracht. Sie sind an den beiden Seiten eingezogen, um das Schußfeld der Türme nach vorn so viel als möglich frei zu machen. Von diesen beiden Deckhäusern erheben sich die beiden großen Masten mit voller Takelage, welche jedoch direkt nicht nötig sind, für die Bewegung des Schiffes und für die Schnelligkeit im „Klarschiff zum Gefecht" nur beeinträchtigend wirken, da sie vollkommen abgetakelt werden müssen. Der Admiral Foley gab mir auf meine diesbezügliche Frage zur Antwort, die Masten seien vollständig überflüssig für ein solches Schiff, man habe sie mehr zur Übung für die Matrosen, welche die Besatzung ausmachen sollen, eingesetzt, aber er, sowie die Mehrzahl der Marineoffiziere, sei dagegen gewesen.

In jedem Turm führt die „Inflexible" je zwei 81 ton-Geschütze (16-Zöller), die parallel nebeneinanderstehen. Der Durchmesser der Türme (der innere) beträgt 8,53 m, der äußere 10,51 m. Der untere Rand der Geschützpforten liegt 3,66 m über der Lade- und 3,36 m über der Wasserlinie (Gefechtswasserlinie), die Rohrachsen der Geschütze 4,41 m über der Ladewasserlinie. Die Geschütze sind ebenfalls Armstrong Vorderlader und stehen auf einem Schlitten, der seinerseits wieder auf einem großen Hebel ruht. Dieser sowohl als wie die Schildzapfen der Geschütze stehen mit hydraulischen Maschinen in Verbindung. Sowie der Schuß (aus beliebiger Elevation) abgefeuert worden ist, so rollt das Geschütz auf dem Schlitten zurück, der durch den Hebel unter demselben herabgezogen wird, und nimmt sogleich den zum Laden nötigen Depressionswinkel an (11°), welcher der Ladestellung entspricht, d. h. die Mündung senkt sich um 11° nach unten vor ein ihr genau entsprechendes, gleichfalls mit Zügen versehenes Loch, welches in das Deck gearbeitet ist. Nebenstehende Zeichnung soll dieses erläutern. Sodann wird ein in der Decke des unteren Hauptdecks ruhender Wischer hydraulisch von unten in das im Ladeloch ruhende Geschütz hinaufgeführt. Vermittelst eines sehr einfachen Handhebels regiert der Lader den hydraulischen Wischer und bewegt denselben mehrere Male im Rohre auf und nieder. Da der Wischer hohl ist, so hat man ihn gleich zum Auswaschen des Geschützes gebraucht. Vorn am Wischer ist eine Metallscheibe angebracht, an welcher sich ein Dorn befindet; sowie der Kopf des Wischers – der sich dreht – in die Mündung kommt, wird durch die Berührung derselben der Dorn beiseite geschoben, und ein Wasserstrahl von ziemlich bedeutender Stärke schießt dem Wischer voran in das Rohr, und hört erst dann auf, wenn der Wischer ganz wieder herausgezogen und der Dorn wieder vorgeschoben ist. Allerdings hat diese sehr einfache und ingenieuse Erfindung auch ihren Nachteil. Sobald nämlich der Wischer zurückgezogen wird, ergießt sich das ganze Wasser, welches in das Rohr gespritzt worden ist, auf die unten Stehenden oder wenigstens um sie herum, so daß ein lang andauerndes Gefecht den Ladern auf die Dauer einen etwas nassen Aufenthalt bereiten dürfte. Erwähnt man nun, daß 4 Geschütze im ganzen fortwährend arbeiten, so würde wohl auf die Länge die Atmosphäre sehr feucht werden im unteren Deck von den fortdauernd herabfließenden Kaskaden. Dann macht sich noch eine Frage geltend, welche Admiral Foley auch aufwarf. Wird nicht durch das ofte Auswaschen der Lauf, das Rohr des Geschützes so glatt werden, daß bei der nötigen Depression das kolossale Geschoß innen keinen Halt hat und, sowie der Wischer heraus ist, wieder hinausgleitet? Es ist dies eine ernste Frage, welche die Zukunft erst lösen kann.

Sobald das Geschütz geladen ist, hebt sich das Rohr hydraulisch wieder, erhält seine Elevation und wird durch hydraulischen Druck wieder ausgerannt, indem der Hebel von unten den auf ihm ruhenden Schlitten hebt und so das Geschütz nach vorne rollt. Die 4 Geschütze des Schiffes können in jede Richtung des Horizontes feuern mit Ausnahme von achtern, dahin können immer nur 2 Geschütze zugleich feuern.

Von der „Inflexible" gingen wir an Bord der „Dreadnought", welche so ziemlich dasselbe Schiff ist oder besser gesagt, zwischen der „Devastation"-Klasse und der „Inflexible" steht. Es ist in den Dimensionen kleiner und führt nur je zwei 38 ton-Geschütze in jedem Turm. Sonst aber sind die Einrichtungen auf ihr dieselben wie auf der „Inflexible". Die Türme werden gleichfalls mit Dampf gedreht, und stehen die Geschütze in ihnen jedes auf seinem Schlitten für sich. Beide Schiffe führen Fischtorpedos und können dieselben zur Seite hinausfeuern, unter Wasser und auch über Wasser. Die „Dreadnought" machte im ganzen einen freundlicheren, behaglicheren Eindruck wie die „Inflexible"; besonders waren die Wohnräume der Offiziere und des Admirals sehr hoch, hell, groß und freundlich. Die „Dreadnought" ist vollkommen „seeklar" und wird wohl in kurzer Zeit eine Fahrt unternehmen. Wir fuhren nun noch zu den neuen großen Bassins hin, welche durch Sträflinge ausgegraben werden und von ungeheuren Dimensionen sind. In 7–8 Jahren rechnet man darauf, daß sie vollendet sein werden.

Werfen wir noch einmal einen Blick auf die vorhergegangenen Seiten und besonders auf das artilleristische Element, so werden wir, meine ich, finden, daß das Vorderlader-System eine große Menge sehr komplizierter – wenn auch sehr hübscher – Maschinen erfordert, welche wiederum viel Platz beanspruchen. Diese fallen natürlich bei dem Hinterladersystem ganz fort, und wird der Platz zu anderen Zwecken benutzt. Daß das letztere System eingeführt werden muß, darüber scheinen Armee und Marine vollkommen einig zu sein. Freilich bedingt die Einführung der Hinterlader eine totale Umänderung aller bestehenden Elemente sowohl im Personal, als auch im Material, und wird dieses eine Riesenaufgabe sein, deren Verwirklichung in der Zukunft liegt und deren Ausführung viele Jahre dauern wird.

Wilhelm Prinz von Preußen.

An Seine Majestät den Kaiser und König.

Nr. 7.

(Zu Seite 299.)

Prinz Wilhelm an Kaiser Wilhelm I.

Vertraulich. Winterpalais 18. V. 1884.

Bericht.

Über den Empfang und die Zeremonie der Eidesleistung des Großfürsten-Thronfolgers.

Nach einer nur durch das Umsteigen in Wirballen und eine dortselbst aufgestellte Ehrenwache der 5. Dragoner (Regiment Courland) unterbrochenen Reise langte ich am 17. um 6 Uhr nachmittags in Petersburg an. Auf dem Bahnhof waren alle Großfürsten, jung und alt, im Paradeanzug erschienen, solche, die preußische Uniformen hatten, in denselben. Ich ward äußerst warm und herzlich empfangen und bewillkommnet. Eine Ehrenwache vom Séménov-Leibgarderegiment machte recht strammen, guten Eindruck. Die Gesichter der Leute waren auffallend hübsch, da dieselben lediglich für das Regiment nach dem schönen Aussehen ausgesucht werden. Ich fuhr mit dem Großfürsten Wladimir nach dem Winterpalais, wo mich Seine Majestät in ungemein liebenswürdiger Weise begrüßte; er trug die Uniform des Kaiser Alexander-Regiments. Ich übergab Sr. Majestät Deinen Brief, und ging letzterer nach kurzem Gespräch, in welchem er sich anhaltend nach Dir erkundigte, in sein Palais zurück, wohin ich ihm mit dem Großfürsten Sergius bald zum Familiendiner folgte. Dort war die gesamte kaiserliche Familie versammelt. Ihre Majestät die Kaiserin sah entzückend aus und war von herzlicher, gewinnender Güte für mich, die mich fast beschämte, desgleichen auch die anderen. Das Diner war sehr heiter und ungezwungen, und tanzte nach demselben die Jugend untereinander sowie auch die Kaiserin mit dem kleinen Thronfolger. Derselbe ist zwar klein für sein Alter, jedoch aufgeweckt, frisch und entschlossen und hat von beiden Eltern viel im Gesicht.

Heute morgen fuhr ich in die Festung zum Grabe des seligen Kaisers und glaubte Deinen Intentionen nachzukommen, indem ich auf seinen Sarkophag einen Kranz niederlegte. Ich muß gestehen, daß mich ein Gefühl der Wehmut momentan beschlich, als ich an der Grabstätte des stets für uns freundschaftlich gesinnten und so liebenswürdigen Monarchen stand! – Nach Abmachen der verschiedenen Visiten begab ich mich in der preußischen Gala in die Gemächer hinauf, in denen Du zuletzt gewohnt, an der Ecke nach der Newa hinaus – welche gerade über den meinigen liegen – und übergab dann die Ordensinsignien sowie Dein Allerhöchstes Schreiben in Anwesenheit Sr. Majestät des Kaisers und der Familie. Hierauf befahl der Kaiser mir, ihn zu begleiten, und schritt derselbe alle in den verschiedenen Sälen aufgestellten Truppendeputationen ab. Dieselben machten einen ausgezeichneten Eindruck, und konnte man sich dem Gedanken nicht verschließen, daß in der Menge die russische Uniform doch ganz gut aussieht. Am meisten heimelte mich das Regiment Pavlowsk an mit den Grenadiermützen. Von jedem Garderegiment und den in der Stadt stehenden Linienregimentern waren 2 Züge mit der Fahne erschienen. Schon am Morgen war ich verschiedenen Abteilungen in den Straßen begegnet, die Fahnen nach dem Winterpalais brachten. Die Truppen hatten graue Mäntel, Lederzeug – eine unlackierte Tasche an der rechten Seite – und über denselben ein in Kreuzform übereinander geschlagenes Baschlik. Haltung und Griffe auf der Straße waren ebenso schlapp und bummelig als stramm und gut in den Sälen, wo die Truppen ohne Mantel standen. Ganz süperbe sahen die Deputationen der Chevaliers Garde und Garde à cheval aus. Die Leute wie aus dem Ei gepellt und schlank und gerade wie die Lichter. Sehr kühn und ansprechend machten sich auch die Matrosenabteilungen, welche zur Auszeichnung für den Krieg das Georgenband um die Mütze tragen. Nachdem die Aufstellung der Truppen besichtigt war, kehrten wir in die Versammlungszimmer zurück, und hatte ich einen Augenblick Zeit, mich schnell in die russische Uniform [zu werfen]. Als ich wieder erschien, teilte mir Se. Majestät der Kaiser in den liebenswürdigsten Ausdrücken mit, daß er, erfreut durch meine Anwesenheit und durch Deine Attention, mich zum Chef des ersten Regiments der 22. Division, Wiborg No. 85, gemacht und dies im Tagesbefehl an die Truppen verkündigt sei. Man rangierte sich nun zum Zuge, wobei mir die Ehre zuteil ward, I. Majestät die Königin von Griechenland zu führen. Wir gingen durch alle Säle durch, während die Musikkorps die Nationalhymne anstimmten, nach der Schloßkapelle, woselbst die kirchliche Feier stattfand.

Nach einem längeren, schönen Gottesdienst trat der kleine Thronfolger vor und verlas mit lauter, fester, energischer Stimme den Eid. Die Majestäten und wir alle waren tief ergriffen, und liefen dem Kaiser die hellen Tränen während der Zeit hinab. Nach dem Schlußgesang ging der Zug in einen anderen Saal, wo die Fahnen alle versammelt waren. Nachdem Ihre Majestät mit den Großfürstinnen die Thronstufen erstiegen und sich aufgestellt hatte, trat der Standartenträger der Kosaken vor, und an einem kleinen Altar schwor der Thronfolger den Fahneneid. Nach beendigter Feier stimmten die zunächststehenden Musikkorps den Marsch der Fahnen an — derselbe, der für das Erste Garderegiment Präsentiermarsch ist — und marschierten die Fahnen bei uns vorbei zu den Deputationen zurück; sodann ging der Zug in die Gemächer zurück, wo wir bald auseinander gingen.

Um noch einige Notizen hinzuzufügen, so will ich zuerst erwähnen, daß Deine Idee, mich hierher zu senden, von allen mit der größten, ungeschminktesten Freude begrüßt worden ist, der mein Empfang vollkommen entsprach. Auch im Publikum scheint man sehr zufrieden zu sein. Die Familie, besonders die Majestäten, sind sehr beliebt. Mit dem Kaiser allein habe ich noch nicht sprechen können, mit Herrn v. Giers werde ich heute sprechen und mich Deiner Aufträge entledigen. Das Dementi über die bulgarische Sache in der Norddeutschen Allgemeinen scheint hier sehr beruhigend zu wirken, da man nicht ganz klar sah, was daraus werden würde.

Wilhelm Prinz von Preußen.

Nr. 8.

(Zu Seite 299.)

Prinz Wilhelm an Kaiser Wilhelm I.

Sekret! Winterpalais 19. V. 1884.

Bericht
über die heute Morgen stattgehabte
Konversation mit Sr. Majestät dem Kaiser.

Als ich heute Vormittag zu Sr. Majestät fuhr, um mich in meiner neuen Uniform als Chef des Regiments Wiborg No. 85 zu melden, empfing er mich äußerst gnädig, und äußerte indirekt den Wunsch, ich möchte doch Moskau nicht versäumen. Da ich gehört hatte, daß im Publikum hier darauf ein großer Wert gelegt werde und wußte, daß Se. Majestät der Kaiser es gern sah, so glaubte ich nach Deinen Intentionen zu handeln, wenn ich diesen Wunsch erfüllte. Um so mehr als derselbe sich innerhalb des von Dir gegebenen Rahmens erfüllen läßt. Ich werde, wenn alles gut abläuft und wenn Gott hilft, am 28. mich bei Dir melden können. Ich fand nun bald eine Gelegenheit, um Deinem Wunsch gemäß den Kaiser über die bulgarische Angelegenheit zu beruhigen, und ging derselbe ganz frei und offen darauf ein. Ich habe ihm im ganzen gesagt, was ungefähr daran wäre, und welche Position Du von Anfang wie auch der Fürst-Reichskanzler dazu genommen und danach gehandelt hättest. Daß selbstverständlich niemals von mariage die Rede sein könne, und dem Reiche nichts an dem Fürsten und seinem Lande gelegen sei, jedenfalls nicht soviel, als daß Du Dich in Deinen freundschaftlichen Beziehungen zum russischen Kaiser und seinem Haus durch den Bulgaren stören ließest. Es schien diese Äußerung dem Kaiser eine große, sichtliche Beruhigung zu gewähren, da er ordentlich aufatmete. Er erwähnte mit einem Tone eines schwer getäuschten und enttäuschten Freundes, daß er sich im Fürsten von Bulgarien ganz verrechnet habe; derselbe habe eine Zeitlang sich sehr nett und vernünftig gestellt, dann habe er aber andere Saiten aufgezogen, und habe sich schließlich so gegen ihn benommen, daß alles eben aufhörte. Er habe sehr viel Ungelegenheiten über die russische Regierung gebracht und sehr viel von ihrem Geld ausgegeben. Dabei sei er sehr undankbar gegen ihn gewesen und habe sich auf verschiedenen Unwahrheiten ertappen lassen. Er sei zu der Überzeugung gelangt, daß er nicht gut tue und schloß mit den Worten: „Je crois qu'il ne restera plus très longtemps là bas." Worauf ich mir erlaubte zu erwidern, daß das vielleicht kein so furchtbares Unheil wäre. Se. Majestät dankte herzlichst, daß ich so offen mit ihm geredet, bat mich, Dir speziell zu danken, daß Du so gnädig daran gedacht habest, ihn orientieren zu lassen, was er als neues Zeichen für Deine freundschaftlichen Gesinnungen ansehe und ihm doppelt wert sei; und befahl mir von jetzt ab auf Du mit ihm zu stehn.

Wilhelm Prinz von Preußen.

Nr. 9.

(Zu Seite 299.)

Prinz Wilhelm an Kaiser Wilhelm I.

Sekret. Winterpalais 21. V. 1884.

Bericht
über die Besichtigung von Kronstadt.

Gestern Morgen um 9 Uhr fuhren wir auf einer reizenden, in England gebauten Yacht „Strelna" unter Führung des Großadmirals Großfürsten Alexei nach Kronstadt. Das Wetter war überaus günstig, windstill, und die Sonne schien warm. Kurz vor Kronstadt kam uns der Kommandant des Platzes und aller Schiffe Admiral Schwartz entgegen. Wir liefen erst außerhalb der noch zum Teil aus Holz – das ganz verfault ist – bestehenden Schutzmauer entlang. Am Eingang in den eigentlichen Hafen angelangt, stiegen wir in eine allerliebste, sehr gut gehaltene Dampfbarkasse mit verdeckter Kajüte, welche gleichfalls dem Großadmiral gehörte. Wir fuhren längs der Innenseite der hier schon aus Steinquadern bestehenden Hafenmauer, bei dem Panzerschiff „Großadmiral", Turmschiff „Peter der Große" vorbei zum Panzerschiff „Wladimir Monomach". Ein Kreuzer, für die hohe See bestimmt, trägt sie ihre Batterie wie eine Glattdeckskorvette auf dem Oberdeck, und zwar waren die Geschütze wie folgt verteilt:

a) Große Heckkajüte des Admirals zwei lange (20 Kaliber lange) 15 cm-Geschütze zum Heckfeuer achteraus.
b) Dicht vor dem Eingang unter die Kampagne in ausgebauten [ebenfalls zum Feuer nach Achtern] Halbtürmen 2 kurze 17 cm-Geschütze.
c) In Batterie 8 (20 Kaliber lange) 15 cm-Geschütze.
d) In ausgebauten Halbtürmen zwischen Batterie und Back, 2 kurze 17 cm-Geschütze zum Jagd- und Bugfeuer voraus.
e) Ganz vorn unter der Back 2 (20 Kaliber lange) 15 cm-Geschütze zum Bugfeuer.

Summa 16 Geschütze, davon 4 zum Heck und 4 zum Bugfeuer zu verwenden. Die 20 Kaliber langen 15 cm-Geschütze haben sich ganz vorzüglich bewährt und besonders auf 2000—3000 Meter vortreffliche Schießresultate geliefert, so daß man jetzt dabei ist, die kurzen 17 cm-Geschütze ebenfalls auf 20 Kaliber Länge zu bringen. Die Räume im Schiff waren sehr hoch und luftig. Besonders die große Offiziersmesse, welche gerade im Heck unter der Admiralskajüte den gesamten Raum einnimmt, ist so hoch, daß man mit Helm und Busch auf dem Kopf bequem darin umhergehn könnte, ohne anzustoßen. Vorn ist das Schiff für Torpedofeuer etwa 4 Fuß über Wasserlinie eingerichtet. Es soll im ganzen 36 Offiziere bekommen und in der nächsten Zeit abgehn.

Wir fuhren nun zum „Peter dem Großen", der derselbe Typus ist wie die „Devastation" die ich Dir zu beschreiben in meinem Bericht im Jahre 1880 aus England mir erlaubte. Von dort fuhren wir im Kriegshafen umher, sahen Monitors mit ein und zwei Türmen in Reihen liegen. Panzerkanonenboote, für ein schweres Geschütz, ähnlich wie die „Wespe"-Klasse bei uns, nur größer, viel breiter und darum auch wohl etwas seetüchtiger. Alle lagen in der ersten Reserve. Außerdem wurden noch verschiedene Kreuzer und Avisos für das Mittelmeer und den Stillen Ozean in Dienst gestellt, mit einzelnen Artillerie-, Unteroffizier- und Schiffsjungenschiffen.

Der Handelshafen war von großen Dampfern vollgepfropft, die alle mit Aus- oder Einladen beschäftigt ein reges Bild der Tätigkeit gaben. Wir landeten, bestiegen die bereitstehenden Wagen und fuhren bei den Kasernen der „Equipages" — bei uns wohl den Divisionen entsprechend — vorbei. Es sind deren 6 da zu je 1500 Mann. Wir sahen das große Dock, welches Peter der Große angelegt; große Magazine zur Ausrüstung. Sodann das Klubhaus des Marine-Offizierkorps und der Garnison mit einem enormen, sehr schönen Tanzsaal. Die Torpedoschule, wo sie augenblicklich eine Flüssigkeit (braunrote Farbe) entdeckt zu haben scheinen, deren geringe Quantitätchen eine 100mal stärkere Explosivkraft haben sollen als das Dynamit (!?), was uns an dem Aussehen eines Eisenstöpsels, der ganz wie ein Pilz oben auseinandergeborsten war, gezeigt wurde. Dann sahen wir das sehr große Arsenal, welches Waffen und Geschosse der ältesten und neuesten Konstruktion enthielt. Gewöhnliche Hotchkiß, einläufige Hotchkiß, Nordenfeldt-Mitrailleusen, Geschütze schweren und leichten Kalibers, Massen von Geschossen, meist mit Bleimänteln, nur sehr wenige mit Kupferführung (Langgranaten). Besonders die Langgranaten der Bootsgeschütze hatten 3 Kupferringe. Dann gingen wir durch die verschiedenen Reparaturwerkstätten und Gießereien durch und fuhren dann mit der Pinasse wieder an Bord der „Strelna" bei mehreren allerliebsten Kaiserl. Yachts vorbei. Alle wurden jedoch durch die schöne große Kaiserliche Yacht „Dirschawa" überragt, welche Du schon von der Zusammenkunft in Danzig her kennst. Wir liefen aus dem Kriegshafen heraus und nahmen den Kurs nach der Außen-Reede vor Kronstadt. Wir passierten viele große Handelsdampfer, die vor Anker lagen und den Moment abwarteten, wo eine Stelle im Hafen für sie frei werden würde. Darauf liefen wir zwischen 2 alten Steinforts – aus Granitquadern gebaut – durch, deren Geschütze aus 6 Reihen von Scharten übereinander feuern. Diese Forts liegen jedoch von vorn genommen in der 2. Linie echeloniert auf die neuen Forts der 1. Linie. Letztere sind etwa 800–1000 Meter weiter vorgelegt und sind aus Granitquadern mit starker Erdrevetierung. Dieselben sind mit vielen Geschützen schwersten Kalibers und mit einer großen Anzahl Mörsern armiert. Sie haben auch gepanzerte Deckungen, so z. B. das Fort Milutin 5 Panzertürme mit Geschützen darin. Jedes der neuen Forts hat außerdem einen Hafen für sich, in welchen sich die Monitors, Panzerkanonenboote etc. nach Belieben zurückziehen können, sobald der Gegner ihnen Schaden zugefügt hat. Nach genügender Orientierung kehrten wir um und liefen wieder nach Petersburg zurück.

Wilhelm Prinz von Preußen.

Nr. 10.

(Zu Seite 299.)

Prinz Wilhelm an Kaiser Wilhelm I.

Sekret. Winterpalais 21. V. 1884.

Anschließend an den Bericht über Kronstadt erlaube ich mir ganz gehorsamst einige Eindrücke und Bemerkungen, welche ich teils vernommen, teils selbst gemacht habe, mitzuteilen.

Zunächst in bezug auf des Kaisers Majestät. Derselbe ist im Laufe der Zeit, die ich hier zugebracht habe, immer freier und offener mir gegenüber geworden; und möchte ich dieses nicht zum Geringsten auf die Konversation von neulich schieben. Er hält fest im Auge die engste Freundschaft mit uns, allerdings ist noch eine Portion Abneigung gegen Österreich bei ihm vorhanden, welche ihm systematisch ausgeredet werden müßte, und zwar allmählich. Wie ich ja auch in der Richtung schon zu sprechen mir erlaubt habe. Er steht sich vortrefflich mit seinen beiden älteren Brüdern, dem Großfürsten Wladimir und Alexei. Besonders letzterer hat sich außerordentlich zu seinem Vorteil verändert. Seitdem er die Marineverwaltung mit ihrer schweren Verantwortung – obwohl mit größtem Widerwillen anfänglich – übernommen hat, ist er viel ernster und gesetzter geworden. Ich hatte auf meiner Fahrt nach Kronstadt die Gelegenheit, länger mit ihm zu sprechen, und deutete er mir im Laufe des Gesprächs leichthin nur an, welche fürchterlichen Zustände er bei der Übernahme vorgefunden; auch war er beim Umgang in Kronstadt sehr gut versiert in den verschiedenen Ressorts, und gab er mit der größten Liebenswürdigkeit und Offenheit jedweden erbetenen Bescheid.

Der Großfürst Wladimir gibt sich viel mit den unter ihm stehenden Truppen ab, ist gut zu Hause in allem, so das Reglement und die militärische Organisation betrifft. Doch höre ich, soll er das alles mehr aus Pflichtgefühl als aus Passion tun. Wie auch der größte Teil der anderen dienenden Großfürsten. Der „furor militaris", der bei uns in der Familie traditionell und selbstverständlich ist, scheint ihnen jedoch nicht inne zu wohnen. Nicht minder herzlich ist das Verhältnis des Kaisers zu seinen beiden Oheimen, die beide stramm zu uns halten. Die einzige Gefahr ist, daß im Gefolge des Kaisers oder auch aus dem größeren Kreise der Bekannten, eine Persönlichkeit mit Geschick ihm feindselige Einflüsterungen machen könnte. Dagegen, glaube ich, müßte wohl die Haupttätigkeit unserer Diplomaten gerichtet sein.

Der Großfürst Sergius nimmt eine besonders seit letzter Zeit isolierte Stellung in der Familie ein. Er ist stets einsilbig, macht fortwährend ein mißvergnügtes Gesicht und ist der einzige, der mir gegenüber nie über die kälteste Höflichkeit hinübergekommen ist.

Die kleine Elisabeth von Altenburg hatte durch die bekannte Verweigerung des Kreuzkusses die gesamte Familie arg verschnupft, und sind die letzten Überreste dieses Gefühls noch nicht so ganz verschwunden. Ich hatte die Gelegenheit, mit ihr darüber zu reden, und gab sie mir zu, daß sie doch eine Dummheit begangen habe, allerdings durch kurzsichtige Geistliche zu Haus falsch instruiert, und auch aus Furcht, zum Übertritt gezwungen zu werden. Ich beruhigte sie über den letzten Punkt und wies sie auf das Beispiel der Großfürstin Wladimir hin, die ja auch nicht übergetreten sei. Letztere wirkt vortrefflich für die deutsche Sache und ist sehr beliebt in und außer der Familie.

Was die Stellung von Werder betrifft, so ist es nicht leicht, sich ein klares Bild von ihr zu machen. Jedenfalls ist sie nicht mehr so wie früher. Der Kaiser ist zwar sehr höflich und freundlich für ihn, doch zieht er ihn nie besonders vor anderen zu sich heran, noch bespricht er irgendwelche Fragen von Wichtigkeit mit ihm, so daß er doch den Eindruck macht, als ob er etwas überflüssig hier wäre und General v. Schweinitz ganz genüge. Beide sind hier gern gesehen. Aber während General v. Schweinitz wegen seiner geraden biederen Ehrlichkeit – welche ganz besonders für den Kaiser paßt – bei allen beliebt ist, so ist Werder mehr der Liebling gewisser älterer Damenkreise, welche noch in Erinnerung an vergangene Zeiten leben und sich deshalb nicht gern von ihm trennen mögen, wie man sich nicht gern von einem lieben alten Möbel trennt, das einem ans Herz gewachsen. Zu diesen Damen gehört vor allem die Fürstin Helene Kotschubey, unser aller und Deine spezielle Freundin und innigste Verehrerin, die mich mit Grüßen für Dich überhäuft hat. Besonders beliebt ist Graf Herbert Bismarck, der in kürzester Zeit der Liebling der ganzen Stadt geworden. Er hat durch seinen regen Fleiß und Studium der Strömungen und deren Urheber in den hiesigen Kreisen eine sehr gute Orientierung über die dort herrschenden Ansichten erworben und hat durch seine derbe, offene Art im Verkehr mit eminenten Leuten ungemein viel zur Wiederherstellung der freundschaftlichen Beziehungen zu uns beigetragen. Hier ist man untröstlich, daß er fort muß.

Walujew und Tolstoi sind gerade so gute und feste Preußen geblieben, als sie schon waren und sind bekannt dafür. Den Kriegsminister habe ich nicht kennen gelernt; man hört wenig von ihm, und wenn man von ihm hört, so ist es gewöhnlich nichts Schmeichelhaftes; es scheint, daß er recht unbedeutend ist und ganz in den Händen vom Stabschef Obrutschew, der ein roter Republikaner und ein geschworener Deutschenhasser ist. Man mißtraut ihm hier auch sehr.

Indem ich hiermit die Berichte abschließe, erlaube ich mir die Hoffnung gehorsamst auszusprechen, daß meinen geringen Kräften es gelungen sein möge, ungefähr in Deinem Sinne ein Körnchen zum Nutzen des Vaterlandes und zu Deiner Zufriedenheit hinzuzutragen und dadurch die freundlichen Beziehungen der beiden Länder festigen zu helfen. Dies getan zu haben, würde mich mit stolzer Freude beseelen.

Wilhelm Prinz von Preußen.

Nr. 11.

(Zu Seite 299.)

Prinz Wilhelm an Kaiser Wilhelm I.

Sekret! Winterpalais, den 22. Mai 1884.

Lieber Großpapa!

Soeben war Graf Herbert Bismarck bei mir und hatte mir eine so erfreuliche Nachricht mitgebracht, daß ich nicht umhin kann, sie Dir sofort mitzuteilen.

Der Graf Bismarck meldete mir, daß gestern der Herr v. Giers in freudigster Bewegung bei ihm angekommen sei und ihm wie folgt berichtet habe:

Der Kaiser habe vorgestern, als er zum Vortrag bei ihm gewesen sei, ihn gar nicht zum Vortragen kommen lassen, sondern habe lange und lebendig über meine Konversation von neulich – in meinem 2. Bericht enthalten – mit ihm gesprochen, und zwar in so erfreuter Weise, daß er ganz erstaunt gewesen sei. Aber damit sei es noch nicht genug gewesen; seit Se. Majestät auf dem Thron sitze, habe derselbe noch nie anders als abfällig von Österreich gesprochen, geschweige denn von einem Bündnis mit dem Reiche. Gestern habe der Kaiser zum ersten Male seit seinem Regierungsantritt das Wort „drei" in bezug auf die Freundschaft der Monarchen ausgesprochen und erklärt, ich hätte ihm das besonders anschaulich gemacht durch ein Symbol, daß die drei Kaiserreiche als dreiseitiges Bastion gegen die heranstürmenden Wellen der Anarchie und liberalisierenden Demokratie zusammenstehen müßten. Ein Ausdruck, dessen sich der Fürst-Reichskanzler mir gegenüber bediente in meiner letzten Unterredung, und der mir so prägnant schien, daß ich ihn weiter zu verwerten beschloß. Nun, er scheint seine Aufgabe vollkommen gelöst zu haben. Gerade dieses Beispiel, sagte Herr v. Giers, habe dem Kaiser außerordentlich gefallen und habe er also, dadurch bewogen, zum ersten Male von einer Freundschaft und Zusammengehen der „Dreikaiserreiche" gesprochen. Früher sei immer nur von uns und Rußland allein die Rede gewesen, ohne daß man dem Kaiser – von Österreich habe reden dürfen. Überhaupt, habe dann Herr v. Giers geschlossen, sei ex abrupto der Kaiser so frei und aufgeknöpft geworden, wie er ihn noch nie gesehen habe. Wenn diese plötzliche, so erfreuliche Umänderung wirklich zum Teil ein Erfolg meiner Bemühungen sein sollte, dann würde ich wirklich von Herzen mich freuen, denn es wäre mir dann gelungen, Deinen Allerhöchsten Intentionen zum Wohle des Vaterlandes zu entsprechen. Der Kaiser hat auch öffentlich Zeichen seiner besonderen Huld und Freundschaft für uns gegeben. So z. B. am großen Diner für den Thronfolger hatte er Befehl gegeben, daß alle Großfürsten, welche den Schwarzen Adler besäßen, ihn anlegen müßten, und trug er ihn selbst auch bei der Gelegenheit. Sodann gestern in Gatschina beim Regimentsfest der Kürassiere der Kaiserin, brachte er erst das Wohl derselben aus, sodann der Oberst das des Kaisers, worauf derselbe nochmals das Glas ergriff und das gesamte Regiment aufforderte, auf mein Wohl zu trinken; ich war so überrascht und von Rührung übermannt, daß ich wie gebannt einen Augenblick dastand, und ehe ich mich erholen konnte, schritt der Kaiser auf mich zu und drückte mir in herzlichster Weise die Hand.

Aus allen diesen Zeichen glaube ich bestimmt behaupten zu können, daß er an mir wirklich Gefallen gefunden und offen Beweise treuer Freundschaft gegeben hat, was mich mit freudigstem Dank erfüllt.

Wilhelm Prinz von Preußen.

Nr. 12.
(Zu Seite 299.)

Telegramm Prinz Wilhelms vom 27. Mai 1884 an Zar Alexander III.

A Sa Majesté l'Empereur

Gatschina.

Au moment où je quitte la Russie je prie Votre Majesté d'agréer l'expression de ma reconnaissance la plus profonde de l'acceuil que Vos Majestés ainsi que les membres de Votre famille ont bien voulu me faire. Pénétré d'une sincère gratitude et charmé de tout ce que la bonté de Votre Majesté m'a permis de voir à Moscou, dont je suis vraiment ravi, je compterai toujours cette première visite en Russie parmi les meilleurs souvenirs de ma vie. J'ajoute mes félicitations les plus sincères pour aujourd'hui.

Guillaume
Prince de Prusse.

Nr. 13.
(Zu Seite 299.)

Der Botschafter in Petersburg v. Schweinitz an den Reichskanzler Fürsten v. Bismarck.

Ganz vertraulich!

St. Petersburg, den 20. Mai 1884.

Seine Kgl. Hoheit Prinz Wilhelm hat gestern früh mit Seiner Majestät dem Kaiser Alexander und nachmittags mit Herrn v. Giers Unterredungen gehabt, deren Inhalt Seine Königliche Hoheit mit mir vorher nicht besprochen hat, über welche mir aber sowohl der Kaiser als auch der Minister gegen Abend Mitteilungen gemacht haben.

Seine Majestät sagten unter anderen: „Tout ce que le Prince m'a dit, m'a énormément plû, er sieht die Dinge ganz richtig an, hat Interesse und Verständnis für alles, und ich bin von der Unterredung, welche ich mit ihm hatte, sehr befriedigt. Ich bin dem Kaiser dankbar für die Aufmerksamkeit, welche er uns durch diese ganz überraschende Sendung erwiesen hat." —

Herr v. Giers schloß seine Mitteilungen mit den Worten: „Le Prince s'exprime bien, il entre tout à fait dans les idées du Prince de Bismarck, l'Empereur en est extrêmement content. Il doit comprendre, que notre politique actuelle est la bonne", und fügte er hinzu, „la seule possible".

v. Schweinitz.

Nr. 14.

(Zu Seite 299.)

Der Botschafter in Petersburg v. Schweinitz an den Reichskanzler Fürsten v. Bismarck.

Ganz vertraulich!

St. Petersburg, den 21. Mai 1884.

Bei dem gestrigen Vortrage des Herrn v. Giers hat Seine Majestät der Kaiser sehr viel über seine Unterredung mit Seiner Königlichen Hoheit dem Prinzen Wilhelm gesprochen und zwar ganz in demselben Sinne wie gegen mich, nur viel ausführlicher.

Der Minister hat daran erinnert, daß er in dem Berichte, welchen er nach seinem Besuche in Friedrichsruh Seiner Majestät erstattete, über die Auffassung und die Absichten Euerer Durchlaucht genau dasselbe geschrieben hat, was der Prinz jetzt sagt, oder was teilweise schon glücklich verwirklicht ist; der Kaiser hat dies zugegeben; er hat auch den, wie es scheint, vom Prinzen klar dargelegten Satz, daß man zu Dreien gegen die Revolution kämpfen müsse, als richtig anerkannt; ferner hat der Kaiser dem Minister erzählt, was der Prinz über Bulgarien gesagt hat, und was vollständig, oft wörtlich mit demjenigen übereinstimmt, was Euere Durchlaucht Herrn von Giers gegenüber ausgesprochen haben. „Schließlich", sagte der Minister, „ist sehr viel von Familienangelegenheiten die Rede gewesen, welche sich natürlich meiner Beurteilung entziehen."

Seine Königliche Hoheit wohnten heute in Gatschina einem militärischen Feste bei, werden morgen die Botschafter von Österreich-Ungarn und Frankreich und den dänischen, jetzt nach Berlin versetzten Gesandten von Vind empfangen, bei Seiner Majestät dem Kaiser zu Mittag speisen und abends nach Moskau fahren.

v. Schweinitz.

Nr. 15.

(Zu Seite 299.)

Der Legationsrat in Petersburg Graf Herbert v. Bismarck an den Reichskanzler Fürsten v. Bismarck.

St. Petersburg, den 22. Mai 1884.

Eben war ich bei Giers, um mich zu verabschieden, und will die 10 Minuten, die mir noch bis zum Abgang des Kuriers bleiben, benutzen, um Dir schnell einige Zeilen zu schreiben.

Giers sagte: „Wer auch immer die Idee gehabt hat*), Prinz Wilhelm herzuschicken, der kann sich Glück wünschen, und wir können ihm nicht dank-

*) Randbemerkung Kaiser Wilhelms I.: ‚Il faut que j'accepte le compliment! W.'

bar genug sein. Der Kaiser ist durch und durch von ihm eingenommen, er hat sich mit Liebe und hoher Anerkennung über ihn ausgesprochen. Bei meinem Vortrage kam ich gar nicht zur Geschäftserledigung, der Kaiser sprach immer von Prinz Wilhelm, ich habe ihn noch nie so lange hintereinander sprechen hören, er ist sonst sehr wortkarg. Ich habe dem Kaiser gesagt, für mich wäre in allem, was Prinz Wilhelm gesagt hätte, nichts Neues, das hätte mir alles schon der Kanzler in Friedrichsruh gesagt, aber, um nicht zu rosig zu schildern, sei ich im Bewußtsein meiner Verantwortung in meinem damaligen Bericht vielleicht etwas zu weit hinter der Wirklichkeit zurückgeblieben: j'avais un peu baissé la note. Nun konnte nichts Besseres geschehen, als daß der Prinz grade so vertraulich mit dem Kaiser Alexander sprach, der so empfänglich für Offenheit ist, wo er einmal Vertrauen gefaßt hat — und letzteres hat er zum Prinzen in hohem Maße gewonnen. Wie tief der Eindruck seiner Worte auf den Kaiser Alexander war, sehen Sie aus Folgendem: „Vous savez que nous ne portons pas dans notre cœur l'Autriche, il y a trop de pierres d'achoppement et de différences de vues entre nous, surtout pour le polonisme et le catholicisme, l'Empereur n'a pas de sympathie pour les Autrichiens, nous nous n'arrangeons avec eux que pour des raisons politiques. Cependant l'Empereur m'a dit avant-hier »le prince Guillaume s'est très-bien exprimé, il nous faut un lien d'amitié et une entente à trois pour combattre les flots de l'anarchie.« C'est la première fois que l'Empereur a dit »a trois«, habituellement il a toujours dit »à deux« et même accentué l'entente à deux. Voilà un grand triomphe du prince Guillaume, il est arrivé dans deux jours à un point où toute notre diplomatie n'a pas pu amener l'Empereur dans six mois."

Giers war strahlend vor Vergnügen, er sagte: „Vous auriez dû entendre l'Empereur comme il parle de Votre jeune prince et de tout ce que celui-ci lui a dit au compte du prince de Bulgarie."

Ich bin sehr froh über dies alles, der Prinz ist ganz vorzüglich.

Herbert.

Nr. 16.

(Zu Seite 299.)

Aus einem Schreiben des Legationsrats in Petersburg Graf Herbert v. Bismarck an den Reichskanzler Fürsten v. Bismarck.

St. Petersburg, den 24. Mai 1884.

Prinz Wilhelm hat hier großen Erfolg gehabt. Schweinitz sagte mir, er habe schon viele Prinzenreisen und -besuche erlebt und mitgemacht, noch nie aber habe eine einen so tiefen Eindruck gemacht; als der vorige Kaiser von

Plewna zurückkam, wären die Straßen nicht entfernt so voll und belebt gewesen wie vorgestern, wo unser Prinz mit Alexander III. im offenen [Wagen] zum Bahnhofe fuhr.

H. Bismarck.

Nr. 17.

(Zu Seite 325.)

Telegramm Kaiser Alexanders III. vom 11. März 1887 an Prinz Wilhelm.

Je suis bien touché de ton affectueux souvenir à l'occasion de ma fête. Je n'ai pas oublié notre entrevue à Brest et je te garde une sincère amitié en te remerciant cordialement pour tes voeux et félicitations.

Alexandre.

Nr. 18.

(Zu Seite 337.)

Prinz Wilhelm an Dr. Georg Hinzpeter.

San Remo 11. XI. 1887.

Lieber Doktor!

Das Urteil der Ärzte ist gefällt, das furchtbare Geschick, das für wenige Eingeweihte schon lange im Hintergrund als drohendes Gespenst stand, hat sich erfüllt! Nach dem heute endgültig gefällten Verdikt der Doktoren ist mein Vater unheilbar am Krebs erkrankt und keine Macht der Menschen vermag ihn mehr zu retten! Es ist sogar schon so weit, daß die große — im Frühjahr von Bergmann gewollte — Operation nichts mehr nutzen würde. Heute morgen wurde ihm sein Schicksal von den versammelten Herren klar mitgeteilt. Aufrecht stehend, ungebeugt dem Sprecher fest in die Augen sehend, vernahm er den Spruch. Ohne zu zucken oder auch die leiseste Bewegung zu verraten, dankte er ihnen für ihr Bemühen und Sorgen und entließ sie; da sie stumm und staunend von dem Helden gingen, noch ganz erfüllt von seinem Charakter, der den echten Hohenzoller und großen Soldaten zeigte. Als wir später bei ihm waren, war er es, der uns mit ruhig lächelnder Miene tröstete, als wir unserer nicht mehr mächtig in Tränen schwammen! Welch ein Mann! Gebe ihm Gott nur möglichst wenig Schmerzen in diesem fürchterlichen, unerhörten Abschluß seines Lebens! Ich hätte nimmer geglaubt, daß Tränen eine Erleichterung sind, denn ich kannte sie nicht bisher, heut habe ich es empfunden, wie sie den furchtbaren Schmerz lindern! Mußte er, er es sein, der diesem Leiden erliegt! Ein Schlag, eine Kugel, alles wäre ja besser, als dies entsetzlichste aller Übel; ich kann es kaum noch fassen. Genug für heute.

Ihr
treu ergebenster Zögling
Wilhelm P[rinz] v[on] Pr[eußen].

Nr. 19.

(Zu Seite 354.)

Kronprinz Wilhelm an Kaiser Friedrich III.

28. 5. 1888.

Liebster Papa!

Mit einer ganz gehorsamen Anfrage erlaube ich mir, Dich zu belästigen. Meine Brigade exerziert morgen zum letzten Mal im Terrain in der Tegeler Heide und endigt mit einem Sturm auf die Charlottenburger Brücke des Berlin-Spandauer Kanals. Darf ich eventuell, wenn dies Dir Spaß machen sollte, auf dem Nachhauseweg die Truppen, — ohne Spiel zu rühren, an Deinem Fenster vorbeiführen? Entweder vor dem Schloß, oder vielleicht besser hinten durch den Park die Straße entlang? Von der Absicht weiß niemand etwas; wir würden um ½8 Uhr das Gefecht beginnen und um ½11 Uhr etwa passieren können. Darf ich um ein einfaches „Nein" oder „Ja" durch den Reitknecht bitten?

Mit 1000 Grüßen
Dein treu gehorsamster Sohn.

Register

Verzeichnis der Tafeln